饶宗颐 著

中國史學上之正統論

中华书局

图书在版编目（CIP）数据

中国史学上之正统论/饶宗颐著. —北京：中华书局，2015.8
（2018.3重印）

ISBN 978-7-101-11006-7

Ⅰ.中…　Ⅱ.饶…　Ⅲ.史学史–研究–中国–古代　Ⅳ.K092.2

中国版本图书馆 CIP 数据核字（2015）第 116278 号

书　　名	中国史学上之正统论
著　　者	饶宗颐
责任编辑	方韶毅　阎海文
出版发行	中华书局
	（北京市丰台区太平桥西里 38 号　100073）
	http://www.zhbc.com.cn
	E-mail：zhbc@ zhbc.com.cn
印　　刷	北京市白帆印务有限公司
版　　次	2015 年 8 月北京第 1 版
	2018 年 3 月北京第 3 次印刷
规　　格	开本/940×1260 毫米　1/16
	印张 33　插页 3　字数 400 千字
印　　数	6001 – 11000 册
国际书号	ISBN 978-7-101-11006-7
定　　价	82.00 元

作者近照

出版说明

　　饶宗颐,字选堂,又字伯子、伯濂,号固庵。一九一七年生于广东潮州。自幼娴习书画,早年从金陵杨栻游,获观杨家珍藏任颐真迹数十幅,细心临摹,得益良多。弱冠后专心治学,历任印度班达伽东方研究所、法国科学中心、远东学院研究院、香港大学、新加坡国立大学、香港中文大学、美国耶鲁大学、日本京都大学、法国高等研究院等院校教授。

　　"业精六学,才备九能。"饶宗颐在敦煌学、甲骨学、词学、史学、目录学、楚辞学、考古学、书画、音乐、韵学诸方面都有了不起的成就,在海内外享有崇高的声誉,在学林与季羡林齐名,被称为"南饶北季"。迄今,已出版著作八十多种,发表文章九百五十余篇;另亦善诗书琴画,刊行的诗文集有十余种、书画集七十种等。仅其中的《饶宗颐二十世纪学术文集》,就有十四卷二十册,内容近一千两百万字。

　　二〇〇八年十月,温家宝曾致信饶宗颐,对他心系国家、民族和世界的精神给予高度评价。二〇一四年九月十九日,饶宗颐获得首届"全球华人国学大奖"的终身成就奖。二〇一五年四月,李克强在中南海会见饶宗颐,称赞他近百岁高龄仍心系国家发展,学术耕耘不辍,艺术创作不断,是香港特别行政区的骄傲。

　　本书从立意到粗成定稿历时五年。为了"穷其源委",饶宗颐"淹贯乙部,旁通别集,为独立之探究",最终如愿取得"融会之效"。本书分为通论和资料两大部分。通论十三篇,在细致梳理相关原始资料的基础上,纵论正统论的提出、演变和论争的史实。资料三大篇,按照时间顺序罗列历代有关正统论的史料原文,末附出处,间附以按语,或者考证史料,或者补充作者生平,或者驳正观点等。因此,本书既是史学专著,又是史料汇编,实现了有机的融合。自一九七七年九月在香港问世之后,立即引起海内外学者的关注。迄今为止,本书仍是全面而系统地研究历史观念史的一部佳作,也是学界公认的力作。

本书最早于一九七七年九月由香港龙门书店有限公司出版,一九九六年又有大陆出版社出版了简体字本。本次再版以龙门书店版为底本,我们认真做了编校工作,尽可能地核对底本、校正错讹、规范体例,但考虑到当时学人的撰文习惯及版本差异,编辑过程中对引文等未予通改;而在正文前,则加上了一九九六年版的朱维铮序,最后附录了作者一九九九年答朱维铮的一封信函。谨此说明。

中华书局编辑部

二〇一五年五月

研究历史观念史的一部力作[①]（代序）

朱维铮

饶宗颐先生的《中国史学上之正统论》，自一九七七年在香港问世，即广受海内外学者瞩目。

本书的副题，标示探讨的中心，在于中国传统史学的一种观念——其实是困扰中国历代王朝的政府及其学者达两千年的一个核心观念。

中国史学，素称发达。十九世纪初黑格尔在他的"历史哲学"讲演中曾说："中国'历史作家'的层出不穷、继续不断，实在是任何民族所比不上的。"虽说如此，时过近百年，到本世纪二十年代中期，晚年的梁启超在"广中国历史研究法"的系列讲演中，仍然慨叹中国史书这么多，却没有史学的专史，"真是奇怪的一种现象"。

于是在本世纪中叶，陆续出现了金毓黻、魏应麒、李宗侗等几种《中国史学史》。诸书自有特色，共同问题不在简略，而在整体架构都没有超脱梁启超设计的"史学史的做法"，内容不外四部分：史官，史家，史学的成立及发展，最近史学的趋势。

何谓"史学"？梁启超给出的定义，仍是"以史明道"。他把刘知幾、郑樵、章学诚三人的理论，说成中国"史学"进化的程度表征，尤其称道

[①] 本文是朱维铮先生为一九九六年版《中国史学上之正统论》写的序言，经家属同意，现作为本书序言。题目为编者所加。

章学诚"集史学之大成"。这三人的确属于中世纪中国罕见的史学理论家，但他们的"史学"，有没有突破传统的历史编纂学的范畴，仍有疑问。以章学诚而论，此人在朱熹理学仍被清帝国统治者奉为实践圭臬，而汉学家已通过考证将统治学说的经典依据破坏无遗的十八世纪晚期，同时抨击汉宋两种学风，否定唐宋以来史部著作属于"史学"，重申"六经皆史"说，强调"史学所以经世"，尽管无一属于新鲜发明，却终究提出了"史学"是什么的问题。但他"集大成"的意义，也仅止于此。在同时代的汉学家那里，"六经"早已成为史料，而章学诚仍坚持史学应为经学的附庸。在戴震、汪中看来，朱熹的理学，也已变作"以理杀人"的工具，而孔墨显学的历史是非，也需要重予评论，但章学诚却以为戴、汪等居心叵测，一概斥之为"诽圣谤贤"。甚至最佩服章学诚的胡适，也不能否认，此人的"卫道"成见颇深。倘若仍以章学诚的"史识"，当作中国"史学"的判别尺度，则编成的中国史学史，无论在细节上如何精详，也很难说跳出了传统的历史编纂学的窠臼。

这个窠臼，赖以范围史家的一道无形屏障，正是愈来愈纠葛不清的"正统论"。

还是梁启超，早在一九○二年发表过《新史学》，于呼喊"史界革命"的同时，把正统论当作中国旧史学最荒谬的观念予以攻击。他说，提出所谓正统者，已表明其人将国家视为君主私产，要借天命论以证明他们"生而有特别之权利"，"则固已举全国之人民，视同无物"。他讥嘲由朱熹到乾隆的正统说，不但所立标准互相矛盾，即使依其标准，在秦以后也没有一个王朝可称正统，"成即为王，败则为寇，此真持正统论之史家所奉为月旦法门者"，"自为奴隶根性所束缚，而复以煽后人之奴隶根性而已"。

似乎用不着特别指出此说的历史影响。那以后的中国史学史论著，说到历代争正统、言书法问题，几乎无不重复梁启超的抨击。然而在抨击的同时，又特别赞扬刘知几、郑樵、章学诚的史识，也恰又重蹈梁启超晚年的覆辙，忘记了这三人都是正统论的坚决捍卫者。

这里的同病就在于缺乏历史观念史的深入研究。任何观念，即使在后人看来纯属荒诞的观念，在历史上能占一席地位，无不有其理由。何况如正统观念，不仅长期支配过中国人的头脑，还经常影响着各色人等的政治行为乃至重大决策，那就更需要首先辨明它的不同历史型态，才可能进而探究不同型态所映射的现实的社会关系。因而它绝不能由义愤所消除，也绝不会被嘲骂所击破。对于这类历史性的观念，倘若满足于了解"是什么"，自然是不够的，但倘若还没有问明"是什么"，便急于解释"为什么"，则无论解释得如何头头是道，也总不免令人怀疑那个所谓道，不过是心造的幻影。

饶宗颐先生的这部《中国史学上之正统论》，所以引人瞩目，正因为是深入研究历史观念史的一部力作。

本书"小引"可证，著者从事斯编，从创意到成稿，历时凡五年，单为网罗文献，索阅佚书，便曾足履三洲，至于"淹贯乙部，旁通别集，为独立之探究"，其用力之勤，更可想而知。

为了说明正统观念的发生、衍化和争论的历史实相，著者纵观三千年，横比诸王朝。《通论》十三篇，考订或探讨的课题，由各章细目所提示，累计便有一百三十五道。集合这百余道难题，每道都尽量引证原材料，说明问题的由来，异论的出现，在何时何地由什么人什么书提出或改变的，力求无一语无来历，同时又给出著者本人的历史判断，信以传信，疑以存疑。而著者似乎惜墨如金，涉及的时人跨度如此悠久广阔，所论的人与事各以数百计，但《通论》的全稿，总共只有六万字。由博反约，本书堪称佳例。

本书的编纂形式也独具一格。《通论》之后，详列参考资料，凡三篇，都是照录原文，注明出处，依时序排列，简附著者按语或同代学者意见，并限于材料本身的考辨。著者没有明示三篇资料的分类原则。由选文来看,"资料一",当为四世纪后历代学者直接论正统的著作,凡收八朝及民国八十二位学者的论说一百零六篇,附按语十八则,近说九则;"资料二",是秦以后德运说和议礼文的辑录,凡收十朝十二种著作内的文字十六节,附近说三则,及著者论文一篇;"资料三",为有关史论,凡收自唐至清十朝四十八位史家的文章各一篇,附按语二十九则,近说四则。三类总计录文一百七十篇(节),按语四十七则,近说十六则,又附文一篇,凡提及姓名的学者史家,超过一百五十人,全部字数超过二十万,是通论字数的三点三倍。

因此,本书既是史学专著,又是史料汇编。但二者的有机结合如此紧密,以致倘作分割,则通论既失却支柱,资料也失却纲领。不过,就三类资料本身而言,著者辑集的目的,显然不仅着眼于支持通论的历史陈述,更多地是为了提供历代正统论及其哲学理论和史学实践的历史证明,用著者的话说,"以供同好进一步之论定"。这就使本书的结构,形成了主观与客观的奇特统一。《通论》和按语,重在表述著者本人的考辨或探讨的成果,而资料和附说,则重在提供有关正统论的系统史料。著者对资料及附说的见解,以及这些见解与历史实际的契合程度和时代影响,是同意还是反对,是肯定还是否定,是以为重要还是不那么重要,都不是抉择的尺度。如此将个人见解和相关材料,既无使混淆,又有机结合,至少在国内史学界属于罕见之例。我在复旦大学历史系承乏先师陈守实教授的中国史学史讲席,迄今已逾三十年。就寡闻所及,国内近数十年专究历史观念史的论著本就稀见,而以正统论为题进行全面系统考察的专著更未发现。我所见而又是同行公认的力作者,唯饶先生这一部。

饶宗颐先生在史学上论著十分丰富,曾自定《选堂集林·史林》三巨帙,于一九八二年由香港中华书局刊行;又有《饶宗颐史学论著选》,由季羡林教授作序,由上海古籍出版社在一九九三年出版。季先生的

《饶宗颐史学论著选序》，对饶先生的生平、著作和学术成就，已有周详的评价，特别对饶先生的研究方法和治史成绩有中肯的概括。因而，这部《中国史学上之正统论》，是饶先生在史学方面的代表作，但要全面了解饶先生的史学见解，单凭本书是不可能的。

不过就书论书，本书也如任何名满学林的鸿篇巨制一样，难免引起争论。我不同意一种说法，以为饶先生的这部书，是为中国史学上之正统论辩护。的确，饶先生自己并不讳言，他是"赞成正统的"，但这话也不意味着他赞成历史上那些正统论。本书《通论》的结语，已有明言："正之为义尤重于统"，"历史之秤是谓之正"。而历代正统论者，除极少数例外，出发点和归宿恰好相反，所争乃现在之"统"，而非历史之"正"。前引梁启超在清末《论正统》，便首先抨击他们所谓统的定义荒谬，指出"统之义已谬，而正与不正，更何足云"，因而列举他们衡量正不正的六条标准，逐点予以驳斥。章太炎晚年在《国学略说》中论证正统之说，也批评历代论者的正闰之辨，虽不像梁启超当年那样一概否定，但也以为"书法固当规定，正统殊不可问，所谓不过假年号以记事耳"。在这一点上，饶先生与梁、章的见解并无二致。我曾说饶先生著本书，意在"证前史论正统之非"，便是比较而言。

不待说，饶先生的这部书，也可以略有匡正。例如通论篇十述及明初方孝孺《释统》及《后正统论》之贡献，指出其师胡翰有《正纪》一篇可与方文相参，再以夹注指出："翰之学后来影响及黄宗羲，《明夷待访录》引其十运（原书作'十二运'。——笔者注），即集中之《衡运》。""资料一"的元代部分，全录胡翰《正纪》。但由方孝孺《后正统论》、黄宗羲《明夷待访录》来看，胡翰的《衡运论》对他们的历史观更有影响。《宋元学案》卷八十二《北山四先生学案》，全祖望据《仲子文集》补入胡翰文六篇，首列《衡运论》，次列《正纪论》，无疑是因为《明夷待访录》劈头便推崇《衡运论》的缘故。胡翰在《衡运论》文末强调他的"十二运"说，"闻之广陵秦晓山"。《明夷待访录》也据此强调"十二运"说秦晓山的发明。秦晓山的身份不详,据胡翰文推测,或为元末明初居扬州以《易》算命的卜人。倘若这推测不错,则表示宋以后在南国民间流传的运命论,至迟在十四世纪已影响到士大夫阶层,因而"正统论"不仅受传统学说的影响。章太炎在清末曾讥黄宗羲著《明夷待访录》,"将俟房之下问",未必是定论,但秦晓山、胡翰的"十二运"说对黄氏晚年的政见史观影响甚大,则是事实。《中国史学上之正统论》在"资料三"篇中,既没有收《衡运论》,也没有收《明夷待访录》的相并议论,致与通论已点出的要旨不相应,似乎不能不说是一个缺憾。

我对本书《通论》结语特别强调"历史之秤是谓之正",甚感兴趣,很想知道饶先生的权衡标准。但通读全书,发现秤星仍在"道德批评"。这颇使我迷惑。我不赞成道德相对主义,然而历史上的正统论,涉及的主要是政治道德,而古往今来,人民常视作不道德的行为,在政治生活中却常被视作是必要的,因而是道德的,例如神道设教、权术是尚、愚民为政等等。这无疑都属于饶先生所否定的"一时相对之是非",但却是长期困扰历代史家的政治道德通则。本此通则进行道德批判,必定陷入康有为早年的权力崇拜,认定权力是衡量道德的尺度。而反此通则,又将陷入章太炎早年的革命道德说,以为道德可以支配一切,结果仍以损人利己的程度作为衡量道德高下的尺度,还是与梁启超的道德相对主义殊途同归。因此,我很佩服饶先生在本书结语中的见解,"即本天下观念以看历史,视历史为一整体","以世界眼光看历史,从过去人事觅得共事规律以为行动之借鉴"。这无疑是中外古今哲人共同的高尚理想,然而往昔的历史和历史的观念如正统论,却是不听从任何道德的教训,在不同的时间和环境中走自己的路,怎样的批判准则才能成为历史之秤的秤星呢?甚愿饶先生有以教我。

一九九六年乙丙之际

小 引

　　一九七〇年冬,余忝任耶鲁大学研究院客座教授,主讲先秦文学。其时美国 Arthur F. Wright 教授,负责比较史学研讨会,余屡被邀参加。讨论主题,颇涉及世界各国历史之"正统"观念,与会诸家,本其专擅,各得一察焉以自好,陈义多歧。攻错之余,念汉史最重视"正统"之义。论统之作,若刘知幾《史通》,内篇之末有《体统》一篇,惜已亡佚,莫窥崖略。自非淹贯乙部,旁通别集,为独立之探究,难以穷其源委,而收融会之效;用是发愤,撰为专篇。七三年春,观书于故宫博物院,院中藏籍,如朱权之《天运绍统》、徐奋鹏之《古今正统辨》,其书外间所罕睹,亦复附为论列焉。历时五载,始克粗成定稿,兹以作为法国远东学院研究工作之一。比岁以来,世之治中国史学史者,风起云蒸,方兴未艾,其中重要史学观念,有待于标出而剖发辨析者尚多;正统之见,特其一端而已。谨揭此为例,粗发其凡,并胪列参考资料,以供同好进一步之论定。本文初稿,不赅不遍,前尝出示哈佛大学教授余英时先生及门人现任华盛顿大学副教授陈学霖博士,陈君治此问题,积有年所,于金代德运,更勒成专著。抛砖引玉,仍盼有以起予,俾获更深入结论,尤所厚望焉。一九七六年四月饶宗颐识,时客巴黎。

　　本书第三次校稿时,惊悉 A. F. Wright 教授遽归道山,不胜震悼。谨以此书纪念亡友,用志黄垆之痛,作者又识。七六年八月。

目 录

通论

卦》"帝出于《震》"定伏羲为木德（《春秋·内事》、帝系谱说同）　《世经》、《潜夫论》、曹植《画赞》中五帝及其五行之德（《春秋繁露》说同）《孙膑兵法》中五壤相胜之五色　邹衍言虞、夏、殷、周四代之德与《世经》之比较　公孙臣推《终始传》汉当为土德，即据邹子书　以共工及秦同为闰水之运，其说出于《世经》　东汉明帝访班固论秦德"以母承子"之非，乃用相生说　《左传》郯子言共工以水纪

论可分时间、空间二范畴　　正统论与《春秋》尊王、攘夷两重要观念正统论之超代说　　正统论精髓与中国史学精神　　道德评判传统之溯源　　大一统说之涵盖气象　　道统论之反对者　　"正"之真谛与历史之秤

资料一

通　论

一　统　纪　之　学

　　中国史学观念，表现于史学史之上，以"正统"之论点，历代讨论，最为热烈。说者以为起于宋，似是而实非也。治史之务，原本《春秋》，以事系年，主宾胪分，而正闰之论遂起。欧公谓"正统之说，始于《春秋》之作"是矣。正统之确定，为编年之先务，故正统之义，与编年之书，息息相关，其故即在此也。

　　唐陈鸿著《大统纪序》云："学乎史氏，志在编年。贞元丁酉岁……乃修《大纪》三十卷，正统年代随甲子，纪年书事，条贯兴废，举王制之大纲……"(《唐文粹》卷九十五)既名其书曰《大统纪》，又揭正统年代随甲子之义。以"统纪"二字名书，尚有唐陈岳撰之《大唐统纪》四十卷，用荀、袁体，起武德，尽长庆。《玉海》引《崇文总目》作一百卷，陈直斋著录止于武后如意。《太平广记》引书目有《唐统纪》，当即此书。《宋史·艺文志》有宋章实《历代统纪》一卷。唐大中五年(851)，姚康撰《统史》三百卷；贞元十三年(797)，韩潭进《统载》三十卷(俱见《玉海》卷四十七)。宋司马光著《历年图》，刻者易其书名曰《帝统》(《司马公集》卷六十六)，一时风尚，史家喜以统字为书名。其以纪名书者尤多，若贾昌朝之《通纪》、徐度之《国纪》，是其例也。考《太史公自序》于《孔子世家赞》，称其"匡乱世反之于正，见其文辞，为天下制仪法，垂六艺之统纪于后世"；于《孟子荀卿列传赞》云："猎儒墨之遗文，明礼义之统纪。""统纪"二字，史公屡屡用之，其由来远矣。(《淮南子·泰族训》记缫丝之事云："抽其统纪则不成丝。"纪训丝别，见于《说文》。纪即丝端，是其本义。)《尚书·洪范》"协用五纪"，五纪者即岁、月、日、星辰、历数。《汉书》注引应劭云："合成五行，谓之条纪也。"而《律历志》谓："殷周创业改制，咸正历纪。"历法以记时日，故曰"历纪"。纪所以纪年月，司马贞《索隐》解释"本纪"一名云："纪，理也，丝缕有纪，而帝王书所纪者，言为后代纲纪也。"裴松之《史目》则云："纪者理也，统理众事，系之年月，名之曰纪。"纪之为书，必系年月，如网之在纲，条次不紊，与条纪、历纪，义正相通。故纬书如《春秋元命苞》直称"史之为言纪也，天度文法，以此起也"。史即是纪。《说文》："统，纪也。"两字互训，故得合称谓之"统纪"。又得分言之，作为史之别名也。

马王堆三号汉轪侯利氏墓所出帛书《五星占》，于土星总结云："卅岁一周于天，廿岁与岁星合为大阴之纪。"(《文物》1974 年第 11 期)此"纪"字之天文意义。土星表纪年始于秦始皇元年(前 246)，讫汉文帝三年(前 177)。于始皇三十七年(前 210)后书"张楚"国号，不列秦二世年号，继续书至始皇四十年(前 207)。接书汉元，及孝惠元、高皇后元。在木星表中称文帝为代皇。既不著二世年号，如《史记·秦楚之际月表》、《汉书·高帝纪》之例，亦不书楚怀王义帝及西楚霸王项羽，如后代《通鉴纲目》之例。此疑出于长沙侯国星占家之手。(《五星占》属楚甘氏《星经》系统。)其大书"张楚"之号者，《史记·陈涉世家》："涉乃立为王，号为张楚。"《索隐》李奇云："欲张大楚国，故称张楚也。"《海内东经》：会稽山在大楚南。称楚为大楚。故张楚犹大楚也。涉为王仅六月而已；长沙故楚地，其遗民惓惓思楚，而利氏与项羽有旧，汉兴，不敢提项氏名。(马王堆三号墓木牍备记轪侯利苍子安葬时，长沙王吴著之赠赗。利氏为楚姓[《通志·氏族略》]，有利几者为项羽将，以陈令反高祖，见《汉书·高帝纪》。)以涉首事亡秦，故书陈王国号，不以二世系年，亦可窥见纪年存统之法，每本于书者之立场。而历书上纪年，在汉初已有此例。此一新资料，正大有研究之价值也。

姚铉编《唐文粹》，于卷三十四特立"正统"一目，收皇甫湜《东晋元魏正闰论》一篇。叶水心为朱黼(文昭)《纪年备遗序》云："孔子殁，统纪之学废；经史文词裂而为三。……而问学统纪之辨，不可观也。"(《水心集》卷十二)编年以立统绪，故谓之"统纪之学"。皇甫湜撰《编年·纪传》已论之(《唐文粹》卷三十六)，水心张其说；实则以统纪名书，早见于纬候。《经义考·说纬》，《河图》有《帝通纪》，《开元占经》卷九十二引有《帝统纪》。《汉书·李寻传》云："通位帝纪。"纪所以纪年。张衡《东京赋》："神用挺纪。"薛综注"谓告年纪之处"，是其滥觞。南宋以来，竞为《春秋》之学。水心之说，殆因《春秋》而作，然后世无称述之者。其反对经、史、文词裂而为三，尤征卓识，开戴东原、姚姬传之先路。故统纪之学，有待于发挥。元、明、清以降，学人沾沾喜为正统之辨，犹是叶说统纪之支裔也。追远寻源，事至繁赜，爰草是篇，为治中国史学史者进一解焉。

二　汉人之正统说

　　向来说者以"正统"之义，本于一统。"一统"一词，《史记·李斯传》及《始皇本纪》已见之。斯既入秦，吕不韦任为郎，因说秦王曰："今诸侯服秦，譬若郡县。夫以秦之强，大王之贤，由灶上骚（扫）除，足以灭诸侯，成帝业，为天下一统，此万世之一时也。"《史记·秦始皇本纪》："议海内为郡县，法令由一统。"又廷尉李斯议曰："今海内赖陛下神灵一统，皆为郡县。"夫一统之事，始于秦，而从空间以言"天下一统"之称，恐亦导源于此。欧阳修之论正统，举《公羊传》"君子大居正"及"王者大一统"二语为说。按，隐公三年（前720）《公羊传》"故君子大居正"，何休注"居正"之义云："明修法守正最计之要者。"又隐公元年（前722）《传》："何言乎王正月？大一统也。"何注云："统者，始也。……莫不一一系于正月，故云政教之始。"盖《春秋》大一统所以建元正朔，故训统为始。《文选》汉王褒《圣主得贤臣颂》云："记曰：共（恭）惟《春秋》法五始之要，在乎审己正统而已。"五始者，颜师古注云："元者，气之始；春者，四时之始；王者，受命之始；正月者，政教之始；公即位者，一国之始；是为五始。"唐吕向注："正位以统理天下。"此处虽用"正统"二字，而取义与后来有别。再考《大戴礼·诰志篇》："虞史伯夷曰：明，孟也；幽，幼也。明幽，雌雄也。雌雄迭兴，而顺至正之统也。日归于西，起明于东，月归于东，起明于西。虞夏之历正，建于孟春。"此论"至正之统"一义，本于阴阳幽明之说,以明历正建春之旨。此"正统"说之初义,与《春秋》"王正月"正相应也。

乐理亦言一统。《汉书·律历志》云:"三统者,天施、地化、人事之纪也。……故黄钟为天统……林钟为地统……太族为人统。"又云:"及黄钟为宫,则太族、姑洗、林钟、南吕皆以正声应,无有忽微;不复与它律为役者,同心一统之义也。……《书》曰:'予欲闻六律、五声、八音、七始咏,以出内五言,女听。'……七者,天地四时人之始也。顺以歌咏五常之言,听之则顺乎天地,序乎四时,应人伦,本阴阳,原情性,风之以德,感之以乐,莫不同乎一。惟圣人为能同天下之意,故帝舜欲闻之也。"此段对七始之义,抉发尤精,所引《书》出《益稷篇》(今孔《传》本"七始咏"三字作"在治忽")。汉初《安世乐·房中歌》云:"七始华始,肃倡和声。"孟康注即用《律历志》语。七始乃合四时与三才,音声相和,是为同心一统。汉初以七始为天统,说实见于《大传》。

陈寿祺辑伏生《尚书大传·尧典篇》论乐律之语甚多,其记巡守观风云:"以六律、五声、八音、七始,著其素簇以为八。……五声,天音也;八音,天化也;七始,天统也。"注云:"七始者,黄钟、林钟、大簇、南吕、姑洗、应钟、蕤宾也。歌声不应,此则去之。素,犹始也;簇,犹聚也。乐音多聚以为八也。"论八音之理,中有七始,乃天统也。以七始为天统,与天音(五声)、天化(八音)相配,是"天统"二字原本于乐律古义。又其《略说》(陈氏谓即《尚书畅训》)屡言"三统",如云:"王者存二王之后与己为三,所以通三统,立三正。周人以至日为正,殷人以日至后三十日为正,夏人以日至后六十日为正。天有三统,土有三王,三王者,所以统天下也。"此言"天有三统",后来董仲舒及刘歆之言"三统",盖本乎此。

《史记·封禅书》记有司论鼎云:"闻昔泰帝,兴神鼎一。一者壹统,天地万物所系终也。黄帝作宝鼎三,象天地人。""一"与"三"皆有取义:"一"即壹统。《易·乾象》言:"万物资始,乃统天。"郑注:"统,本也。"以"本"释

"统",与何休解"大一统"之"统"为始相近。帝王之史称为"本纪",裴松之《史目》谓:"本者,系其本系,故曰本。"揆之汉儒经说,以"统"训"本",则本纪之与统纪,于义亦有关联也。

太史公学《春秋》于董子,其《高祖本纪》称:"三王之道若循环,终而复始,周秦之间,可谓文敝矣。秦政不改,反酷刑法,岂不缪乎?故汉兴,承敝易变,使人不倦,得天统矣。"《汉书·郊祀志赞》:"刘向父子以为……高祖始起……著赤帝之符,旗章遂赤,自得天统矣。"邓展曰:"向父子虽有此议,时不施行。至光武建武二年,乃用火德。"司马、刘氏称誉高祖能得天统,其说盖本诸董生《春秋繁露》,《三代改制质文》篇云:

> 《春秋》曰"王正月"……何以谓之"王正月"?曰:王者必受命而后王。王者必改正朔,易服色,制礼乐,一统于天下。所以明易姓,非继人,通以己受之于天也。……故汤受命而王,应天变夏作殷号,时正白统。……(下记黑统、赤统、白统三统,从略。)
>
> 三代改正,必以三统天下。曰三统五端,化四方之本也。天始废始施,地必待中,是故三代必居中国。法天奉本,执端要以统天下,朝诸侯也。是以朝正之义,天子纯统色衣,诸侯统衣缠缘纽,大夫士以冠,参近夷以绥,退方各衣其服而朝,所以明乎天统之义也。
>
> 其谓统三正者,曰:正者,正也;统致其气,万物皆应,而正统正,其余皆正,凡岁之要,在正月也。

此解释天统之义,其要点如下:(1)朝必于正月,贵首时也;(2)居必于中国,内诸夏而外夷也;(3)衣必纯统色,示服色之改易也。如是乃可谓壹统于天下,乃可以统天矣。(谓代天行事,统领万邦,是之谓天统。)此董生一统之说，太史公采用之。夫统正，则其余皆正。以正月为岁始，岁之要即在正月故也。而《春秋》谓之王正月者，董生又云："王者受命而王，制此月以应变，故作科以奉天地，故谓之王正月。"此指易姓之君，所以承天应变以行事，故以改制为重。所云应变，盖天官家以为天运屡变，惟王者乃有以应之耳。《史记·天官书》："夫天运三十岁一小变，百年中变，五百年大变，三大变一纪，三纪而大备……"孟子亦言："五百年必有王者兴。"斯其义也。又《春秋繁露·符瑞》篇论西狩获麟云："托乎《春秋》正不正之间，而明改制之义，一统乎天子，而加忧于天下之忧也。"又《俞序》篇云："仲尼之作《春秋》也……下明得失，起贤才，以待后圣。故引史记，理往事，正是非……"《春秋》之作，依董氏公羊说，正所以明改制，张一统，先天下之忧而后忧；太史公之作《史记》，即本此义，又不可不知也。

《汉书·郊祀志》称："宣帝即位，由武帝正统兴。"又王吉上宣帝《疏》云："《春秋》所以大一统者，六合同风，九州共贯也。"亦撮《公羊》为义。《汉书·董仲舒传》："《春秋》大一统者，天地之常经，古今之通谊也。"王说盖本此。此则指一姓本宗传位之正统也。

以"正统"一词用之帝王受命，则有东汉季傅幹之《王命叙》，其论光武中兴之由有四：第一即为得"帝皇之正统"。又云："自我高祖袭唐之统，受命龙兴。""世祖攘乱，奄有帝宇。"此文乃续班彪《王命论》而作，汉为尧后，故以上接帝尧之统也。王莽虽有即真之实，渐台之败，继起者仍为刘氏，遂致上下失据，沦于非类。班固《汉书·王莽传赞》诋之为"紫色蛙声，余分闰位"，弥深正闰之辨。固于《东都赋》赞光武云："系唐统，接汉绪。"虽不用正统之名，而意则指正统，甚为明显。班固《典引》论高（祖）、光（武）二圣之龙兴云："盖以膺当天之正统，受克让之归运。"可见正统归运之论，至班氏而愈加奠定。自此以降，受命之帝王，罔不据此以立论。

故纬书屡以一统解说古帝受命。《御览》卷七十六《皇王部》引:

　　《易纬》曰:"天子者,继天治物,改正一统,各得其宜……"

又引《易乾凿度》:

　　王者,天下所归。……天子者,继天理物,改一统……

又引《周书》曰:

　　三王之统,若循连环,周而复始,穷则反本。

　　此亦东汉以来之恒言,以王统配三统,以申受命应运之由。

　　魏之继汉,其《受禅表》云:"大统不可以久旷。"邯郸淳《魏受命述》云:"圣嗣承统,爰宣重光。"(《古文苑》卷十二)南齐萧子恪与弟子范入梁之后,梁武命其读班彪《王命论》。《梁书·子恪传》云:"高祖在文德殿引见之,从容谓曰:'我欲与卿兄弟有言。夫天下之宝,本是公器,非可力得。苟无期运,虽有项籍之力,终亦败亡。所以班彪《王命论》云:所求不过一金,然终转死沟壑。卿不应不读此书。'"(《梁书》卷三十五)故萧子显于《南齐书》本纪后论皆宣扬班彪王命之说。故知班氏父子于继统之论,对后代启发独多。

　　"统"之观念与历法最为密切,盖深为《周易》"治历明时"一义所支配。《封禅书》云:"推历者以本统。"载齐人公孙卿札书,引"鬼臾区对曰:'黄帝得宝鼎神策,是岁乙酉朔旦冬至,得天之纪,终而复始。'"《汉书·艺文志》五行家序云:"五行之序乱,五星之变作,皆出于律历之数而分为一者也。其法亦起五德终始,推其极则无不至。"可见历术与本统关系之深。《汉志》历谱类有《自古五星宿纪》，五星之著述亦以纪名书，至宋苏颂乃著《历者天地之大纪赋》(《赋汇》卷一)。

音乐言统，原起于汉。《御览》引应劭《风俗通》："雅琴者，乐之统也。"故学人多颂言琴德，刘向《雅琴赋》称为"德乐愔愔"。及宋季徐理著《琴统》，其序云："琴者……君子所当御，故名曰'琴统'。"又《琴统·外篇叙》云："管乐统气声，实统虚也。琴统乐，实统实也；律生于道，道统气声，虚统虚也。虚虚为道之极，实实为道之极，虚极而实，实极而虚，虚实相因，琴与道俱。"(据周庆云《琴书存目》卷三引)上继《大传》及《律书》，阐发虚实相生及乐统气、声之义，渊哉言乎！

顾亭林《日知录》卷二十"年号当从实书"条云："正统之论，始于习凿齿，不过帝汉而伪魏、吴二国耳。"按，习氏著《汉晋春秋》，有晋承汉统之论。以为魏有代王之德，而其道不足；道不足则不可谓制当年，当年不制于魏，则未曾为天下之主。以晋承魏，比义唐虞，殊为可惜。若以晋承汉，功实显然，正名当事，情体亦合。其书只可谓根据正闰观念，改写史著，为后世史学开一新例。然其说不为人所接受。梁武《通史》，吴、蜀二主，皆入世家(《史通·六家》篇)。宋初《太平御览》分皇王与偏霸二部，王莽、黄巢皆入皇王部。汉孝平之后，附少帝、孺子及王莽；唐僖宗之后，附黄巢。蜀刘备独列于偏霸之首；刘宋、南齐、北齐、梁、陈，皆入偏霸，难怪引起后来之辩难。其以蜀入偏霸，固违习氏之见。《史通·称谓》篇自注云："习氏《汉晋春秋》以蜀为正统，其编目叙事，皆谓蜀先主为昭烈皇帝，至于论中语则呼为玄德。"则讥其"用舍之道，于例无恒"。司马光《通鉴》，仍系魏为纪，于黄初二年论曰："秦焚书坑儒，汉兴，学者始推五德生胜，以秦为闰位，在木火之间，霸而不王，于是正闰之论兴矣。"此指取五德相生以论正闰，为汉氏以来正统之旧说。至于据王道以论位，别创为一史，自当以习氏为先例。若谓正统之论，由其作俑，则恐非事实也。

三　五德终始说新探

五德终始之说，向来皆云出于邹衍；今以新旧资料合证之，实当起于子思。《荀子·非十二子》责子思、孟子云："案往旧造说，谓之五行。"（杨倞注："五行，五常，仁、义、礼、智、信是也。"）既云"案往旧造说"，则子思亦远有所承也。按，马王堆《老子》甲本后《佚书》有云：

> ……胃（谓）之德之行。不刑（形）于内胃之行。……德之
> 行。五[行]和胃之德，四行和胃之善。
> 善，人道也；德，天道也。

《佚书》且屡屡言及仁气、义气、礼气诸名，即班固所谓"五行者，五常之形、气也"。《礼记·乡饮酒义》云："天地严凝之气，始于西南，而盛于西北，此天地之尊严气也，此天地之义气也。天地温厚之气，始于东北，而盛于东南，此天地之盛德气也，此天地之仁气也。"知《礼》所称之义气、仁气，盖有所本。《佚书》以"德"为天道，"善"为人道。而德之行有五。又云：

> 君子之为善也，有与始也，有与终也。君子之为德也，有
> 与始也，无与终也。

金声而玉振之,有德者也。金声,善也;王言,圣也。善,
人道也;德,[天]道[也]。[唯]有德者然笱(后)能金声而玉
振之。

又云:

　　其至,内者之不在外也,是之胃蜀(独);蜀也者,舍膣
(体)也。
　　君子之为善也,有与始,有与终;言与其膣始,与其膣
终也。
　　君子之为德也,有与始,无[与终]……
　　与其膣始,无与终者,言舍其膣而独其心也。……虽(唯)
有德者,然后能金声而玉辰(振)之;金声而玉辰(振)之者,动
□而□□,井(形)善于外,有德者之□。

此为始终之义。善与德之始终不同,兹表之如下:

善——人道 { 有与始
　　　　　 有与终

德——天道 { 有与始
　　　　　 无与终——舍体而独其心

　　考金声玉振相为始终之义,《孟子·万章》篇已言之曰:"集大成者,
金声而玉振之也。金声也者,始条理也;玉振之也者,终条理也。始条
理者,智之事也;终条理者,圣之事也。"取与《佚书》参证,若合符节,故
疑此《佚书》即思孟之遗说。其始与终,而曰金声,曰玉振者,盖以乐为

喻。古之乐次，以金奏为终始。《燕礼记》郑注："以乐纳宾，奏《肆夏》。《肆夏》，乐章也，今亡。以金镈播之，鼓磬应之，所谓金奏也。"此儒家之乐教也。以此比德之起始与完成，有如金奏之敲悬镈与击玉磬也。德之成亦如乐之成。《佚书》云：

> 乐者，言其流膻也。机……者，惠（德）之至也。乐而后有惠；有惠而国家与；国家与者，言天下之与仁义也。言其□□乐也。文王在尚（上），于昭于天，此之胃也，言大惠备成矣。

乐而后有德，德之成则舍体而行，故与有始而不必与有终；善者则贯彻始终，故有始必有终。德则不然，德为天道，故可舍体而专一其心，不以形求之，自然如天道之流行，悬诸天地而皆准。此当为子思之五德终始说。曰善曰德，析言之：一形一气；形者与其体；而气则舍之。一为人道，一为天道，天与人正相应也。

邹衍倡五德始终说，似本此为基础而恢皇之。严安上书引邹衍曰："政教文质者，所以云救也。"（《汉书·严安传》）太史公《高祖本纪赞》言三代文质相救云：

> 周人承之以文；文之蔽，小人以僿，故救僿莫若忠。

《索隐》云："此语本出《子思子》，见今《礼·表记》。"《子思子》书今不传，赖此知之。董仲舒《天人三策》引此云"道亡救弊之政"。三代文质相救之义，原出子思，而邹衍、董生、太史公皆秉之立论，此邹说之原于《子思子》之一证也。邹子之书，见于《汉书·艺文志》者，有《邹子终始》五十六篇；《史记·孟荀传》称其著《终始》、《大圣》之篇十余万言，"称引天地剖判以来五德转移，治各有宜，而符应若兹"。德之"五行"及"终始"

二词,实本于子思,而邹氏扩大其义,以论朝代更易之德运。夫以"终始"二字名书,又有《阴阳家·公梼生终始》(十四篇,《汉志》注:"传邹奭《终始》书。")、《黄帝终始传》(《史记·历书》褚先生曰引"汉兴百有余年"数句),其详罔闻,然以终始之义立说,固不止邹衍一人而已也。

《汉书·律历志》云:"丞相属宝、长安单安国、安陵栖育治《终始》。昭帝时犹有传习者。"(《汉书艺文志条理》)。惟邹衍则取以解释人事,以阐明帝王应运而兴之道理,构成其所创之历史哲学。邹氏掌握之原则有三:

(1) 确定每一代帝王之运命,自有其在五行上所属之先天德性。

(2) 根据五行相胜,互相生克,推演为五德始终,创为帝王更迭之循环说。

(3) 以一年之"纪",扩大为历年之"纪",成为大型之终始说。

考五行相胜说,由来甚远,若《左传》史墨有火胜金、水胜火之言(昭三十年[前512]及哀九年[前486]《传》),渐次亦为墨家、兵家、名家所采用。《墨子·经说》下之论五合,《贵义篇》之五龙;《孙子·虚实篇》之论五行无常胜(山东临沂新出《孙膑兵法》有"五壤之胜:青胜黄,黄胜黑,黑胜赤,赤胜白,白胜青"之语,见《地葆篇》);《公孙龙子·通变》亦有引证木贼金。当日之言五行者,有常胜与毋常胜二系(参栾调甫《梁任公五行说之商榷》)。邹衍执常胜之说以解释历史,不沾沾于名实,从极大处落墨,故有其成就。《史记·孟荀传》云:

> 驺衍睹有国益淫侈,不能尚德,若大雅整之于身,施及黎庶矣。乃深观阴阳消息,而作怪迂之变,《终始》、《大圣》之篇……称引天地剖判以来五德转移,治各有宜,而符应若兹。……要其归必止乎仁义节俭……

邹氏仍以儒家伦理为基本,而主张尚德。《封禅书》谓其以"阴阳主运",显于诸侯,主运者,殆如《礼记》之《礼运》,如淳在"主运"一名下注云:"五律相次转用事,随方面为服。"又《礼运》篇有"五色、六章、十二服还相为质"之义,而服当指服色也。秦汉以来,众所讨论之"改正朔,易服色",似即承袭邹氏主运之观点也。至若"《终始》、《大圣》之篇","大圣"者,明指帝王而言,《周书·谥法解》"德象天地为帝",此正为《战国》季世学者所讨论之主题,邹氏之篇亦针对此而发。今观《大戴礼》书中,有《五帝德》、《盛德》、《虞戴德》诸篇可以见之。《盛德》论圣王之盛德,而提出"明堂者,天法也;礼度,德法也,所以御民之嗜欲好恶,用以慎天法,以成德法也"。分析为天法及德法二者,显似反对法家专以刑法御民之失。

> 夫民善其德,必称其人。故今之人称五帝三王者,依然若犹存者,其法诚德,其德诚厚。夫民思其德,必称其人,朝夕祝之,升闻于皇天,上帝歆焉,故永其世而丰其年。

此为《盛德》篇所描写之"德法",乃依循"天法"而行。邹子主张"尚德",先整之于身,然后施及于民,想必与《盛德》之篇不相违悖。五帝之名,见于《楚辞》,《惜诵》云"令五帝以折中兮"。故《楚缯书》有炎帝一名及五色木之号,此仅见个别之五色帝而已。《晏子春秋》云:

> 楚巫微导裔款以见景公,侍坐三日,景公说之。楚巫曰:"公,明神之主,帝王之君也。公即位有七年矣,事未大济者,明神未至也。请致五帝,以明君德。"景公再拜稽首。楚巫曰:"请巡国郊以观帝位。"至于牛山而不敢登,曰:"五帝之位,在于国南,请斋而后登之。"公命百官供斋具于楚巫之所……

楚人原有五帝甚明,又由楚巫传播至齐,观《陈侯因𪟔敦》铭文见黄帝之名可证。景公时楚巫微与裔款请"致五帝,以明君德",此五帝德一说之滥觞,亦为齐学、楚学合流之结果,邹衍固齐学之代表也。

五帝本非一义,现略予以说明:

(1) 天官家安排之五帝:《史记·天官书》南宫朱鸟:"门内六星,诸侯。其内五星,五帝坐。"《晋书·天文志》太微五帝坐,中黄帝坐,四帝星侠黄帝坐。东方苍帝,南方赤帝,西方白帝,北方黑帝。配以五色,其资料为太史令陈卓总甘、石、巫咸三家星图。若《史记·天官书》似用甘氏《星经》之说。

(2) 历史家配合天帝而构成之人帝,如《大戴礼·帝系》孔子答宰予问五帝德,太史公因作《五帝纪》;孔子答季康子以伏羲、神农、黄帝、少昊、颛顼配五行。

《大戴礼·五帝德》所描写之黄帝、颛顼诸帝王,俱为德合天地之领导人物,于黄帝一段,称其:

> 治五气,设五量,抚万民,度四方。教熊罴貔豹虎以与赤帝战于坂泉之野,三战然后得行其志。黄帝黼黻衣大带黼裳,乘龙扆云,以顺天地之纪,幽明之故,死生之说,存亡之难。时播百谷草木,故教化淳鸟兽、昆虫。历离日月星辰,极畋土石金玉,劳心力耳目,节用水火材物。生而民得其利百年,死而民畏其神百年,亡而民用其教百年,故曰三百年。

黄帝对人民之贡献,是民得其利,畏其神而用其教,此即"帝德"之标准,诚如是方为"大圣"。《易·文言》所谓:"与天地合其德,日月合其明。"《尧典》所云:"光被四表,格于上下。"《尚书纬》释"稽古"即同天,俞正燮以"法天"解之(《癸巳类稿》卷一)。此种与天地合德之人物,惟大圣之帝,方足以当之。《史记·秦楚之际月表序》称赞高祖"愤发其所为天下雄……此乃传之所谓大圣乎？……非大圣孰能当此受命而帝者乎？"是邹衍所谓"大圣"者，必受命而帝者，始得与于其列矣。

《吕氏春秋》对邹说更发扬光大。《封禅书》云："自齐威、宣之时，驺子之徒，论著终始五德之运，及秦帝而齐人奏之，故始皇采用之。"秦人学术，部分盖接受邹说，《史记·始皇本纪》李斯等议古教不同一节，证以严安上书引用邹衍语："政教文质者，所以云救也。当时则用，过则舍之，有易则易也。"邹氏主张变通，是以秦人在政教上亦主张"五帝不相复，三代不相袭，各以治，非其相反，时变异也"。可易者，则易之。故始皇推邹衍"终始五德之传"，以秦为水德，代周之火德；其色上黑，名河曰德水，以为水德之始，而事皆决于法，刻削毋仁恩和义，以合五德之数。（见《史记·始皇本纪》）彼一方面固采邹子五德之数，一方面则去其儒家"止乎仁义"之"尚德"部分，专尚刑法，而非"德法"，可谓修正之邹学。

医家言亦采用终始之理论，《灵枢经》有《终始》篇列第九。谓"针刺之道毕于终始，明知终始，五藏为纪"。《九针十二原》篇，岐伯论以"针通经脉，令有纲纪，始于一，终于九焉"。又《小针解》云："调气在于终始一者，持心也。"凡用针、调气，均宜通"终始"之义。可见终始理论，自子思、邹衍以后，贯通百学，医亦其一端耳。

四 邹、刘五德之异义及正闰说之缘起

《汉书·郊祀志》班固赞云：

> 至于孝文，始以夏郊，而张苍据水德，公孙臣、贾谊更以为土德，卒不能明。孝武之世，文章为盛；太初改制，而兒宽、司马迁等犹从臣、谊之言，服色数度，遂顺黄德。彼以五德之传从所不胜，秦在水德，故谓汉据土而克之。刘向父子以为帝出于《震》，故包羲氏始受木德……自神农、黄帝下历唐虞三代而汉得火焉。……昔共工氏以水德间于木火，与秦同运，非其次序，故皆不永。

此段文字盖言三事：(1) 论汉兴之初定汉为土德；(2) 刘向父子论汉为火德；(3) 共工氏以水德，与秦同运，非其次序，即指共工与秦宜居闰位之谓。约言之，一为邹、刘五德之异义，一为正闰说之所由起。试分别论之：

《始皇本纪》称"秦代周德，从所不胜"。"从所不胜"者，左思《魏都赋》有云："考历数之所在，察五德之所莅。"李善注引《七略》曰："邹子有《终始五德》，从所不胜，木德继之，金德次之，火德次之，水德次之。"(《文选》卷二十应玚《华林园集诗》"五德更运"下注引《七略》作"言土德从所不胜,木德继之"。此据尤袤本。)此为邹说仅存之遗文,依其相胜之顺序,应为土、木、金、火、水;出土之《孙膑兵法》则为木(青)、土(黄)、水(黑)、火(赤)、金(白)、木(青),序次有异。然《吕览·应同》篇云:

> 凡帝王之将兴也,天必先见祥于下民。黄帝之时,天先见大螾大蝼,黄帝曰:"土气胜!"土气胜,故其色尚黄,其事则土。
>
> 及禹之时,天先见草木,秋冬不杀。禹曰:"木气胜!"木气胜,故其色尚青,其事则木。
>
> 及汤之时,天先见金刃生于水。汤曰:"金气胜!"金气胜,故其色尚白,其事则金。
>
> 及文王之时,天先见火,赤乌衔丹书集于周社。文王曰:"火气胜!"火气胜,故其色尚赤,其事则火。
>
> 代火者,必将水;天且先见水气胜。水气胜,故其色尚黑,其事则水。水气胜而不知数备,将徙于土。

则其序次为土、木、金、火、水,与《七略》所引邹子说全同,是知《吕览》乃用邹说也。

《太平御览》卷七十六引《尚书大传》曰"三王之治,如环之无端,如水之胜火",是伏生亦采相胜之说。《史记·十二诸侯年表序》称汉相张苍历谱五德。《索隐》云:"张苍著《终始五德传》也。"惜其书不存,然苍亦邹衍之信徒也。其后孝成之世,刘向作《五纪论》(见《汉书·律历志》),其书不传,惟班固于《郊祀志赞》称:

刘向父子以为帝出于《震》，故包羲氏始受木德。

刘氏用《说卦》"帝出于《震》"，语以定伏羲始木德。《御览》七十八《皇王部》引《春秋内事》云："伏牺氏以木德王天下，天下之人，未有室宅，未有水火之和。"又黄帝下引《春秋内事》云："轩辕氏以土德王天下，始有堂室。"以伏羲为木，黄帝为土，与《世经》同。《御览》又引《帝系谱》："伏羲木王。"刘歆《世经》中五帝及其五行之德，序次如下：

(帝太昊)庖牺→炎帝神农→黄帝→少昊→颛顼
木(德)　　火　　土　　金　　水

帝喾→唐尧　→虞帝→　禹→　汤
木　　火　　　土　　金　　水

周
木

又《潜夫论·五德志》中亦言五帝，其序如下：

太暤伏羲→　　→赤帝　　→黄帝　　→白帝　　→黑帝
　　　　　神农　　　轩辕　　　少晔　　　颛顼

文云："其德木"、"其德火纪"、"其德土行"、"其德金行"、"其德水行"。此亦与刘歆相同，盖主五行相生说者也。《世经》之"首德始木"，与《孙膑兵法·地葆》"五壤相胜"之始木相同。《楚缯书》五木神次序为"青木、赤木、黄木、白木、墨木之精"，亦以青木列首。此为首木之说，与邹衍之首土不同。兹附三图如下：

(1) 邹子、《吕览·五德相胜(克)图》：

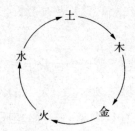

（2）《孙膑兵法·五壤相胜图》：

（3）刘歆《世经》、《潜夫论·五帝志》之《五德相生图》：

三个系统之不同,试比较如下：

（1）邹、吕之五行相胜始土,不始木；其他则首德始木。

（2）邹、吕以土克木,木克金；孙则以金克木,木克土；刘则水生木,土生金。

（3）邹、刘皆以解释历史；孙则否。

五帝所值之德,《文选》李注引邹子又云：

五德从所不胜,虞土、夏木、殷金、周火。（沈约《齐安陆昭

王碑》"是开金运"句下注）

此条亦见《淮南子·齐俗训》高诱注完全相同，而与刘歆《世经》则大异，兹表之如下：

邹衍《五德终始》	刘歆《世经》		
	木德	太昊(伏羲)	"首德始木"
	闰水	共工	"在火、木之间，非其序也。"
	火	炎帝(神农)	"以火承木"
土德　黄帝(《天中记》卷五十七引	土	黄帝	"火生土"
刘向《别录》载邹衍)	金	少昊	"土生金"
	水	颛顼	"金生水"
	木	帝喾	"[水]生木"
	火	唐帝	"木生火"
土　　虞	土	虞帝	"火生土"
木　　夏	金	伯禹	"土生金"
金　　殷	水	成汤	"金生水"
火　　周	木	武王	"水生木"
(据《文选》注引邹子)　水　秦	闰水	秦皇	
土　汉	火	汉高祖	"木生火"
(此公孙臣说，据邹氏			
《终始传》推之者。)			

　　班固《典引》"五德初始"，蔡邕注："五行之德，自伏羲以下，帝王相代，始于木，终于水。"曹植《画赞》：庖牺"木德风姓"，神农"火德成木"，黄帝"土德承火"，少昊"金德承土"，颛顼"水德统天"，俱袭《世经》之说。

　　秦人用邹子说，以周为火德，故秦变周自为水德。《始皇本纪》所云："始皇推终始五德之传，以为周得火德，秦代周德，从所不胜，方今水德之始。"而《郊祀志》如淳注驺子"五德之运"云：

> 今其书有《五德终始》。五德各以所胜为行。秦谓周为火
> 德；灭火者水，故自谓水德。(《汉书·高纪》文颖曰：始皇即
> 位，周火德，以五胜之法胜火者水。)

《郊祀志》公孙臣上书曰：

> 始秦得水德，及汉受之，推《终始传》，则汉当土德。

所推之《始终传》，当即邹子之《五德终始传》也。据秦上溯至姬周，足证
邹衍正以周为火德。

汉时，丞相张苍尝主汉乃水德，公孙臣深斥其非。贾谊亦言汉为土
德，儿宽、司马迁皆从之。盖邹衍之说，周为火德，秦继之为水，而汉代
秦而兴，宜循环回复虞帝之土德，因知公孙及贾子等亦即用邹氏《终始
传》之说也。

至若以五德论正闰，实起于刘歆《世经》，其言云：

> 《祭典》曰："共工氏伯九域。"言虽有水德，在火木之间，非
> 其序也。(太昊帝)
> 《易》曰："炮牺氏没，神农氏作。"言共工伯而不王，虽有水
> 德，非其序也。以火承木，故为炎帝。

一则引《礼记·祭法》，一则引《易·系辞》。《祭法》但云："共工氏之霸
九州也，其子曰后土，能平九州，故祀以为社。"共工非王而仅为霸，虽有
水德，但不得承统为序，而夹在太昊(伏羲)之木及炎帝之火之中间，故

被目为闰位。《易·系辞传》言："包牺没，神农氏作。""神农氏没，黄帝、尧、舜氏作。"《世经》断章取义，以神农接炮牺之统，故称共工不王，自不得其序，此共工为闰位之说，原出于刘歆也。班固于《郊祀志赞》言"共工氏以水德间于木火，与秦同运，非其次序"，则秦与共工同为水德，汉人指其不当次序，此为刘歆之闰水说；后代五德正闰，即由此而起也。

《始皇本纪》后附东汉明皇帝曰："周历已移，仁不代母。秦直其位，吕政残虐。"《索隐》云："周历已移，周亡也。仁不代母，谓周得木德，木（中华标点本误作'水'）生火，周为汉母也。言历运之道，仁恩之情，子不代母而王，谓火不代木，言汉不合即代周也。秦值其闰位，德在木火之间也。此论者之辞也。"《正义》云："始皇以为周火德，秦代周，从所不胜，为水德之始也。按，周木德也，秦水德也。五行之运，水生木，木生火，火生土，土生金，金生水。所生者为母，出者为子。帝王之次，子代母。秦称水是母代子，故言。若有德之君相代，不母承其子。直音值。言秦并天下称帝，是秦德值帝王之位。"按，此为明帝十七年（前74）十月十五日乙丑日事。班固《典引》言："永平十七年与贾逵、傅毅、杜矩、展隆、郗萌等召诣云龙门。"即是时也。其言仁不代母者，从《世经》之五行相生说，则周当为木德，而秦乃自号水德，揆以相生之运，水生木，木生火；水为母而木为子；秦居水德，承周之木运，岂不以母（水）代子（木）？故讥其不仁，此东汉人因《世经》之五行相生故有此论。然秦乃据邹衍五德终始，邹子之说固谓周为火德，水胜火，故秦得居水德，其用邹说，灼然甚明。故晋泰始间史臣论："五德更王，唯有二家之说。邹衍以相胜立体，刘向以相生为义。据以为言，不得出此二家者。假使即刘向之说，周为木行，秦氏代周，改其行运。若不相胜，则克木者金，相生则木实生火。秦氏乃称水德，理非谬然。"（《宋书·律历志》）其说良允。

《春秋繁露·五行对》，河间献王问温城董君，其对云："木生火，火生土，土生金，金生水，是故父之所生，其子长之。"又《五行之义》章亦云："木生火，火生土，土生金，金生水，水生木，此其父子也。"均主五行相生。倘此文真出董生之手，则刘氏之相生说，董生时已流行矣。

《左传》昭公十七年（前525），郯子曰：昔者黄帝氏以云纪，炎帝氏以火纪，共工氏以水纪，大皞氏以龙纪，少皞纪于鸟。是共工世次在炎帝、大皞之间。杜注则云："共工以诸侯霸有九州，在神农前、大皞后，亦受水瑞，以水名官。"郯子所保存为东方古史传说。共工与黄帝、炎帝并列。《楚缯书》云"共攻□步，十日四寺（时）"，"工"字作"攻"。《春秋》之际五德思想尚未正式成立，而共工、炎帝各以水、火为纪，或水师而水名，或火师而火名。如以少皞之鸟师、鸟名为例，有诸鸟、五鸠、九扈之号，则共工之水师水名，谅有同然，惜乎资料湮灭，末由稽考。

五　晋初及北朝修史断限之争论

晋初立国,对三分鼎峙之局,宜取何者为续统,颇引起争端。左思"三都赋"即为此而作也。王鸣盛《十七史商榷》卷五十一云:

> 左思于西晋初,吴蜀始平之后,作"三都赋",抑吴都、蜀都而申魏都,以晋承魏统耳。

今观《魏都赋》云:

> 㩅惟庸蜀与鸲鹊同窠,句吴与蛙黾同穴。一自以为禽鸟,一自以为鱼鳖。……或魋髻而左言,或镂肤而缵发。……揆既往之前迹,即将来之后辙。成都迄已倾覆,建业则亦颠沛。

此为太冲贬抑蜀、吴以立魏统之说也。晋室既建,其先世尝为魏臣,作史者宜断自何年,于晋初遂成为史学论议之题目。陆机因有《晋书》限断之议。李充《翰林论》云:"在朝辨政而奏议出,宜以远大为本。陆机《晋断》亦名其美言。"(《全晋文》卷五十三)颇重视其文。《初学记》卷二十一文部史传引陆士衡《晋书限断议》云:"三祖实终为臣,故书为臣之事,不可如传,此实录之设也。而名同帝王,故自帝王之籍。不可以不称纪,则追王之义。"(《王籍下》注)《史通·正史》篇称:"著作郎陆机始撰《三祖纪》。"而于《本纪》篇讥其"列纪三祖,直序其事竟不编年,年既不编,何纪之有?"是机书原不编年,故知幾嗤其失礼。

《晋书》卷四十《贾充传》:

> 先是朝廷议立《晋书》限断,中书监荀勖谓宜以魏(少帝)正始(240)起年,著作郎王瓒欲引嘉平(290)以下朝臣尽入晋史,于时依违未有所决。惠帝立,更使议之。(贾)谧上议,请从泰始为断。于是事下三府,司徒王戎、司空张华、领军将军王衍、侍中乐广、黄门侍郎嵇绍、国子博士谢衡,皆从谧议。骑都尉济北侯荀畯、侍中荀藩、黄门侍郎华混以为宜用正始开元,博士荀熙、刁协谓宜嘉平起年。谧重执奏(王)戎、(张)华之议,事遂施行。

盖晋初修史有三种意见:(1) 以(司马炎)泰始(265)为断,(2) 以正始(240)开元,(3) 以嘉平(249)起年。陆机为贾谧二十四友之一,谧之主张,当日陆机必参预其议。《初学记》(严可均《全晋文》录此)著其片段,莫窥全豹。陆机之意见,今不可具知,恐必从贾谧之论,以司马炎泰始起元。既以晋为正统,而三祖均属魏世,既不得不用纪体,而限断又起于泰始,故于三祖但序事而不编年,职是故也。

至北齐时,魏收与李德林复有讨论《齐史》记元断限之事。往复数札,载于《隋书》卷四十二《李德林传》云:

> 魏收与阳休之论《齐书》记元事,敕集百司会议。收与德林书曰:"前者议文,总诸事意,小如混漫,难可领解。今便随事条列,幸为留怀,细加推逐。凡言或者,皆是敌人之议。既

闻人说,因而探论耳。"德林复书论即位之元,《春秋》常义
云云。

魏收原议今不可见,惟《北齐书》卷四十二《阳休之传》对此事原委,尚记
其大要,略云:

> (北齐后主武平)六年(575),又领中书监。……魏收监史
> 之日,立《高祖本纪》,取平四胡之岁为齐元。收在齐州,恐史
> 官改夺其意,上表论之。武平中,收还朝,敕集朝贤议其事。
> 休之立议从天保为限断。魏收存日,犹两议未决,收死后(收
> 殁于武平三年,572),便讽动内外,发诏从其议。

可见当日论争重点,是在修纂《齐书》纪事应以何年为开始:(1) 魏收撰
《高祖本纪》取平四胡之岁为齐元。(2) 阳休之主张从天保为限断,即以
齐显祖(高洋)天保元年(550)开始。收复与德林书,问"一之与元,其事
何别?"德林答云:

> 或以为书元年者,当时实录,非追书也。大齐之兴,实由
> 武帝,谦匿受命,岂直史也? 比观论者闻追举受命之元,多有
> 河汉,但言追数受命之岁,情或安之。似所怖者元字耳,事类
> 朝三,是许其一年,不许其元年也。按《易》"黄裳元吉",郑玄
> 注云:"如舜试天子,周公摄政。"是以试摄不殊。《大传》虽无
> 元字,一之与元,无异义矣。《春秋》不言一年一月者,欲使人
> 君体元以居正,盖史之婉辞,非一与元别也。汉献帝死,刘备
> 自尊崇。陈寿,蜀人,以魏为汉贼,宁肯蜀主未立,已云魏武受
> 命乎? 士衡自尊本国,诚如高议,欲使三方鼎峙,同为霸名。

习氏《汉晋春秋》，意在是也。正司马炎兼并，许其帝号。魏之君臣，吴人并以为戮贼，亦宁有当涂之世，云晋有受命之征？史者，编年也，故鲁号纪年。《墨子》又云："吾见《百国春秋》。"史又有无事而书年者，是重年验也。若欲高祖事事谦冲，即须号令皆推魏氏。便是编魏年，纪魏事，此即魏末功臣之传，岂复皇朝帝纪者也。

　　陆机称纪元立断，或以正始，或以嘉平。束皙议云，赤雀白鱼之事，恐晋朝之议，是并论受命之元，非止代终之断也。公议云，陆机不议元者，是所未喻，愿更思之。陆机以"刊木"著于《虞书》，"戡黎"见于商典，以蔽晋朝正始、嘉平之议，斯又谬矣。唯可二代相涉，两史并书，必不得以后朝创业之迹，断入前史。若然，则世宗、高祖皆天保以前，唯入魏氏列传，不作齐朝帝纪，可乎？此既不可，彼复何证。（《隋书》卷四十二《李德林传》。德林此篇李弘祺博士有英译及详细讨论。）

文中云："恐晋朝之议，是并论受命之元，非止代终之断。"试为解释如下：(1) 受命之元——魏之正始、嘉平时，司马懿已有受命之兆，即谓创业而未有帝号者。(2) 代终之断——泰始司马炎正式改元，正式即位称帝号者。德林讨论重点似在于此。陆机既撰《三祖本纪》，以受命为主，则必取正始、嘉平之议。故陆机援引"禹'刊木'著于《虞书》，'戡黎'见于商典"，以为佐证，以见夏事可著于虞史，周事可入于商典（"刊木"语出《禹贡》外，又见《皋陶谟》），以证晋史可从正始、嘉平开始。德林云：

　　公（指魏收）议云，陆机不论元者，是所未喻，愿更思之！

是认魏收误会陆机之意，以为不论元，故举此二证以明之。足见陆机亦论元（起始），特主受命之元，应从创业之司马懿写起。此即陆机晋代起元之说，仍是限断之问题也。

德林又云：

> 史者编年也。……百国《春秋》，史又有无事而书年者，是重年验也。

故德林亦强调系年之重要。刘知幾讥陆机书"有事无年"，则其偏重事可知。惟是否全不系魏年，在行文上甚有困难，陆机原书已不可见，无从推测。

至于正统，则涉及继承者王位合法问题。傅幹指炎汉为正统，则王莽为闰位矣。本朝之人自以本朝为正统也。然此又有政治与学术因素之殊。举例言之，刘元海之建国也，用刘宣（宣即注《尔雅》孙炎之门人）之议，称国号汉，近尊刘禅为孝怀皇帝，而以上接汉统（见《晋书·载记》），此纯为政治上之利用也。而习凿齿以为晋统当上接汉，其著《汉晋春秋》，原为裁正桓温之谋，而晚岁上疏，以为晋宜越魏继汉，言之再四。谓汉之系周而不系秦，何以晋不可上接汉统乎？习氏如在晋初，则不敢作此论。其抑魏即所以尊晋，要皆取媚于本朝者也。

易代之后，有反目前代为霸者，李德林在隋时，裒其所作文翰，谓之《霸朝杂集》。隋高祖读竟，语德林云："方知感应之理。"德林因上《天命论》，可谓无耻。

魏收《魏书》目东晋为僭晋，以司马睿与赉李雄并列（《魏书》卷九十六）。而凉州张实则题曰私署，可谓抑扬任声，故其视陆机《晋纪》，谓"其自尊本国（指吴），欲使三方并峙，同为霸名"。此皆取媚于当朝而贬抑前代，与德林之贬周为霸，诚无以异。

《洛阳伽蓝记》"景宁寺"条，记陈庆之在北，醉谓："魏朝甚盛，犹曰

'五胡',正朔相承,当在江左。秦朝玉玺,今在梁朝。"而杨元慎则讥吴为鱼鳖之徒,互相贬抑。庆之南还,对朱异曰:"自晋宋以来,号洛阳为荒土,此中谓长江以北,尽是夷狄,昨至洛阳,始知衣冠士族,并在中原。"当日南北悬绝,彼此间不能了解之情形,跃然纸上。

《北史》卷四十三《张彝传》:"(魏世宗时)除安西将军秦州刺史(以罪废),上《历帝图》五卷,起元庖牺,终于晋末,凡十六代,一百二十八帝,历三千二百七十年,杂事五百八十九,宣武善之。"《魏书》卷六百四十四《张彝传》载上此书表略云:"叨牧秦藩,号兼安抚。……辄私访旧书,窃观图史,其帝皇兴起之元,配天隆家之业。……起元庖牺,终于晋末,凡十六代,百二十八帝,历三千二百七年,杂事五百八十九,合成五卷,名曰《历帝图》,亦谤木、谏鼓、虞人、盘盂之类。脱蒙置御坐之侧,时复披览,冀或起予左右,上补未萌。"此书《隋志》不录,盖亦后代《历年图》、《帝王绍运图》一类之滥觞。彝长子始均,其传称"才干有美于父,改陈寿《魏志》为编年之体,广益异闻,为三十卷,今并亡失"。此为北人改写陈寿书之先河。盖神龟二年(519)二月,羽林虎贲千人,焚其屋宇,父子所著,或毁于是时乎?考纪年之作,起元庖羲,吴韦昭著《洞纪》,《隋志》称其记庖羲以来,至汉建安廿七年,臧荣绪续一卷,已有此先例,非张彝所创,宋人沿袭之,更无论矣。

六　正史与霸史之确立

桓谭《新论》有《王霸篇》。《隋志》潘杰有《王霸记》三卷亡。李延寿具稿之《隋书·经籍志》始立"霸史"一类（《史部》第四），共收二十七部，三百三十五卷，乃据梁阮孝绪《七录》之伪史部。孝绪书成于梁普通四年（见序），其《记传录》（即后来之史部）所收国史部二百一十六种，五百又九帙；伪史部二十六种，二十七帙。《隋志》正史叙记陈寿《三国志》后云："自是世有著述，皆拟班、马以为正史。"按，"正史"一名，似亦本诸阮氏。（阮孝绪有《正史削繁》九十四卷。《七录·序目》附记云："《正史削繁》十四帙，一百三十五卷，序录一卷。"两《唐书》并收此书，《颜氏家训·书证篇》引此书音义一条。）道宣《广弘明集》引《隋志叙》云："自晋永嘉之乱……后魏克平，诸国据有嵩华，始命司徒崔浩，博采旧闻，缀述国史。诸国记注，尽集秘阁。尔朱之乱，并皆散亡，今举见在谓之霸史。"又《史通·因习》篇云："当晋宅江淮，实膺正朔，嫉彼群雄，称为僭盗，故阮氏《七录》，以田（田融《赵书》）、范（范亨《燕书》）、裴（裴景仁《秦书》）、段（段龟龙《凉记》）诸记，刘、石、苻、姚等书，别创一名，题为"伪史"。及隋氏受命，海内为家，国靡爱憎，人无彼我，而世有撰《隋书·经籍志》者，其流别群书，还依阮录。……案国之有伪，其来尚矣。……何止取东晋一世，十有六家而已乎！"其后《唐六典》乙部为史分一十三，一曰"正史"，四曰"霸史"。《四库》史部载记类小序："阮孝绪作《七录》，伪史立焉，

《隋志》改称'霸史'。"《唐志》又改称"伪史"。

《隋书·经籍志》天圣以前本题唐……魏徵撰，今本题长孙无忌撰。李延寿《南北史》叙传云："贞观十七年（643），尚书右仆射褚遂良时以谏议大夫奉敕修《隋书》十志，复准敕召延寿撰录。"是初稿出于李延寿也。延寿《北史》叙传称其祖父"大师在河西与杨恭仁游，大师常以宋、齐、梁、陈、齐、周、隋，南北分隔，南书谓北为'索虏'，北书指南为'岛夷'……拟《吴越春秋》编年以备南北。……贞观二年（628）终于郑州……所撰未毕。……（延寿）既家有旧本……昼夜抄录。……（贞观）十五年（641）令狐德棻启延寿修《晋书》，后得勘究宋、齐、魏三代之事所未得者。十七年（643）褚遂良奉敕修《隋书》十志，召延寿撰录，雇人书写。至于魏、齐、周、隋，宋、齐、梁、陈正史，并手自写本纪。……又从此八代正史外，更勘以杂史，于正史所无者一千余卷，皆以编入。……《南史》先写讫，以呈监国史国子祭酒令狐德棻"。是唐初八代之史，均称为正史矣。《隋书·经籍志》虽由李延寿具草，实经令狐德棻过目，又由魏徵审定，最可代表官方意见。时代改易，魏收、李德林讨论之问题已不复存在矣。

载记之名，始于《范书》。《班固传》云："撰功臣平林新市公孙述事，作列传载记。"晋裴松之《三国志注》引有乐资（汉）《献帝春秋》，又有《山阳公载记》。《晋书》以十六国主列于载记，例即本此。《史通·题目篇》称其"巧于师古"者也。

六朝之际，宇内分裂，正朔未定，史家撰著最为纷歧。隋、唐一统，始厘定"正史"、"霸史"之别。依上所考，大抵取资阮孝绪之说而略修订之。梁时称各国之史曰"国史"（非指本国之史），僭窃则曰"霸史"，至是"正史"、"霸史"乃始确立，东晋及南北朝诸史遂得厕于正史之林，后世相承不替，不致如魏书时代之纷歧矣。

宋李觏《文集·常语下》颇论王霸之义，其说曰：

或曰《祭法》，共工氏之霸九州，说者以无禄而王谓之霸，在太昊、炎帝之间，然则霸非天子者乎？曰说者之过也。项籍亦尝霸九州矣，在秦、汉之间矣，尊怀王为义帝，分天下以王诸侯，自立为西楚伯王，非霸九州而何也？然谓籍曰天子可乎？彼共工氏，盖籍之类也。

秦与共工实为天子，而汉师不以为天子，项籍未为天子，而《史记》列之"本纪"。《祭法》言共工之霸九有，称之为霸。固不以为王也。李觏比共工为项籍，谓"霸之为言伯也，所以长诸侯也，岂天子之所得为哉？"又谓"倘武王不得天下，则文王之为伯，霸之盛者而已矣"。故霸之异于王，有事实名号之异及史家书法之异，共工之目为霸，乃出史家所贬抑，故以闰位居之。

七　唐之正统论

《汉书·律历志·世经》云："共工氏伯九域,虽有水德,在水木之间,非其序也。"司马贞言秦值闰位,德在火、木之间,即取乎此。盖汉人以共工与秦为闰位也。唐世承隋氏火运,故为土德,然正闰之说颇盛行。初期有王勃著历书,论魏晋至周、隋皆非正统。玄宗时,有人依其说以黜周、隋之历史地位,果见诸施行。《旧唐书·王勃传》云:

> 于推步历算尤精。尝作《大唐千岁历》,言唐德灵长千年,不合承周、隋短祚。其论大旨云:以土王者,五十代而一千年;金王者,四十九代而九百年;水王者,二十代而六百年;木王者,三十代而八百年;火王者,二十代而七百年。此天地之常期,符历之数也。自黄帝至汉,并是五运真主。五行已遍,土运复归,唐德承之,宜矣。魏、晋至周、隋,咸非正统,五行之沴气也,故不可承之。

封演《闻见记》卷四"运次"条,即引王勃《大唐千年历》,讥其迁调,未为当时所许。宋祁等《新唐书·王勃传》云:

> (勃)谓:"王者乘土王,世五十,数尽千年;乘金王,世四十

九,数九百年;乘水王,世二十,数六百年;乘木王,世三十,数八百年;乘火王,世二十,数七百年,天地之常也。自黄帝至汉,五运适周,土复归唐,应继周、汉,不可承周、隋短祚。"乃斥魏晋以降,非真主正统,皆五行沴气。遂作《唐家千岁历》。

武后时,李嗣真请以周、汉为二王后,而废周、隋。中宗复用周、隋。天宝中,太平久,上言者多以诡异进,有崔昌者,采勃旧说,上《五行应运历》,请承周、汉,废周、隋为闰。右相李林甫亦赞佑之,集公卿议可否。集贤学士卫包,起居舍人阎伯玙表上曰:"都堂集议之夕,四星聚于尾,天意昭然矣。"于是玄宗下诏以唐承汉,黜隋以前帝王、废介、酅公,尊周、汉为二王后……

《通鉴》卷二百一十六云:

(天宝九载,八月)辛卯,处士崔昌上言:"国家宜承周、汉,以土代火;周、隋皆闰位,不当以其子孙为二王后。"……上乃命求殷、周、汉为三恪,废韩(元魏后)、介(北周后)、酅公(隋后)……

《旧唐书·玄宗纪》:

(天宝十二载)夏五月乙酉,以魏、周、隋依旧为三恪及二王后,复封韩、介、酅公。

唐时,元魏、北周与隋,本被封为三恪,因王勃之正闰说,几被废黜。勃推五运,以唐宜直继周、汉,至魏、晋以下,皆为闰位。此一说在唐代颇占势力。

王起(字举之)为宰相王播之弟。唐文宗时,入为兵部尚书。李训为宰相,即起之门生也。《新唐书》(卷一百六十七)本传云:"文宗上文,好古学。……起以敦博显……兼太常卿礼仪使……又使广《五位图》,俾太子知古今治乱。"《旧唐书》(卷一百六十四)本传载起所作创造礼神九玉议,称其为"太子广《五运图》",是五位即五运。《崇文总目》:"王氏《五位图》三卷……自开辟至唐,以五运为叙。宋朝至道二年四月甲申,屯田郎吕奉天上言:'司马迁《史记》、王起《五位图》,岁次朔闰,皆与经传不合……'"《玉海》卷五十六记唐路惟衡《唐帝王历数图》:"其开辟以来并不载,故依《五运图》录之。"可见起之《五运图》在唐季颇受尊重。

唐末宰相、史学家柳璨著有《正闰位历》三卷(《新唐志》"编年类",《宋史·艺文志》作《补注正闰位历》。璨著《史通析微》十卷,以驳刘知幾,号柳氏《释史》,事迹见《旧唐书》卷一百二十九本传及《新唐书·奸臣传》之末),亦以正闰为说。《宋史·艺文志》别史类列于柳璨下之著述,王起《五运图》一卷之外,又有曹玄圭《五运图》十二卷,张洽《五运元纪》一卷,《崇文总目》及《通志略》有《历代帝王正闰五运图》一卷,不著撰人,天一阁有抄本,缺。此类书今固不可考,以意揣之,当与王勃、崔昌为一系统,以五运论帝王授受者也。《新唐书·艺文志》历算类收王勃《千岁历》,卷亡。则其书宋初已不甚流行,元杨维桢《正统辨》云:"若其推子午卯酉及五运之王,以分正统之说者,此日家小技之端,王勃儿辈之佞其君者,尔君子不取也。"盖王勃一派之正统说,入宋以后,不复为人所重视矣。

陈鸿撰《大统纪》,其序云:"乃修《大纪》三十卷,正统年代,随甲子纪年书事,条贯兴废。举王制之大纲,天地变裂,星辰错行,兴帝之理,亡后之乱,毕书之。通讽谕,明劝戒也。七年书始就,故绝笔于元和六年辛卯。"(《唐文粹》卷九十五)此书已佚,赖序以存其梗概。《旧唐书·

宣宗纪》："大中五年十一月，太子参事姚康献《帝王政纂》十卷。又撰《统史》三百卷，上自开辟，下尽隋朝……编年为之。"名曰《统史》，则《通鉴》之前驱也。《新唐书·萧颖士传》云："尝谓：'仲尼作《春秋》，为百王不易法，而司马迁作本纪、书、表、世家、列传，叙事依违，失褒贬体，不足以训。'乃起汉元年，讫隋义宁编年，依《春秋》义类，为传百篇。在魏书高贵崩，曰：'司马昭弑帝于南阙。'在梁书陈受禅，曰：'陈霸先反。'又自以梁枝孙，而宣帝逆取顺守，故武帝得血食三纪。昔曲沃篡晋而文公为五伯，仲尼弗贬也。乃黜陈闰隋，以唐土德承梁火德，皆自断，诸儒不与论也。有太原王绪者，僧辩裔孙，撰《永宁公辅梁书》，黜陈不帝。颖士佐之，亦著《梁萧史谱》及作《梁不禅陈论》，以发绪义例，使光明云。"王应麟《困学纪闻》："萧颖士《与韦述书》，欲依鲁史编年，著《历代通典》。起汉元十月，终义宁二年，约而删之，勒成百卷。于《左氏》取其文，《穀梁》师其简，《公羊》得其核，综三传之能事，标一字以举凡。然其书今无传焉……"颖士之说，近人吕思勉深辨其谬，讥为曲说（《隋唐五代史》第廿一章，中华书局，1959 年，第 1320 页）。以唐承梁而黜陈闰隋，此亦正闰之说。书虽不为人所重，亦可觇一时治史之风气焉。

　　韩愈门人皇甫湜著有《东晋元魏正闰论》（文见《皇甫持正集》卷二）以为："往之著书者，有帝元；今之为录者，皆闰晋，可谓失之远矣。"皇甫氏不帝元魏，以其为夷狄也。其论正统之系谱云：

　　　　我（唐）受之隋，隋得之周，周取之梁，推梁而上，以至尧、舜，得天统矣。则陈奸（一作僭）于南，元闰于北，其不昭昭乎！

彼斥陈及元魏为闰位，又云："江陵之灭，则为周矣。"故谓"周取之梁"。宋洪迈驳之曰："灭梁江陵者，魏文帝也，时岁在甲戌。又三年丁丑，周乃代魏，不得云江陵之灭，则为周也。"（《容斋随笔》卷九）

然皇甫氏论正统之义云："王者受命于天,作主于人,必大一统。明所授所以正天下之位,一天下之心。"标出"大一统"之名目,实对后来欧阳修《正统论》有极大之启发焉。

八 宋之正统论

自昔易代之际,五德转移,膺运各异,故祖、腊之日,亦因其德。汉为火德,以午祖而以戌腊。午者南方,而戌者岁之终,万物毕成,故以戌为腊也。至魏尚土德,故博士秦静奏以未祖而以丑腊(《通典》卷四十四引秦静议)。晋则以酉日祖,嵇含《祖赋序》云:"有汉卜日丙午,魏氏择其丁未。至于大晋,则祖孟月之酉日。各因其行运,三代固不同。"(《宋书·志二》引)赵宋初兴,有司上言,国家受周禅,周木德,木生火,则本朝运膺火德,色当尚赤,腊以戌日,诏从之。然诸儒时有异议,雍熙元年(984)四月,布衣赵垂庆上言,本朝当越五代而上承唐统为金德,事下尚书省集议,徐铉与百官奏宜守旧章,不可轻议改易。大中祥符三年(1010),开封府功曹参军张君房上言以瑞应当为金运,疏奏不报。天禧四年(1020),光禄寺丞谢绛上书盛言土德之符(绛传见《宋史》卷二百九十五),而大理寺丞董行父复主金德,以应天统,事皆不行,《宋史》具著其事于《律历志四》。宋循火德之运迄无改易,而诸儒犹有主金德、土德之异论云。

《宋史·宋庠传》:"辑《纪年通谱》,区别正闰,为十二卷。"《直斋书录解题》曰:"《纪年通谱》十二卷,丞相宋庠公序撰。自汉文后元有年号之后,以甲子贯之。曰'正'、曰'闰'、曰'伪'、曰'贼'、曰'蛮夷'。以正为主,而附列其左,号《统元》,为十卷;其二卷曰《类元》,因文之同,各以汇别。庆历中,表之上,宣义郎毕仲荀续补一卷,止元符三年。"此书内容,可窥其梗概;既区正闰,又别伪、贼与蛮夷。司马光称其书以五德相承(《通鉴问疑》),欧阳公《集古录》尝据东魏造像正《通谱》之误年,晁公武《读书志》指其蜀汉年岁之歧异,此书明王祎《大事纪续编》曾引用之(参《四库提要》"编年类")。盖司马光以前之为编年体史书,极注重正闰问题,此一事实,人多忽视之。

宋景德二年(1005),王钦若、杨亿奉敕编修历代君臣事迹,历八年书成,赐名《册府元龟》。其帝王部有"创业"、"继统"等门,又立"闰位"部、"僭伪"部,以秦、蜀、吴、宋、南齐、梁、陈、东魏、北齐及五代之梁为闰位。其后张方平著《南北正闰论》,谓"以晋为闰耶? 未闻革命所传;以(元)魏为正耶? 实非中华之旧"。似即针对《册府》,提出异议。其不以元魏为正,则因皇甫持正之说也。

《高斋漫录》记三苏自蜀来,张安道(方平)、欧阳永叔(修)为延誉于朝,自是名誉大振。张与欧公俱有正闰、正统不同之见,嗣此东坡作《后正统论》,盖受其影响。

唐马总著《通纪》,起自太古,讫于隋季。五代孙光宪续之,复辑全唐洎五代事迹(有《宛委别藏本》)。北宋章衡著《编年通载》十五卷,其书今存,有《四部丛刊·三编本》及景印四部善本。丛刊本卷前有元祐三年(1088)六月建安章楶(楶字质夫,东坡和其《水龙吟·杨花》)序,称族侄衡(子平)积二十余年而后成书,列为十卷,名之曰《编年通载》,断自帝尧以讫皇宋丁未之岁,总三千四百年。熙宁七年(1074),章衡进《编年通载》表,《郡斋》、《直斋》、《四库未收书目》皆著录之。其人为嘉祐二年(1057)进士首选,东坡与衡为同年友;熙宁二年(1070),衡出牧郑州,东坡为作《诗序》(见《文集事略》卷五十六)。

太宗雍熙、端拱间,南唐旧臣龚颖(仪慎从子,字同秀,入宋为御史大夫,事迹附见《新安志》卷五《龚慎仪传》)进《运历图》(《宋史·艺文志》"编年类"作三卷,又"别史类"复出,作八卷),《郡斋读书志》称其书六卷,"起于秦昭王灭周之岁乙丑,止于国朝(宋)雍熙丁亥(四年),以历代兴亡大事附见其下。四年献于朝,优诏奖之。欧阳公尝据之考正《集古》目录,称其精博"。《玉海》卷五十六"图类"据《书目》收龚颖《雍熙运历图》三卷,起秦昭襄五十一年乙巳岁(前256),灭周为历运之始。至雍熙四年丁亥(987),计一千二百四十四年。(又著录端拱元年[988]正月壬午龚颖编《历代年纪》为二图来上,分之为二书。按,端拱元年即雍熙四年之翌年,当是一事。)宋人之编年历运图,当以龚氏为最早。

真宗景德中,刘蒙叟(字道民,宋州人)直史馆上《甲子编年历》,采其父熙占所著为《五运甲子编年历》三卷,自唐尧起庚子,至太祖建隆元年庚申(960),凡三千三百十二年(《玉海》卷十七引《中兴书目》),则纪年始于唐尧。

据《玉海》卷四十七,绍兴初朱绘(官左朝请大夫,《直斋书录解题》云绍兴五年[1135]序)纂《历代帝王年运铨要》十卷,以"欧阳修作《正统图》,黄帝五十六氏,一切采录,乃起自伏羲"。按,欧公著《正统论》,此称作《正统图》,岂论之外另有图耶?魏张彝之《历帝图》,始于伏羲,王起《五位图》亦肇于开辟,朱绘盖循此一例。司马光于英宗治平元年(1064)进《历年图》,起周威烈王二十三年(前403),至周显德六年(959),其上表略云:

> 今采战国以来至周之显德,凡小大之国,所以治乱兴衰之迹,举其大要,集以为图。每年为一行,六十行为一重,五重为一卷。其天下离析之时,则置一国之年于上,而以朱书诸国之君及其元年,系于下,从而数诸国之年,则皆可知矣。凡一千三百六十有二年,离为五卷,命曰《历年图》,敢再拜稽首,上陈于黼扆之前,庶几观听不劳,而闻其甚博,善可为法,恶可为戒。

是表其后收入于《稽古录》卷十六。《历年图》原为五卷,后人增益,复有六卷与七卷、十卷之异本。《玉海》卷五十六"治平历年图"条云:"今本六卷,自注一云七卷,起自共和庚申,讫显德乙未,上下凡千有八百年。"自威烈二十二年(前402),上距共和元年(前841),增多四百三十八年,盖晚年所修,刘攽易其名曰"《帝统编年纪年珠玑》,第为十卷","首卷序三皇迄皇朝世次大略,《历年图》所无"。《直斋书录解题》卷四有"《累代历年》二卷,司马光撰,即所谓《历年图》也。治平初所进,自威烈王至显德,本为图五卷,历代皆有论,今本陈辉(晦叔)所刻,而自汉高祖始"。此又为另一本,《宋史·艺文志》著录司马光书有下列三书,书名及卷数不同,三者实为一书,试列出而说明如下:

《历年图》六卷　按,此与《玉海》之《治平历年图》今本卷数相同。

《帝统编年纪事珠玑》十二卷　按,刘攽所改易。《玉海》云:"第为十卷,以著论为一卷;总十一卷,首卷序为三皇。"皆后来增益。

《累代历年》二卷　按,此《直斋》著录之本,陈辉所刻,始汉高。

温公《历年图》一书,宋时流布至广,而为人增损亦至夥。《历年图》本于治平元年(1064)三月十七日所上,及元祐间又为《稽古录》二十卷,今宋刊本卷十一周威烈王二十二年后有一行云:"右伏羲氏至周威烈王二十二年,臣今所补。"所以得二十卷者,自卷十七以下为宋事,讫于治平四年(1067)。末记:"右臣于神宗皇帝时所进《国朝百官公卿表》、《大事记》。"《玉海》卷五十八称光上《稽古录表》在元祐元年(1086)三月十四日,刘攽所增之《帝统》,已采《稽古录》资料,故上及三皇。《稽古录》始于伏羲氏,与北魏张彝之《历帝图》正相同也。

欧阳修首撰《正统论》,为古今一大文字。其序论云:

> 太宗皇帝时,尝命薛居正等撰梁、唐、晋、汉、周事为《五代史》,凡一百五十篇。又命李昉等编次前世年号为一编,藏之

秘府。而昉等以梁为伪。梁为伪,则史不宜为帝纪,而亦无曰
五代者,于理不安。

原其《正统论》之撰著,盖为宋初对五代之统绪如何继承之问题而发。
《宋史·艺文志》别史类有李昉《历代年号》一卷或即欧公所指之书。彼
谓:“五代之得国者,皆贼乱之君,而独梁而黜之者,因恶梁者之私论
也。”“夫梁固不得为正统,而唐、晋、汉、周,何以得之?”如梁为伪,则汉、
周等亦当为伪,则宋统无所承矣。宋初修史,不能不列五代于帝纪者,
在当日自有其苦心。故欧公《新五代史》及温公《通鉴》均援此例。《正
统论》又云:

> 或问云:“子于《史记》‘本纪’,则不伪梁而进之,而于论正
> 统,则黜梁而绝之。君子之信乎后世者,固当如此乎?”曰:
> “……凡梁之恶,余于《史记》不没其实者,论之详矣。”

考《五代史记》首为《梁本纪》,其末系论云:

> 呜呼! 天下之恶梁久矣! 自后唐以来,皆以为伪也。至
> 予论次五代,独不伪梁,而议者或讥予大失《春秋》之旨,以谓:
> “梁负大恶,当加诛绝,而反进之,是奖篡也,非《春秋》之志
> 也。”予应之曰:“是《春秋》之志尔。……《春秋》于大恶之君不
> 诛绝之者,不害其褒善贬恶之旨也。惟不没其实以著其罪,而
> 信乎后世,与其为君而不得掩其恶,以息人之为恶。能知《春
> 秋》之此意,然后知予不伪梁之旨也。”

参读此文,知欧公持论之所本,要以不没其实,正所以彰其恶也。欧公

此文作于仁宗康定元年(1040),原有七篇,分《原正统》、《明正统》,以及分论秦、魏、东晋、后魏、梁各代,又有《正统辨》上、下,今仍附于《外集》(《全集》卷五十九)。后复删订为序论,《正统论》上下及《或问》(入《全集》卷十六),文占一卷。此文虽长,而要旨不外下列二语:

> 《传》曰:"君子大居正。"又曰:"王者大一统。"正者,所以正天下之不正也;统者,所以合天下之不一也。由不正与不一,然后正统之论作。

其论梁之得列于正统云:

> 由不正与不一,然后正统之论兴者也,其德不足以道矣;推其迹而论之,庶几不为无据云。

德既不足道,则论其迹,仍是不没其实之意,故其难以服人之心,章望之遂有《明统》论之作。

望之,建州浦城人。《宋史·文苑》有传,称"望之喜议论,著《救性》七篇,欧阳修论魏、梁为正统,望之以为非,著《明统》三篇"。望之为欧公所荐士(《欧集》卷十二有《举章望之曾巩王回等充馆职状》云:"望之学问通博,文辞每丽,不急仕进,行义自修,东南士子,以为师范。"),又字之曰表民(《欧集》卷四十一有《章望之字序》,庆历二年[1042]作),可见欧公对其推重之深。此《明统》原文未见,惟《东坡文集·正统论》小注中颇引其说,略摘二三则如下:

> 余今分统为二名:曰正统、霸统。以功德而得天下者,其得者,正统也,尧、舜、夏、商、周、汉、唐、我宋其君也;得天下而

无功德者,强而已矣,其得者霸统也,秦、晋、隋其君也。

> 章子曰:魏之有吴、蜀,独吴、蜀之不能有魏;蜀虽见灭,吴最后亡,岂能合天下于一哉?

> 永叔以正统之论肇于《春秋》之学,故引《公羊》大居正、大一统之文为据,既曰大居正,而又以不正之人居之,是正、不正之相去未能远也。

章氏区分统为二类:曰"正统",曰"霸统"。以王霸观念看正统问题,惟"霸统"一词,实有未当。故东坡非之,另撰《正统总论》上及《正统辨论》中、下(《东坡文集事略》卷十一)。其中篇云:

> 正统之论起于欧阳子,霸统之说起于章子。吾与欧阳子,故不得不与章子辨,以全欧阳子之说。

下篇云:

> 欧阳子纯乎名,故不知实之所止;章子杂乎实……(则弑君者其实不过乎霸),是便乎篡者矣。故章说所谓霸统,伤乎名而丧乎实也。

其意以为欧阳据实而无害于名,章则反伤名而又丧其实矣。"霸"之一名,不足以概不正之统,故东坡讥其反丧实也。《续资治通鉴长编拾补》卷六:"王安石论苏轼为邪佞之人臣,欲附丽欧阳修,修作《正统论》,章望之非之,乃作论罢章望之,其论都无理。"此王安石对正统之意见,盖附和章氏而反对东坡者。(清初广平宋实颖亦讥欧公不伪梁,大失《春秋》之志。因著《黜朱梁纪年论》,并附《重定纪年图》,王晫为收入《檀几丛书》中。)其时毕仲游亦著《正统议》,以为得历数有道于其始,而为治乱者,不系于其终,如秦之短祚,虽有一统之局,而历数不得于天,治乱不得于人,故不得为正统。若曹魏之继汉,司马晋之继魏,虽取之非道。而历年稍久,兴起自然,推其统可以为正。其说似因为欧阳、苏辈而发,仲游为文,雄伟博辨,有珠泉万斛之致,东坡尝举以自代,称其才通世务,议论有余。若《正统》诸议,或病其不免稍失之偏驳(《四库提要》卷一百五十五别集八)。仲游字公叔,郑州人,元祐初召试学士院,累迁吏部郎中,事迹见《宋史》卷二百八十一附《毕士安传》。

东坡门下士陈师道亦撰《正统论》,训"统"为"一",以为统者,一天下而君之者也。故自周以降,共有五型:(1) 有其位而不一者——东周;(2) 有天下而无位者——齐、晋;(3) 有其统而为闰者——秦、新;(4) 无其统而为伪者——魏、梁;(5) 上下无所始终者——南北。至于正,则以天、地、人三才说之,自言于正统之义,质之经以定其论,资之公以济其义。于东坡之外,别树一帜。

司马光《资治通鉴》卷六十九"黄初二年"下,著"正闰之论"云:

> 学者始推五德生胜,以秦为闰位,在木、火之间,霸而不王,于是正闰之论兴矣。……臣愚诚不足以识前代之正、闰,窃以为苟不能使九州合为一统,皆有天子之名而无其实者也。……若以有道德者为正耶?则蕞尔之国必有令主,三代之季,岂无僻王?是以正闰之论,自古及今,未有能通其义,确然使人不可移夺者也。
>
> 然天下离析之际,不可无岁时月日以识事之先后。……故不得不取魏、宋、齐、梁、陈、后梁、后唐、后晋、后汉、后周年号,以纪诸国之事,非尊此而卑彼,有正闰之辨也。

所云以秦为闰位，在木、火之间者，乃刘歆《世经》之说。至言"使九州合为一统"者，按《汉书·王吉传》，上疏云："《春秋》所以大一统者，六合同风，九州共贯也。"则有取王吉之语。推其要旨，只是据事纪时，放弃正、闰，不论道德及自上相授受等问题，此种意见，实有取于欧公"推迹不没其实"之说。至于所论以五德定正、闰，向不悉其何所指，以今考之，自指王勃、崔昌辈之论，下至王起、宋庠之说，甚晓然也。

司马光《答郭纯书》对章氏《明统论》中，谓秦、晋、隋不得与二帝三王，同为正统，以及魏不能兼天下当为无统之说，深加称许，但亦斥其霸统，以霸易闰为误。又称郭纯著有《会统稽元图》一书。纯书今不可考，赖光书略知其内容，郭所列之闰余、僭伪诸朝，光亦不甚赞同。

《资治通鉴》之开局也，与司马光为同僚者，惟刘恕最负重名。邵伯温《闻见录》称《通鉴》以三国历九朝至隋属恕，恕死后七年《通鉴》书成，恕子义仲裒录恕与光往还论难之词，辑为《通鉴问疑》，现有《学津讨原》本及《豫章丛书》本，《四库提要》称："《通鉴》帝魏，朱子修《纲目》，改帝蜀，讲学家以为申明大义，上继《春秋》。今观是书，则恕尝以蜀比东晋，拟绍正统，与光力争而不从，是不但习凿齿、刘知几先有此说，即修《通鉴》时亦未尝无人议及矣。"(史评类，卷八十八)

廖行之作《问正统策》，谓君之号，曰皇、曰帝、曰王，其所以异者在以道以德以业。此策问盖以孟子圣人之心，与天为一之说，推明宋室南渡以来，高宗、孝宗及光宗三世授受之降，推究其故，以正统为试题，具见此问题在宋代之通俗化。行之字禾民，延年人，登淳熙甲辰(1184)进士，官岳州巴陵尉。

南宋乾道间，侍讲广汉张栻采邵康节《皇极经世书》，作《经世纪年》二卷，陈直斋著录之，自序见《文献通考》。其书以昭烈上继献帝，而附吴、魏于下方。序中颇持统绪之见，影响于后世甚巨。元时郑松(特立)著《皇极经世续书》，即续邵氏之书。

自朱子别撰《通鉴纲目》,其说曰:

> 因年以著统。凡正统之年岁下大书,非正统者两行分注。
> 岁周于上,而天道明矣;统正于下,而人道定矣。

其统系共分正统、列国、篡贼、建国、僭国等项。与于正统者,仅有周、秦、汉、晋、隋、唐而已。建安以后,继以后主。自唐昭宣帝天祐三年(906)以后,皆书甲子(至第九十五卷)。可见其根本不同意欧公正统之说。又于"改元"之下,明言"后唐、石晋之间,温公旧例尤为颠错",亦不韪温公不取"有道德以为正"之见。《朱子语类》卷一百有五云:

> 问:"《纲目》主义?"曰:"主在正统。"问:"何以主在正统?"曰:"三国当以蜀汉为正,而温公乃云:某年某月,诸葛亮入寇,是冠履倒置,何以示训? 缘此遂欲起意成书,推此意修正处极多。"

又云:

> 某尝作《通鉴纲目》,有"无统"之说。此书今未及修[改],后之君子,必有取焉。

钱穆云:

> 此条陈淳、黄义刚同录,应在庚戌、已未间。朱子年六十九至七十,则《纲目》至朱子晚年未成书之证。
> 至于今传《纲目》,实成于赵师渊。

所谓无正统者,《语类》云:

> 秦初犹未得正统,及始皇并天下,方始得正统。晋初亦未得正统,自太康以后,方始得正统。

其说具见《语类》卷一百五、《文集》卷八十一《跋〈通鉴纪事本末〉》与《文集》卷七十六《资治通鉴举要历后序》(参钱著《朱子之通鉴纲目》,《寿罗香林教授论文集》,万有图书公司,1970年,第1—11页)。

朱子《纲目》颇有可商之处,明宜春张自勋撰《纲目续麟》,有《校正纲目凡例》,并逐条加以按语,今并附入资料(见后),以供参考。又明季严衍著《资治通鉴补》,观其凡例,主张严正统及存残统,其书法多依《纲目》改正,足为涑水之诤友也。

宋福建李沂字从圣,庆历间大理寺丞,著有《帝王纪年通录》、《五运图》(《重纂福建通志》卷七十三)。何乔远《闽书》称其书起盘古,讫太平兴国,分别正闰,傅以政治兴坏。又诸葛深编《绍运图》一卷,《郡斋读书志》"杂史类"称其"自伏羲迄皇朝神庙,五德之传及纪事,皆著于篇"。深字通甫,元祐中人。日本有《历代帝王绍运图》一册,前有熙宁九年(1076)会稽乡贡进士虞云序,原系北宋本。列举三皇以下历代帝王名氏,终于五代。室町时代及庆长年间,选有覆刻(见宫内省《图书寮书目》,天理大学亦藏之),或即根据诸葛深之《绍运图》。《直斋书录》有《历代帝王纂要谱括》二卷,余姚孙应符仲潜撰,盖《绍运图》之详者。

南宋时,平阳朱黼(文昭)撰《纪年备遗》,乃用《通鉴稽古录》而别为论著。"始尧、舜迄五代,三千余篇,述吕、武、王莽、曹丕、朱温,皆削其纪年,以从正统。……所以存世次,观兴坏。……扶树正义,搜举坠逸。……"(见叶水心序,《文集》卷十二)亦朱子之遗意也。《宋史·艺文志》"史抄类"有朱黼《纪年备遗》、《正统论》一卷。《直斋书录解题》作"《纪年统纪论》一卷,永嘉朱黼文昭撰",云:"黼从陈止斋学,著《纪年备遗》,起陶唐,终显德,为百卷,盖亦本《通鉴稽古录》,而撷其中论正统者为统纪论。叶水心序之。"《文献通考》载《纪年统论》一卷、《纪年备遗》一百卷。《四库提要》"史评类"(卷八十九)有《三国六朝五代纪年总辨》二十八卷,不著撰人名氏。其书三国,始于汉昭烈帝章武元年(221),不列曹丕。五代始于唐天祐四年(907),迄十九年(922),下接后唐同光元年(923),不列朱温,盖与朱黼之书其例相合。《四库》谓此书题永嘉朱先生,乃开禧中用兵时,建阳书贾(魏仲举)所加,非朱黼之旧。考朱彝尊《曝书亭集》(卷三十五)有此书序,亦谓:"开禧丁卯锦溪吴奂然景仲序之,非足本也。"《平阳县志》称黼隐居南雁荡山,终于布衣,尝受业陈傅良之门(《宋史翼》卷二十五)。叶水心序谓文昭能傅陈公君举之业,即指傅良也。《宋元学案·止斋学案》(卷五十三)引朱文昭语曰:"三代以上不过曰天而止,《春秋》以来,一变而为诸侯之盟诅,再变而为燕、秦之仙怪……六变而为符谶。人心泛然,无所底止,而后西方异说乘其虚而诱惑之。"此朱氏之遗说也。邵懿辰《四库标注》谓《纪年总办》瞿氏有旧抄本,孙诒让《温州经籍志》于《纪年总办》亦题曰存云。

嘉定间,沈枢撰《通鉴总类》,取温公书以事类编次为二百七十一门,卷二有"正统"门,述司马辨历代正统之说,如论北魏乃承晋为水德。书尝镂板于潮阳,楼钥为序。余所见者,为元至正二十三年(1363)平江路儒学刊本。枢字持要,安吉州人,官华文阁学士。钱大昕曾跋是书。(《潜研堂文集》卷二十八)

南宋尊崇道统,自理宗为《道统十三赞》,御制序称:"推迹道统之传,自伏羲迄于孟子。"是专为道统作赞也。前有庚寅御书印,后有辛丑御书之宝印;庚寅为绍定三年(1230),辛丑为淳祐元年(1241),盖此赞于辛丑重书上石,镂碑于杭州府学。(《金石萃编》卷一百五十二)绍熙元年(1190)，黄裳为嘉王府翊善，作八图以献，其一为《帝王绍运图》（《宋史·黄裳传》及《六经天文编》）。永嘉王致远于淳祐七年丁未(1247)，司臬浙西，以此图与《天文图》、《地理图》合刻于石，碑在苏州府学文庙(孙星衍《寰宇访碑录》卷九、钱大昕《潜研堂金石文跋尾》卷十七)。此《绍运图》之直系正统，起于夏，历商、周、秦、汉、新莽、后汉、三国魏、晋、隋、唐、梁、唐、晋、汉、周至大宋，大抵取司马温公之说，别有说明附刻于图之下方。法国沙畹(E. D. Chavannes)于一九一三年尝将《绍运图》拓本印出，加以注释，刊于所著 *L'instruction d'un Futur Empereur de Chine en L'an 1973*，由铭文研究院出版，则此书之西传者也。

宋季周密《癸辛杂识后集》有《正闰》一篇，据其所称述，已见过萧常之《续后汉书》，又引有徐谊子宜及陈过圣观二人之说。子宜，一字宏父，温州平阳人，见《宋元学案》卷六十一徐、陈诸儒传。陈圣观事迹，见周密《志雅堂杂抄》下书史云："陈本斋、马碧梧(即马端临父马廷鸾)、高耻堂、陈圣观自世变后，极意经史，著述甚富，手抄之书，日以万字，有类日课，盖闲中无以消忧故也。"即此人也。圣观之说，据朱子《纲目》所定，因年著统。其非正统者，两行分注，故正统所在，有绝有续。计自周之亡，至于五季，正统凡六续而七绝。分别虽密，而于理尚有未安。盖"徒以其统之幸得，而遂界之以正"，是亦有所不公矣。故其结语谓："三代而下，独汉、唐、本朝(指宋)可当正统；秦、晋、与隋乃属于有统而无正者，当为分注。"其说甚严，所以匡正《纲目》者也。

郑思肖《心史》中有《古今正统大论》，其要旨在以经断史，其最精之语云：

> 大抵古今之事，成者未必皆是，败者未必皆非。史书犹讼款，经书犹法令，凭史断史，亦流于史；视经断史，庶合于理。谬例、失实、泛书，史之通弊，最不可不察。

认为一般皆从成败而论是非,凭史而断史,只论事而不论理,故必折中于理以为权衡。史书犹讼款,说者各据不同立场,故议论多端。指出史家但偏于纪事,则无以明得失,即今日之治史者,读此亦应知所警惕!文中指出:

(1) 中国正统之史,为后世中国正统帝王之取法,亦所以教后世天下之人。

(2) 夷狄行中国之事曰"僭",人臣篡人君之位曰"逆"。此二者天理必诛。

(3) 圣人、正统、中国本一也。历史上得天下者,未可以言中国(因不少为夷狄入主中国);得中国者,未可以言正统(因多有统而不皆正);得正统者,未可以言圣人。(文中引李觏语,汤、武非圣人,参《直讲李先生文集》卷三十四《常语下》论圣人诸条。)

辞理严正,深不以欧阳永叔《正统论》辨秦非闰位之说为然,盖有疾于分正与统为二事,以及以得地势之正为"正统"诸说之非。对张栻书(即《经世纪年》)以有穷绝夏祀四十载,但以甲子书之,誉其能得史法,而有志于重撰《正统通鉴》一书。按其所援引有关史籍,仅及宋人而止,则作者似不可能为明时人,因元、明以来此类续《纲目》之著述,已车载斗量,何庸著《正统通鉴》耶? 清人魏禧屡引其说,驳其"尊宋之极,至于黜唐,以为不正而得国,则陈桥之变,与隋禅唐何异?"亦颇有理。是书深严夷夏之辨,主张《北史》宜黜曰《胡史》,《南史》宜崇曰《四朝正史》。论者谓是明人依托。余所见有崇祯十二年己卯(1639)吴门刊本,张国维序刊。徐树丕世居苏州阊门外,其《识小录》记戊寅(1638)冬承天寺浚井得铁函事甚悉,顾亭林为作《井中心史歌》。而《四库提要》误以陆坦始为刊行,又从徐乾学说,以为海盐姚士粦所伪托,说亦非,余嘉锡已详辨之(见《辨证》卷二十四)。清代及近贤,多论此书为伪,惟余氏独持不同之见,今从其所提及之史书观之,并无受元、明人影响之痕迹。其秉正论史,大义凛然,安得目为伪书而废之乎?

九　金、元及明初之正统论

　　《玉海》卷五十六载唐王起《五位图》自开辟至唐以五运为叙。《宋史·艺文志》李焘有《混天帝王五运图古今须知》一卷。《千顷堂书目》有元冯翼翁《正统五德类要》三十四卷。以五德论正统一系之著述,尚不绝如缕,惜其书均不可见。

　　五运者,五德终始说家以各代定其五行之德,复定其祖与腊之日。成伯玙《礼记外传》云:"周木德,汉火德,各以其五行之王日为祖,其休废日为腊。"火王于午,木王于卯,水王于子,金王于酉,而腊各用其弃日,于魏为土行,土衰于辰,故魏腊用辰;晋为金行,金衰于丑,故晋腊用丑。其他五运相承,可以例推。今录王应麟《小学绀珠》所列祖与腊之辰及魏至宋各代所属五行之德如下:

　　　行始于祖,行终于腊

　　　　　子　祖
　　水
　　　　　辰　腊

　　　　　午　祖
　　火
　　　　　戌　腊

木　卯　祖
　　丑　腊

金　酉　祖
　　丑　腊

土　戌　祖
　　辰　腊

魏土→晋金→宋水→齐木→梁火→陈土→

后魏水、继西晋→后周木→隋火→唐土→

后唐土→晋金→汉水→周木→宋火

按,《风俗通·祀典》篇已云:"汉家火行,衰于戌,故以戌为腊。"魏台访议,诏问何以用未祖丑腊? 王肃对曰:"魏,土也,土畏木,丑之明日便寅,寅木也,故以丑腊。"高堂隆对曰:"按《月令》孟冬十月腊,先祖五祀,谓荐田猎所得禽兽谓之腊。《左传》曰:'虞不腊矣。'唯见此二者而皆不书日。先师说曰:王者各以其行之盛祖,以其终腊。水始生于申,盛于子;终于辰,故水行之君,以子祖辰腊。火始生于寅,盛于午,终于戌,故火行之君,以午祖戌腊。木始生于亥,盛于卯,终于未,故木行之君,以卯祖未腊。金始生于巳,盛于酉,终于丑,故金行之君,以酉祖丑腊。土始生于未,盛于戌,终于辰,故土行之君,以戌祖辰腊。今魏据土德,宜以辰腊也。"(参《续汉祖仪志》"季冬之月"刘昭注)知其说已盛行于东汉末,魏时更踵事增华,后代相沿,至金时尚行之。《金史·章宗纪》:"泰和二年(1202)十一月,更定德运为土,腊日辰,诏中外。"其所以定腊之日为辰者,以土德故。土德祖在戌日,而腊在辰日,土行衰于辰,此与魏腊之用辰相同,以魏与金皆定德运为土行故也。

时有《大金德运图说》一卷,收入清《四库全书》"政书类",盖金尚书省会官集议德运所存之文件,现已印入《四库全书珍本》第四集。金人讨论当代德运问题之意见,多赖保存,至为可珍。考金人发祥于爱新水;"爱新"者,满洲语之金也,故建国即以金为号。《金史》本纪云:金初色尚白,章宗泰和二年(1202)十一月,更定德运为土。至宣宗贞祐二年(1214)正月,命有司复议本朝德运。本书所记即当时诸家议状之资料也。其中议主土德者四人,主应为金德者十四人。时元兵已深入,宣宗南迁汴梁,此议遂罢(参《四库提要》)。故贞祐之后,仍沿泰和所定土德而未改。历代朝议德运之资料,多已散失,唯此书足尝鼎一脔(陈学霖已将其译成英文,并加注释,将由华盛顿大学印行),清张金吾《金文最》录其议若干篇。兹酌载之,并附其历代所属德运之五行表于资料二,以供研究。

朱子而后,正统问题,讨论仍极热烈。归纳诸家之说,考其兴起之缘故,有下列三端:

(1) 对朱子《纲目》提出斟酌者。

(2) 元廷修辽、金、宋三史,朝野人士提出不同意见者。

(3) 明初学人,就正统问题,重加讨论者。

元儒对朱子《纲目》有意见者,如姚燧之《国统离合表》,其著者也。《元史·姚燧传》称其早岁在苏门山时(从伯父枢学),读《通鉴纲目》,尝病国统散于逐年事首,不能一览而得其离合之迹,因年经而国纬之。此书今已失传,惟《牧庵集》卷三存序一篇,其中指出《通鉴纲目》系年,有延康(建安二十五年[220])、章武、至德三失。而云:"延康之取,至德之去,犹皆小小。何也? 统固在也。若章武之距建兴才三年耳,遽有帝父主子之异? 岂不于统大有关乎!"可见其说梗概。此书钱大昕《补元史艺文志》著录。

燧为杨奂之婿,《燧传》谓:姚枢教督其急,燧不能堪,奂驰书止之,且许醮以女。奂于金末上万言书,后事耶律楚材,卒于元世祖时。《元史·奂传》言其著《正统书》六十卷行于世,颇反对紫阳之说(《新元史》本传)。《补元史艺文志》著录其书,今存《正统八例》总序。所谓八例,曰得、曰传、曰衰、曰复、曰与、曰陷、曰绝、曰归(《还山遗稿》卷上)。《正统书》自唐虞至于五代,一年一月一日各有所书事。三代而上,存而不议;秦汉而后,附之以论(详苏天爵《名臣事略》)。俨然一新《通鉴纲目》,惜乎不传。

元修辽、金、宋三史,皆由中书右丞相脱脱为总裁。而三史之修,巙巙实发其端(《元史》卷一百四十三本传:"一日进读《资治通鉴》,因言当及斯时修此三史。")。《宋史》之易于措手,由资料保存之完整,董文炳之功为多。(《元史·文炳传》载其入宋,得其图籍,曰:"国可灭,史不可没。"宋十六主,有天下三百余年,其太史所记具在,乃得宋史及诸注记五千余册,归之国史院。)《辽史》成于至正四年(1344)三月,《金史》成于至正四年(1344)十一月,《宋史》成于至正五年(1345)十月(见阿图鲁表,又《圭斋文集》)。先是三史倡修,状元宋本曾于乡试策问"三史宜以何体裁,及凡例正朔,如何予夺?"为试题(《元文类》卷四十七),而诸儒前后论列,意见颇不一致,文献可征者,亦有下列各篇:

(1)谢(修)端:《辨辽宋金正统》

此文收入苏天爵编《元文类》卷四十五,王恽《玉堂嘉话》全录之(见《秋涧大全集》卷一百),并有小注。文中主张辽自唐末保有北方,与前宋相次而终,当为北史;金太祖破辽克宋,帝有中原,亦当为北史(以驳金于宋史中如"载记"之说)。宋太祖至靖康当为宋史。自建炎之后,中国非宋所有,宜为南宋史。又谓周当为闰,欧阳不当作《五代史》,合作四代史,见解新颖。文记及泰和(金章宗)罢修《辽史》之议,又书讨论此事,岁在甲午(按,可能是至元三十一年[1294])。考《元史》卷六十九

《谢端传》云:"与赵郡苏天爵同著《正统论》,辨金、宋正统,其世多传之。至元六年(1340)卒。"谢端为蜀之遂宁人。而王恽称为燕山修端,修端与谢端是否一人,尚难遽定。(冯家昇《辽史源流考》附录谓谢端为修端之误,且列出四证据。按,《滋溪文稿》卷十三有谢端《神道碑》,只言其以不克纂述三史为憾。又《天爵全集》具在,但载《三史质疑》而已。明人则依《元史·谢端传》以为谢端作。王圻《续通考》节录其文,署名谢端。)《千顷堂书目》卷五收谢端《正统论辨》一卷,钱大昕《元史·艺文志》从之。

(2) 王理:《三史正统论》

王圻《续文献通考·正史考》称有待诏王理祖谢端之说著《三史正统》,欲以辽、金为北史,宋为南史。毕沅《续通鉴》卷二百八亦记此事。王理原文不可见。考《金史》纂修官有江西湖东道肃政廉访副使王理,则此人后来曾参加《金史》工作。苏天爵之《元朝名臣事略》,王理为序。

(3) 杨维桢:《正统辨》

《明史·文苑·杨维桢传》云:"会修辽、金、宋三史成,维桢著《正统辨》千余言,总裁官欧阳元功读且叹曰:'百年后公论定于此矣。'"陶宗仪《辍耕录》亦记此事。权衡《庚申外史》云:"先是诸传议论三国正统久不决(缪荃孙《云自在龛随笔》卷一论史记此事尤详),至是脱脱扬断曰'三国各与正统,各系其年号',议者遂息。然君子终以为非也。"铁崖之论,即可代表在野一种相反意见。

按,此文全载入贝琼《清江集》卷二《铁崖先生传》。可见明初学人对杨氏此篇之重视,故备载于其传中。文中分驳主张分辽、金与宋为南北史说,以及宋分前后说,即对修端而发。其他重要论点如下:论正统之说,出于天命人心之公,必以《春秋》为宗,不得以割据僭伪当之。论元之大一统,在平宋之后,故元统乃当承宋。又以道统立论,道统为治统所系,道统不在辽、金而在宋。总之,主张元之正统,应上接宋。铁崖当日不得预修三史,故发为此论。《千顷堂书目》,又有维桢《补正三史纲目》,则在此篇之外矣。叶盛《水东日记》卷二十四记解学士大绅(缙)作《元乡贡进士周以立墓表》,称其上万言书,略云:"辽与宋不相涉,又其事首已具《五代史》,虽不论可也。所当论者,宋与金而已。然本朝平金在先,而事体轻;平宋在后,而事体重。宋之为宋,媲之汉、唐而有光,辽、金之为辽、金,比之元魏而犹歉。"其言可以佐佑杨廉夫说。

(4) 王祎:《正统论》

此文末段,主张宋既南渡,正统又绝。自辽并于金,又并于元,以及元又并南宋,然后居天下之正,合天下于一,而复正其统。故元之绍正统,当自至元十三年(1276)始。此文似作于元时。祎曾游元都,陈时务也。(明洪武初修《元史》,宋濂、王祎实为总裁。)王祎之《正统论》(文见《王忠文公集》卷一),盖仍本欧阳修旧说,"正者,正天下之不正;统者,合天下之不一",并无新意。

欧阳修《五代史记》于汉天福十四年(949)论改元之无稽,谓一之为元,乃理之自然,未尝有法。元时吴莱因之著《改元论》上下篇。明初王祎亦作《改元论》。顾炎武《日知录》加以辩难,以为说经者过于深求而实反浅之。(见《日知录》卷四"谓一为元"条。)

统纪之学,盛行于浙,故金华学派以明统为己任。胡翰撰《白云亭记》:"余闻之许氏,乃记之曰:儒者之学,尊本明统。宋南渡以来,朱子尝以传之黄文肃公(幹),文肃传之何文定公(基),文定之后,王鲁斋(柏)继之,金仁山(履祥)又继之,至先生(许谦)盖五传矣。"许氏即许谦也。谦邃于史学,著有《治忽几微》一书,仿史家年经国纬之法,起太皞氏,迄宋元祐元年(1086)九月。总其岁年,原其兴亡,著其善恶。(详《宋元学案·北山四先生学案》)胡翰受之许谦,翰又传之方孝孺,遂有明初释统之学。

元至正间,陈桱(字子经)撰《通鉴续篇》,至正廿年(1360)周伯琦序略云：

> 曩余为太史，诏修宋、辽、金三史，与特别王理辈首议统纪不合，私于避忌，从而和之，如出一口，予遂移疾力辞不就，其书虽成，布在人间，而公论有所不可掩者。子经论著殆与予合。

又云：

> 子经之大父讳著，字子微，宋秘监知台州，精于史学，晚岁隐居，撰《历代纪统》以淑子弟。父讳泌，字汝泉，尝为校官，有名，又传注《纪统》千百言，至子经盖三世矣。

著，鄞县人，宋亡居四明山中，事迹详《宋史翼》卷二十五。陈桱之史学，盖远有所承。此《通鉴续编》以宋为正统，辽、金系年于宋统之下，以此吴、魏之于蜀，张绅序称其大义凛然，可与"三史"并行。元初修辽、金、元三史，皆为正统，论者多不以为然，此书即可代表在野之异议，故周伯琦引为同调云。书由松江贰守昭阳顾逖思邈为之梓行。

元时有郑松（特立）者，续邵雍《皇极经世书》，自庚申（960）宋兴至甲午（1234）金亡，共续二百七十五年，吴澄为之序，称其于"邵子所纪三千三百一十六年间，颇有更定，论国统绝续离合，谓兴国无所承，亡国无所授者各为系。汉、魏、晋、宋、齐、梁、陈统代一系，魏、周、隋、唐、梁、唐、晋、汉、周、宋，十代一系也，辽、金、国朝（元）又为一系"（《吴文正公集》卷十六）。惜其书未见。

宋人统纪之学影响且及邻邦。高丽李益斋即其一例。李穑撰《益斋墓铭》云："初，公读史，笔削大义，必法《春秋》，至《则天纪》曰：'那将周余分，续我唐日月。'后得《朱子纲目》，自验其识之正。"《益斋乱稿》卷九有策问一则云:"问:'帝王之纪,若四时之相代有不可紊。……祖龙、巨君见谓紫色蛙声,余分闰位,而子长述秦之纪,温公纪新之年,何也?'……是皆不可不辨。"可见其说之一斑。(韩国史籍若《四国史记》、《本国编年纲目》等书,体例皆沿袭于华。Micheal C. Rogers 有文详论之。)安南史籍亦然,如黎嵩著《大越通鉴总论》,有历代国统分合之图,即其著例。

十 明、清学人统纪之著作及正统说

明初，王彝著《妫蜼子》，其卷二为《史约》，有《历》与《统》，《统》下云："凡帝王有天命，以一天下者有统焉，其子孙世守之。或其统中绝，其子孙有起而续之者，某帝、某王，各载其一世之事，曰《帝王统》。孔子……儒者以为素王，故亦著统，曰《素王统》。"（中央图书馆藏旧抄本）以孔子列入素王之统，与《帝王统》并列，为明初言史统之新说。

其后，方孝孺著《释统》三首，又撰《后正统论》（载《逊志斋集》卷二）。自谓此文深得其师太史（指宋濂）、金华胡公（指胡翰）之称许。考翰之《胡仲子集》内有《正纪》一篇，立天、地、人三纪，严夷夏之防，可与方文相参。（翰之学后来影响及黄宗羲，《明夷待访录》引其十运，即集中之《衡运》。）方氏《释统》云："天下有正统一，变统三。"三代，正统也；汉、唐、宋可附之正统。变统者，取之不正者，及夷狄而僭中国，女后而据天位者。"二统立，而劝戒之道明。""立变统所以扶人极也。"又《后正统论》云：

> 《传》曰："《春秋》大居正"，又曰"王者大一统"，此正统之
> 名所由本也。

此袭欧公之说。又云：

> 有天下而不可比于正统者三：篡臣也，贼名也，夷狄也。

此三者方氏列为变统。又云：

> 是则三者皆废之而不书乎？曰：不也。吾固不比之于正
> 统而已，非废之也。不废其迹而异其辞，则其为戒也深矣。

其说基本全袭用欧公。惟区分统为正、变，较章望之称霸统为胜。其后邱濬撰《世史正纲》三十二卷，即本方孝孺《释统》之意，专明正统，起秦始皇二十六年（前221），讫明洪武元年（1368），以著世变之由，议论严正。胡应麟誉为"《春秋》之后有朱氏，《纲目》之后有邱氏"（见《史学占毕》）。其书于纪年干支之下，规以一圈，中书国号。至元代则施以黑圈，迨至正十五年（1355），明太祖起兵则为白圈。其以黑色代表元代，示阳消阴翳，至明祖兴起，一阳始生。《四库提要》卷四十八讥其为史家未有之变例，乃清人有所忌讳，不敢持攘夷之说。

又有徐一夔者，述与周元亮讨论正统事，撰《正统问》（文载《明文衡》卷二十四）。文中论四明陈氏《续通鉴纲目》，书太祖崩曰宋主赵某殂。至太平兴国四年，始揭正统归之。一夔引朱子答陈安卿谓如以正统，则秦初未可当，必平一六国而后在秦。晋初未可当，必灭吴而后在晋。朱子之论，乃一时之语，非不易之论，陈氏实非忠于朱子者。徐亦明初史家，《明史·文苑》载其论"日历"之重要，极有识见。

明初修《元史》，王祎、胡翰、贝琼皆与其事。惟有关正统之作，则为学术之探讨，非由修史而发。若方孝孺则胡之及门，能张皇其师说者也。方氏《释统》之作，足与欧阳修媲美，实为《正统论》之后殿。史学史上不可磨灭之大文章，须亟为表扬者也。

永乐间修《大典》，其卷之一万五千九百五十一韵目九"震运"字号，

该册至今幸存。特立"五运"一项,于历代德运有关文字,辑录甚备。例如徐秀《帝王年代图》云:"帝王五运,震为木,起自太昊。"又引宋世论德运诸家论议,较《宋史·律历志》为完整,以资料而论,极可珍贵。

宋儒喜为道统之说,李元纲著《圣门事业图》,第一图即云"传道正统",拈出"正"字。黄幹著《圣贤道统传授总叙》,谓:"太极为道之原,原之出于天者也。圣人者,又得其秀之秀而最灵者焉。于是继天立极,而得道统之传。"(《勉斋学案》)标揭道统之义,自是以后,明统之学,由史统而转为道统矣。李书现有"百川学海"本。

杨铁崖《正统辨》已论及道统,及杨升庵继方正学撰《广正统论》,以为国之统犹道之统,不以道统轻与人,则道犹尊而统犹在也。则取韩愈《原道》之说,以道统与史统合而为一。王洙《宋史质》特立"道统传"。影响所及,清人即有《学统》一类之著述,如刁包撰《斯文正统》七十二卷(在《用六居士所著书》中),熊赐履著《学统》五十三卷("湖北丛书"本),杜濬序云:"士与之讲求学统,犹治统,然有纪纲法度焉,有是非邪正焉。"(《变雅堂文集·学统序》)张伯行著《道统录》二卷(参徐世昌《清儒学案》)。清初费密著《中传正纪》一百二十卷,序儒者授受源流,自推其学出于子夏七十二传。章实斋斥其诞妄不经(《文史通义·外篇》、《书〈贯道堂文集〉后》)。其书以正纪为一名,大要具见《弘道书》之《统典论》中,凡此皆以正统观念,灌输入于学术史而成书者也。

明永乐间,宁献王朱权著《天运绍统》,自云:"考之历代帝王编年世次,推详重勘,校而正之。其未有谱系者,编其谱系,列其次序,纪其甲子,以续绍统而继之运。"自三代世系,讫于元季,僭伪亦见录焉。前有永乐四年(1406)二月涵虚子序,侈论五德之运。书为永乐四年(1406)宁藩刊本(一册),现藏士林"故宫博物院"。

明代有关正统之著作,尚有可得而言者:

涂观《正统世年表》　见《千顷堂书目》。观字恒孚,丰城人,天顺四年(1406)进士。《国朝献征录》卷八十三杨廉撰《涂先生墓志铭》亦云著此书。

周山《师资论统》一百卷　见《明史·艺文志》。《千顷堂书目》记其作者为周仁,云字子山,武进人,嘉靖戊戌(1538)进士,南京户部郎中,男鸿胪丞良金增广之。

郑郊《史统》一百四十六卷　见《千顷堂书目》卷四。

以上三书,今皆未见。

章潢编《图书编》卷七十八,有论周、秦、汉、晋、隋、唐正统长文,大旨谓统天下易,正天下难,其以"混一"言正统者,论正统而不精者也;以统而有变者,论正统而不经者也,必以纲常为正统,始为古今之通义。又论宋、元正统云:"宋之有天下,与乎秦、晋、隋、唐,其乖纲常一也,均不得为正统,然犹中国人窃中国人位,奸中国统。元则为夷狄,更不当以继中国之统。"故称之所重,在正而不在统,持论甚为严正。

类书若章俊卿之《群书考索》卷十四有《正统》一目,论陈寿之书纪魏而传吴、蜀之失。谢陛既补撰《季汉书》,又著《正论》;其《正帝统》第四分析统之类别,大意谓:"有有统之世,有无统之世,有分统之世,复有全统之世,有偏统之世。""三国之时,乃无统而有统也,无全统而有偏统也,无分统而有正统也。"此为谢氏论统之要义。

临川徐奋鹏著《徐笔峒先生集》,其卷八为《古今正统辨》,以为三代以来正统惟明一代而已。说嫌太偏,殊无可取。(此书又有雍正元年[1723]刊本)又新安吴继安撰《历代帝王历祚考》八卷,始帝尧甲辰,讫元顺帝丁未(1367),共三千七百二十四年,凡六十三甲子。《凡例》有一则云:

> 书法国统为纲,帝王为目,凡姓系、年数、太子、诸王、改元称号,皆其著下,以便考览。其篡逆僭伪,本不当为附列,然篡

逆如羿、莽不列，则一代年数缺而不合，故始附其中。僭伪如五胡不列，则一代事迹遗而不全，故另附其外。邪正义备，纲目森然。

其书有如后来《纪元编》之体例，无甚精义（末有万历辛丑[1601]其兄吴继袤作《后序》）。又道光七年丁亥（1827）大兴朱锡庚《题记》谓：

是编家藏有两本版片，字数无异，一为新安吴继安康侯甫编辑，即此本也；一卷端题新安程扬季宣甫编辑，前有刘余祐序，末署崇祯己卯（1639）。又陈继儒序称其所纂辑者，上陈乙夜之观。……殆程与吴俱新安人，故攘其乡人之书，以图进取欤？

册面写朱少河跋。可知吴氏此书乃攘自程氏也。上举两书，俱为故宫博物院所藏秘笈，世所罕觏。丰坊撰《世统本纪》，其自序云："名曰《世统》。统者，授受之历数也。先辨统之正伪，然后祚之修短，政之失得。""纲祖《春秋》，严美刺也。目宗《左氏》，著本末也。"（文载味芹堂本《明文授读》）其书未见。

南丰曾焘曾撰《历代帝王统系图纪》一本，内叙明统系，列入唐、桂二王，称明十九帝，清人认为诞妄，请予销毁。（见《禁毁书目补遗》）清人于历代统纪勒为专书者，有段长基之《历代统纪表》（《四部备要》本，卷前有武亿序）、黄本骥之《历代统系录》（"三长物斋丛书"本）。本书资料一摘录段氏例言，以见其概。

清初，王船山之为《读通鉴论》也，深非正统之说。谓："论之不及正统者，何也？正统之说，不知其所自昉也。……假邹衍五德之邪说与刘歆历家之绪论，以文其诐辞。……统之为言，合而并之之谓也，因而续之之谓也。而天下之不合不续之多矣！……离矣而恶乎统之？绝矣，而固不相承以为统。"因举"唐承隋而隋抑何承？承之陈则隋不因灭陈而始为君，承之宇文氏，则……何统之足云乎？无所承，无所统，正不正存乎其人而已矣。"（卷末《叙论》）论历史上之统有非其族类，不可以为统，统之中断，亦为必然。如此而言统，不如不言之为愈，语极沉痛。

船山《读通鉴论》称近世有李槃者，以萧岿延梁祀，而使之统陈云云。按，李槃著《新刻世史类编》四十五卷，其书盖李纯卿草创，谢迁补遗，由大兰李槃增修，万历间张起鹏刊行，普林斯顿大学有此书。（见屈万里撰《普林斯顿大学葛斯德东方图书馆中文善本书目》，台北艺文印书馆，1975 年，第 129 页。）

同时，魏禧著《正统论》三篇，历引欧阳修、苏轼、郑思肖三家之说，而论其各有所蔽。以为古今之统有三类：曰"正统"，曰"偏统"，曰"窃统"。

> 正统——以圣人得天下；德不及圣人而得之，不至于甚不正，功加天下者，亦与焉。
>
> 偏统——不能使天下归于一统，择其非篡弑居中国而强大者属焉。
>
> 窃统——身弑其君而篡其位，纵能一统乎天下，终不与之以正统，而著之曰窃统。（《魏叔子文集》卷一）

列东晋、唐、南宋于"正统"，而以秦、西晋、隋及北宋则系之"窃统"之列。所立纲领，乃为折中之论，而辨析各代，属之正、窃，则诚具特见，而引起后人之补充，邵廷采其尤著者也。

邵氏为《正统论》四篇，其言曰：

叔子之论,辨而正。吾因其说而益以二言,曰有天行之统,有人心之统,是两者万世而不亡。叔子所谓"正统绝而归之偏统,偏统绝而归之窃统"者,天之所在,人不能违也。《纲目》既以甲子纪之矣,吾则谓存窃统而终不使附偏统,存偏统而终不与于正统者,人之所在,天亦不能违也。

又谓:

三代而下,以兵取天下为正,而假受禅之名不与焉。其开地大而享国长久,守之以仁义,吾取汉、唐及明而已。

……故取其足当正统者,仅有汉、唐及明,而唐又以可已而不已之禅,使吾余憾于千年以上。

又谓:"秦、隋之统一天下,天心厌乱,适会其时……及其丧亡,世未有怜之者,以是知人心之不与也。夫不与,是其天之正也。""叔子归窃统于秦、隋,与吾天人之说有相合也。"(《思复堂文集》卷八)亦以秦、隋为窃统,附和魏叔子之说。邵氏论是非隔世而后明,又于史统中析为天人之辨。凡"人心之不与者,无由得与于正统",秉道德以定是非,仍是方孝孺一脉之说也。

同时甘京、蒋汾功皆为正统论,以难魏叔子。于其所立"窃统"一名,尤深加诟病。甘氏称叔子既目西晋、北宋为窃统,而于东晋、南宋则称为正统,有失公允。而析正统之外,凡取之不于其道,宜别立篡统与攘统二者,其正统、篡统、攘统之子孙,概得为继统,但篡与攘不可不书,如是正统始可而定。蒋氏则讥叔子正而窃之,偏而正之,不免自乱其例,窃不可以言统,魏氏立窃统之名,其失与宋章望之之分霸统相同,夫曲为之名而名益舛矣。(此二篇均载《国朝(清)文汇》。甘京,字健斋,南丰人,为程山门人。与易堂诸子讲习,魏禧兄事之,著有《轴园稿》,见《清儒学案》卷十八。蒋汾功,字东委,武进人,雍正癸卯[1723]进士,官松江府教授,有《读孟居文集》,见《清儒学案》卷五十六。)

钱维城亦著《续苏子正统论》上下篇,谓欧阳以为实而重之,苏子以为名而轻之;实者一身之私,一世之事也;名者天下之公,万事之事也;名附实而存,存其实则名不可得而逃。操名以治实,贤不肖之名重,则小人有所顾忌于名,而不敢犯矣。苏子所论之名实盖非也。此文虽论正统,而主题则重于名实。(维城,号稼轩,武进人,乾隆乙丑[1745]一甲一名进士,官刑部侍郎,有《茶山文抄》。文见《国朝文汇》乙集卷十四。)

正统之辨,后贤哓哓不已。叶燮亦著《正统论》上下,驳叔子偏、窃之说(《已畦集》),着眼于正与统之异,谓统以正重,不以正得之,而统分之则为偏为窃。魏禧因前人霸统之言,故为正统、偏统、窃统之论。叶氏谓既已偏矣,安得称统? 讥其"不知正之为义而为借袭之说,与不知统之为义而为分析之论者,皆不得其本者"。

徐世佐又为《正统论》三篇,论正统之变者有二种:

(1) 无先君之嗣,天下统于一人,有奸雄篡据而无群雄割据,如秦、西晋、隋,以天下无与分统者。此非义之,乃从其实也。

(2) 有先君一线之嗣,天下有奸雄篡据,亦有群雄割据,则以正统归先君之嗣,如汉之蜀,晋之南渡,以天下无与分正者。此则义之,从其实也。

至于先君无一线之嗣,又有奸雄篡据及群雄割据之局面,各不相统,故无正统之可言(《遁斋文集》卷一)。此从政治现象加以分析。文中特别批评苏轼见解之误。而周树槐《书东坡〈正统论〉后》以为欧阳子以东晋绝之正统,使其生南宋,必不为是言。岂惟欧阳子不绝东晋,即苏轼亦不固与魏而退蜀汉,以北宋尚非偏安之局面也,说甚通达。

储同人在《陆草堂文集》中有《正统论》六篇,驳朱子《纲目》之不当,大抵谓"轻与人一,是谓乱统;轻与人正,是谓乱正"。彼以为"统可言也,正不可言也"。复主张"为编年书者,盖一以天下为断。遇天下合于一,则称某纪以冠之;天下分裂,则以甲子书系某国某年,而勿称纪"。颇沾沾于书法问题,在陆以为史家大义在正而不在统。不可轻易与人以"一",更不当轻易与人以"正",其说甚辨。梁廷枏《正统道统论》以为三代以前,治从德出,而治正与道统合。后始分之,诸儒不足以承统,则统绝矣。故天下有正统,无道统。盖意谓汉学、宋学均不足以接道统,盖有所激而作者。鲁一同《正统论》泥于统为朝代继承,势不容绝,谓"不幸而得正者无统,得统者不正,如是全名则丧实,全实则丧名,不若并去正统之名",殊为无识。余若张宗泰(《鲁岩所学集》中《通鉴论正统闰统条》),李慈铭(《越缦堂读书记》卷十二论五代以朱温、石敬瑭为正统之非),所致辨者,均无关宏旨。李氏以"正闰当论邪正,不当论内外"(即内诸夏而外夷狄),此在清代帝制之下,立论不得不尔。然无非以道德人心为正闰区别之标准,无甚胜义。

十一　宋、元、明以来本正统
观念改撰之史书

　　自习凿齿改撰《三国志》为《汉春秋》，对后代影响至大。北魏张彝之子始均初改陈寿《魏志》为编年之体，书久已佚。高似孙《史略》列举各家别史，王沈《魏书》、梁祚《魏国统》及王涛、徐爰之《三国志评》，今均不可得见。温公《通鉴》帝魏，刘恕非之，以蜀比东晋，拟绍正统。南宋张栻序《经世纪年》，乃谓：“汉献之末，曹丕虽称帝，而昭烈以正义立于蜀，不改汉号，则汉统乌得为绝？故献帝之后，即系昭烈年号，书曰‘蜀汉’。逮后主亡国，而始系魏。”胡致堂《读史管见》深讥温公抑昭烈不得绍汉统为非。朱子为《通鉴纲目》，乃以昭烈为正统，承献帝之后，绍汉遗统。自此以后，论蜀正统问题者议论蜂起，而改撰三国之书亦接踵而兴矣。

　　张栻不为蜀汉撰史，而为诸葛武侯作一新传（有“四部丛刊续编”本），以为时有万变，事有大纲，大纲正则变可得而理。武侯以诛贼兴复汉室为大纲，执此不渝，洵能坚守其正。明程敏政跋其书称南轩以丞相忠献公（张浚）之长子，当宋社之南，力排和议，倡复仇之举，其心事实与武侯同，故惓惓订此传以见志，大类考亭之注《楚辞》，有深意存焉。

　　南宋人之论三国事者，俞文豹《吹剑录》责孔明之忠于刘备而不忠于汉，王应奎辨其非是。韩元吉论陈寿以“三国”名书，示天下莫适有统也，而于魏则纪之，吴蜀则传之，是有统也，若将存汉，则不可列于传也。又称"吾将加蜀以汉，加其主以帝王而并纪之"，意欲以蜀汉为纪。黄震《日抄》则谓："蜀之号由于老瞒改其所谓汉而私谓之蜀，诚以汉之名尚存，则岂容有魏？故史氏必先蜀汉之称而后可。"(《读史》卷三)及尹起莘撰《纲目发明》，直书曰"昭烈皇帝章武元年"，而以"魏黄初二年"为小注，于其下复为之辨，谓以昭烈绍号，深合事宜，与光武即位于鄗，晋元即位江左，先后一辙。此事在《纲目》为最大者，故辨之以明朱子秉笔之意云。

胡一桂著《十七史纂古今通要》十七卷(现有"四库全书珍本"本)，其论蜀汉，亦从朱子《纲目》之说，称《纲目》于甲申以后，犹以吴、魏分书。汉亡仅二年，而晋已灭魏，乙酉(265)以后，晋、吴犹分书。至太康庚子(280)吴亡，晋武始得大书以续正统。终魏之世，不得在大书正统之列。甚叹朱子秉笔之严。而《读书敏求记校证》乃谓："但以昭烈继建安，一祖朱子《纲目》，予不敢谓温公正统为非。故严修能讥钱遵王此说为悖。《四库提要》亦称其务持异议以骇听。"(卷八十八)足见朱子说久已深入人心。

元陈栎著《历代通略》，称先儒进蜀汉以承汉统，而魏、吴附焉，不可易也。又称司马氏之取蜀，乃所以取魏；蜀之亡，魏所由以速亡也，持论与黄震同。其时邯郸张之翰(字周卿，邯郸人，自翰林侍讲学士知松江府，有《西岩集》)为闽士陈光大《古今指掌图》撰序，深赞其序三国之正统，屈曹魏而进刘蜀，是准朱子《纲目》之书法。赵世延序《南唐书》谓："宋承五季周统，目(南唐)为僭伪，陆游之书最号有法，后世有能秉《春秋》直笔，究明《纲目》统绪之旨者，或有取考而辨之。"于《纲目》之书尤三致意焉。(世延，字子敬，云中人，奎章阁大学士中书平章政事，与虞集等修《经世大典》，《元史》卷一百八十有传。)

王义山《稼村类稿》有《宋史提纲序》，称晦翁《纲目》大本领在帝蜀一节;不知晦翁之说,全出于习凿齿也。陈均(平甫)作《宋朝长编备要》,续《纲目》也,惟其书法多可议。王氏因作《宋史提纲》,其大节目与陈均异者三百余条,曾质之刘后村。其书未见。陈均书今尚存,前北平图书馆藏有精抄本三种,其一有钱大昕跋。王义山,字元嵩,丰城人。景定进士,知新喻县。咸淳初与周密、陈厚同为两浙运司同僚,俱有吏才,见袁桷《清容居士集》(卷三十三《先大夫行述》)。

宋、元之间,以昭烈为正统,改撰《三国志》为《续后汉书》者不止一家:

宋

(1)萧常《续后汉书》四十二卷　现存有萧氏进书上表,其书以蜀汉为帝纪,吴魏均为载记,周必大为之序,于习凿齿以蜀为正,魏为篡,大旨昭然。而论欧阳修议正统不黜魏,其宾客章望之著《明统论》辨之。张栻《经世纪年》亦直以先主上继献帝为汉,用意正同。有欧阳守道者,跋此书称萧氏书法与《通鉴纲目》相合。萧氏作书时,《纲目》未出,可观"我心所同"然矣。文见《巽斋文集》。

(2)郑雄飞《续后汉书》　周密《癸辛杂识》后集云:"近世如郑雄飞亦著《续后汉书》,不过蹈萧常之故步,最后翁再又作《蜀汉书》,又不过拾萧、郑弃之竹马耳。"雄飞,宝祐元年(1253)太子侍读,二年除宗正少师,见南宋《馆阁续录》。

(3)翁再《蜀汉书》　见上。

元

(1)郝经《续后汉书》九十卷　郝经自序见《陵川集》,谓:"《通鉴》始更蜀曰汉,仍以魏纪事,而昭烈为僭伪,故寿书必当改作。"中统元年(1260),经使宋留馆仪真,遂撰此编,以昭烈承汉统。冯良佐刊其书于江西,为序称陈寿书帝魏,不知蜀之正统,为史笔之玷。故朱子有"后贤盍更张",此即朱子之志也。郝之门人苟宗道序言此书更正《陈志》,凡裴注之事当入正文者,则为删取之,命宗道掇拾具注新书本文下。是郝书之成,宗道与有力焉。

《千顷堂书目》云:"经使宋,被羁于真州时作。用朱子《纲目》义例,以昭烈为正统,魏、吴为僭伪;凡为年表二卷,帝纪二卷……号曰《续后汉书》。"

(2) 赵居信《蜀汉本末》三卷　此书全本《纲目》。初名《蜀汉本末论》,见其自序,又是年有建宁路建安书院山长黄君复序。

明蓝格抄本,今存。至正本见《北京图书馆善本书目》。

钱大昕《补元史艺文志》云:"字季明,许州人,翰林学士,进封梁国公。"说本《千顷堂书目》。

(3) 胡氏《季汉正义》　见林景熙序,云:"胡君所撰,著此以翼前修而扶正统。"作者不详谁氏。

(4) 张枢《刊定三国志》六十五卷、《续后汉书》七十三卷　《千顷堂书目》著录。《元史》卷一百九十九《隐逸》:"张枢之长,婺之金华人,取三国时事,撰汉本纪、列传,以魏、吴载记,为《续后汉书》卷七十三卷……危素言其书于朝,诏藏宣文阁。"至正三年(1343)修三史,屡荐不就。

《四库提要》卷十一论"谢陛《季汉书》"条云:"沈德符《敝帚轩剩语》称世之议陛者,谓吴中吴尚俭已曾为此书,不知元时郝经、宋时萧常,俱先编著。原注:按,《宋史·艺文志》又有李杞《改修三国志》六十七卷,不止萧常,此未详考。"不知此外尚有多家,《四库》馆臣亦未之细考也。

谢陛,字少连,歙县人。明万历间,撰《季汉书》六十卷,有钱塘钟人杰刊本。王士禛甚称其书。自序称:"涑水贤者,所见仅同范氏(晔),不及习氏也。张栻作《经世纪年》,直以昭烈上接孝献为汉,而列吴、魏于下方。范祖禹、陈亮欲改而未暇,萧常之作《续后汉书》、杨焕然《驳正汉书》、谢翱作《季汉表》而俱未成。"是谢氏固未见萧常之书也。其书断自献帝,直继以昭烈皇帝,后皇帝,尊汉三朝为帝纪,以汉室诸臣为内传;等魏、吴二国为世家,以魏、吴诸臣为外传,别袁、吕诸雄为载记,以田、陈诸人为杂传,题曰《季汉书》。为之序者多人,其叶向高序云:"近世赵文肃著《统论》,乃谓三国既裂,九围不纲,昭烈虽贤,史臣不能先天而与人以统,若深病朱元晦帝蜀之非者。"按,赵文肃即赵贞吉(据鲍应鳌《明臣谥考》,谥文肃而赵姓者,只有赵贞吉),四川内江人,大学士,有《赵文肃公文集》十三卷,巴渝赵氏福建刊本。惟集中无《统论》一文,莫由详其底蕴。又有于若瀛序,文亦见《弗告堂集》;又邹观光、陈邦瞻、王图三序,于谢氏书之书法义例多有所抉发。此书卷前附《正论》五篇,曰《正帝历》、曰《正帝系》、曰《正帝符》、曰《正帝统》、曰《正帝号》,陈义精湛,特具史识。陈序云:"凡曹魏父子睥睨而久邲,昭烈君臣之正名而讨贼,皆以有孝献在也。故初平、炎兴实为终始。方其在许,则天之所以留汉统也;方其在蜀,则汉之所以寄天统也。"尤言之有物,而邹序云:"赵文肃昌言昭烈虽贤,史臣不能先天而予人以统,吾惧万世以文肃而信且疑也,甚于涑水,此谢少连氏《季汉书》所由作欤?"是谢氏之书殆因赵贞吉而作。《三国志·蜀志》收杨戏《季汉辅臣赞》,此又《季汉书》一名之由来也。

　　清初有赵作羹(企山)者,撰《季汉纪》;其缘起引陈圣观正、闻说,已见于周密《癸辛杂识》引;杨文宪《正统八例》即杨奂《正统书序》;引杨廉夫《正统辨》,引周必大《续汉书序》,亦未获见萧常、郝经之原作,而谢少连《季汉书》则曾购而读之,而别仿荀悦、袁宏《两汉纪》之例系年纪事,撮录成纪。孙宝仁(伯纯)序云:"何为不曰蜀汉而曰季汉,尊正统也。尝读杨铁崖《正统辨》而知正统之有攸归也。"盖深受杨维桢之影响,因正统观念而作史者。此书初仅有稿本,现已印行。又长洲黄中坚(震孙)著《拟更〈季汉书·昭烈皇帝本纪〉》,书载《昭代丛书》辛集,盖取谢陞之书《昭烈本纪》,少加增删,间有论断,兹载附录以存参,无精义之可言也。

　　清魏裔介著《三国论》,见其《兼济堂文集》。谓:"曹与孙,其才与德既无足取，而昭烈仗义讨贼，才虽不足，其义则正矣，是以君子取之以续汉统。"惟俞樾别撰《蜀汉非正统说》，以为"以正统事蜀者，朱子之失，其理不过是时中原之地已尽入魏，安见天下之统不在中原之魏而在于区区一州之蜀？使昭烈而能为光武，以之黜魏可也。若夫据一州之地而欲窃天下之统，则君子所不许也"。但从地理上空间广狭以立论，未足以餍人意。

《三国志》一书，本为传体，无纪一目，而称为书，以魏、蜀、吴鼎峙之局而未能为混一，遂三国之；又系私史非奉敕撰，其称曹操，文例不纯，胡玉缙撰《三国志集解》附言，特申明此义，谓："今本《国志》由晋时范頵上书，遂入于官，可能经人改窜，非頵本人即刘宋人所私改者，其杨戏《季汉辅臣赞》末云：'世主能承高祖之始兆，复皇汉之宗祀。'正以尊蜀而不帝之者，痛乎汉禅已为魏所夺，先主虽自称帝，而史法不能帝之，惟因不能帝遂三国之，此《春秋》谨严之旨也。"胡氏为陈寿剖白，且悟今本《国志》有经人窜改处，为向来所未道。凡陈寿书后人循正统观念加以非难及另行改作经过，大致如此。

明代改撰《宋史》有三家：曰王洙、曰柯维骐、曰王惟俭。洙撰《宋史质》，叙略云："《宋史质》所以首天王，故正闰纪以象岁，条款以象辰，目录以象月，始终以象数，法天道也。假宋人行事之实，明《春秋》一统之义，视诸迁、固、欧、苏，文质异矣。"全书有目卅，起"天王正纪第一"、"天王闰纪第二"、"至道统第三十"。其闰纪即元，自云："闰者，岁之差也；本末相因，理乱相禅；胡元者，赵宋之闰位，昭代之驱除也，皇天命也。"秦鸣夏为之序称："一江王子取《宋史》而芟荑靡裁之，存旧十二，而典章文献，靡不具存，乃若明帝纪之正闰，志道统之断续，则又超然独得，可以俟后圣而不惑者。"又称："胡元继宋，以混函夏，脱脱、阿鲁图诸儒实典史局，其时与人俱出（刘）昫下，而王子所著则上追欧宋，讵必多让。"方之《新唐书》，则属过情之誉；《四库提要》称其书荒唐悖谬，可焚可斧，则又太过矣。

柯维骐（奇纯）之撰《宋史新编》，黄佐为之序云："宋旧史成于元至正乙酉（1345），脱脱为总裁，契丹、女真亦各为史，与宋并称帝，谓之宋、辽、金三史。是时纂修者，大半虏人，以故是非不分，冠履莫辨。景泰间，翰林学士吉水周公叙尝疏于朝，自任笔削，事竟弗成。"是柯氏之前，有人欲改编宋史而未果。柯氏《凡例》言："会三史为一，而以宋为正，辽、金与宋之交聘、交兵，及其卒其立，附载本纪仍详君臣行事为传，列于外国与西夏同，庶几《春秋》外夷狄之义。"此本书之宗旨也。

《凡例》又称：元人修三史，"以帝王之统在辽、金也。按，金杨兴宗当宋南渡，著《龙南集》明正统所在，元杨维桢闻修三史，作《正统辨》，谓辽、金不得与，斯足征脱脱等纂辑之谬矣"。柯氏以杨兴宗之文与杨铁崖相提并论。《千顷堂书目》有"杨兴宗《龙南集》，高陵人"，钱大昕《补元史艺文志》、龚显曾《金艺文志补录》同。倪灿《补辽金元艺文志》误作"杨与宗"，管廷芬《宋诗抄补》"杨兴宗，字似之"。元遗山《中州集》八录兴宗《出剑门》诗一首，云："宋既渡江，故兴宗有《龙南集》，余同舍郎关中杨君美尝见之。"其集名"龙南"，意者指龙飞南渡乎？明时柯维骐必曾睹其书，今则不可见矣。

钱大昕跋柯书称其义例亦有胜于旧史，惜其见闻未广，有史才而无史学耳（《潜研堂集》卷二十八）。柯书尊宋统，而附辽、金，康大和序谓其与朱子《纲目》之黜吴、魏而帝昭烈，正统以明。柯氏书屡引《世史正纲》，其改"女直"为"女真"，不避讳，盖从明人修《续通鉴纲目》云。

王惟俭《宋史记》，现存抄本（港大冯平山图书馆藏），共二百五十卷。旧《宋史》景炎无年，祥兴失记，又降帝昺为瀛国，此则更瀛国为帝昺，而增入端宗、帝昺二纪。于耶律氏通称曰辽，元世祖之先号曰蒙古，至建有国号始定为元，此为其书法也。今录《凡例》于资料三，以供参考。

十二　释氏史书之正统论争

　　释氏撰僧史,对于正、闰问题之处理,亦有可得而言者:隋成都人费长房著《历代三宝记》,其纪年也,尊南朝之齐、梁而黜北魏。书中年表,于晋后即继以宋、齐、梁,梁后继以周、隋,以为隋承周,周承梁,实为正统。陈援庵引《北齐书·杜弼传》称江东"复有一吴儿老翁萧衍……中原士大夫望之以为正朔所在",乃当日北方士大夫之一般心理(《中国佛教史籍概论》,中华书局,1962年,第7页)。按,皇甫湜曾论隋得之周,周取之梁,即与费书吻合。持正未必取自释氏,意者隋、唐人对北朝统绪继承之看法,自有此一套耳。又释道宣《大唐内典录》内后周《传译佛经录序》,以为"周承魏运,魏接晋基,余则偏王,无所依据",则视北朝元魏为正统,与文中子之《元经》帝北魏而黜梁相同。道宣父于陈为显宦,彼以南人仕北,或有所忌讳,具见苦心。然亦可觇隋、唐时人,对南北正、闰固存不同之歧见。

　　僧人史书,间亦援用正统之观念,以著书立说。南宋庆元中,吴克己撰《释门正统》,未及行而亡。嘉熙间,钱塘释宗鉴取吴本,仍其旧名,成《释门正统》八卷,以天台宗为正统,立释迦、龙树为本纪。仿《晋书》十六国例,以天台宗以外诸宗列入载记。后此三十年,咸淳间,释志磐撰《佛祖统纪》。以"统纪"为书名者,似与南宋学人重视统纪之学有深切关联(见上引《水心集》)。其书通例释题义云:"佛祖者何? 本教主而系诸祖也。统纪者何? 通理佛祖授受之事也。本纪者何? 始释迦,终法智,所以纪传教之正统也。"又同篇释本纪云:"通为本纪,以系正统,如世帝王正宝位而传大业。"故《四库提要》讥其"虽自尊其教,然僭已甚"。此则释氏模仿儒书,争取天台宗为正脉之巨著,自释契嵩撰《正宗记》立禅门系统,南宋以后,遂有台、禅二宗互为正统之争,兹不具论。

十三　结　语

　　中国史学上之正统说，其理论之主要根据有二：一为采用邹衍之五德运转说，计其年次，以定正、闰；唐人自王勃以后，《五行应运历》、《正闰位历》等书，以至宋初宋庠之《纪元通谱》，皆属此一系统，宋儒则深辟其谬，惟《唐书·王勃传》但存其端倪而已。另一为依据《公羊传》加以推衍，皇甫湜揭"大一统所以正天下之位，一天下之心"。欧公继之，标"居正"、"一统"二义。由是统之意义，由时间转为空间，渐离公羊之本旨。然对后来影响至大。温公谓："苟不能使九州合为一统，皆有天子之名而无其实也。"东坡谓："正统云者，犹曰有天下云尔。"（明徐一夔引此说）皆从空间立论。此一义后来且影响及于实际行动。元世祖之灭宋，即由此一观念所策动。《元史·刘整传》云：

　　　　至元四年(1338)十一月，（整）入朝……整又曰："自古帝王，非四海一家不为正统。圣朝有天下十七八，何置一隅不问，而自弃正统耶？"世祖曰："朕意决矣！"

故元之有宋，即为争取正统，此正统即大一统之意也。

　　宋代《春秋》之学，北宋重尊王（孙复著《春秋尊王发微》十二篇可见之），南宋重攘夷（胡安国著《春秋传》可见之。《宋史·儒林传》云："自王安石废《春秋》不列于学官……学士不得相传习,乱伦灭理,用夏变夷,殆由乎此。故[安国]潜心是书二十余年……")。尊王,故张大大一统之说,此欧公正统论之得于《春秋》者在此也。元世以夷狄入主中国,其言正统者,亦只能援大一统一说以立论。至明方孝孺始置夷狄之统于变统,则庶几攘夷之义,与皇甫湜之不帝元魏(亦如昌黎之辟佛,基于夷夏观念)之说相呼应,此亦取之《春秋》以立义者也。胡翰《正纪论》至责唐太宗以夷狄自处,汩地之纪,莫若刘渊。胡氏为明初始倡夷夏内外之辨者,方氏之重视夷狄问题,显受其启发耳。

依春秋褒贬之例以论史,则发生史实与道德关联问题,正统说诸家立场各有不同。其重实而轻名,但以史实为鉴戒,不惜减轻道德观念者,欧阳修、司马光是也。其兼顾名实,而决不肯放弃道德观念,以致建立二元说者,章望之(分正统与霸统)、方孝孺(分正统与变统)是也。其纯以《春秋》书法为褒贬者,则朱子一人而已。

《春秋》言"统"之义,原本于时间,即继承以前之系绪之谓。为正闰之说者,其争论焦点,即在于承接之间是否为正与不正之问题。故保持正统,可以放弃若干被认为闰位,而遥接远代,为"超代"之论,皇甫湜即主此一说也。或以为统之承受,应加抉择,杨维桢主张元统宜接宋,而不可接辽、金,此又一说也。凡此种种,皆正统论所执不同之立场与原则,略为疏说,以见其概焉。

自汉以来,史家致力于正统问题之探讨;表面观之,似是重床叠层,细察则精义纷披,理而董之,正可窥见中国史学精神之所在。正统理论之精髓,在于阐释如何始可以承统,又如何方可谓之"正"之真理。持此论者,皆凛然有不可侵犯之态度。欧公、温公所以不为人谅解,由于仍屈服于史局之下。故向来官修之史,不能令人满意,而私家之史,所以不断述作,不惜重撰,且亦为人所重视,职是故也。私家史书所以可贵,其故有三:(1) 不受史局之约束;(2) 不为当前史学风气及政治立场之所囿;(3) 有超时空限制之精神,对于史事可作重新评价。质言之,即有超历史(Super-History)之立脚点也。

章学诚《文德篇》主张"论古必恕",谓作史者须为古人设身处地(《文史通义·内篇》)。然史家之尚论史事,贵能据德以衡史,决不可徇史以迁德。史家眼中对于帝王(统治者)仅视作历史人物看待,其是非得失,均得加以衡量评判。记叙史事而无是非之辨,则何贵乎有史? 此义郑思肖于《心史·古今正统大论》中已有淋漓尽致之发挥;实斋之说,婉而未当。

近东古史,其纪录多为胜利者之自我表扬,如波斯最高王者,动辄自称为万王之王,如是之历史纪录,仅为胜利者服务。中国则不然,"惟圣哲以茂行兮,苟得用此下土"(《离骚》);"皇天集命,惟何戒之? 受礼天下,又使至代之"(《天问》),此屈原之历史观也。楚先王公卿祠庙,图绘天地贤圣怪物行事,所以存鉴戒。此事渊源甚远,伊尹从汤言素王及九主之事。刘向《别录》云:"九主者,有法君、专君、授君、劳君、等君、寄君、破君、国君、三岁社君,凡九品,图画其形。"(见《殷本纪集解》引)以人主分为九等,自授君以下,均致贬词,且图绘其形以丑之。《广川画跋》有《九主图》。《九主》此书残帙,近日在马王堆三号墓发现(参《文物》1974 年第 11 期),见于《老子》甲本《佚书》中。伊尹论过在主者四,罪在臣者三,臣主同罪者二,又陈夏桀氏之失,足见对君主行为可作严厉而正义之道德评判,其由来甚远,实为中国史家之优良传统,不容忽视者也。

晚近之言史者,有不惜去统而弃正者矣,有不惜以自己之文化接他人之统者矣。"有抱国之图籍而降者矣。无籍其道而降者,道不可以籍也。"(《古史钩沉论四》)此龚定庵所以嗟叹唏嘘不能自已者也。反观过去郑思肖、方孝孺辈,其所争取者,一本乎正义之真是非,而非一时相对之是非,不特不屈服于某种政治之下,且不屈服于已成历史之前,其见识伟矣,其人格复矣,此诚"贯天地而无终敝,故不得以彼之暂,夺此之常"(姚鼐《方正学祠重修建记》)。历史之真是非,正在其常,而非一时之是非所可夺也。

又龚定庵论大一统为太平世事,以为"宋、明山林偏僻士,多言夷夏之防,比附《春秋》,不知《春秋》者也,不知《春秋》至所见世,吴、楚进矣,伐我不言鄙,我无外矣。故诗曰:'无此疆尔界,陈常于时夏。'圣无外,天亦无外者也"(《五经大义终始答问七》),是在太平世,混一车书,王者无外,夷夏之防,已消弭于无形矣。历来持正统论者,每局于夷夏之辨;此在偏安之世则然,若大一统局面下,则地既无疆,天亦无外,《公羊》以当太平世,《大学》以论平天下,可谓涵盖乾坤气象。Arnold J. Toynbee谓中国向来就是世界国家,今尚存于世。盖中国自周、秦以后,即本天下观念以看历史,视历史为一整体,与希腊史家 Polybius 见解颇相似。以世界眼光来看历史,从过去人事觅得共同规律以为行动之借鉴。故中国史家自来即富有为天地立心、为万世开太平之豁达心胸。Toynbee晚年定论始确论史家须从历史成败获得猛省,历史如仅为描述而缺乏道德批评,则不成为史学。顾此义在中国早成为家常便饭,历代正统论即贯彻此一主张之史学观点者也。

自韩愈《原道》称尧以是传之舜,舜以是传之禹,再传至汤、文、武、周公、孔、孟,儒家道统承传之说于焉确立。陈寅恪氏以为韩氏建立道统,表面虽由孟子卒章之言所启发,实际乃受新禅宗教外传灯说所造成(《论韩愈》),惟证据未充。朱子《中庸章句序》屡言:"盖自上古圣神继天立极,而道统之传有自来矣。"而以"允执厥中"为尧、舜、禹之所传授,以子思上接道统之传,彼于道统再三致意,故宋人喜言之。宋季文及翁(字时举,绵竹人,理宗时进士)著《道统图后跋》,称"有作《道统图》上彻宸览者,以艺祖皇帝续伏羲、尧、舜、禹、汤、文、武之传,以濂溪周元公续周、孔、曾、思、孟之传"(《宋代蜀文辑存》卷九十四),是宋人之《道统图》

且以艺祖接伏羲之统，此乃出于政治上之渲染，殊属无谓。明杨维桢始以道统配合治统，道统观念弥为人所重视。清初刁包著《斯文正统》，其书为纂文总集，此则以正统观念侵入于文学之领域矣。惟袁枚颇非道统，其言曰："夫道无统也，若大路然。……然儒沾沾于道外增一统字……交付若有形，收藏若有物，道甚公而忽私之，道甚广而忽狭之，陋矣！"（《文集》卷十七《代潘学士答雷翠庭祭酒书》）梁廷枏以为天下有正统而无道统。平情而论，宋儒道统之说只限于极少数人之传授，有时不免标榜，未见为大公之论，难怪简斋之非议也。

太史公《自序》云："《春秋》明是非，故长于治人。"此说实本之董生（见《春秋繁露·俞序》）。历史之作，正所以明人事之真是非，而折中于正（Justice），故史家秉笔必据正立论，《易·家人》正位于内，《大学》言正心，《春秋》主拨乱反正，均从正字出发。《春秋》书元年，所以慎始。《大戴礼·保傅》引《易》云："正其本，万事理；失之毫厘，差以千里。"正其本实为史之首务。贾子《胎教篇》申言"《春秋》之元，《诗》之《关雎》，《礼》之《冠》、《昏》，《易》之《乾》、《坤》，皆慎始敬终云尔"。前此魏武侯问"元年"于吴子（起），吴子对曰："言国君必慎始也；慎始奈何？曰：正之。正之奈何？曰：明智。智不明何以见正？多闻而择焉，所以明智也。"（《说苑·建本》）章太炎因谓"人君始立，人必观其始政，其贤者则于改元之始，悉取前人秕政，下诏捐除……"，即以慎始说元之义者也（《春秋左氏疑义答问》卷二上）。慎始盖所以正之，以正统而论，正之为义尤重于统，自古以来已视为天经地义。故史家任务，要必折中于正。Reinhold Niebuhr 从神学观点以论史学，而提出 Moral Judgment are Excuted in History 一意，且云必须 gives meaning to history，此即孔子所云："其义则丘窃取之矣。"盖历史于事与文之外，大有事在，即[义]是矣。或谓此所谓义，即《史记》所谓"制义法"，非也。（按，义法重在作史之法例，取义浅狭，不足以语此。）历史上之裁判，既为史家应有之责任。

所谓 moral judgment 者,西方或决于神断,稽之往史,古埃及倚神力为裁断,凡人之终,必受秤之衡量以定其功罪。吾谓神断之秤,不如历史之评。历史之秤是谓之正。正者亦犹埃及人之 maat,于义同符;正统之"正",其时义诚大矣哉!

资料一

晋 习凿齿 晋承汉统论

或问："魏武帝功盖中夏，文帝受禅于汉，而吾子谓汉终有晋，岂实理乎？且魏之见废，晋道亦病，晋之臣子，宁可以同此言哉！"

答曰："此乃所以尊晋也。但绝节赴曲，非常耳所悲；见殊心异，虽奇莫察，请为子言焉。

"昔汉氏失御，九州残隔，三国乘间，鼎峙数世，干戈日寻，流血百载，虽各有偏平，而其实乱也。宣皇帝势逼当年，力制魏氏，蠖屈从时，遂羁戎役，晦明掩耀，龙潜下位，俯首重足，鞠躬屏息，道有不容之难，躬蹈履霜之险，可谓危矣！魏武既亡，大难获免，始南擒孟达，东荡海隅，西抑劲蜀，旋抚诸夏，摧吴人入侵之锋，扫曹爽见忌之党，植灵根以跨中岳，树群才以翼子弟，命世之志既恢，非常之业亦固。景文继之，灵武冠世，克伐贰违，以定厥庸，席卷梁、益，奄征西极，功格皇天，勋侔古烈，丰规显祚，故以灼如也。至于武皇，遂并强吴，混一宇宙，乂清四海，同轨二汉。除三国之大害，静汉末之交争，开九域之蒙晦，定千载之盛功者，皆司马氏也。而推魏继汉，以晋承魏，比义唐虞，自托纯臣，岂不惜哉！

"今若以魏有代王之德，则其道不足；有静乱之功，则孙、刘鼎立。道不足则不可谓制当年，当年不制于魏，则魏未曾为天下之主；王道不足于曹，则曹未始为一日之王矣。昔共工伯有九州，秦政奄平区夏，鞭挞华戎，专总六合，犹不见序于帝王，沦没于战国，何况暂制数州之人，威行境内而已，便可推为一代者乎！

"若以晋尝事魏，惧伤皇德，拘惜禅名，谓不可割，则惑之甚者也。何者？隗嚣据陇，公孙帝蜀，蜀、陇之人，虽服其役，取之大义，于彼何有？且吴、楚僭号，周室未亡，子文、延陵，不见贬绝。宣皇帝官魏，逼于性命，举非择木，何亏德美，禅代之义，不同尧、舜，校实定名，必彰于后。人各有心，事胡可掩！定空虚之魏以屈于已，孰若杖义而以贬魏哉？夫命世之人，正情遇物，假之际会，必兼义勇。宣皇祖考立功于汉，世笃尔劳，思报亦深。魏武超越，志在倾主，德不素积，义险冰薄，宣帝与之，情将何重！虽形屈当年，意申百世，降心全己，愤慨于下，非道服北面，有纯臣之节，毕命曹氏，忘济世之功者也。

"夫成业者系于所为，不系所藉；立功者言其所济，不言所起。是故汉高禀命于怀王，刘氏乘毙于亡秦，超二伪以远嗣，不论近而计功，考五德于《帝典》，不疑道于力政。季无承楚之号，汉有继周之业，取之既美，而己德亦重故也。凡天下事有可借喻于古以晓于今，定之往昔而足为来证者。当春秋之时，吴、楚二国皆僭号之王也，若使楚庄推鄢、郢以尊有德，阖闾举三江以奉命世，命世之君，有德之主，或藉之以应天，或抚之以光宅，彼必自系于周室，不推吴、楚以为代明矣。况积勋累功，静乱宁众，数之所录，众之所与，不资于燕哙之授，不赖于因藉之力，长辔庙堂，吴、蜀两毙，运奇二纪，而平定天下，服魏武之所不能臣，荡累叶之所不能除者哉！

"自汉末鼎沸五六十年，吴、魏犯顺而强，蜀人杖正而弱，三家不能相一，万姓旷而无主。夫有定天下之大功，为天下之所推，孰如见推于暗人，受尊于微弱？配天而为帝，方驾于三代，岂比俯首于曹氏，侧足于不正？即情而恒实，取之而无惭，何与诡事而托伪，开乱于将来者乎？是故故旧之恩可封魏后，三恪之数不宜见列。以晋承汉，功实显然，正名当事，情体亦厌，又何为虚尊不正之魏，而亏我道于大通哉！

"昔周人咏祖宗之德，追述窃商之功；仲尼明大孝之道，高称配天之义。然后稷勤于所职，聿来未以窃商，异于司马氏仕乎曹族，三祖之寓于魏世矣。且夫魏自君之道不正，则三祖臣魏之义未尽。义未尽，故假涂以运高略；道不正，故君臣之节有殊。然则弘道不以辅魏而无逆取之嫌,高拱不劳汗马而有静乱之功者,盖勋足以王四海,义可以登天位,虽我德惭于有周,而彼道异于殷商故也。

"今子不疑共工之不得列于帝王,不嫌汉之系周而不系秦,何至于一魏犹疑滞而不化哉!夫欲尊其君而不知推之于尧、舜之道,欲重其国而反厝之于不胜之地,岂君子之高义!若由未悟,请于是止矣。"(《晋书》卷八十二本传,又《全晋文》卷一百三十四、《永乐大典》"运字号")

《世说新语·文学》刘孝标注云:

《续晋阳秋》曰:"凿齿少而博学,才情秀逸,(桓)温甚奇之。自州从事,岁中三转,至治中。后以迕旨,左迁户曹参军、衡阳太守。在郡著《汉晋春秋》,斥温觊觎之心也。"凿齿《集》载其论,略曰:"静汉末累世之交争,廓九域之蒙晦,大定千载之盛功者,皆司马氏也。若以魏有代王之德,则其道不足;有静乱之功,则孙、刘鼎立。共工、秦政犹不见叙于帝王,况暂制数州之众哉?且汉有系周之业,则晋无所承魏之迹矣。春秋之时,吴、楚称王,若推有德,彼必自系于周,不推吴楚者也。况长辔庙堂,吴、蜀两定,天下之功也。"按,《晋书》本传作"出为荥阳太守"。宋本《世说》亦作"荥阳",刘注引《阳秋》作"衡阳",吴士鉴《斠注》以为司州时已沦陷,不得为荥阳守。然桓温北伐,殷浩至洛阳,温《传》有督司州之语,时以齿守荥阳,因北伐胜利,非无可能也。

北魏 张 彝 上历帝图表

臣闻元天高朗,尚假列星以助明;洞庭渊湛,犹藉众流以增大。莫不以孤照不诣其幽,独深未尽其广。先圣识其若此,必取物以自诚。故尧称则天,设谤木以晓未明;舜称尽善,悬谏鼓以规政阙。虞人献箴规之旨,盘盂著举动之铭,庶几见善而思齐,闻恶以自改。眷眷于悔往之衢,孜孜于不逮之路,用能声高百王,卓绝中古,经十氏而不渝,历二千以孤郁。

伏惟太祖拨乱,弈代重光。世祖以不世之才,开荡函夏;显祖以温明之德,润沃九区。高祖大圣临朝,经营云始,未明求衣,日昃忘食,开翦荆棘,徙御神县,更新风轨,冠带朝流。海东杂种之渠,衡南异服之帅,沙西毡头之戎,漠北辫发之虏,重译纳贡,请吏称藩。积德懋于夏、殷,富仁盛于周、汉,泽教既周,武功亦匹。犹且发明诏,思求直士,信是苍生荐言之秋,祝史陈辞之日。

况臣家自奉国八十余年,纡金锵玉,及臣四世。过以小才,藉荫出仕,学惭专门,武阙方略,早荷先帝眷仗之恩,末蒙陛下不遗之施。侍则出入两都,官历纳言常伯,忝牧秦藩,号兼安抚。实思碎首膏原,仰酬二朝之惠;轻尘碎石,远增嵩岱之高。辄私访旧书,窃观图史,其帝皇兴起之元,配天隆家之业,修造益民之奇,龙麟云凤之瑞,卑宫爱物之仁,释网改祝之泽,前歌后舞之应,囹圄寂寥之美,可为辉风景行者,辄谨编丹青,以标睿范。

至如太康好田,遇穷后迫祸;武乙逸禽,罹震雷暴酷;夏桀淫乱,南巢有非命之诛;殷纣昏酣,牧野有倒戈之陈;周厉逐兽,灭不旋踵;幽王遇惑,死亦相寻;暨于汉成失御,亡新篡夺;桓灵不纲,魏武迁鼎;晋惠暗弱,骨肉相屠。终使聪曜鸮视并州,勒虎狼据燕赵。如此之辈,罔不毕载。起元庖牺,终于晋末,凡十六代,百二十八帝,历三千二百七年,杂事五百八十九,合成五卷,名曰《历帝图》,亦谤木、谏鼓、虞人、盘盂之类。脱蒙置御坐之侧,时复披览,冀或起予左右,上补未萌。伏愿陛下远惟宗庙之忧,近存黎民之念,取其贤君,弃其恶主,则微臣虽沉沦地

下,无异乘云登天矣。(《魏书》卷六十四本传)

唐　萧颖士　赠韦司业书(节录)

　　古者左史记事,右史记言,记事者《春秋经》,记言者《尚书》是也。周德既衰,史官失守,孔圣断唐虞以下,删帝王之书,因鲁《史记》而作《春秋》,托微词以示褒贬,全身远害之道博,惩恶劝善之功大。韩宣子见之曰:"周礼尽在鲁矣,吾乃今知周公之德,与周之所以王也。"有汉之兴,旧章顿革。马迁唱其始,班固扬其风,纪、传平分,表、志区别。其文复而杂,其体漫而疏,事同举措,言殊卷帙。首末不足以振纲维,支条适足以助繁乱。于是圣明之笔削,褒贬之文废矣。后进因循,学犹不及,竟增泛博,弥敦简要,其迷固久,非可一二言也。

　　仆不揆,顾尝有志焉,思欲依鲁史编年,著《历代通典》,起于汉元十年,终于义宁二年,约而删之,勒成百卷。应正数者,举年以系代;分土宇者,附月以表年。于《左氏》取其文,《穀梁》师其简,《公羊》得其核,综《三传》之能事,标一字以举凡,扶孔、左而中兴,黜迁、固为放命。昔荀仲豫、彭彦伯二贤,亦尝笔削纪年,裁成两《汉》,晋代则孙安国编次《南》、《北》,迄穆帝之终。其道鸾、凿齿、几原、叔庠,继踵于宋、齐之间矣。梁武烈太子以弱冠之年,早事删录,杂诸家之说,著《三十国春秋》。泰清之季,金陵板荡。元帝嗣兴,乘舆不复,东台典籍,悉上荆州。及郢都沦丧,焚烧略尽,史策遗逸,散在人间。同原异流,十家俱起,而究终始一氏,则何、刘二典存焉。《陈纪》裁于野王,《齐志》创于君樊,蔡学士集江陵故事,撰《后梁春秋》。隋季有《后略》一家,亦行于世。秦、赵、凉诸国,亦有得而称,元魏及周,无闻焉尔。自汉元卒于大业,斯运骤迁,史籍填委,编年之作,亦往往而闻。其间体裁,非无优劣,终未能摧汉臣僭伪之锋，接《鲁论》之绪，附庸班、范，曾何足云？雄铓独断，抑非诸君子之事也。诚智小谋大，绠短汲深，加之数年，可以集事。尝愿得秘书省一官，登蓬莱，阅典籍，冀三四年内，绝笔之秋，使孟浪之谈，一朝见信。宁不知立身有百行，立命非一途，岂必系心翰墨，为将来不朽之事也。

夫太上立德，其次立功，其次立言。立言者乃不朽之末耳。然则古之终年著述，亦已知之。心有所存，正尔不能自已也，岂求见重于千载耶？校理是司，于今绝望，刊削之志，事即都损矣。圣朝官人，宜求称职，使道皆适务，时无弃能，何须铨衡枉分如此？

仆以三月二十六日拜谢阙庭，迩来凡四十余日，正以足下之故，未便东行，久不能断。夫人与不见于胸中，由此致淹泊耳。幸足下勿谓仆为后辈一生，闻其小有所知，但欲轻一召来，试观其谈说也。仆遇于足下，岂徒伯喈、王粲之嘉会，子产、延陵之吻合耶？虽数百年外，邈尔相望，亦不为辽阔也；况契心期于俯仰之顷，得不重哉！

仆从来缀文，略不苦思，惟专心旧史，企望有成，不复能以他人手笔，冀流传于人世，所以援毫襞纸，见推疾速。自今月五日始，作书首末千余言，经半旬乃就，加之笔札，斯亦勤矣。诚知殊翦截之清词，长谬悠之曼说。然苟非足下，安能有此课之善？士之托于知己，恨郁悒而无所申，非必求利也。计足下之年，应长仆二十许岁，亦已悬矣；而才名位望之隔，则又可知，所不间于凤期者道耳。足下本以道垂访，小人亦以道自谋，故此书之礼，过于慢易，成足下之高耳。苟道之不著，而名位是务，足下之趋风者多，岂惟一萧茂挺？小人之受侮亦众，岂独一韦夫子乎？足下必不以为狂，而亮其志，越绊拘之常礼，顿风流之雅躅，乘蹑履之遇，展倾盖之欢，则重赐一书，猥答诚觊。既奔足下不暇，岂敢差池？若文不足征，道未相借，请见还此本，谨俟烧焚，无为轻置盖瓻，使识者一窥齐、楚交失，非古之君子退人有礼之道也。杂诗五首，谨以奉投，聊

用代情,不近文律耳。颖士再拜。(《全唐文》卷三百二十三)

附　袁枚《随园随笔》"萧颖士不知史例"条云:

皇甫持正作《编年纪事论》,以为《春秋》非《左传》,则事不详;荀氏为《汉纪》,裴氏为《宋略》,虽欲仿《春秋》而遗失甚多,此子长纪传之体所以不可废云云。此语盖为萧氏重编年而轻纪事而发也。(《随园随笔》卷上)

按,文云:"梁武烈太子著《三十国春秋》。"考《史通·称谓》篇:"萧方等始存诸国名谥,僭帝者皆称之以王。变通其理,事在合宜。小道可观,见于萧氏者矣。"《玉海》"艺文类":"方等采削诸史,以晋为主,附列汉刘渊以下二十九国。又上取吴孙晧事,起宣帝迄恭帝。"是其书唐、宋犹存,故两唐志及《宋史》俱著录有萧方《三十国春秋》三十卷,作者方等误夺一"等"字。中华标点本《隋书·经籍志》有"《三十国春秋》三十一卷,梁湘东世子萧方等撰"。其人名号仅标于"萧方"二字之旁,误以"等"字为等辈之义,应正。"方等"一词见内典。《梁书》四十四世祖二子有方等《传》,称所撰《三十国春秋》及《静住子》行于世。方等卒时年仅二十二,亦奇才也。《南史》本纪云:元帝即位,改谥武烈太子。方等之《三十国春秋》,《太平御览》兵部屡引之。

皇甫湜　东晋元魏正闰论

王者受命于天,作主于人,必大一统,明所授,所以正天下之位,一天下之心。舜传之尧,禹传之舜,以德辉者也;桀放于汤,受(纣)杀于武,以时合者也;秦灭二周,兼六国,以力成者也;汉革秦社稷,以义取者也。故自尧以降,或以德,或以时,或以力,或以义,承授如贯,终始可明,虽殊厥迹,皆得其正。以及魏取于汉,晋得于魏,史册既载,彰明可知,百王既通行,异代无异辞矣。惠帝无道,群胡乱华,晋之南迁,实曰元帝。与夫祖乙之圮耿,盘庚之徙亳,幽王之灭戏,平王之避戎,其事同,其义一矣。而拓跋氏种实匈奴,来自幽、代,袭有先王之桑梓,目为中国之位号,谓之灭邪?晋实未改;谓之禅邪?已无所传。而往之著书者,有帝元,今之为录者,皆闰晋,可谓失之远矣。

或曰:"元之所据,中国也。"对曰:"所以为中国者,以礼义也;所以为夷狄者,无礼义也,岂系于地哉?杞用夷礼,杞即夷矣;子居九夷,夷不陋矣;沐纣之化,商士为顽人矣;因戎之迁,伊川为陆浑矣,非系于地也。晋之南渡,人物攸归,礼乐咸在,风流善政,史实存焉。魏氏恣其强暴,虐此中夏,斩伐之地,鸡犬无余。驱士女为肉篱,委之戎杀;指衣冠为乌狗,逞其屠刈。种落繁炽,历年滋多。此而帝之,则天下之士,有蹈海而死。天下之人,有登山而饿;忍食其粟,而立于朝哉?至于孝文,始用夏变夷,而易姓更法将无及矣。且授受无所,谓之何哉?"

又曰:"周继元,隋继周,国家之兴,实继隋氏,子谓是何?"对曰:"晋为宋,宋为齐,齐为梁,江陵之灭,则为周矣。陈氏自树而夺,无容于言,况隋兼江南,一天下,而授之于我。故推而上,我受之隋,隋得之周,周取之梁。推梁而上,以至于尧舜,得天统矣。则陈奸于南,元闰于北,其不昭昭乎?其不昭昭乎?"(《皇甫持正文集》卷二)

附 洪迈《容斋随笔》"皇甫湜正闰论"条:

晋、魏以来,正闰之说纷纷,前人论之多矣。盖以宋继晋,则至陈而无所终;由隋而推之,为周为魏则上无所起,故司马公于《通鉴》取南朝承晋,讫于陈亡,然后系之。隋开皇九年（589）,姑藉其年以纪事,无所抑扬也。唯皇甫湜之论不然。曰:"晋之南迁,与平王避戎之事同。而元魏种实匈奴,自为中国之位号,谓之灭耶？晋实未改,谓之禅耶？已无所传。而往之著书者有帝元,今之为录者皆闰晋,失之远矣！晋为宋,宋为齐,齐为梁,江陵之灭,则为周矣。陈氏自树而夺,无容于言。故自唐推而上,唐受之隋,隋得之周,周取之梁。推梁而上,以至于尧、舜,为得天下统,则陈僭于南,元闰于北,其不昭昭乎！"此说亦有理。然予复考之,灭梁江陵者,魏文帝也,时岁在甲戌（554）。又三年丁丑（557）,周乃代魏,不得云江陵之灭,则为周也。（《容斋随笔》卷九）

按,容斋评皇甫说未当。梁元帝江陵之灭,为西魏恭帝（廓）元年（554）冬十一月事,时文帝已先数年卒矣。《北史·魏本纪》云:"恭帝元年冬十一月,魏师灭梁,戕梁元帝。"（参《周书·文帝纪下》"魏恭帝元年十一月"条。）不得云灭梁江陵者,魏文帝也。又容斋引文"为得天下统",衍一"下"字。宋本《皇甫持正文集》作"得天统矣",似用《史记·高祖本纪赞》语。

编年纪传论

古史编年,至汉史司马迁始更其制,而为纪传相承,至今无以移之。历代论者,以迁为率私意,荡古法,纪传烦漫,不如编年。湜以为合圣人之经者,以心不以迹,得良史之体者,在适不在同。编年、纪传,系于时之所宜,才之所长者耳,何常之有？夫是非与圣人同,辨善恶得天下之中,不虚美,不隐恶,为纪、为传、为编年,是皆良史矣。若论不足以析皇极,乱不足以杜无穷,虽为纪传、编年,斯皆罪人。且编年之作,岂非以事系日，以日系月，以月系时，以时系年者哉？司马氏作纪，以项羽承秦，以吕后接之，亦以历年不可中废，年不可阙，故书也。观其作传之意，将以包该事迹，参贯话言，纤悉百代之务，成就一家之说，必新制度然后驰才力焉。又编年记事，束于次第，牵于混并，必举其大纲而简序事，是以多阙载，多逸文。乃别为著录，以备书之语言，而尽事之本末。故《春秋》之作，则有《尚书》；《左传》之外，又为《国语》，可复省左史于右，合外传于内哉！故合之则繁，离之则异，削之则阙。子长病其然也，于是革旧典，开新程，为纪为传，为表为志。首尾具叙，述表里，相发明，庶为得中，将以垂不朽。自汉至今，代以更八，年几历千。其间贤人摩肩，史臣继踵。推今古之得失，论述作之利病，各耀闻见，竞夸才能，改其规模，殊其体统，传以相授，奉而道行，而编年之史遂废，盖有以也。虽荀氏为《汉纪》，裴氏为《宋略》，强欲复古，皆为编年。然其善语嘉言，细事详说，所遗多矣。如览正史，方能备明，则其密漏得失，章章于是矣。今之作者，苟能遵纪传之体制，同《春秋》之是非，文敌迁、固，直如南、董，亦无上矣。倪舍源而事流，弃意而征迹，虽服仲尼之服，手绝麟之笔，等古人之章句，署王正之月日，谓之好古则可矣，顾其书何如哉。（《皇甫持正文集》卷二）

陈　鸿　大统纪序

叙曰：臣闻日月星辰，纪乎天也；山岳江河，纪乎地也；历数正朔，纪乎帝也；正气为帝，帝天号也。统伦群生，冠耀元符。牢笼乾坤之精，弹压山川之灵。威武薄乎八纮，文明光乎百代。功格皇天，名在祀典。以揖让而登皇极者，乃可言矣。开历垂统，自始皇焚书为烟烬，史官废纪，失传其本。后代儒者，凿天地心胸，造生人闻见。故诸纬书及皇甫谧、谯周之徒，得肆言上古之事，恃无可验，竟开异说。

臣少学乎史氏，志在编年。贞元丁酉岁，登太常第，始闲居遂志，乃修《大纪》三十卷，正统年代随甲子，纪年书事，条贯兴废，举王制之大纲，天地变裂，星辰错行，兴帝之理，亡后之乱，毕书之。通讽谕，明劝戒也。七年书始就，故绝笔于元和六年辛卯（811）。自太易至太昊年代，史传无正说，且书皇甫谧似是之言。昔太昊氏迎日推策造甲子，臣以为天地立于水，城于气，气萌万物，昌甲而生，生主寅。帝首太昊，岁起摄提，故书太昊，首甲寅。皇甫谧云："太昊在位一百一十年。"又云："子孙五十九姓，传世五万余岁。"又有循飞等九纪，亦无定年。陶弘景云："欲以数纪之生，求知百代之上，诚可笑矣。"

臣非知古者，亦不敢强为发正。自太昊至炎帝世，历无明文，存首而已。舜行天子事八十年，孔安国注云：舜在位五十年，三十而征庸，三十在位，历试二年，摄位二十八年，服尧丧三年，其一在三十之数，为天子五十年，凡一百一十二岁崩。尧帝天下七十载，得舜，试舜三年。一在征庸。正月上日，受终于文祖，二十八载帝乃殂落。尧二十八年，合入舜历，通计在位八十一载。尧在位七十二载，即舜元年丙子，帝挚元年乙卯，帝喾元年乙巳，颛顼元年丁亥，少昊元年癸亥，黄帝元年癸未，炎帝元年癸未，以是推之，伏子贱最可凭也。诸家年代，历不分出。益三年当禹荐益于天，七年而崩，益行天子事三载。禹丧毕，让于启。启贤，诸侯归之，益避于箕山之阳。禹之圣，启之贤，益之让，岂可废而不明？

今以大唐元和六年（811），太岁辛卯，上推至炎帝元年癸未，凡三千六百九年。自轩辕至夏殷，约《世本》，以文宣王、太史公、《尧典》、《舜典》、《商书》、《夏书》为实录。周、秦以降，则按本朝国史，《春秋》纬书云：炎帝子孙，帝临至帝冈，又有八代，四百余年。据太史公黄帝与炎帝战于阪泉之野，《易》称神农氏没，黄帝、尧、舜氏作。今臣依《周易》、《史记》，以黄帝代炎帝。纬《命历叙》又称少昊子孙相承十代，四百余年。验纬书起汉哀、平间，前代儒者，好记异闻，新进后学，耳目固不可验。皇甫谧、刘伯庄，皆以舜为戊寅年即位，在位二十年，遂使神农已来，甲子相承错谬。按，《汉书》舜生三十征庸，三十在位，五十陟方乃死。通服尧丧三年，禹崩启未立，使三年何系？今出益三年，成禹志，且尧禅舜二十八年而崩，益行天子事三年，为益之事可也。大道之行，以天下为家，何必私三年于启？或云：有穷伊尹、周公、共和如何？当夏后相不恢于夏家，羿为相臣，篡相自立，后相奔死商丘，浞又杀羿自立，少康长，乃复夏政。自是之后，备见于诸家年历云。（《唐文粹》卷九十五）

按，文云："炎帝子孙，帝临至帝冈，又有八代，四百余年。"考皇甫谧称炎帝传位八代。各书引《帝王世纪》，颇有异同。宋本《御览》卷七十八《皇王部》引，起帝承帝临而讫帝揄冈。《易·系辞下·正义》引，起帝临魁，次帝承，终帝榆罔。唐司马贞补《三皇本纪》由帝魁帝承至帝榆罔凡八代，五百三十年。注云："神农之后八代，事见《帝王代纪》。"代纪即世纪，避太宗讳。是陈鸿所云帝临殆即帝临魁，帝冈当即帝揄冈也。《史记·五帝纪》"神农氏世衰"下《索隐》云："皇甫谧所云帝榆罔是也。""冈"与"罔"二字形近易误，唐人多作"榆罔"。又《路史·后纪四》注引《春秋命历叙》云："炎帝八世，五百二十年。"与陈鸿作"四百余年"，亦复歧异。

宋　王钦若等　闰位部总序

仲尼有言：化合神者称皇，德合天者称帝，德合仁义者称王，斯并穹昊有命,历数在躬,大庇生民,奄宅区宇者也。其或真人未应,中夏多难,本非灵心之所眷,暂为人望之攸属,或绍承于大统,或专据于一方,虽复置宗祊、改正朔,建官以治,向明以朝,然与受河雒之符,应龙马之纪者殊矣。故载籍譬之闰余,明其非正焉。昔庖牺氏继天而王,德始于木。其后三正五运,迭相绍袭,而共工氏虽伯九州,自谓水德,居牺、农水、火之间,非其序也。故不载于《易》,不见于《书》,兹闰之始也。降及嬴秦,虽并六国,亦自谓水德,复在周、汉,水、火之间,又非其序也,故高祖弗之继。班氏谓之伯,此亦共工氏之比也。其后建安失御,三国分峙,魏文受山阳之禅,都天地之中,谓之正统,得其宜矣。刘先生僻处梁、益,孙大帝远据江、吴,自窃尊名,靡有神器,诚非共工之匹,然亦异于正统,故同为闰焉。刘氏虽为孝景之后,有季汉之称,盖以赤伏之数已尽,黄星之兆又彰,不足据矣。及晋元南迁,五胡迭盛。瞻乌之叹,生于中原;余分之基,传于江左,汔夫典午陵替,灵宝篡迫,故宋武拨乱而起焉。及元徽凶恶,天王肆逆,故齐高专政而代焉。暨东昏奢淫,萧懿被杀,故梁武兴兵而取焉。逮江陵不守,贞阳被废,故陈武假名而兴焉。虽则自谓水、火、木、土之运,然而都邑居于下国,声教隔于中州。永初始基,不能混一;长城失德,归于夷灭。城郭翦而无余,宗祀倏而俱灭。隋氏早已受宇文禅,应炎上之德,则此与夫为虞宾,助周祭者殊矣,故亦谓之闰焉。其后唐氏衰微,朱梁凌夺,虽则称金行宅天邑,然而庄宗以长安之属,籍总大卤之兵威,自是中兴,殄兹仇敌,首藏于大社,家靡于遗统,斯亦不得为正矣,故继之于闰。共工之迹,旧史无闻,然秦氏而下,凡八朝焉,以其声名文物,宪章礼乐,方册所纪,咸有可观。至于昏弱之迹,凌夷之政,亦可为鉴戒,代厥盘盂,今并著之于篇。若夫王莽、桓玄之类,皆不终其身,自取其毙。唐末诸方镇,或功德无闻,或封疆至小,并存别部,不得预于斯焉。凡七十八门。(《册府元龟》卷一百八十二)

僭伪部总序

　　夫余分为闰，既异夫居正之统；王纲失纽，或有乎僭命之号。斯盖豪杰窃起，以蓄乎觊觎；强弱相凌，分据乎土宇。虽政令之自出，非运序之所系。自魏武徙氐、羌之种，杂处秦州，晋氏之兴，厥类弥炽，罔徇名臣之议，失于长世之御，乱华之暴，乘间而作。故刘渊以五部之众，起于离石；石勒因晋阳之甲，据乎襄国；厉阶之构，乃由于此。而李特以流徙之隶，奄宅益部而为蜀；慕容廆因封建之旧，保界辽碣而为燕。群雄竞起，宇内分裂，河西之区，张轨攸领，因而称制，是称前凉。自此晋纲绝纽，中原震荡，龟玉南徙，遂荒江介。其后符洪自蓟州之广川，建三晋之号，入寇关辅，居长安而为秦。李暠跨敦煌之地，雄西夏而称西凉。慕容垂守中山之国，蹈两河而为后燕。乞伏国仁凭河湟之奥而为西秦；吕光按酒泉之富而为后凉；姚苌乘符氏之业而为后秦；冯跋践昌黎之域而为北燕；秃发乌孤负西平之阻而号南凉；慕容德依广固之险而为南燕；沮渠蒙逊保张掖而为北京；赫连勃勃连朔方而称夏，凡十有六国焉。俱僭大号，各建正朔。或称王爵，并专诛赏，传世垂祚，历岁弥久而率多。戎虏之种，或出氐、羌之类。始惩制驭，终以强大；分宰诸夏，专制民命，吞并相继，兵难不绝，家国殊政，百有余年。洎宋祖之奋威，及元魏之雄视，芟夷扫荡，剪焉靡余。以至唐室之季，王度交丧：礼乐征伐，不出于朝廷；山河强理，遂分于土壤。王审知跨据山海，裂五郡而为闽。王建凭恃岩险，包三川而为蜀；杨行密宅淮海之壤，擅鱼盐之富，建号而称吴。刘䶮总百越之众，通珠贝之利，开国而为汉。其后孟知祥因同光之难，凭二剑之固，僭尊名而为后蜀；李昇承吴人之业，保重江之阻，冒旧服而为唐。刘崇以汉室之亡，托于宗胄，仍厥位号，保于太原，而吴、唐、二蜀继守其宇。七闽之乱,厥土三分;显德之世,尚余四国。皇朝受命,始平井络,旋殄五岭,后克江表,三晋遗孽,再驾而服,混一区内,以致太平。今自西晋之后,洎唐、宋诸国,论次其事,类以为僭伪部,凡三十七门。(《册府元龟》卷二百十九)

张方平　南北正统论

夫帝王之作也,必膺箓受图,改正易号,定制度以大一统,推历数以叙五运,所以应天休命,与民更始。西晋之乱,九区分隔。琅邪播迁于江左,实绍金行;拓跋奋起于云方,奄居神县。盖五郊禋祀,南北不可并享;三统相承,正、闰宜归一致。今夫以晋为闰耶? 未闻革命所传;以魏为正耶? 实匪中华之旧。大与之兆,决谁处之? 夫晋之渡江也,遗中服之雅俗,据吴人之旧土。齐、梁之后,风教荡然,危弱相承,礼刑不立。五代四姓,浸微以灭,上无所授,下无所归,虽欲正之,人谁适从? 且夫商盘庚之迁亳,周平王之都洛,不出王畿之内,如归别馆之中,兆庶实从,不失旧物。比夫身居藩翰,观望本朝,进不扶危,退而正号,非同论也。至如太伯之奔勾吴,不得谓之姬矣;昭烈之兴巴蜀,岂可以为汉哉? 魏氏先实漠北,控弓朔、代,南平燕、赵,遂通秦、凉。出令作法,变风迁俗,天地有奉,生人有庇,且居先王之位,宅先王之国,子先王之人矣。则是夏禹之出东夷,文王之祚西羌,爰集大命,以抚方夏。《诗》《书》所载,谓之何哉? 前世大儒断南北之疑者,所以正魏也。或曰:二帝三王,应天承运,必讴谣之先归,故人神而协赞。秦迁周鼎,汉受秦降,虽仁暴不同,亦传授有所。元氏起于参合,践食上国,谓之受命,晋祀实存;谓之中国,则刘聪僭据,乃陶唐之冀方;符秦所都,实宗周之咸镐。若其审定王居之次,推考生胜之法,偏闰相承,夫何足尚? 曰:刘、石、符、姚,世祚短浅,欲正其名,无名可正。魏之霸业,肇自皇始,(太祖拓跋珪)典法明著;成于太和,(孝文帝)内无强臣,孰与苏、桓之逼?间有中主,未若宋、齐之季,虽末世尒朱之变,而建康易三姓矣。唐以土承隋,隋以火继周,周以木变魏,魏以水而绍金。昔汉祖之正号也,去姬氏之灭,几六十年,闰霸秦而继周,著为火德,识者以为得天统。魏氏之推历也,去愍、怀之亡,亦六十年,舍四僭而踵晋,定为水行,议者以为当正位。推晋而上,至于伏牺氏出震而王天下也,帝王之大统明矣,谨论。(《乐全集》卷十七)

欧阳修 正统论七首 此七论,公后删为三篇,已载《居士集》第十六卷。今所载盖初本也。

原 正 统 论

《传》曰:"君子大居正。"又曰:"王者大一统。"正者,所以正天下之不正也;统者,所以合天下之不一也。由不正与不一,然后正统之论作。

尧、舜之相传,三代之相代,或以至公,或以大义,皆得天下之正,合天下于一,是以君子不论也。其帝王之理得,而始终之分明故也。及后世之乱,僭为兴而盗窃作。由是有居其正而不能合天下于一者,周平王之有吴、徐是也;有合天下于一而不得居其正者,前世谓秦为闰是也,由是正统之论兴焉。

自汉而下,至于西晋,又推而下之,为宋、齐、梁、陈。自唐而上,至于后魏,又推而上之,则为夷狄。其帝王之理舛,而始终之际不明,由是学者疑焉。而是非不公,非其不公,盖其是非之难也。自周之亡,迄于显德,实千有一百一十二年之间,或理或乱,或取或传,或分或合,其理不能一概,是以论者于此而难也。大抵可疑之际有四,其不同之说有三,此论者之所病也。

何谓可疑之际? 周、秦之际也,汉、魏之际也,东晋、后魏之际也,朱梁、后唐之际也。秦亲得周而一天下,其迹无异禹汤,而论者黜之,其可疑一也。王莽得汉而天下一,莽不自终其身而汉复兴,论者曰伪,宜也。魏得汉而天下三分,论者曰正统,其可疑二也。以东晋承西晋,则无终;以周、隋承元魏,则无始,其可疑三也。梁之取唐,无异魏晋,而梁为伪;刘备,汉之后裔,以不能一天下而自别称蜀,不得正统,可也。后唐非李氏,未尝一天下而正统得之,其可疑四也。

何谓不同之说三? 有昧者之论,有自私之论,有因人之论。

正统之说,肇于谁乎? 始于《春秋》之作也。当东周之迁,王室微弱,吴、徐并僭,天下三王。而天子号令不能加于诸侯。其诗下同于列国,天下之人莫知正统。仲尼以为周平虽始衰之王,而正统在周也,乃作《春秋》。自平王以下,常以推尊周室,明正统之所在。故书王以加正月而绳诸侯。王人虽微,必加于上;诸侯虽大,不与专封。以天加王而别吴、楚。刺讥褒贬,一以周法。凡其用意,无不在于尊周。

而后之学者不晓其旨,遂曰"黜周而王鲁",或曰"起鲁隐之不正",或曰"起让国之贤君",泥其说于私鲁。殊不知圣人之意,在于尊周,以周之正而统诸侯也。至秦之帝,既非至公大义,因悖弃先王之道,而自为五胜之说。汉兴,诸儒既不明《春秋》正统之旨,又习秦世不经之说,乃欲尊汉而黜秦,无所据依,遂为"三统五运"之论,诋秦为闰而黜之。夫汉所以有天下者,以至公大义而起也,而说者直曰"以火德当天统"而已,甚者至引蛇龙之妖以为左验。至于王莽、魏晋,直用五行相胜而已。故曰:昧者之论也。

自西晋之灭,而南为东晋、宋、齐、梁、陈,北为后魏、后周、隋。私东晋者曰:"隋得陈,然后天下一。"则推其统曰:晋、宋、齐、梁、陈、隋。私后魏者曰:"统必有所授。"则正其统曰:唐授之隋,隋授之后周,后周授之后魏。至其甚相戾也，则为《南史》者诋北曰虏，为《北史》者诋南曰夷。故曰：自私之论也。

夫梁之取唐，无异魏、晋之取也，魏、晋得为正，则梁亦正矣，而独曰伪，何哉？以有后唐故也。彼后唐者，初与梁为世仇，及唐之灭，欲借唐为名，托大义以窥天下，则不得不指梁为伪而为唐讨贼也。而晋汉承之，遂因而不改，故曰：因人之论也。

以不同之论，于可疑之际，是以是非相攻而罕得其当也。《易》曰："天下之动正夫一。"夫帝王之统，不容有二，而论者如此，然缙绅先生，未尝有是正之者，岂其兴废之际、治乱之本难言欤？自《春秋》之后，述者多焉，其通古今、明统类者，希矣。司马子长列序帝王，而项羽亦为本纪，此岂可法邪？文中子作《元经》，欲断南北之疑也，绝宋于元徽五年（477），进魏于大和元年（827），是绝宋不得其终，进魏不得其始。夫以子长之博通，王氏之好学，而有不至之论，是果难言欤？若夫推天下之至公，据天下之大义，究其兴废，迹其本末，辨其可疑之际，则不同之论息，而正统明矣！

明 正 统 论

凡为正统之论者，皆欲相承而不绝。至其断而不接，则猥以假人而续之，是以其论曲而不通也。

夫居天下之正，合天下于一，斯正统矣。（尧、舜、三代、秦、汉、晋、唐）天下虽不二，而居得其正，犹曰天下当正于吾而一，斯谓之正统，可矣。（东周、魏、五代）始虽不得其正，卒能合天下于一。夫一天下而居其上，则是天下之君矣，斯谓之正统，可矣。（如隋是也）天下大乱，其上无君，僭窃并兴，正统无属。当是之时，奋然而起，并争乎天下，（东晋、后魏）有功者强，有德者王，威（一作盛）泽皆被于生民，号令皆加乎当世。幸而以大并小，以强兼弱，遂合天下于一，则大且强者谓之正统，犹有说焉。不幸而两立，不能相兼，考其迹，则皆正，较其义，则均焉，则正统者将安与乎？（东晋、后魏是也）其或终始不得其正，又不能合天下于一，则可谓之正统乎？（魏及五代是也）不可也。然则有不幸而丁其时，则正统有时而绝也。

夫所谓正统者，万世大公之器也，有得之者，有不得之者。而论者欲其不绝而猥以假人，故曰：曲而不通也。

或曰："可绝，则王者之史，何以系其年乎？"曰："欲其不绝而猥以假人者，由史之过也。夫居今而知古，书今世以信乎后世者，史也。天下有统，则为有统书之，天下无统，则为无统书之，然后史可法也。昔周厉王之乱，天下无君，周公、召公共行其政十四年，而后宣王立，是周之统尝绝十四年而复续。然为周史者，记周、召之年，谓之共和，而太史公亦列之于年表。汉之中衰，王莽篡位十有五年而败，是汉之统尝绝十五年而复续，然为汉史者，载其行事，作《王莽传》。是则统之绝，何害于记事乎？正统，万世大公之器也；史者，一有司之职也。以万世大公之器假人，而就一有司之记事，惑亦甚矣！"

夫正与统之为名，甚尊而重也。尧、舜、三代之得此名，或以至公，或以大义而得之也。自秦、汉而下，丧乱相寻，其兴废之迹，治乱这本，或不由至公大义而起，或由焉而功不克就，是以正统屡绝而得之者少也。

正统之说曰：尧、舜、夏、商、周、秦、汉、魏、晋而绝。由此而后，天下大乱，自东晋太建之元年，止陈正明之三年，凡二百余年。其始也，有力者并起而争，因时者苟偷而假冒，奋攘败乱，不可胜纪，其略可纪次者，十六七家。既而以大并小，以强兼弱，久而稍相并合，天下犹分为四。东晋、宋、齐、梁、陈，又自分为后梁而为二；后魏、后周、隋，又自分为东魏、北齐而为二。是四者，皆不得其统。其后后周并北齐而授之隋，隋始并后梁，又并陈，然后天下合为一而复得其统。故自隋开皇九年

(589)，复正其统曰：隋、唐、梁、后唐、晋、汉、周。

夫秦自汉而下，皆以为闰也，今乃进而正之，作《秦论》。魏与吴、蜀为三国，陈寿不以魏统二方而并为三志，今乃黜二国，进魏而统之，作《魏论》。东晋、后魏，议者各以为正也，今皆黜之，作《东晋论》、《后魏论》。朱梁，四代之所黜也，今进而正之，作《梁论》。此所谓辨其可疑之际，则不同之论息，而正统明者也。

秦　论

谓秦为闰者谁乎？是不原本末之论也，此汉儒之私说也。其说有三：不过曰灭弃礼乐、用法严苛与其兴也不当五德之运而已。五德之说，非圣人之言，曰昧者之论详之矣。其二者，特始皇帝之事尔，然未原秦之本末也。

昔者尧、舜、夏、商、周、秦，皆出于黄帝之苗裔，其子孙相代而王。尧传于舜，舜传于禹。夏之衰也，汤代之王。商之衰也，周代之王。周之衰也，秦代之王。其兴也，或以德，或以功，大抵皆乘其弊而代之。初，夏世衰而桀为昏暴，汤救其乱而起，稍治诸侯而诛之，其《书》曰"汤征自葛"是也。其后卒以放桀而灭夏。及商世衰，而纣为昏暴，周之文、武，救其乱而起，亦治诸侯而诛之，其《诗》所谓"昆"、"崇"、"共"、"密"是也；其后卒攻纣而灭商。推秦之兴，其德固有优劣，而其迹岂有异乎？

秦之《纪》曰：其先大业，出于颛顼之苗裔。至孙伯翳，佐禹治水有功。唐、虞之间，赐姓嬴氏。及非子为周养马，有功秦仲始为命大夫。而襄公与立平王，遂受岐、丰之赐。当是之时，周衰固已久矣，乱始于穆王，而继以厉、幽之祸。平王东迁，遂同列国。而齐、晋大侯，鲁、卫同姓，擅相攻伐，共起而弱周，非独秦之暴也。秦于是时，既平犬夷，因取周所赐岐、丰之地。而缪公以来，始东侵晋地至于河，尽灭诸戎,拓国千里。其后关东诸侯,强僭者日益多,周之国地日益蹙,至无复天子之制,特其号在尔。秦昭襄五十三年(前254),周之君臣,稽首自归于秦。至其后世,遂灭诸侯而一(一作"有")天下,此本末之迹也。其德虽不足,而其功力尚不优于魏、晋乎?

始秦之兴,务以力胜。至于始皇,遂悖弃先王之典礼。又自推水德,益任法而少恩。其制度文为,皆非古而自是,此其所以见黜也。夫始皇之不德,不过如桀、纣,桀、纣不能废夏、商之统,则始皇未可废秦也。

魏 论

新与魏皆取汉者,新辄败亡,魏遂传数世而为晋。不幸东汉无贤子孙,而魏为不讨之仇。今方黜新而进魏,疑者以谓与奸而进恶,此不可以不论也。

昔三代之兴也,皆以功德,或积数世而后王。其亡也,衰乱之迹,亦积数世而至于大坏,不可复支,然后有起而代之者。其兴也,皆以至公大义为心。然成汤尚有惭德,伯夷、叔齐至耻食周粟而饿死,况其后世乎?自秦以来,兴者以力,故直较其迹之逆顺、功之成败而已。彼汉之德,自安、和而始衰,至桓、灵而大坏。其衰乱之迹,积之数世,无异三代之亡也。故豪杰并起而争,而强者得之,此直较其迹尔。故魏之取汉,无异汉之取秦,而秦之取周也。

夫得正统者,汉也;得汉者,魏也;得魏者,晋也。晋尝统天下矣,推其本末而言之,则魏进而正之,不疑。

东 晋 论

周迁而东,天下遂不能一。然仲尼作《春秋》,区区于尊周而明正统之所在。晋迁而东，与周无异，而今黜之，何哉？是有说焉，较其德与迹而然尔。

周之始兴，其来也远。当其盛也，瓜分（一作"规方"）天下为大小之国，众建诸侯，以维王室。定其名分，使得子孙而守之，以为万世之计。及厉王之乱，周室无君者十四年，而天下诸侯不敢侥幸而窥。于此然后见周德之深，而文、武、周公之作，真圣人之业。故虽天下无君，而正统犹在，不得而改。况（一有"乎"字）平王之迁，国地虽蹙，然周德之在人者未厌，而法制之临人者未移。平王以子继父，自西而东，不出王畿之内（西周之地八百里，东周六百里，以井田之法计之，通为千里之方），则正统之在周也。推其德与迹，可以不疑。

夫晋之为晋，与夫（一作"乎"）周之为周也，异矣。其德法之维天下者，非有万世之计，圣人之业也，直以其受魏之禅而合天下于一，推较其迹，可以曰正而统尔。自惠帝之乱，晋政已亡；愍、怀之间，晋如线尔。惟嗣君继世，推其迹，曰正焉可也。建兴之亡，晋于是而绝矣。夫周之东也，以周而东；晋之南也，岂复以晋而南乎？自愍帝死贼庭，琅邪起江表，位非嗣君，正非继世。徒以晋之臣子有不忘晋之心，发于忠义而功不就，可为伤已。若因而遂窃万世大公之名，其可得乎？《春秋》之法，君弑而贼不讨，则以为无臣子也。使晋之臣子遭乎圣人，适当《春秋》之责，况欲以失国共立之君，干天下之统哉！

夫道德，不足语矣，直推其迹之如何尔。若乃国已灭矣，以宗室子自立于一方，卒不能复天下于一，则晋之琅邪，与夫后汉之刘备、五代汉之刘崇何异？备与崇，未尝为正统，则东晋可知焉尔。

后　魏　论

魏之兴也，自成帝毛至于圣武，凡十二世；而可纪于文字，又十一世。至于昭成而建国改元,略具君臣之法。幸遭衰乱之极,得奋其力,并争乎中国。又七世至于孝文,而去夷即华,易姓建都,遂定天下之乱。然后修礼乐、兴制度而文之。考其渐积之基,其道德虽不及于三代,而其为功,何异王者之兴?今特以其不能并晋、宋之一方,以小不备而黜其大功,不得承百王之统,而不疑焉者,质诸圣人而可也。

今为魏说者,不过曰功多而国强尔。此圣人有所不与也,何以知之?以《春秋》而知也。春秋之时,齐桓、晋文可谓有功矣。吴、楚之僭,迭强于诸侯。圣人于书齐、晋,实与而文不与之,以为功虽可褒,而道不可以与也。至书楚与吴,或屡进之,然不得过乎子爵;则功与强,圣人有所不取也。

或者以谓秦起夷狄,以能灭周而一天下,遂进之。魏亦夷狄,以不能灭晋、宋而见黜,是则因其成败而毁誉之,岂至公之笃论乎?曰:是不然也,各于其党而已。周之兴也,与秦之兴,其说固已详之矣。当魏之兴也,刘渊以匈奴,慕容以鲜卑,苻生以氐,弋仲以羌,赫连、秃发、石勒、季龙之徒,皆四夷之雄。其力不足者弱,有余者强。其最强者,苻坚之时,自晋而外,天下莫不为秦。休兵革,兴学校,庶几刑政之方,不幸未几而败乱。其后(一作"又")强者曰魏,自江而北,天下皆为魏矣。幸而传数世而后乱。以是而言,魏者,才优于苻坚而已。就使魏兴世远,不可犹格之夷狄,则不过为东晋比也。是皆有志乎天下而功不就者,前所谓不幸两立而不能相并者。故皆不得而进之者,不得已也。

梁　　论

黜梁为伪者,其说有三。一曰:后唐之为唐,犹后汉之为汉,梁盖新比也。一曰:梁虽改元即位,而唐之正朔在李氏而不绝,是梁于唐未能绝而李氏复兴。一曰:因后唐而不改。因后唐者,是谓因人之论,固已辨矣。其二者宜有说也。

夫后唐之自为唐也，缘其赐姓而已。唐之时，赐姓李者多矣。或同臣子之异心，或怀四夷而縻之，忠臣、茂正、思忠、克用是也。当唐之衰，克用与梁并起而争之。梁以强而先得，克用耻争之不胜，难忍臣敌（一作"服"）之惭，不得不借唐以自托也。后之议者，胡谓而从之哉？其所以得为正统者，以其得梁而然也。使梁且不灭同光之号，不过于河南，则其为唐，与昇、璟等耳。

夫正朔者何？王者所以加天下而同之于一之号也。昔周之东，其政虽弱，而周犹在也。故仲尼以王加正而绳诸侯者，幸周在也。当唐之亡，天祐虚名，与唐俱绝，尚安所寓于天下哉？使幸而有忠唐之臣，不忍去唐而自守，虽不中于事理，或可善其诚心。若李氏者，果忠唐而不忍弃乎？况于唐亡，托虚名者不独李氏也。王建称之于蜀，杨行密称之于吴，李茂正亦称之于岐。大抵不为梁屈者，皆自托于虚名也。初，梁祖夺昭宗于岐，遂劫而东，改天复四年为天祐。而克用与王建怒曰："唐为朱氏夺矣！天祐非唐号也。"遂不奉之，但称天复。至八年，自以为非，复称天祐。此尤可笑者，安得曰正朔在李氏乎？

夫论者何？为疑者设也。尧、舜、三代之终始，较然著乎万世而不疑，固不待论而明也。后世之有天下者，帝王之理或舛，而始终之际不明，则不可以不疑。故曰：由不正与不一，然后正统之论兴者也，其德不足以道矣。推其迹而论之，庶几不为无据云。

正 统 辨 上

正统曰："统天下而得其正，故系正焉。统而不得其正者，犹弗统乎尔。继周而后，帝王自高其功德，自代统而得其正者，难乎其人哉！必不得已而加诸人，汉、唐之主乎？"曰："甚哉！吾子之说其隘也。以汉、唐之盛烈，由曰不得已而加之焉；为魏、晋之主，则将奈何乎？"曰："不然。是乌得苟加诸人？一箪食，一瓢饮，其义弗直而取诸人，君子且从而恶之。以天下之广而被乎太公之实，苟非其人，则阙之可已。必若曰应天而顺人，则继周之后，桀、纣之恶常多，而汤、武之仁义未尝等也。若是，其苟加诸人，何哉？予以谓正统之不常在人，率与言神圣者相类，必待择人而后加焉。是仁王义主不足责，而奸雄篡弑之臣得以济也。"

正 统 辨 下

秦之裔罪暴于桀、莽、炀方于纣。汉、唐之主仗义而诛变以取天下，其可谓之正统欤？犹未离乎憾也。（德不及汤、武）秦之得天下也，以力不以德。（秦之亡仁义，驱其人民以争敌，其任贤得人，孰若汉、唐之始也）晋之承魏也，以篡继篡。隋亦若是，而徒禅云尔。晋、隋，盗也。或者以为正统，兹非误欤？（魏以吴存，至于晋而吴始灭，或者又以魏为正统，愈误矣。自后魏、东晋至于周、陈、五代，或以义，或以不义，皆不能并天下）圣人不生而暴伪代兴，名与实自重久矣。必待后世之明者断焉，断而不以其势，舍汉、唐、我宋，非正统也。（《欧阳文忠公集》卷七）

正统论

臣修顿首死罪言：伏见太宗皇帝时，尝命薛居正等撰梁、唐、晋、汉、周事为《五代史》，凡一百五十篇，又命李昉等编次前世年号为一篇，藏之秘府。而昉等以梁为伪，梁为伪则史不宜为帝纪，而亦无曰五代者，于理不安。今又司天所用崇天历，承后唐，书天祐至十九年，而尽黜梁所建号，援之于古。惟张轨不用东晋太兴而虚称建兴，非可以为后世法。盖后唐务恶梁而欲黜之，历家不识古义，但用有司之传，遂不复改。至于昉等，初非著书，第采次前世名号，以备有司之求，因旧之失，不专是正，乃与史官戾不相合，皆非是。

臣愚因以谓正统，王者所以一民而临天下。三代用正朔，后世有建元之名。然自汉以来，学者多言三代正朔，而怪仲尼尝修《尚书》、《春秋》，与其学徒论述尧、舜三代间事甚详，而于正朔尤大事，乃独无明言，颇疑三代无有其事。及于《春秋》得十月陨霜杀菽，二月无冰，推其时气，乃知周以建子为正，则三代固尝改正朔。而仲尼曰"行夏之时"，又知圣人虽不明道正朔之事，其意盖非商、周之为云。其兴也，新民耳目，不务纯以德，而更易虚名，至使四时与天不合，不若夏时之正也。及秦又以十月为正，汉始稍分后元、中元，至于建元遂名年以为号。由是而后，直以建元之号加于天下而已，所以同万国而一民也。而后世推次，以为王者相继之统。若夫上不戾于天，下可加于人，则名年建元，便于三代之改岁。然而后世僭乱假窃者多，则名号纷杂，不知所从。于是正闰真伪之论作，而是非多失其中焉。

然尧、舜、三代之一天下也，不待论说而明。自秦昭襄讫周显德千有余年，治乱之迹，不可不辨，而前世论者，靡有定说。伏惟大宋之兴，统一天下，与尧、舜、三代无异，臣故曰不待论说而明。谨采秦以来讫于显德终始兴废之迹，作《正统论》。臣愚不足以知，愿下学者考定其是非而折中焉。

正 统 论 上

《传》曰："君子大居正。"又曰："王者大一统。"正者，所以正天下之不正也；统者，所以合天下之不一也。由不正与不一，然后正统之论作。

尧、舜之相传，三代之相代，或以至公，或以大义，皆得天下之正，合天下于一，是以君子不论也。其帝王之理得，而始终之分明故也。及后世之乱，僭伪兴而盗窃作。由是有居其正而不能合天下于一者，周平王之有吴、徐是也；有合天下于一而不得居其正者，前世谓秦为闰是也，由是正统之论兴焉。

自汉而下，至于西晋，又推而下之，为宋、齐、梁、陈。自唐而上，至于后魏，又推而上之，则为夷狄。其帝王之理舛，而始终之际不明，由是学者疑焉，而是非又多不公。自周之亡，迄于显德，实千有二百一十六年之间，或理或乱，或取或传，或分或合，其理不能一概。大抵其可疑之际有三：周、秦之际也，东晋、后魏之际也，五代之际也。秦亲得周而一天下，其迹无异禹、汤，而论者黜之，其可疑者一也。以东晋承西晋则无终，以隋承后魏则无始，其可疑者二也。五代之所以得国者虽异，然同归于贼乱也；而前世议者，独以梁为伪，其可疑者三也。夫论者何？为疑者设也。尧、舜、三代之始终，较然著乎万世而不疑，固不待论而明也。后世之有天下者，帝王之理或舛，而始终之际不明，则不可以不疑，故曰：由正与不一，然后正统之论作也。

然而论者众矣，其是非予夺所持者各异，使后世莫知夫所从者，何哉？盖于其可疑之际，又挟自私之心，而溺于非圣之学也。

自西晋之灭，而南为东晋、宋、齐、梁、陈；北为后魏、北齐、后周、隋。私东晋者曰："隋得陈，然后天下一。"则推其统曰：晋、宋、齐、梁、陈、隋。私后魏者曰："统必有所受。"则推其统曰：唐受之隋，隋受之后周，后周受之后魏。至其甚相戾也，则为《南史》者，诋北曰虏；为《北史》者，诋南曰夷。此自私之偏说也。

自古王者之兴，必有盛德以受天命：或其功泽被于生民，或累世积渐而成王业，岂偏名于一德哉？至于汤、武之起，所以救弊拯民，盖有不得已者，而曰五行之运有休王，一以彼衰，一以此胜，此历官、术家之事。而谓帝王之兴，必乘五运者，缪妄之说也。不知其出于何人？盖自孔子殁，周益衰乱，先王之道不明，而人人异学，肆其怪奇放荡之说。后之学者，不能卓然奋力而诛绝之，反从而附益其说，以相结固。故自秦推五胜以水德自名，由汉以来，有国者未始不由于此说，此所谓溺于非圣之学也。

惟天下之至公大义，可以祛人之疑，而使人不得遂其私。夫心无所私，疑得其决，则是非之异论息而正统明。所谓非圣人之说者，可置而勿论也。

正 统 论 下

凡为正统之论者，皆欲相承而不绝。至其断而不属，则猥以假人而续之，是以其论曲而不通也。

夫居天下之正，合天下于一，斯正统矣，尧、舜、夏、商、周、秦、汉、唐是也。始虽不得其正，卒能合天下于一，夫一天下而居上，则是天下之君矣，斯谓之正统可矣，晋、隋是也。天下大乱，其上无君，僭窃并兴，正统无属。当是之时，奋然而起，并争乎天下，有功者强，有德者王，威泽皆被于生民，号令皆加乎当世。幸而以大并小，以强兼弱，遂合天下于一，则大且强者谓之正统，犹有说焉。不幸而两立，不能相并，考其迹则皆正，较其义则均焉，则正统者将安予夺乎？东晋、后魏是也。其或终始不得其正，又不能合天下于一，则可谓之正统乎？魏及五代是也。然则有不幸而丁其时，则正统有时而绝也。故正统之序，上自尧、舜，历夏、商、周、秦、汉而绝，晋得之而又绝，隋、唐得之而又绝。自尧、舜以来，三绝而后续，惟有绝而有续，然后是非公、予夺当，而正统明。

然诸儒之论，至于秦及东晋、后魏、五代之际，其说多不同，其恶秦而黜之以为闰者谁乎？是汉人之私论，溺于非圣曲学之说者也。其说有三，不过曰灭弃礼乐、用法严苛与其兴也不当五德之运而已。五德之说,可置而勿论。其二者特始皇帝之事尔,然未原秦之本末也。

昔者尧传于舜,舜传于禹。夏之衰也,汤代之王;商之衰也,周代之王;周之衰也,秦代之王。其兴也,或以德,或以功,大抵皆乘其弊而代之。初,夏世衰,而桀为昏暴,汤救其乱而起,稍治诸侯而诛之,其《书》曰"汤征自葛"是也。其后卒以攻桀而灭夏。及商世衰,而纣为昏暴,周之文、武,救其乱而起,亦治诸侯而诛之,其《诗》所谓"崇"、"密"是也。其后卒攻纣而灭商。推秦之兴,其功德固有优劣,而其迹岂有异乎?

秦之《纪》曰:其先大业出于颛顼之苗裔。至孙伯翳,佐禹治水有功。唐虞之间,赐姓嬴氏。及非子为周养马,有功。秦仲始为命大夫,而襄公与立平王,遂受岐、丰之赐。当是之时,周衰固已久矣,乱始于穆王,而继以厉、幽之祸。平王东迁,遂同列国。而齐晋大侯,鲁卫同姓,擅相攻伐,共起而弱周,非独秦之暴也。秦于是时,既平犬夷,因取周所赐岐、丰之地。而缪公以来,始东侵晋地至于河,尽灭诸戎,拓国千里。其后关东诸侯强僭者日益多,周之国地日益蹙,至无复天子之制,特其号在尔。秦昭襄王五十二年(前 255),周之君臣首稽,自归于秦。至其后世,遂灭诸侯而一天下。此其本末之迹也。其德虽不足,而其功力尚不优于魏、晋乎?

始秦之兴,务以力胜,至于始皇,遂悖弃先王之典礼。又自推水德,益任法而少恩。其制度文为,皆非古而自是,此其所以见黜也。夫始皇之不德,不过如桀、纣,桀、纣不废夏、商之统,则始皇未可废秦也。

其私东晋之论者曰:周迁而东,天下遂不能一,然仲尼作《春秋》,区区于尊周而黜吴、楚者,岂非以其正统之所在乎?晋迁而东,与周无异,而今黜之何哉?

曰:是有说焉,较其德与迹而然耳。周之始兴,其来也远,当其盛也,规方天下为大小之国,众建诸侯以维王室。定其名分,使传子孙而守之,以为万世之计。及厉王之乱,周室无君者十四年,而天下诸侯不敢侥幸而窥周。于此然后见周德之深,而文、武、周公之作,真圣人之业也。况平王之迁,国地虽蹙,然周德之在人者未厌,而法制之临人者未移。平王以子继父,自西而东,不出王畿之内,则正统之在周也,推其德与迹可以不疑。

夫晋之为晋,与乎周之为周也异矣。其德法之维天下者,非有万世之计,圣人之业也。直以其受魏之禅,而合天下于一,推较其迹,可以曰正而统耳。自惠帝之乱,至于愍、怀之间,晋如线尔。惟嗣君继世,推其迹,曰正焉可也。建兴之亡,晋于是而绝矣。夫周之东也,以周而东;晋之南也,岂复以晋而南乎?自愍帝死贼庭,琅邪起江表,位非嗣君,正非继世。徒以晋之臣子有不忘晋之心,发于忠义而功不就,可为伤已。若因而遂窃正统之号,其可得乎?《春秋》之说"君弑而贼不讨",则以为无臣子也。使晋之臣子遭乎圣人,适当《春秋》之诛,况欲干天下之统哉?若乃国已灭矣,以宗室子自立于一方,卒不能复天下于一,则晋之琅邪,与夫后汉之刘备,五代汉之刘崇何异?备与崇未尝为正统,则东晋可知焉耳。

其私后魏之论者曰:魏之兴也,其来甚远。自昭成建国改元,承天下衰弊,得奋其力,并争乎中国。七世至于孝文,而去夷即华,易姓建都,遂定天下之乱。然后修礼乐、兴制度而文之。考其渐积之基,其道德虽不及于三代,而其为功,何异王者之兴?今特以其不能并晋、宋之一方,以小不备而黜其大功,不得承百王之统者何哉?

曰:质诸圣人而不疑也。今为魏说者,不过曰功多而国强耳。此圣人有所不与也。春秋之时,齐桓、晋文可谓有功矣;吴、楚之僭,迭强于诸侯矣;圣人于《春秋》,所尊者周也。然则功与强,圣人有所不取也。

论者又曰:秦起夷狄,以能灭周而一天下遂进之;魏亦夷狄,以不能灭晋、宋而见黜,是则因其成败,而毁誉之,岂至公之笃论乎?

曰:是不然也,各于其党而已。周、秦之所以兴者,其说固已详之矣。当魏之兴也，刘渊以匈奴，慕容以鲜卑，苻生以氐、弋仲以羌，赫连、秃发、石勒、季龙之徒，皆四夷之雄者也。其力不足者弱，有余者强，其最强者苻坚。当坚之时，自晋而外，天下莫不为秦。休兵革，兴学校，庶几刑政之方，不幸未几而败乱。其又强者曰魏，自江而北，天下皆为魏矣。幸而传数世而后乱。以是而言，魏者，才优于苻坚而已，岂能干正统乎？

五代之得国者，皆贼乱之君也，而独伪梁而黜之者，因恶梁者之私论也。

唐自僖、昭以来，不能制命于四海，而方镇之兵作。已而小者并于大，弱者服于强，其尤强者，朱氏以梁，李氏以晋，共起而窥唐。而梁先得之，李氏因之，借名讨贼，以与梁争中国，而卒得之，其势不得不以梁为伪也。而继其后者遂因之，使梁独被此名也。

夫梁固不得为正统，而唐、晋、汉、周何以得之？今皆黜之。而论者犹以汉为疑，以谓契丹灭晋，天下无君，而汉起太原，徐驱而入汴，与梁、唐、晋、周其迹异矣，而今乃一概，可乎？

曰：较其心迹，小异而大同尔。且刘知远，晋之大臣也，方晋有契丹之乱也，竭其力以救难，力所不胜，而不能存晋，出于无可奈何，则可以少异乎四国矣。汉独不然，自契丹与晋战者三年矣，汉独高拱而视之，如齐人之视越人也，卒幸其败亡而取之。及契丹之北也，以中国委之许王从益而去。从益之势，虽不能存晋，然使忠于晋者得而奉之，可以冀于有为也，汉乃杀之而后入。以是而较其心迹，其异于四国者几何？矧皆未尝合天下于一也。其于正统，绝之何疑。（《欧阳文忠公文集》卷十六）

附　陈亮《欧阳文粹》提要：

南宋陈亮编《欧阳文粹》，二十卷。《四库提要》云："是书卷首有《原正统论》、《明正统论》、《正统论上》、《正统论下》四篇。《居士集》则但存《正统论》上、下二篇。其《正统论上》,乃以《原正统论》'学者疑焉'以上十余行窜入。而论内其可疑之际有四,其不同之说有三,以下半篇,多删易之。其《正统论下》,复取《明正统论》'斯立正统矣'以上数行窜入,而论内'昔周厉王之乱'以下,亦大半删易之。其他字句异同,不可枚举,皆可以资参考,固不妨与原集并存也。"《文粹》有明郭云鹏续编,嘉靖丁未(1547)郭氏宝善堂刊本。

苏　轼　后正统论三首 至和二年(1055)作

总　论　一

正统者,何耶? 名耶? 实耶? 正统之说曰:"正者,所以正天下之不正也;统者,所以合天下之不一也。"不幸有天子之实而无其位,有天子之名而无其德,是二人者立于天下,天下何正何一? 而正统之论决矣。正统之为言,犹曰有天下云耳。人之得此名,而又有此实也,夫何议?

天下固有无其实而得其名者,圣人于此不得已焉,而不以实伤名。而名卒不能伤实,故名轻而实重;不以实伤名,故天下不争;名轻而实重,故天下趋于实。

天下有不肖而曰吾贤者矣,未有贱而曰吾贵者也。天下之争,自贤不肖始。圣人忧焉,不敢以乱贵贱,故天下知贤之不能夺贵。天下之贵者,圣人莫不从而贵之,恃有贤不肖存焉。轻以与人贵,而重以与人贤。天下然后知贵之不如贤,知贤之不能夺贵,故不争。知贵之不如贤,故趋于实;使天下不争而趋于实,是亦足矣。正统者,名之所在焉而已。

名之所在而不能有益乎其人，而后名轻，名轻而后实重。故欲重天下之实，于是乎名（始）轻正统。听其自得者十，曰：尧、舜、夏、商、周、秦、汉、晋、隋、唐。予其可得者六，以存教，曰：魏、梁、后唐、晋、汉、周。使夫尧、舜、三代之所以为贤于后世之君者，皆不在乎正统，故后世之君，不以其道而得之者，亦无以为尧、舜、三代之比，于是乎实重。

辩 论 二

正统之论，起于欧阳子。为霸统之说，起于章子。二子之论，吾与欧阳子，故不得不与章子辩，以全欧阳子之说。欧阳子之说全，而吾之说又因以明。章子之说曰："进秦、梁失而未善也，进魏，非也。"是章子未知夫名实之所在也。夫所谓正统者，犹曰有天下云尔，名耳（按，《事略》本无此二字）。正统者，果名也，又焉实之？知视天下之所同君而加之，又焉知其他？章子以为魏不能一天下，不当与之统。夫魏虽不能一天下，而天下亦无有如魏之强者，吴虽存非两立之势，奈何不与之统？章子之不绝五代也，亦徒以为天下无有与之敌者而已。今也不统魏，魏安得无辞哉？正统者，恶夫天下之无君而作也。故天下虽不合于一，而未至乎两立者，则君子不忍绝之于无君。且夫德同而力均，不臣焉可也。今也不幸而不合于一（《苏东坡集》作"今以天下不幸而不合于一"），德既无以相过，而弱者又不肯臣乎强，于是焉而不与之统，亦见其重天下之不幸而助夫不臣者也。

章子曰："乡人且耻与盗者偶，圣人岂得与篡君同名哉？"吾将曰：是乡人与是为盗者，民则皆民也，士则皆士也，大夫则皆大夫也，则亦与之皆坐乎？苟其势不得不与之皆坐，则乡人何耻耶？圣人得天下，篡君亦得天下，顾其势不得不与之同名，圣人何耻耶？吾将以圣人耻乎篡君，而篡君又恶能耻圣人哉？

章子曰：“君子大居正，而以不正人居之，是正不正之相去，未能相远也。”且章子之所谓正者何也？以一身之正，为正耶？以天下有君为正耶？一身之正，是天下之私正也。天下无君，篡君出而制天下，汤、武既没，吾安所取正哉？故篡君者，亦当时之正而已。

章子曰：“祖与孙虽百岁，而子五十，则子不得为寿。汉与晋虽得天下，而魏不能一，则魏不得为有统。”吾将曰：其兄四十而死，则其弟五十为寿，弟为寿乎其兄；魏为有统乎当时而已。章子比之妇，谓舅娶妾为姑。吾将曰：舅则以为妻，而妇独奈何不以为姑乎？以妾为妻者，舅之过也；妇谓之姑，盖非妇罪也。举天下而授之魏、晋，是亦汉、魏之过而已矣。与之统者，独何罪乎？

虽然，欧阳子之论犹有异乎吾说者。欧阳子之所与者，吾之所与也；欧阳子所以与之者，非吾所以与之也。欧阳子重与之，而吾轻与之。且其言曰：“秦、汉而下，正统屡绝，而得之者少，以其得之者少，故其为名甚尊而重也。”呜呼！吾不喜夫少也，幸而得之者少，故有以尊重其名；不幸而皆得，欧阳子其敢有所不与耶？且其重之，则其施于篡君也，诚若过然，故章子有以启其说。夫以文王而终身不得，以魏、晋、梁而得之，果其为重也。则文王将有愧于魏、晋、梁焉。必也使夫正统者不得为圣人之盛节，则得之为无益；得之为无益，故虽举而加之篡君而不为过。使夫文王之所不得而魏、晋、梁之所得者，皆吾之所轻者也，然后魏、晋、梁无以愧文王，而文王亦无所愧于魏、晋、梁焉。

辩 论 三

始终得其正，天下合于一，是二者，必以其道得之耶，亦或不以其道得之耶？病乎或者之不以其道得之也，于是乎举而归之名。欧阳子曰皆正统，是以名言者也。章子曰正统，又曰霸统，是以实言者也。欧阳子以名言而纯乎名,章子以实言而不尽乎实。

章子之意,以霸统重其实,而不知实之轻自霸统始。使天下之名,皆不得过乎实者,固章子意也。天下之名,果不过乎实,则吾以章子为过乎圣人,圣人不得已,则不能以实伤名,而章子则能之。且吾岂不知居得其正之为正,如魏受之于汉,晋受之于魏,不如至公大义之为正也哉!盖亦有所不得已焉耳。如章子之说,吾将求其备。尧、舜以德,三代以德与功,汉、唐以功,秦、隋、后唐、晋、汉、周以力,晋、梁以弑;不言魏者,因章子之说而与之辨。以实言之,则德与功不如德,功不如德与功,力不如功,弑不如力,是尧、舜而不得统者,凡更四不如,而后至于晋、梁焉。而章子以为天下之实,尽于其正统、霸统之间矣。

欧阳子纯乎名,故不知实之所止;章子杂乎实,故虽晋、梁弑君之罪天下所不容之恶,而其实反不过乎霸。彼其初得正统之虚名,而不测其实,罪之所至也。章子则告之曰:"尔霸者也"。夫以弑君得天下,而不失为霸,则章子之说,固使乎篡者也。夫章子岂曰弑君者其实止乎霸也哉?盖取已举其实者之名(此句一作"盖已举其实而著之名"),虽欲复加之罪而不可得也。

夫王者没而霸者有功于天下,吾以为在汉、唐为宜,必不得已而秦、隋、后唐、晋、汉、周得之,吾犹有憾焉。奈何其举而加之弑君之人乎?呜呼!吾不惜乎名,而惜乎实也。霸之于王也,犹兄之于父也。闻天下之父尝有曰尧者,而曰必尧而后父,少不若尧而降为兄,则瞽瞍惧至仆妾焉。天下将有降父而至于仆妾者,无怪也。从章子之说者,其弊固至乎此也。

故曰:莫若纯乎名。纯乎名,故晋、梁之得天下,其名曰正统;而其弑君之实,惟天下后世之所加,而吾不为之齐量焉。于是乎晋、梁之恶不胜诛于天下,实于此反不重乎?章子曰:"尧、舜曰帝,三代曰王,夏曰氏,商周曰人,古之人轻重其君有是也。"以为其霸统之说。夫执圣人之一端以藉其口,夫何说而不可?吾亦将曰:孔子删《书》而虞、夏、商、周皆曰《书》,汤、武王、伯禽、秦穆公皆曰《誓》,以为吾皆曰正统之说,其谁曰不可?圣人之于实也,不伤其名,而后从之。帝亦天子也,王亦天子也,氏亦人也,人亦氏也,夫何名之伤?若章子之所谓霸统者,伤乎名而丧乎实也。(《经进东坡文集事略》卷十一。《苏东坡集》卷五题作《正统总论》)

章望之　明统论　<small>据苏东坡《正统辩论》中注录出</small>

章子名望之,字表民,尝著《明统论》三篇以辨欧阳子之说。其中篇云:"予今分统为二名,曰'正统'、'霸统'。以功德而得天下者,其得者正统也,尧、舜、夏、商、周、汉、唐、我宋其君也;得天下而无功德者,强而已矣,其得者霸统也,秦、晋、隋其君也。"

章子曰:"欧阳永叔《正统论》与夺异于旧说者四焉:以前世谓秦为闰,今较其功业之初,宜得正统;以陈寿列叙《三国志》均为之传,而魏不立纪以统二方;以朱梁得唐,而后唐以降,皆绌为伪梁,故今并以正统进之。予以谓进秦得矣,而未善也,进魏、梁非也。凡为书者,将有补于治乱也。秦、魏、梁于统之得否未有损益焉可措者,进之无以别善恶也。"

章子曰:"魏不有吴、蜀,犹吴、蜀之不能有魏。蜀虽见灭,吴最后亡,岂能合天下于一哉?"

章子曰:"朱梁挟力以欺君,杀其子弟宗属而得之,幸而举乎大号以临四方,四方虽有奸雄而莫之敢取者,畏其强也。"

章子曰:"永叔之进魏,特奖其能篡也。夫谓以至公得天下者尧、舜、禹,以大义者汤、武;故二帝三王之得正统者,不疑也。乃进能篡君者与之同列圣人,顾不耻之欤?今有乡人于此无异能也,然未尝造非,陷于刑辟;俄而与向之尝为盗者群饮酒焉,则以并坐齐齿为耻矣,乡人且耻与盗者偶,圣人岂得与篡君者同名哉?"

章子曰:"永叔以正统之论肇于《春秋》之学,故引《公羊》'大居正'、'大一统'之文为据。既曰'大居正',而又以不正人居之,是正不正之相去,未能相远也。"

章子曰:"永叔直谓魏居汉、晋之间,彼皆有统,故连魏而举之也,是不难明。有白大夫者,其父百年而死,其身五十而死,以百方五十,则寿为多矣。他日其子亦百年,得以其父子皆寿,而谓大夫非短命可乎?汉之兴也,兼天下而有之;晋之兴也,武帝平吴之后中国莫不臣;魏之兴也,兼天下而有之乎?中国莫不臣乎?此三失也。"

章子曰:"今有为人妇者,姑死矣,其舅未娶焉。谓之姑,宜也,若特以婢妾宠之,为其近尊者,目以长妾礼之,可也。曰姑云者,则惑也,非正名之道也。"(《经进东坡文集事略》卷十一)

毕仲游　正统议

历数存于天,治乱在于人。自周之前,尧得天之历数,而传之舜;舜得天之历数，而传之禹；禹得天之历数，而传之汤；汤得天历数，而传之文王。其历数明著而不惑。至于三代之末主，昏庸不肖，不足以动化天下，毁其社稷，而不足以当天之正统者，何哉？

盖以得历数者，有道于其始，而为治乱者，不系于其终也。由周而下，秦继周矣。始皇以威力强，灭六国而帝天下。二世不改，又大远人情而为政，故嬴姓之立，十四岁而易。是始不能以仁义取，终不能以仁义守。历数不得于天，治乱不得于人，非可与三代同为政也。若曹魏之继汉，司马晋之继魏，虽取之非道，而子孙血食，或五六世，或十数世。较于当日，又无其他长久之主以相拟，故亦可独推其统而言正矣。

然至称萧梁为正者，盖根其取于齐，而齐取之于宋，宋取之于晋。晋既为正，故疑梁亦为正统也。说者又有以宋、齐、梁、陈皆为偏王，比较梁取之非道，而子孙不长也。是以不取其继晋之统，而以后魏、周、隋为正统焉。故王通亦尝称皇魏之德，以其兴起自然、历年久也。

今必欲断二说之非：是前说，则道进于秦、梁；是后说，则道退于魏。不知魏可为正，而秦、梁不可为正也。故所谓得其统者，可当其历数也。可当其历数者，岂以图书敕之而言语告之哉？亦观其兴废、善恶、长短之效而已矣。故秦为不正，比于其事，则如日月之余分，岁月之有闰气也。魏以下为不正，比于其类，则如曹魏之于吴，吴之于蜀汉也。比于其事，则如大河之有派渠，通道之有支径也。是真伪比称明白之大验矣。

孔子作《春秋》，以天下无王而作也。虽以无王而作，然至于周之爵命、盟会、聘使，未尝不称王也。虽有桓、文、穆、庄之霸，未尝不称侯、伯、子也。是不敢计治乱盛衰，而一以周为正统也。此《春秋》推正统之大意，而以夫秦、魏、梁之说，无所不同矣。《传》曰："知之为知之，不知为不知。"其大意既无所同，则虽有其他褒贬、赏罚、明暗之旨，安敢迁就附会而为说哉？（《西台集》卷四）

陈师道 正统论

统者,一也;一天下而君之,王事也,君子之所贵也,吾于《诗》、《春秋》、《孟子》见之也。《周南》自风而雅,王者之事也;《召南》自家而国,诸侯之事也。公羊子曰:"王正月者,大一统也。"孟子曰:"伊尹、孔子得百里之地,皆能朝诸侯而有天下也。"夫正者以有贰也,非谓得之有正与否也。天下有贰,君子择而与之,所以致一也。不一则无君,无君则人道尽矣,吾于《中说》见之也。王子曰:"中国有一,圣人明之;中国有并,圣人除之。"夫列国并力而不相尚,君子必致于一者,不欲天下一日而无君也,吾于《春秋》见之也。《诗》降于风,《书》绝于《文侯之命》,则天下无王矣,《春秋》所以作也。天下无王,而正月必书王者,所以君之也。由周而上,天下为一,学者所不论也。由周而下,至于五代,其所论者五焉:有其位而不一者,东周是也;有天下而无位者,齐、晋是也;有其统而为闰者,秦、新是也;无其统而为伪者,魏、梁是也;上无所始,下无所终,南北是也。

正之说有三,而其用一。三者:天、地、人也。天者,命也。天与贤则贤,天与子则子,非人所能为也,故君子敬焉。地者,中国也,天地之所合也,先王之所治也,礼乐刑政之所出也,故君子慕焉。人者,德功也。德者,化也;功者,事也,故君子尚焉。一者,义也。可进则进,可黜则黜,而统有归矣,吾于《诗》与《春秋》见之也。

西伯,诸侯也,君子与其王;平、桓,周之余,而君子夺其王也。隐公摄位,而先君之元子,君子与其君也。桓公,世子也,王与诸侯大夫国人君之,而王法之所讨,君子黜之。文王,西夷之人;秦与吴、楚,戎蛮也,君子进而中国之也。杞,夏裔也,君子斥而夷狄之也。自周之东,夷于诸侯,其所有号尔,故《诗》降而《书》绝之,君子盖有待也。

夫《诗》降而《书》绝,则天下无周矣。王者可以作也,而卒无以代之,徒以先王之世,天下须君而复与之,岂君子所欲哉? 桓、文一中国,却外夷,出民水火之中,有功矣。而天命未改,故管仲不得而革也。夫周,存之者,天也,文、武之泽也;黜之者,人也,天之下法也,此周与齐、晋之辨也。秦之昭襄始亡周而臣诸侯,及始皇又合六国而为一,而学者不以接统,岂不已甚矣哉! 以秦之暴,疾之可也,而不谓天下为秦可乎? 夺之其谁与哉?

新莽,汉之盗也,而汉讨之,是犹夏之穷羿、卫之州吁而齐之无知也。而学者疑其年,吾于《春秋》见之也。鲁昭公之失国,寓于诸侯。而季氏服君之服,行君之事者七年,君子以其前系之昭,其后系之定。则以元始属之建武,其可矣,此秦、新之辨也。

三国之一,吾于《续书》见之也。汉,中邦之旧也,刘、葛之所造也,君子之所尚也,而地则四隅也,德远而功逦,君子不得而私焉。吴、魏皆有志于天下,又皆有功于民,而魏则中州也,于是与之,其得已乎? 此曹魏之辨也。

自晋而下则为陈,陈亡于隋则有终。自隋而上则为魏,魏而上为燕、赵,赵继晋者也。晋之亡,犹秦也,非人亡之也,举天下而弃之,智者得之,而谓之逆乎? 其事则汉、唐,其名则霸,其义则虽非桓、文,亦晋之罪人也。则有始石氏,羯也;慕容氏,鲜卑也。然居中国之位,有中国之民,而行中国之政矣,是犹《书》之秦,《春秋》之吴、楚也,燕、赵不为夷,而谓魏为狄乎?

南北之变,吾于《元经》见之也。晋之东,犹汉也。属而继宗,古之制也。其所以贵者,以中土之无代也。君子因其旧而与之,犹周也。皇始授魏,进之也,天也。而帝晋者,人也。魏可贵而未贵,晋可贱而未贱,故君子待之也。待之者,待其定也。晋、宋有其志,又有其功,而魏未有以胜之。武、文没而孝文兴,于是南北定矣。故宋亡而帝魏也。孝建之后,可以夺矣,而君子不忍者,武、文之泽也。故因其亡而取之。或曰:魏假之华,齐、梁、陈斥之蛮,无乃悖乎?曰:夷而变,虽未纯乎夏,君子进之也。夏而变,犹未纯乎夷,君子斥之也。矧其纯乎!孔子曰:"一日克己复礼,天下归仁。"而不考其素善其变也,又况终身由之者乎?色斯举矣,而不察其著,恶其变也,又况言弗行乎?此南北之辨也。

学者拟梁于新,而唐非其族也,且其取之,夺也,非讨也,吾于《春秋》见之也。楚比,盗也,而弃疾杀之,君子书之曰:"公子弃疾杀公子比。"以情不以迹也。梁之存犹魏也,此朱梁之辨也。

吾于正统质之经以定其论,资之公以济其义,折众说之枉而归诸正,庶乎其可也。(《后山文集》卷十六、《古文集成》卷四十)

按,永明十一年(493)策文"人纪咸事"(《文选》卷三十六),李善注:"《汉书》,诏策公孙弘曰天文地理,人事之纪也,子大夫习焉。公孙弘对曰:天地无私亲,顺之利起,逆之害生,此天文、地理、人事之纪也。"此汉人三才一贯之论。后山正之说有三,曰天、地、人,而其用一曰义,仍是演衍兹说。

章 棨 编年通载序

史学之不讲久矣!汉、魏已来,以是名家者不过数人。历世既远,载籍漫汗,学者披文考古,如乘桴涉海,而欲穷其津涯,未易得也。至有皓首疲精,弊弊于编简文字之间,问其前代因革之端,纪年号名之同异,何者为正?何者为伪?一治一乱,奸雄割据,天下之所以离,与其所以合之由,茫然不能对者多矣。呜呼!天地之理,求于简易而可以得;六合之广,据于会要而可以观。不居其简,而欲致其详;不执其要,而欲会其众,斯亦惑矣。

族侄衡子平,以文辞举进士,当仁宗朝,擢为第一。自布衣时,已留心于兹学,会蕞经传诸家之所载,研磨编缀,积二十余年,而后书成,列为十卷,名之曰《编年通载》。断自帝尧,以讫于皇宋丁未(1067)之岁,总三千四百年,推历甲子,以冠其首,而为之次第焉。史有讹谬,为刊正之;事有疑误,为明辨之。若夫世数之代易,历统之相传,年名国号,散殊重复,凡废兴治乱之兆,割裂合并之因,灾祥善恶,罔不具载。开卷推迹,粲然如黑白之在目。其论撰有条理,得居简执要之术,盖历代史籍之管辖也。夫以二十万言,而包括三千四百年之事,上下驰骋,靡有缺漏;措意初若烦劳,而卒会于简易,非敏识好学、笃志而强力,乌能为之哉!

是书也,甲寅岁(1074)尝进御于神宗皇帝,备乙夜之览,当时颇蒙称奖。子平秘而不以示人。予病近时儒者笃于穷经,而未皇及传记简策之学,间有从事于斯者,如前之云云。因募工镂板,以广其传,庶几读之者用力甚少,而收功弥博。

噫!士之不欲知古昔则已,如欲从容闲燕,上论其世,视数千百岁之远如在掌上,舍此书何以哉?又如朝廷作新法令,更易制度,凡礼乐刑政之所关,教化沿革之所自,纪元立号,于此质疑。上则资人主之顾问,次则备平居之遗忘,据旧鉴新,可以缕数。然则补助学问,岂尺寸之功欤?博学多识之君子,览之无忽也。

元祐三年(1088)六月初一日,建安章衡谨序。(宋本卷首)

司马光　论正闰

臣光曰:天生烝民,其势不能自治,必相与戴君以治之。苟能禁暴除害以保全其生，赏善罚恶使不至于乱，斯可谓之君矣。是以三代之前，海内诸侯，何啻万国！有民人社稷者，通谓之君。合万国而君之，立法度，班号令，而天下莫敢违者，乃谓之王。王德既衰，强大之国能帅诸侯以尊天子者，则谓之霸。故自古天下无道，诸侯力争，或旷世无王者，固亦多矣。秦焚书坑儒，汉兴，学者始推五德生胜，以秦为闰位，在木、火之间，霸而不王，于是正闰之论兴矣。及汉室颠覆，三国鼎跱。晋氏失驭，五胡云扰。宋、魏以降，南北分治，各有国史，互相排黜：南谓北为索虏，北谓南为岛夷。朱氏代唐，四方幅裂，朱邪入汴，比之穷新，运历年纪，皆弃而不数。此皆私己之偏辞，非大公之通论也。

臣愚诚不足以识前代之正闰，窃以为苟不能使九州合为一统，皆有天子之名而无其实也。虽华夏仁暴，大小强弱，或时不同，要皆与古之列国无异，岂得独尊奖一国谓之正统，而其余皆为僭伪哉！若以自上相授受者为正邪，则陈氏何所受？拓跋氏何所受？若以居中夏者为正邪，则刘、石、慕容、苻、姚、赫连所得之土，皆五帝、三王之旧都也。若以有道德者为正邪，则蕞尔之国，必有令主，三代之季，岂无僻王！是以正闰之论，自古及今，未有能通其义，确然使人不可移夺者也。

臣今所述，止欲叙国家之兴衰，著生民之休戚，使观者自择其善恶得失，以为劝戒；非若《春秋》立贬之法，拨乱世反诸正也。正闰之际，非所敢知，但据其功业之实而言之。周、秦、汉、晋、隋、唐昔尝混壹九州，传祚于后。子孙虽微弱播迁，犹承祖宗之业，有绍复之望。四方与之争衡者，皆其故臣也，故全用天子之制以临之。其余地丑德齐，莫能相壹。名号不异，本非君臣者，皆以列国之制处之。彼此均敌，无所抑扬，庶几不诬事实，近于至公。

然天下离析之际，不可无岁、时、月、日以识事之先后。据汉传于魏而晋受之，晋传于宋以至陈而隋取之，唐传于梁以至于周而大宋承之，故不得不取魏、宋、齐、梁、陈、后梁、后唐、后晋、后汉、后周年号，以纪诸国之事,非尊此而卑彼,有正闰之辨也。昭烈之于汉,虽云中山靖王之后,而族属疏远,不能纪其世数名位,亦犹宋高祖称楚元王后,南唐烈祖称吴王恪后,是非难辨,故不敢以光武及晋元帝为比,使得绍汉氏之遗统也。(《通鉴》卷六十九)

记历年图后

　　光顷岁读史,患其文繁事广,不能得其纲要。又诸国分列,岁时先后,参差不齐,乃上采共和以来,下讫五代,略记国家兴衰大迹,集为五图。每图为五重,每重为六十行,每行记一年之事,其年取一国为主,而以朱书他国元年缀于其下,盖欲指其元年,以推二、三、四、五,则从可知矣。凡一千八百年,命曰《历年图》。其书杂乱无法,聊以私便于讨论,不敢广布于他人也。不意赵君乃摹刻于版传之,蜀人梁山令孟君得其一通以相示。始光率意为此事,苟天下非一统,则漫以一国主其年,固不能辨其正、闰;而赵君乃易其名曰《帝统》,非光志也。赵君颇有增损,仍变其卷秩,又传写多脱误。今此浅陋之书,既不可掩,因刊正,使复其旧而归之。(《温国文正司马公集》卷六十六)

答郭纯长官书

　　光启:去岁十月,蒙惠书。足下所治路僻,光闲居,难值便人,以是期年不获修报。然中怀耿耿,未尝暂忘。潘司录来,又辱书,且愧且感。霜秋公余,喜聆安善。所示《会统稽元图》,贯穿千余载,前贤搜罗所不至者,纤悉尽备,靡有阙遗。非夫好学之勤,用意之精,谁能臻此?钦服钦服。

光学疏识浅,于正闰之际,尤所未达,故于所修《通鉴》,叙前世帝王,但以授受相承,借其年以记事尔,亦非有所取舍抑扬也。于汉昭烈之立,尝著论以述其事,今并录呈,可以见其不敢专矣。

夫正闰之论,诚为难晓。近世欧阳公作《正统论》七篇以断之,自谓无以易矣。有章表明者,作《明统论》三篇以难之。则欧阳公之论,似或有所未尽也。欧阳公谓正统不必常相继,有时而绝,斯则善矣。然谓秦得天下,无异禹、汤。又谓始皇如桀、纣,不废夏、商之统,又以魏居汉、晋之间,推其本末进而正之,此则有以来章子之疑矣。章子补欧阳公思虑之所未至,谓秦、晋、隋不得与二帝三王并为正统,魏不能兼天下,当为无统,斯则善矣。然五代亦不能兼天下与魏同,乃独不绝而进之,使与秦、晋、隋皆为霸统,亦误矣。足下离之,更为异等,斯又善矣。

然则正闰之论,虽为难知,经三君子尽心以求之,愈讲而愈精,庶几或可以臻其极乎?是以古之人贵于切切偲偲,良有以也。如光者蠢愚冥顽,安足以窥三君子之藩篱,而敢措一辞于正闰之间?窃惟足下录此书以相示,盖亦有切切偲偲之志,非欲光为诺诺之人也。刍荛之言,明者择焉。光辱足下之厚意,岂可逆自鄙薄,不倾胸腹之所有,以尽布于左右而求采择乎?

孔子曰:“名不正,则言不顺。”先儒谓秦为闰者,以其居二代之间,而非正统,如余居两月之间而非正月也。夫霸之为言伯也,古者天子立二伯分治天下诸侯。周衰,方伯之职废,齐桓、晋文能帅诸侯以尊周室,故天子册命,使续方伯之职,谓之霸主。而后世学者,乃更以皇帝王霸为德业之差,谓其所行各异道,此乃儒家之末失也。今章子以霸易闰,以失为得,恐不足遵也。

夫统者,合于一之谓也。今自余以下,皆谓之统,亦恐名之未正也。又蜀先主自言中山靖王之后,而不能举其世系。后唐出于沙陀,姓朱邪氏,唐赐之姓,明宗复非庄宗之族,清泰又非明宗之子。李昇起于厮役,莫知其姓,或云湖州潘氏子,李神福俘之以为僮仆,徐温匄之以为子。及称帝,慕唐之盛,始自言姓李,初欲祖吴王恪,嫌其诛死,又欲祖郑王元懿,命有司检讨二王苗裔,有司请为恪十世孙。昇曰:"历十九帝,十世何以尽之?"有司请以三十年为一世,议后始定。足下云:"蒙先世之烈者谓之余。"今三家皆谓之余,可乎?且余者岂非谓承正统之余也。今刘知远谓之闰,而刘崇谓之余,可乎?

又凡不能壹天下者,或在中国,或在方隅,所处虽不同,要之不得为真天子。今以曹魏、刘石二赵、姚苻两秦、元魏、高齐、宇文周、朱梁、石晋、刘汉、郭周为闰,孙吴、刘宋、二萧齐梁、陈、慕容燕、赫连夏为偏,李蜀、吕、李、秃发、沮渠西凉、乞伏秦、冯燕、杨吴、王孟两蜀、广南汉、王闽为僭,三者如不相远,然愿更详之。彼苻氏、姚氏与慕容氏、赫连氏与拓跋氏,一据关西,一据山东,与高齐、宇文周何以异乎?又凡天禄之不终者,传世不传世等耳。王莽虽篡窃天下,尝尽为之臣者十八年,与秦颇相类,非四夷群盗之比也。则天乃唐之母后,临朝称制,与吕后无殊,但不当革命称周耳。其后子孙相继有天下,不得谓之不终其身。今与王莽同谓之伪,亦似未安也。

凡此数者,皆愚陋之所见,未必中理,愿足下采其区区之心,而不以为罪,幸甚幸甚。光再拜长官秘校足下。(《温国文正司马公集》卷六十一)

刘　恕　通鉴问疑

道原尝谓司马君实曰:"正统之论兴于汉儒,推五行相生,指玺绂相传以为正统。是神器大宝,必当扼喉而夺之,则乱臣贼子,释然得行其志矣。若《春秋》无二王，则吴、楚固周诸侯也。史书非若《春秋》以一字为褒贬，而魏、晋、南北、五代之际，以势力相敌，遂分裂天下。其名分位号异乎周之于吴、楚，安得强拔一国谓之正统，余皆为僭伪哉？况微弱自立者不必书为僭，背君自立者不必书为逆。其臣子所称，亦从而称之，乃深著其僭逆也。"

君实曰："道原言诸国名号各从臣子所称，固为通论。然修至十六国，有修不行者。至如乞伏国仁初称单于，苻登封为苑川王，乾归称河南王，前秦封为金城王，又封陇西王，进封梁王。前秦灭，乃称秦王。后降于后秦，已而逃归，复称秦王。又降于秦，为河南王。炽盘亦称河南王，又复称秦王。吕光初称酒泉公，改称三河王，后乃称梁王。秃发乌孤初称西平王，改称武威王。利鹿孤称河西王。傉檀称凉王，后去年号，降于秦，既而复称凉王。段业称凉王，沮渠蒙逊杀业，自称张掖公，改称河西王，魏封为凉王。若此之类，当称何国？若谓之河南、陇西，乃是郡名；若谓之秦、凉，则其所称又国号屡改。若不著名，知复为谁？又匹夫妄自尊大，即因其位号称之，则王莽、公孙述亦不当称姓名也。今欲将吴、蜀十六国及五代偏据者，皆依《三十国春秋》书为某主，但去其僭伪字，犹《汉书》称赵王歇、韩王信也。至其死，则书曰卒，谥曰某皇帝，庙号某祖某宗。独南北朝书某主而不名，其崩薨之类，从旧史之文，不为彼此升降。如此以理论之，虽未为通，然非出己意，免刺人眼耳。不然，则依宋公明《纪年通谱》，以五德相承。晋亡之后，元魏继之。黜宋、齐、梁、陈、北齐、朱梁，皆如诸国，称名称卒。或以朱梁比秦，居木、火之间，及比王莽，补无王之际亦可也。五德之固，出于汉儒，由是并依天道以断人事之不可断者耳。"

道原曰："晋元东渡，南北分疆。魏、周据中国，宋、齐受符玺，互相夷虏，自谓正统。则宋、齐与魏、周，势当两存之。然汉昭烈窜巴、蜀，似晋元。吴大帝兴于江表，似后魏。若谓中国有主，蜀不得绍汉为伪，则东晋非中国也,吴介立无所承为伪,则后魏无所承也。南北朝书某主而不名,魏何以得名吴蜀之主乎?"

君实曰:"光因道原言以吴、蜀比南北朝,又思得一法。魏、吴、蜀、宋、齐、梁、陈、后魏、秦、夏、凉、燕、北齐、后周、五代诸国,名号均敌,本非君臣者,皆用列国之法:没皆称殂,王公称卒。周、秦、汉、晋、隋、唐尝混一天下,传祚后世。其子孙微弱播迁,承祖宗之业,有绍复之望,欲全用天子法以统临诸国:没则称崩,王公称薨。东晋元帝已前,称崩薨而名列国。刘备虽承汉后,不能纪其世次,犹宋高祖称楚元王后,李昪称吴王恪后。是非不可知,不得与汉光武、晋元帝为例。"

道原曰:"尝混一海内者,并其子孙用天子法;未尝相君臣者,从列国法,此至当之论也。然以晋元比光武,兹事恐未当。晋失其政,五胡纷扰,天命不常,唯归有德。若东晋德政胜,则僭伪之主,必复为臣仆。而东晋与诸国异名号,并正朔,是德政不相胜也。吴尝称臣于魏,魏不能混一四海,不得用天子法。而东晋僻在江南,非魏之比。又诸国苻健、姚苌、慕容垂等与东晋非君臣,东晋乃得用天子之法乎?若秦、夏、凉、燕及五代诸国,虽僭窃名号,皆继踵仆灭,其兴亡异于吴、蜀、南北朝,此黜之不当疑也。"

君实曰:"道原黜秦、夏、凉、燕及五代诸国,愚虑所不到者。然欲使东晋与五胡并为敌国,则与光所见异。晋元乃高祖曾孙琅邪嫡嗣,其镇建邺,加镇东,皆西朝诏除也。怀愍既死贼庭,天下推戴元帝者,时宗室领藩镇最亲者强盛,元帝而已。晋尝奄有四海,兼制夷夏。苻、姚、慕容垂等,虽身不臣晋,其父祖皆晋臣。而东晋之视苻、姚,犹东周之视吴、楚也。魏、吴俱为列国,岂能相臣?吴称臣于魏,犹勾践之事夫差、石勒之事王浚,非素定君臣之分者也。然不知晋武帝、隋文帝之初,吴主、陈主当称'吴主皓'、'陈主叔宝'、'萧琮附庸'为当名否?晋未平吴之前,欲如魏世与吴抗敌,宜如魏世用列国法。晋传于宋,宋传于齐,齐传于梁,梁传于陈,当用宋、齐、梁、陈年号以纪诸国事迹。陈亡之后,用隋年号。隋未平陈以前,称隋主而不名。萧琮为后周附庸,与梁、陈非君臣,梁、陈不当名萧琮也。"(《四库全书》本)

廖行之　问正统策

问:自三才奠列,君与天地俱尊,以为天下万类之宗王。正统所在,天下归之。庖牺氏始有号见焉,岂天下以是名其尊欤?抑其自名也?自皇之号既立,于后曰帝曰王,皆名也,则奚其异?而曰以道以德以业言者,果当时称号之意欤?其亦后世逆料而为之说欤?然而君天下者,非徒名也,亦必有道矣。尧、舜氏始不私其有,择贤以传天下,学者皆言揖逊之事昉于此,岂古者诚未之有,及尧、舜而创见欤?何其盛德至高而不可及也?然二《典》第记尧、舜相与授受之大略,而亦不言揖逊自尧、舜始,何耶?后之学者,亦何所见,而谓始于尧、舜耶?禹能当舜与贤之举,所守一道,然而与子之事,为万世不易之法。三王祖之,历世绵长,此天下之大经也。孟子论之,乃悉举而一归之天,圣人之心,固与天一,尧、舜、禹授受之道,恶可以同异观欤?抑天之道,每与圣人相因,而不可以常情论也。洪惟国家高宗寿皇,尧父舜子,雍容授受,道迈隆古,盖自揖逊以来,实有光焉。圣上丕承慈训,嗣无疆之历,正统巍然,与天地并。其视尧、舜、禹之传,三朝之盛,兼有其美,帝王之极际,莫大于此。诸君盍相与论:庖牺氏以来皇帝王所君天下相传之道,与尧、舜、禹之心,参以孟轲氏之说,以推明我国家三圣授受之隆,扬榷铺张以尽归美之实,正学者考古知今事也,毋略。

(《省斋集》卷九)

张　栻　经世纪年序

太史迁作《十二国世表》，始纪甲子起于成周共和庚申（前841）之岁，庚申而上则莫纪焉。历世浸远，其事杂见于诸书，靡适折中，则亦传疑而已。

本朝嘉祐中，康节邵先生雍出于河南，穷往知来，精极于数，作《皇极经世书》，上稽唐尧受命甲辰之元，为编年谱。如云外丙、仲壬之纪，康节以数知之，乃合于《尚书》"成汤既没，太甲元年"之说。成汤之后，盖实传孙。孟子所说，特以太丁未立而卒，方是时，外丙生二年，仲壬生四年耳。又正武王伐商之年，盖武王嗣位十一年矣，故《书序》称"十有一年"，而复称"十有三年"者，字之误也。是类皆自史迁以来传习之谬。一旦使学者晓然得其真，万世不可改者也。

某不自揆，辄因先生之历，考自尧甲辰至皇上乾道改元之岁，凡三千五百二十有二年，列为六图，命之曰《经世纪年》，以便观览。间有鄙见，则因而明之。其大节目有六：

如孟子谓尧、舜三年之丧毕，舜、禹避尧、舜之子而天下归之，然后践天子位，此乃见帝王奉天命之大旨，其可暗而弗彰？故于甲申书服尧之丧，乙酉书践位之实，丙戌书元载，格于文祖；自乙酉至丁巳，是践位三十有三载也。则书荐禹于天，与《尚书》命禹之辞合；自丁巳至癸酉，是荐禹十有七年也，与孟子之说合。于禹受命之际，书法亦然。然而《书》称舜在位五十载，陟方乃死，则是史官自尧崩之明年通数之耳。

夏后相二十有八载，寒浞弑相。明年少康始生于有仍氏，凡四十年而后祀夏，配天不失旧物，寒浞岂可使闲有夏之统？故缺此四十载不书，独书少康出处，而纪元载于复国之岁，以见少康四十年经营宗祀绝而复续,足以为万代中兴之冠冕。(今按,张氏此序成于乾道间,所谓四十年经营中兴者,盖以少康之所历如此其久以讽时也,然而事情不同。)

于新莽之篡,缺其年,亦足以表光武之中兴也。

汉吕太后称制,既不得系年,而所立他人子,名为少帝者,又安得承统,故复缺此数年,独书曰"吕太后临朝称制",亦范太史祖禹系嗣圣纪年之意也。

汉献之末,曹丕虽称帝,而昭烈以正义立于蜀,不改汉号,则汉统乌得而绝?故献帝之后,即系昭烈年号,书曰"蜀汉"。逮后主亡国,而始系魏。凡此皆节目之大者,妄意明微扶正,不自知其愚也。

其他如夏以上称"载",商称"祀",周始称"年",皆考之《书》可见;而《周书·洪范》独称"祀"者,是武王不欲臣箕子,尚存商立箕子之志也。由魏以降,南北分裂,如元魏、北齐、后周皆夷狄也,故统独系于江南。五代迭揉,则都中原者,不得不系之。

嗟乎!世有古今,太极一而已矣。太极立则通万古于一息,会中国为一人,虽自尧而上,六阅逢无纪,然上圣惟微之心,盖未尝不周流该遍,亘乎无穷而贯于一也。是以《春秋》书元,以著其妙用,成位乎其中者也。大君明斯义,则首出庶物,天地交泰,极裁成辅相之妙矣。为人臣而明斯义,则有以成身而佐其主矣。若夫《易》、《春秋》之用不明,则经世之旨不几于息乎?

乾道三年(1167)正月甲子谨序。(《圣宋名贤五百家播芳大全文粹》卷一百二十三、《文献通考》卷一百九十三,有删节)

李　焘　帝王历纪谱跋

其载帝王历纪殊少,序诸侯、卿、大夫之世颇详,而《崇文总目》正名

《帝王历纪谱》，今从之。旧题云："秦相荀卿撰。"荀卿未尝相秦，其缪妄立见，盖田野陋儒依托以欺末学耳。故笔削最无义例，前后牴牾，不可偏举。而所著族系，又与《世本》不同。质之司马迁、杜预，亦复差异，不知撰者果证据何书也？其血脉间有强附横入，灼然非类者。要当厘正之，顾不敢轻改，姑仍其旧，使学者自择焉。篇首尾杂引《左氏传》中语，事既残缺不属，字画讹舛尤甚，往往不可句读。参考《左氏传》，略加是正，十仅得四五云。其他政如棼丝结发，未易一二爬梳也。（《宋蜀文辑存》卷五十三）

朱　熹　资治通鉴纲目序例

先正温国司马文正公受诏编集《资治通鉴》，既成，又撮其精要之语，别为《目录》三十卷并上之。晚病本书太详，《目录》太简，更著《举要历》八十卷以适厥中，而未成也。至绍兴初，故侍读南阳胡文定公始复因公遗稿，修成《举要历补遗》若干卷，则其文愈约而事愈备矣。然往者得于其家而伏读之，犹窃自病记识之弗强，不能有以领其要而及其详也。故尝过不自料，辄与同志因两公四书，别为义例，增损概括，以就此编。盖表岁以首年（逐年之上，行外书某甲子，遇"甲"字、"子"字，则朱书以别之。虽无事，依《举要》亦备岁年），而因年以著统（凡正统之年岁下，大书；非正统者，两行分注），大书以提要（凡大书有正例，有变例。正例如始终、兴废、灾祥、沿革及号令、征伐、杀生、除拜之大者。变例如不在此例，而善可为法，恶可为戒者，皆特书之也），而分注以备言（凡分注有追原其始者，有遂言其终者，有详陈其事者，有备载其言者，有因始终而见者，有因拜罢而见者，有因事类而见者，有因家世而见者，有温公所立之言、所取之论，有胡氏所收之说、所著之评，而两公所遗，与夫近世大儒先生折中之语,今亦颇采,以附于其间云)。使夫岁年之久近,国统之离合,事辞之详略,议论之同异,通贯晓析,如指诸掌,名曰《资治通鉴纲目》,凡五十九卷,藏之巾笥,姑以私便捡阅,自备遗忘而已。若两公述作之本意,则有非区区所敢及者。虽然,岁周于上,而天道明矣;统正于下,而人道定矣;大纲概举,而鉴戒昭矣;众目毕张,而几微著矣。是则凡为致知格物之学者,亦将慨然有感于斯,而两公之志,或庶乎其可以默识矣。因述其指意条例如此,列于篇端,以俟后之君子云。

　　乾道壬辰(1172)夏四月甲子,新安朱熹谨书。(《晦庵先生朱文公集》卷七十五)

附　全祖望《纲目书后》:

　　《纲目》原未成之书。贺善以为《纲目》之成,朱子甫逾四十,是后修书尚九种,非未成者,又力言朱子手著。但观朱子与赵师渊书,则是书全出讷斋,其本之朱子者,不过《凡例》一通,余未尝有所笔削。(《鲒埼亭集外编》卷三十四)

叶　适　纪年备遗序

　　孔子没,统纪之学废。汉以来,经、史、文词裂而为三,它小道杂出,不可胜数。殚聪明于微浅,自谓巧智,不足以成德而人材坏矣。王通、二司马缉遗绪,综世变,使君臣德合以起治道,其粗细广略不同,而问学统纪之辨,不可杂也。

　　平阳朱黼,因《通鉴》、《稽古录》,章别论著,始尧、舜迄五代,三千余篇,述吕、武、王莽、曹丕、朱温,皆削其纪年以从正统。曰:"吾为书之志也。"书法无大于此矣,报仇明耻,贵夏贱夷,其次也。凡民人家国之用,制度等灭之异，皆为说以处之；众言之淆乱，则折而一之；讹谬之相承，则厘而正之；南北华戎之离合，争夺之碎，人所厌简，亦备论之。该括既多，而条目众矣。所以存世次，观兴坏，本经训，原事实，芟理芜蔓，显发精隐，扶树正义，搜举坠逸。不以华为辨，不以意为觉，无偏驳之说，无新特之论。反而约之，知其能费而隐也；时而措之，知其能曲而当也。

呜呼！此岂非学者之所当尽其心欤？何后世用力者之难，而成功者之寡也。自董仲舒推明孔氏，犹不能无讥，况马、郑、王肃之伦哉！故余于此书，切有叹焉。所谓复而不厌，不知老之将至者几是欤！

黼字文昭。初，陈公君举未壮讲学，文昭年差次，最先进。及后来取名官，弁冕接踵，而文昭蓬累，耕南荡上，山水叠重，声迹落落，人不知其能传陈公之业也。一旦此书出，义理所会，宝藏充斥，遂为成学，而陈公卒久矣。相与论旧事，追念怆然。然则文昭岂徒以博习自是而已哉！后有欲知陈公者，于此书求之可也。（《水心先生文集》卷十二）

附　朱彝尊《永嘉朱氏纪年总辨序》：

永嘉先生者，宋平阳布衣朱黼文昭也。陈君举（傅良）讲学东瓯，文昭年相差次，首著录门下，又与叶正则定交。二公出仕，文昭奉母杨氏躬耕雁荡山，君举谓其屡举不第而业益修，谢客深居而士益附。续史家之绪，论撰不休。正则美其有贤母，教以篇章，书成百卷。又言其独钓孤耘，蟹浦蛮村，盖遁世之士也。所著《纪年备遗》百卷，正则作序，谓其本《通鉴稽古录》，而以吕雉、王莽、曹丕、武曌、朱温皆削去纪年，义理所会，无偏驳之说，斯长于识者已。今之存者，特三国、六朝、五代偏安本末二十八卷，目录四卷，开禧丁卯，锦溪吴奂然景仲序之，非足本也。当日文昭母杨年八十有六而终，实教之笔削，见正则挽诗，此彤管所当特书者，而府、县志不书，于是乎书。（《曝书亭集》卷三十五。文中正则，即叶水心也。）

黄　裳　帝王绍运图（说）

《帝王绍运图》，自五帝以降，迄于国朝，凡一百九十五君，历三千五百余年，世道之理乱，王统之离合，于斯可睹矣。昔温国公司马光之言曰：周室东迁以来，王政不行，诸侯并僭，分崩离析，不可胜纪，凡五百有五十年而合于秦。秦虐用其民，十有一年，而天下乱，又八年而合于汉。汉为天子二百有六年而失其柄，王莽盗之十有七年而复为汉。更始不能自保，光武诛僭伪，凡十有四年然后能一之。又一百五十有三年，董卓擅朝，州郡瓦解，更相吞噬。至于魏氏，海内三分，凡九十有一年而合于晋。晋得天下，才二十年，惠帝昏愚，宗室造难，群胡来衅，浊乱中原，散为六七，聚为二三，凡二百八十有八年而合于隋。

隋得天下才二十有八年，炀帝无道，九州幅裂，八年而天下合于唐。唐得天下一百有三十年，明皇恃其承平，荒于酒色，养其疽囊，以为子孙不治之疾，于是渔阳窃发，而四海横流矣。肃、代以降，方镇跋扈，号令不从，朝贡不至，名为君臣，实为仇敌。陵夷衰微，至于五代，三纲颓绝，五常殄灭，怀玺未暖，处宫未安，朝成夕败，有如逆旅，祸乱相寻，战争不息，流血成川泽，聚骸成丘陵，生民之类，其不尽者无几矣。于是太祖皇帝受命于上帝，起而拯之，躬擐甲胄，栉风沐雨，东征西伐，扫除海内。当是之时，食不暇饱，寝不遑安，以为子孙建太平之基；大勋未集，太宗皇帝嗣而成之，凡二百二十有五年，然后大禹之迹复混而为一，黎民遗种，始有所息肩矣。

由是观之，上下一千七百余年，天下一统者，五百余年而已。呜呼！以图之所载，与光之所言，合而观之，则知自古及今，治不能十一，而乱常八九，为君者亦可以知所戒矣。（《江苏通志稿·金石》卷十七、《宋蜀

周　密　论正闰

正闰之说尚矣。欧公作《正统论》，则章望之著《明统论》以非之；温公作《通鉴》，则朱晦庵作《纲目》以纠之。张敬夫亦著《经世纪年》，直以蜀先主上继汉献帝。其后庐陵萧常著《后汉书》，起昭烈章武元年辛丑（221），尽后主炎兴元年癸未（263）。又为吴、魏《载记》。近世如郑雄飞亦著为《续后汉书》，不过踵常之故步。最后，翁再又作《蜀汉书》，此又不过拾萧、郑弃之竹马耳。盖欲沽特见之名，而自附于朱、张也。

余尝闻徐谊子宜之言，云："立言之人与作史记之体不同，不可以他文比也。故圣人以《秦誓》次于帝王之后，亦世衰推移，虽圣人不能强黜之。汉儒虽以秦为闰位，亦何尝以汉继周耶？若如诸公之说，则李昪自称为吴王恪之后，亦可以续唐矣。"余尝见陈过圣观之说甚当，今备录于此，云："《纲目序例》有云：'表岁以首年，而因年以著统。'自注其下云：'正统之年岁。'下大书'非正统者'，两行分注。或问《纲目》主意于朱子，曰：'主在正统。'又曰：'只是天下为一，诸侯朝觐，狱讼皆归，便是正统。'夫正闰之说，其来久矣。甲可乙否，迄无定论。盖其论无论正统之有无，虽分裂之不一，或兴创而未成，必择其间强大者一国当之，其余不得与焉。此其论所以不定也。

"自《纲目》之作，用《春秋》法，而正统所在，有绝有续，皆因其所建之真伪，所有之偏全，斟酌焉以为之予夺。此昔人所未及，今历考之。自周之亡，秦与列国分注而为首，此正统之一绝也。始襄王五十二年（前255）至始皇二十六年（前221）初并天下，遂得正统，此正统之一续也。二世已亡，义帝虽为众所推，不得正统，特先诸国而已，此正统之再绝也。义帝亡而西楚为首,至汉高帝之五年始得正统,此正统之再续也。王莽始建国之年,尽有汉天下矣,虽无他国,亦从分注,此正统之三绝也。更始之主,虽汉子孙,而为诸将所立,犹不得绍统。光武即位,乃得正统,此正统之三续也。汉献帝之废,昭烈承之,虽在一隅,正统赖以不绝。后主亡而魏、吴分注,此正统之四绝也。晋武平吴亦得正统,此正统之四续也。愍帝亡而元帝中兴,虽在江南,而正统未绝。安帝为桓元所篡,未几返正,以至恭帝禅宋而与魏分注,此正统之五绝也。自是历齐、梁、陈、魏、齐、周,南北分注,比之隋文平陈而后得正统,此正统之五续也。隋恭帝侑废,而越王侗与唐高祖分注,此正统之六绝也。高祖武德五年(622)乃得正统,此正统之六续也。昭宣帝为朱全忠所篡,而晋与淮南,以其用唐年号,特先梁而分注,此正统之七绝也。自是历后唐、晋、汉、周皆不得正统,可谓密矣。

"然正统之兼备,自三代以后,五季以前,往往不能三四。秦亡而汉高以兴,隋亡而唐高以王,正统之归,吾无间然。他如秦以无君无亲嗜杀人,隋以外戚有反相,而皆得天下,是皆始不得其正者。得其次如晋武帝袭祖父不义之业,卒以平吴一统,而与秦、隋俱得正统,此其所未安也。有正者其后未必有统,以正之所在,而统从之可也。有统者,其初未必有正,以统之所成,而正从之,可乎?以秦、晋及隋概之羿、莽,特其成败有不同耳。顾以其终于伪定,而以正归之,殆于不可。故尝为之说曰:有正者不必有统,非汉唐不与焉;有统者不必有正,虽秦、隋可滥数。夫有正者,不责其统以正之,不可废也;有统者,终与之正,是不特统与正等,为重于正矣。无统而存其正统,犹以正而存也;无正而与之统,正无乃以统而泯乎?

"若曰:纪事之法,姑以是提其要耳,正与不正,万世自有公论。则昔人正闰之论犹不能一,而以是断汉、魏之真伪,吾恐犹以彼三者借口也。何以言之?以正言之,则正者为正,不正者为闰。以统言之,则正固正也，统亦正也。今而曰'朝觐狱讼皆归便是正统'却使不得正统，如南北十六国、五代十国，有能以智力取天下，而不道如秦、晋与隋者，其必以正统归之矣。

"庄周有言：'窃钩者诛，窃国者王。'此言虽小，可以喻大。盖南北十六国、五代十国，窃钩者也；秦、晋及隋，窃国者也。彼惛惛不知，有如曹丕凭藉世恶，幸及其身，而舜、禹之事吾知之矣，然世有公论在也。今以朱子正统之法而使秦、晋及隋乃幸得之，使其尚存，其以计得者，将不以曹丕自说而幸己之不与同传；其以力得者，将又不曰汤、武之事，吾知乎是，后世无复有公论也而可乎？

"夫徒以其统之幸得，而遂畀以正，则自今以往，气数运会之参差，凡天下之暴者、巧者、侥幸者，皆可以窃取而安受之，而枭、獍、蛇、豕、豺、狼，且将接迹于后世。为人类者，亦皆俯首稽首厥角，以为事之理之当然，而人道或几乎灭矣！天地将何赖以为天地乎？

"窃谓三代而下，独汉、唐本朝可当正统，秦、晋与隋有统无正者，当分注。薰莸珷玞，居然自明。汉、魏之际，亦有不待辨者矣。"（《癸辛杂识》后集、《图书集成》卷一百六十九《帝统部》）

郑思肖　古今正统大论

后世之论古今天下正统者，议率多端。自《春秋》后，史笔不知大伦所在，不过纪事耳。纪事而不明正理，是者非，伪者正，后世无以明其得失，诸史之通弊也。

中国之事，系乎正统；正统之治，出于圣人。中国正统之史，乃后世中国正统帝王之取法者，亦以教后世天下之人所以为臣为子也。岂宜列之以嬴政、王莽、曹操、孙坚、拓跋珪、十六夷国等，与中国正统互相夷虏之语,杂附于正史之间?且书其秦、新室、魏、吴、元魏、十六夷国名年号,及某祖某帝朕诏太子封禅等事,竟无以别其大伦。先主为中山之后,本称汉,陈寿作史,降之曰蜀。于逆操史中,乃称"蜀丞相诸葛亮入寇",若此等类,岂不冤哉?

臣行君事,夷狄行中国事,古今天下之不祥,莫大于是。夷狄行中国事,非夷狄之福,实夷狄之妖孽。譬如牛马,一旦忽解人语,衣其毛尾,裳其四蹄,三尺之童见之,但曰"牛马之妖",不敢称之曰"人",实大怪也。《中庸》曰:"素夷狄行乎夷狄。"此一语盖断古今夷狄之经也。

拓跋珪、十六夷国,不素行夷狄之事,纵如拓跋珪(伪称元魏,伪谥文帝)之礼乐文物,僭行中国之事以乱大伦,是衣裳牛马而称曰人也,实为夷狄之大妖。宁若即夷狄而行夷狄之事,以天其天也。君臣华夷,古今天下之大分也,宁可紊哉?若夫夷狄风俗兴亡之事,许存于本史,如国号类中国之号(所谓僭号元魏是也),及年号某祖、某帝、某皇后、太子、朕、诏、封禅、郊祀、太庙等事,应犯天子行事等语,苟不削之,果与中国正统班乎?若国名素其猙狁、单于之号,及官职、州县并从之,犹古之列国,亦犹古者要荒之外,夷狄之地。古者圣人得柔远之道,所以不致再犯分;御之失道,则猖獗四驰矣。

或曰:"拓跋氏及今极北部落,皆黄帝后,姑假之亦可。"曰:譬如公卿大夫之子孙,弃堕《诗》《礼》,或悦为皂隶,或流为盗贼,岂可复语先世之事,而列于君子等耶?况四裔之外,素有一种孽气,生为夷狄,如毛人国、猩猩国、狗国、女人国等,其类极异,决非中国人之种类,开辟以后即有之,谓黄帝之后、夏后氏之后则非也。孟子曰:"舜、文,东夷、西夷之人也。"《史记》曰:"舜,冀州人也。"黄帝之子昌意七世孙。且文王之先,尝避狄难矣,未可遽以东夷、西夷之说而论舜、文也。舜、文,大圣人,岂可执东夷、西夷之语例论后世夷狄也哉?其曰《北史》,是与中国抗衡之称,宜黜曰《胡史》,仍修改其书,夺其僭用天子制度等语;其曰

《南史》，实以偏方小之，然中国一脉系焉，宜崇曰《四朝正史》（《南史》但载宋、齐、梁、陈，故曰"四朝"），不亦宜乎？嬴政不道，王莽篡逆，刘玄降赤眉，刘盆子为赤眉所挟；五代篡逆尤甚，冥冥长夜，皆不当与之。普六茹坚，小字那罗延（僭称隋，僭谥文帝，普六茹译姓曰杨），夺伪周宇文阐之土，而并僭陈之天下，本夷狄也。魏徵犹引"杨震十四世孙"书之，此必普六茹坚援引前贤以华族谱云。并宜黜其国名、年号，惟直书其姓名及甲子焉。如遇某祖、某帝、朕、诏封、禅郊、祀、太子等事，宜书曰"普六茹某僭行某事"。吕后称制八年，武后称制廿一年，牝鸡之晨，俱恶逆事，书法同前，但仍书曰"吕后"。但武后本非高宗后，其名不正，亦不当以后书之。如自古以来，诸国之名仍存之，盖出于天子之所封也。若论古今正统，则三皇、五帝、三代、西汉、东汉、蜀汉、大宋而已。司马绝无善治，或谓后化为牛氏矣。宋、齐、梁、陈，藐然缀中国之一脉，四姓廿四帝，通不过百七十年，俱无善治，俱未足多议。故两晋、宋、齐、梁、陈，可以中国与之，不可列之于正统。李唐为《晋载记》凉武昭王李暠七世孙，实夷狄之裔，况其诸君家法甚缪戾，特以其并包天下颇久，贞观、开元，太平气象，东汉而下，未之有也，姑列之于中国，特不可以正统言。

夷狄行中国之事曰"僭"，人臣篡人君之位曰"逆"，斯二者，天理必诛。王莽、曹操为汉臣，逆也；普六茹坚乃夷狄，吕后、武后乃妇人，五代八姓乃夷狄盗贼之徒，俱僭也，非天明命也。以正而得国，则篡之者逆也。如逆莽、逆操篡汉之类是也。不以正而得国，则夺之者非逆也。汉取嬴政之国，唐取普六茹坚之国，大宋取柴宗训之国是也。善乎僭唐李亶（僭谥明宗）露祷于天曰："臣本夷狄，愿天早生圣人，吊民伐罪。如汤、武则可。"孔子曰："《武》尽美矣，未尽善也。"汤、武忧天下无君，伯夷忧后世无君，断之固有理。后世必藉汤、武之事，以长君之恶。李觏曰："汤、武非圣人亦宜。"圣人、正统、中国本一也，今析而论之，实不得已。是故得天下者，未可以言中国；得中国者，未可言正统；得正统者，未可以言圣人。唯圣人始可以合天下、中国、正统而一之。

子路问："卫君待子为政，子将奚先?"子曰："必也正名乎! 名不正，言不顺，事不成，礼乐不兴，刑罚不中，民无所措手足。"大哉"正名"一语乎! 其断古今之史法乎? 名既不正，何足以言正统与? 正统者，配天地，立人极，所以教天下以至正之道。彼不正，欲天下正者，未之有也。此其所以不得谓之正统。或者以"正而不统，统而不正"之语以论正统，及得地势之正者为正统，俱未尽善。古之人君，有天下而不与，以天下为忧。后人之君，执天下为己物，以天下为乐。夫以天下为忧，则君子道行;以天下为乐，则小人道行，此古今治乱之由分也。治则天下如泰山之安，不可摇动，一或不然，朵颐神器者至矣。此天下不容长一统也，有天下者可不敬欤?

夫《春秋》一书，天子之事，夫子无位，即鲁史之名，书天下之事，不独为周作史，实为天下万世作史。尊天王，抑夷狄，诛乱臣贼子，素王之权，万世作史标准也。邵尧夫历始于尧甲辰极有理，或谓神农传至榆罔，共八代，五百余年。盖尧而上实难考之。有穷氏绝夏祀四十载，南轩以甲子书之，尤得史法。晦庵《通鉴纲目》曰莽大夫、晋贞士之类，固得之，然犹有未尽也。欧阳永叔《正统论》，辨秦非闰位，亦未然。朱晦庵取范祖禹《唐鉴》良善，其中尚当定数字，此我犹有志于作《正统通鉴》之书。大抵古今之事，成者未必皆是，败者未必皆非。史书犹讼款，经书犹法令。凭史断史，亦流于史;视经断史，庶合于理。谬例、失实、泛书，史之通弊，最不可不察。

或曰："数千载事，今约以一篇之文断之，不亦太简乎?"曰:古今一理耳。千古之下，论正统决不易于是，惟识大体者，必以我言为当，庶几正统永不坠绪。我经大乱后，烛人事之变，遂通古今上下而定之，确然以正统、僭逆之事为论，思之三年然后定，参错前辈议论，断以己见，惟主于理，以为权衡。厥今统绪坠地，斯民怅怅然盲行，可痛可伤! 深欲即诸史通鉴之文，痛辨大义，悉删繁务，考证得失，纂定书法，以明正统、僭逆之事为第一义。并削僭逆之号，用天子事例之类，宜直书姓某名某、僭行某事，目之曰《正统通鉴》。仍自三皇始，肇其正统之源，至尧始书甲辰，然亦不过统论尧时事。自夏以后，渐用编年。其大不可考者，决不可以意补，宜如"夏五"法。

或谓予曰："《正统通鉴》理宜只载正统之事，君所谓三皇、五帝、三代、两汉、蜀汉、大宋而已，其他如两晋、宋、齐、梁、陈，虽曰中国，恐不可书以紊《正统通鉴》之名"。曰：当知"正统通鉴"四字，是举大纲目之名。两晋以下，其实附之以续编年。至于嬴政、王莽、普六茹坚、五代，则直书其名，亦以附编年，不如此则上下不贯续也。若曰《正统通鉴》全书，我心绪凋瘵，家事凄薄，绝无书籍可为凭藉，况其间毫发予夺之权，费订正者甚多，实非一二十年不足以办此书。况先人有未毕之遗书在，为人子者未能足其文，乃私成己见之书，实犯不韪。且万世赏罚之权，实为大事，非忠烈明敏者不能辨察于毫末之间，揆我之才，实恐有所不及焉，尚有赖于后之识正统大义之君子。（《心史》）

附　全祖望《心史题词》：

所南别有《锦线集》，明崇祯中尚存。梨洲先生曾见之，余今求之不得，但从《永乐大典》得见其奇零者。向使是书而在，以之对勘《心史》，当有败阙。（《鲒埼亭集外编》卷三十四）谢山盖认《心史》为伪书。

金 大金德运图说

大 金 德 运 议

　　自前来议论有四说：不论所继，只为金德，刑部尚书李愈之说也。继唐土运为金德，户部尚书孙铎、太常卿杨庭筠等之说也。继辽水运为木德，秘书郎吕贞干之说也。继宋火运为土德，太常丞孙人杰之说也。大理卿完颜萨喇、直学士温特赫、大兴校理珠嘉珠敦等，皆以为合继宋运为土德。后奉章宗敕旨：继唐底事，必定难行。继宋底事，莫不行底么？吕贞干所言，继辽底事，虽未尽理，亦可折正；不然只从李愈所论。本朝得天下，太祖以国号为金，只为金德复如何。尚书省奏辽据一偏，宋有中原，是正统在宋，其辽无可继。张邦昌、刘豫皆本朝取宋以后命立之，使守河南、山东、陕西之地，即本朝之臣耳。吕贞干何得言齐、楚更霸，不可强继宋孽。李愈所论太祖圣训，即是分别白黑之姓，非关五行之叙。皇朝灭宋，俘其二主，火行已绝，我承其后，赵构假息江表，与晋司马睿何异？若准完颜萨喇、孙人杰等所议，本朝合继火德，已绝汴梁之宋，以为土德，是为相应，奉敕旨准奏行。今来见奉圣旨：本朝德运公事教商量，奉到如此。今则见有一议论，以谓汴宋既亡，刘豫嗣掌齐国，本朝灭齐，然后混壹中原。宋为火，火生土，刘齐当以土运，土生金，本朝合为金德。（《四库全书珍本》四集，第一百二十一册）

附　贞祐二年(1214)省札：

　　贞祐二年二月初三日，承省札礼部呈该承省札，奉圣旨：本朝德运公事教商量。事缘为事关头段，拟乞选官再行详议，尚书省相度合准来呈。今点定下项官须议指挥：太子太傅张行简，太子太保富察乌叶（解任），吏部尚书完颜伯特，越王傅完颜阿里巴斯，谏议大夫张行信，翰林待制完颜乌楚，直学士赵秉文，大理卿李居柔，刑部郎中富察阿里巴斯，吏部员外郎纳塔谋嘉，户部郎中赫舍哩乌噜，左司谏吕卿云，濮王府尉阿哩哈希卜苏，右拾遗田庭芳，刑部员外吕子羽，修撰富珠哩阿拉，修撰费摩谙达登，修撰舒穆噜世勋，应奉崔禧，应奉黄裳，应奉穆颜乌登，编修王仲元。右仰就便行移逐官，不妨本职及已委勾当，同共讲究施行，不得违错，准此。（《大金德运图说》,《四库全书珍本》四集，第一百二十一册）

元 杨 奂 正统八例总序

呜呼！正统之说，祸天下后世甚矣。恨其说不出乎孔、孟之前，得以滋蔓弥漫而莫知竀遏也。通古今考之，既不以逆取为嫌，而又以世系土地为之重，其正乎？后之逆取而不惮者，陆、贾之说唱之，莽、操祖而诲之也。不曰"予有惭德"，不曰"武未尽善也"，以汤、武之顺天应人，而犹以为未足，况尔耶？以世系言，则禹、汤、文、武与桀、纣、幽、厉并矣。不曰"贼仁者谓之贼，贼义者谓之残，残贼之人谓之一夫"，而容并之。以土地言，则秦之灭六国，晋之平吴，隋之平陈，苻秦之窥伺梁、魏，周、齐之交争不息者所激也。不曰"以力假仁者霸，霸必有大国；以德行仁者王，王不待大"。汤之七十里，文王之百里，以王道为正也。王道之所在，正统之所在也。不然，使创者不顺其始，守者不慎其终，抑有以济夫人主好大喜功之欲，必至糜烂其民而后已，其为祸可胜计耶？是以矫诸儒之曲说，惩历代之行事，蔽以一言，总为八例，曰得、曰传、曰衰、曰复、曰与、曰陷、曰绝、曰归。

孰为得？若帝挚而后陶唐氏得之，夏、殷绝而汤、武得之是也。以秦、隋而始年，必书曰得，何也？庶几乎令其后也。未见其甚而绝之，私也；见其甚而不绝，亦私也。一世而得，再世而传，固也。武德、贞观之事，既书高祖曰得，继之曰太宗得之，何也？原其心也。其心如之何？谓我之功也；功著矣，夺嫡之罪，其能掩乎？而曰传者，诞也。悲夫！虔化之兵未洗，灵武之号又建，启之不正，习乱宜然，是故君子惜之，此变例之一也。

孰为传？曰尧而舜，舜而禹，禹而后启，周之成、康之类是也。

曰衰者何？如周道衰于幽、厉，汉政衰于元、成之类是也。

曰复者何？如少康之布德，太甲之思庸，宣王之修明文、武之功之类是也。晋惠、中宗则异于是，所谓反正者也，故附见之，此蒋乂之论也。惠帝既复而夺之，何也？咎其为贾后所制，至废其子，以成中外之乱，德之不刚也。德之不刚，君道失矣。犹中宗改号，而韦后与政，使武氏之烬复著也。

曰与者何？存之之谓也。有必当与者，有不得不与者。昭烈帝室之胄，卒续汉祀，必当与者也；晋之武帝、元魏之孝文，不得不与者也。昭烈进，魏其黜乎？曰莽、操之恶均，却莽而纳操，诚何心哉？党魏媚晋，陈寿不足责也。而曰不取于汉，取于群盗之手，其奖篡乎？魏、晋而下，讫于梁、陈，狃于篡弑，若有成约，今日为公为相，明日进爵而王矣。今日求九锡，明日加天子冕旒，称警跸矣。今日僭皇帝位，降其君为王为公，明日害之而临于朝堂矣。吁！出乎尔者反乎尔，其亦弗思矣乎！史则书之受禅，先儒则目为正统，训也哉！曰晋不以为得者何？斥其攘魏也。斥而与之，何也？顺生顺，逆生逆，天也。天之所假，能废之哉？曰后乎此者，不得与斯，何也？恶之也。何恶之？恶其长乱。不然，乱臣贼子曷时而已乎？《公羊》曰："录内而略外。"舍刘宋，取元魏，何也？痛诸夏之无主也。大明之日，荒淫残忍抑甚矣。中国而用夷礼则夷之，夷而进于中国，则中国之也。且肃宗扫清巨盗，回轸京阙，不曰复而曰与，何也？暴其自立也。五代而与明宗、柴、郭，何也？贤明宗之有王者之言也，愿天早生圣人是也。周祖以其厚民而约己也。世宗不死，礼乐庶乎可兴，奈何不假之年，而使格天之业，殒于垂成也！

曰陷者何？夏之有穷浞，汉之有诸吕、新室。晋之永嘉之祸，唐之武、韦、安、史、巢、温之僭叛是也。始皇十年而从陷例，何也？曰置秦于大乱不道者，始皇也。诱始皇于大乱不道者，李斯也。人主之职，在论一相，是年也，斯之复相之年也。恶恶者疾，故揭为不哲之鉴，以著辅相之重也。曰景帝即位之初，明帝之永平八年，而书陷者何？以短通丧而启异端也。短通丧者，灭天性也；启异端者，乱天常也。虽出承平之令主，而不正其失，何以严后世之戒？

曰绝者，自绝之也，桀、纣、胡亥之类是也。

曰归者何？以唐、虞虽有丹朱、商均，而讴歌讼狱归于舜、禹，桀、纣在上，而天下臣民之心归于汤、文矣。曰汉之建安十三年，系之刘备何也？以当阳之役也。夫我不绝于民，民其绝我乎？《诗》之《皇矣》：“乃眷西顾，求民之莫。”斯其旨也。商、周之交，纣德尔耳。悠悠上天，不忍孤民之望，亟求所以安之，而其意常在乎文王之所，以潜德言也。

曰归或附之以陷，何也？示无二君也。敢问唐、虞之禅，夏后、殷、周之继，存而不论，何也？曰圣人笔削之矣。起于周敬王之癸亥，何也？曰痛圣人既殁，微言之不闻也。而周之世书秦之事，何也？著其渐也。秦之叛僭不能制，则周之弱见矣。秦人承三代之余，混疆宇而一之？师心自恣，绝灭先王典礼，而专任执法之吏，厉阶既作，流毒不已。呜呼！王道之不明，赏罚之不修久矣。

然则发天理之诚，律人情之伪，舍是孰先焉？曰通载者，二帝三王，致治之成法；桀、纣、幽、厉，致乱之已事也。曰通议者，秦、汉、六朝、隋、唐、五季所以兴亡之实迹也。因以仰述编年之例，具录而无遗，索其梗概，不过善可以为训，恶可以为戒而已。前哲之旨，果中于理，所取也，敢强为之可否？苟为外于理，所去也，必补之以鄙见者，将足成其良法美意也，而忍肆为斩绝不根之论，徒涉于乖戾耶？盖得失不尔则不著，善恶不尔则不分，劝戒不尔则不明。虽绵历百千世，而正统之为正统，昭昭矣。卓然愿治之君，苟察斯言而不以人废，日思所以敦道义之本，塞功利之源，则国家安宁长久之福，可坐而致，其为元元之幸，不厚矣乎！（《还山遗稿》卷上，《元文类》卷三十二）

姚 燧 国统离合表序

走未壮时，读《通鉴纲目》书于苏门山。尝病国统散于逐年，事首不能一览而得其离合之概焉，因年经而国纬之，如《史记》诸表，私藏诸簏。遇有疑忘，即是而叩，无异多闻博识之见告者，四十年矣。

是岁之秋，同门友许君得卿，自金陵过宣，留语再月，间以示之。得卿善其非出己意而新奇为说，特抽《纲目》所有，汇而为编，虽刊置凡例之后，犹不谓僭。而校官刘君德恭方刊胡公《读史管见》于宣庠，闻之，谓因是工，可断手于旬浃，遂取徽、建二本重勘校之，得三误焉。

其一，建安二十五年（220），徽作延康元年。凡例曰："中岁改元无事义者，以后为正；其在兴废存亡之间，关义理得失者，以前为正。"其下注云："建安二十五年改元延康。"考之范史及陈志注文是汉号。《通鉴》所书，乃若曹丕称王时所改者，今不能悉见例云。然则为汉为丕，疑犹未决，矧其时正在兴废存亡之间，今以前为正，从建注二十五年。

其一，章武三年（223），徽大书三年。后主禅，建兴元年建，无三年，余与徽一。凡例则曰："章武三年五月，后主即位，改元建兴。"而《通鉴目录举要》自是年之首即称建兴，非惟失其事实，而于君臣父子之教，所害甚大，故今正之。即是观无三年者，则昭烈为无终，独建之失曰后主者,徽、建皆非。尝求其原由,陈寿晋臣,晋受魏禅,不敢帝汉而臣魏,故不曰汉、曰蜀,谓昭烈父子为先主、后主。《通鉴》因之,反帝魏而主蜀。后为《目录》,事皆书汉,岂晚知其非,欲正之而未及欤?至《纲目》书出,始曰“汉中王即皇帝位”,统斯正矣。而于其子独曰后主,何哉?且自建兴以及炎兴,用天子制以临四方者,实四十年。邓艾至成都,书帝出降,明年又书魏封故汉帝禅为安乐公。亡国之余且然,岂于即位正始之年不帝,反曰后主乎?是与十四、十五、十六卷之起,尽反凡例。诸曰后主者,皆溺于熟口顺耳,不思而失刊正者也。凡例又曰:“有被废无谥者,但曰帝某。”而不用后人所贬之爵。建兴之帝,未尝被废,亦均于无谥者,故下取晋帝奕,与唐睿宗景云二年(711),注:“玄宗皇帝先天元年。”明年,始大书“玄宗明皇帝开元元年”者例,大书三年,注帝禅建兴元年。明年大书“帝禅建兴二年”,庶前后参稽,可皆吻合,无龃龉也。

又其一,天宝十五载(756),注:“肃宗皇帝至德元载。”明年,惟曰“二载”。未尝大书肃宗皇帝至德,为无始故。今于二载上加“肃宗皇帝至德”,使得上同于开元。

呜呼!三者均失,而延康之取,至德之去,皆犹小小,何也?统固在也。若章武之距建兴,才三年耳,遽有帝父主子之异,岂不于统大有关乎?故特书曰“帝禅”。有罪走为不逮者,度不可以户说,虽面受之,心不然焉。或以为知言,非独走也,有见可一时之快,而建兴之帝,亦将雪其比德失统、主称千载之耻于九原矣。(《牧庵集》卷三)

附　胡寅《读史管见》:

汉刘备即皇帝位于武担之南,而温公以昭烈于中山靖王族属疏远,不能纪其世数名位,是难非辨,遂使抑之不得绍汉统,则未知其去取之意也。昔诸葛亮称元德为帝之室之胄,岂凭虚无据云耳?温公宽宥曹操,谓操取天下于群盗,非取之汉室。抑退蜀之主相,不少假于孔明,北伐亦以入寇书之,亦独何哉? 习凿齿作《汉晋春秋》以蜀为正统,其编目叙事,皆谓蜀先主为昭烈皇帝。观此,则温公之失可见矣。"(《群书考索》前集卷十六引。《读书管见》,先有宋宝祐二年[1254]江南宛陵郡斋刊本。北京国家图书馆藏帙不全)

　　按,胡寅为胡安国子,其弟宏,张栻所师事也。张栻论蜀汉事,盖有取于致堂之说。牧庵此序称见宣刊本《读史管见》,遂亦论及后主事,可知寅此书对后人影响甚深,此条虽零玑碎璧,极为可珍,故附录于此。

　　朱子《纲目序》有云:"年岁之久近,国统之离合。"姚燧书名盖本此。尝谓金、元之际,《通鉴》之学最盛。异族高位者,尤喜诵习之。如金越王永功子完颜琦(正大初,封密国公)"读《通鉴》至三十余过,是非成败,道之如目前"(《中州集》五),元诸帝多喜《通鉴》,译讲频数。世祖十九年(1282)四月己酉,刊行蒙古畏吾字所书《通鉴》(《元史》卷二十)。泰定帝延祐元年(1314)四月,帝以《资治通鉴》载前代兴亡治乱,命集贤学士忽都鲁都儿迷失及李孟择其切要者译写以进(《元史》卷二十五)。泰定四年(1327)六月,翰林侍讲学士阿鲁威、直学士燕赤等进讲,仍命译《资治通鉴》以进(《元史》卷三十)。由于在上之提倡,《通鉴》遂成显学。杨奂、姚燧俱熟读《通鉴》,故有订正《纲目》之论著。

谢端　正统论辨

　　岁在甲午九月望日,东原诸友会于孙侯之第,语及前朝得失之事。

坐客问云：金有中原百余年，将来国史何如？或曰：自唐已降，五代相承，宋受周禅，虽靖康间二帝蒙尘，缘江淮以南，赵氏不绝。金于《宋史》中，亦犹刘、石、符、姚一载记尔。众颇惑焉。

愚曰：正闰之论，端虽不敏，请以本末言之。夫耶律氏自唐以来，世为名族。延及唐末，朱温篡唐，四方幅裂。辽太祖阿保机乘时而起，服高丽诸国，并燕云以北数千里，与朱梁同年即位，是岁丁卯（907），至丙子（916）建元神册，在位二十年。其子德光嗣位，是岁丁亥，唐明宗天成二年（927）。德光后号太宗。当天显十一年（936），河东节度使石敬瑭为清泰帝来伐，遣使求救于辽，奉表称臣，仍以父礼事之。太宗赴援，因以灭唐。石氏称晋，遂以燕云十六州献于辽，仍岁贡帛三十万疋。天福七年（942），晋高祖殂，出帝嗣位。大臣议奉表称臣，告哀于辽，景延广请致书称孙，而不称臣，与辽抗衡。太宗与兵南下，会同九年入汴，以出帝为负义侯，迁黄龙府，石晋遂灭。大同元年，太宗北还，仍以萧翰留守河南。刘知远在河东，乘间而发，由太原入汴，自尊为帝。及乎宋受周禅，有中原一百六十余年。辽为北朝，世数如之。虽辽之封域褊于宋，校其兵力，而澶渊之战，宋几不守，因而割地连和，岁贡银绢二十万两疋，约为兄弟，仍以世序昭穆。降及晚年，辽为翁，宋为孙。及至天祚，金太祖举兵平辽克宋，奄有中原三分之二，子孙帝王，坐受四方朝贡，百有余年。今以刘、石等比之，愚故不可不辩也。

夫刘渊、石勒，皆晋之臣庶，叛乱国家，以臣伐君，纵能盗据一隅，僭至姚泓，终为晋将刘裕所虏，斩建康市，兹作载记，理当然也。完颜氏世为君长，保有肃慎，至太祖时，南北皆为敌国，素非君臣。若如或者所言，金为记载，未审《辽史》复如何尔？方辽太祖神册之际，宋太祖未生，辽祖比宋前兴五十余年，已即帝位，固难降就五十年之后，包于《宋史》为载记。其世数相悬，名分颠倒，断无此法。既辽之世纪宋不可兼，则金有中原，尤难别议。

以公论处之，据五代相因，除庄宗入汴，复仇伐罪，理势可观外，朱梁篡逆，甚于王莽。石晋因辽有国，终为辽所虏。刘汉自立，父子四年，郭周废湘阴公而立，以五代之君通作《南史》，内朱梁，名分犹恐未应。辽自唐末保有北方，又非篡夺，复承晋统，加之世数，名位远兼五季，与宋相次，而终当为《北史》。宋太祖受周禅，平江南，收西蜀，白沟迤南，悉臣于宋。传至靖康，当为《宋史》。金太祖破辽克宋，帝有中原百余年，当为《北史》。自建炎之后，中国非宋所有，宜为《南宋史》。

或曰：欧阳氏，宋之名儒也，定立五代，不云《南史》。当时想曾熟议，奈何今复有此论乎？

愚曰：欧阳氏作史之时，辽方全盛，岂不知梁、晋、汉、周授受之由，故列五代者，欲膺周禅以尊本朝，势使然尔。及作《十国世家》，独曰周、汉之事，可谓难矣。欧阳公之为是言，厥有旨哉！愚读李屏山《咏史诗》，咏五代郭周云："不负先君持节死，举朝唯有一韩通。"盖尝惊哀此诗命意。宋自建隆以来，名士大夫论议篇什，不为不多，未尝一语及此，非不能道也，盖禘之说也。故列五代者，良可知矣。隋季文中子作《元经》，至晋、宋已后，正统在中原，而后大唐南北一统后至五代，天下纷扰，无由再议。降及今日，时移事改，商确前人隐约之迹，当从公论。

或者又曰：金有中原，虽百余年，宋自建隆，于今几三百年；况乎今年春正月，攻陷蔡城，宋复其仇，固可以兼金矣。

愚曰：元魏、齐、梁，世数已远，恐诸公不以为然，请以五代周、汉之事方之。汉隐帝乾祐三年（950）遇弑，太后诏立河东节度使旻之子赟，寻废为湘阴公，旻遂即帝位于晋阳。终旻之世，犹称乾祐。旻系刘高祖母弟，其子承钧，孙继恩继元，皆相继立，凡二十八年。宋太宗太平兴国四年（979）始灭之。夫东汉四主远兼郭周，则郭亦不当称周，固当为闰。宋太祖不当曰受周禅。传至太宗，方承东汉之后。欧阳不合作《五代史》，合作《四代史》。司马光《通鉴》当列东汉为世纪，欧阳不宜作《十国世家》。呜呼！国家正闰固有定论，不图今日轻易褒贬，在周则为正，在金则为闰，天下公论果如是乎？况蔡城之亡，盖大朝征伐之力，宋之边将，专权率意，自撤藩篱，快斯须之忿，昧唇齿之理，延引强兵深入，遵徽宗之覆辙，媒孽后祸，取笑万世，何复仇之有？宋自靖康已来，称臣侄，走玉帛，岁时朝贡，几于百年。岂期今日私论，遽称尊大复如是乎？

金泰和间，南宋寒盟，起无名之师，侵渔唐、邓、宿、泗。章宗分遣应兵，其淮汉、川蜀之间，大为所破。宋遣臣方信孺等卑辞告和，请叔为伯，进增岁币，献臣韩侂胄之首，至于阙下。是时中原连年蝗旱，五谷不登，山东尤甚。章庙深用自责，每以偃兵息民为念，尝诏百官议曰："朕闻海陵有言：我国家虽受四方朝贡，宋犹假息江左，亦天下两家邪？故有亲征之行。去岁宋人兵起无名，摇荡我边鄙，今已败衄，哀恳告和。朕思海陵之言，宜如何尔？"时臣下有希意者进曰："向者靖康间宋祚已衰，其游魂余魄，今虽据江左，正犹昭烈之在蜀，不能绍汉氏之遗统明矣。"于是宋、金和议遂定。此乃当时继好息民之大略，非后世正闰之定论也。夫昭烈之于汉，虽云中山靖王之后，其族属疏远，不能纪录。高宗乃徽宗之子，奄有江南，似与昭烈颇异。若以《金史》专依泰和朝议，为承宋统，或从今日所论，包为载记，二者俱非公论也。

或者又曰：辽之有国，僻居燕云，法度不一，似难以元魏、北齐为比。

愚曰：以此言之，肤浅尤甚。若以居中土者为正，则刘、石、慕容、符、姚、赫连所得之土，皆五帝三王之旧都也。若以有道者为正，符秦之量，雄材英略，信任不疑；朱梁行事，篡夺内乱，不得其死，二者方之，统孰得焉？夫授受相承之理，难以此责，况乎泰和初朝廷先有此论。故选官置院，创修辽史，后因南宋献馘告和，臣下秦言靖康间宋祚已绝，当承宋统，乃罢修辽史。缘此中州士大夫间，不知辽、金之兴，本末各异。向使《辽史》早成，天下自有定论，何待余言？

坐客愕然曰：数百年隐显之由，何其悉也！幸请书之，以备它日史官采摭云尔。（《元文类》卷四十五。篇名据《千顷堂书目》）

燕山修端　三史正统论

甲午九月望日，东原五六友人会于孙侯小轩，话及前朝得失之渐，坐客问曰：金有中原百有余年，将来国史何如尔？或曰：自唐已降，五代相承，宋受周禅，虽靖康间二帝蒙尘，缘江湖以南，赵氏不绝。金于《宋史》中亦犹刘、石、符、姚一载记尔。众颇惑焉。

仆曰：正闰之论，愚虽不敏，试以本末言之。夫耶律氏自唐以来，世为名族。延及唐末，朱温篡唐，四方幅裂。辽太祖阿保机乘时而起，服高丽诸国，并燕云已北数千里，改元神册，与朱梁同年即位，在位十九年。辽太宗嗣位，改元天显，十一年（936）河东节度使石敬瑭为清泰来伐，遣使求救于辽，奉表称臣，仍以父礼事之。辽太宗赴援，以灭后唐。石氏号晋，晋以燕云十六州献于辽太宗，岁贡帛三十万疋。天福七年（942），晋高祖殂，出帝嗣位，大臣议奉表称臣，告哀于辽，景延广请致书称孙，而不称臣，与辽抗衡。太宗举兵南下，会同九年（944）入汴，以出帝为负义侯，置于黄龙府，石晋遂灭。大同元年（535），太宗北还，仍以萧翰留守河南。刘知远在河东，乘间而发，由太原入汴，自尊为帝。及乎宋受周禅，有中原一百六十余年。辽为北朝，世数如之。虽辽之封域偏于宋，校其兵力，而澶渊之战，宋几不守，因而割地连和，岁贡银绢二十万疋，约为兄弟，仍以世序昭穆。降及晚年，辽为翁，宋为孙。至天祚，金朝太祖举兵西来，平辽克宋，奄有中原三分之二，子孙帝王，坐受四方朝贡，百有余年。今以刘、石等比之，予故不可不辨。

夫刘渊、石勒，皆晋之臣庶，叛乱国家，以臣伐君，纵能盗据一隅，僭至姚泓，终为晋将刘裕所虏，斩于建康市，返本还元，兹作载记，理当然也。夫完颜氏世为君长，保有肃慎，至武元时，而天下南北敌国，素非君臣。若依席上所言，金为载记，未审《辽史》复如何？亦方辽太祖神册之际，宋太祖未生，辽祖比宋前期五十余年，已即帝位，固难降就五十年之后，包于《宋史》为载记。其世数相悬，名分颠倒，断无此法。既辽之世纪，宋不可兼，其金有中原，更难别议。

以公论处之，据五代相因，除庄宗入汴，复仇伐罪，理势可观外，朱梁篡逆，甚于穷新。石晋因辽有国，终为辽所虏。刘汉自立，父子四年，郭周废湘阴公而立，以五代之君通作《南史》，内朱梁名分，犹恐未应。辽自唐末保有北方，又非篡夺，复承晋统，加之世数，名位远兼五季，与前宋相次而终言《北史》。宋太祖受周禅，平江南，收西川，白沟迤南，悉臣大宋。传至靖康，当为《宋史》。金太祖破辽克宋，帝有中原，百有余年，当为《北史》。自建炎之后，中国非宋所有，宜为《南宋史》。

或曰：欧阳宋之名臣也，定立五代，不云《南史》，当时想曾熟议，如何今日复有此论？

仆曰：欧阳公作史之时，辽方全盛，岂不知梁、晋、汉、周授受之由，故列五代者，欲膺周禅，以尊本朝，势使而然。至于作《十国世家》，独称周、汉之事，可谓难矣。请事斯语，厥有旨哉？愚读李屏山《咏史诗》，咏五代郭周云："不负先君持节死，举朝唯有一韩通。"愚尝惊哀此诗命意。宋自建隆以来，名臣士大夫论议篇章，不为不多，未尝有此语，非不能道也，盖禘之说也。故列五代者良可知。隋季文中子作《元经》，至晋、宋已后，正统在中原。而后大唐，南北一统。后至五代，天下扰扰，无由再议。降及今日，时移事改，商确前人隐约之迹，当从公论。

议者又曰：金有中原，虽百余年，宋自建隆，于今几三百年；况乎今年春正月攻陷蔡城，宋有复仇之迹，固可兼金。

愚曰：元魏、齐、梁，世数已远，恐诸公不以为然，请以五代周汉之事方之。汉隐帝乾祐三年(950)遇弑,太后诏立帝弟武宁军节度使嗣位,后虽废为湘阴公,旻亦寻即皇帝位于晋阳。终旻之世,犹称乾祐。四帝二十九年,至宋太祖兴国四年(979)归宋。依今日所论,旻系刘高祖母弟,在位四年。其子承钧嗣位,改元天会,五年郭周已绝。东汉四主远兼郭周,郭亦不当称周,固当为闰。宋太祖不曰受周禅。传至太宗,方承东汉之后,欧阳不合作《五代史》,合作《四代史》。司马光《通鉴》当列东汉为世纪,欧阳不宜作《十国世家》。呜呼!国家正闰,固有定体,不图今日轻易褒贬,在周则为正,在金则为闰,天下公论果如是乎?况蔡城一事,盖大朝征伐之功,是时宋之边将,专权率意,自撤藩篱,快斯须之忿,昧唇齿之理,自谓爱己而恶佗,延引强兵深入,遵行覆辙,媒孽后祸,取笑万世,何复仇之有也?宋自靖康已来,称臣侄,走玉帛,岁时朝贡,几于百年。岂期今日私论,遽称尊大,果使宋朝有灵,必可其议也。

泰和间,南宋寒盟,起无名之师,侵汉、唐、邓、宿、泗。章宗分遣应兵,其淮汉、川蜀之间,大为所破。宋遣臣方信孺等卑辞告和,请叔为伯,进增岁币,献权臣之首,至于阙下。信孺有《古调》一篇,子能草略记之:"大朝君相仁且慈,小麦未熟休王师;奸臣岂足赎民命,既往不咎来可追。"此诗书于上源驿壁间,馆伴使入朝题奏,上颇哀怜。是时中原连年蝗旱,五谷不登,山东尤甚,章庙自责之心深重,形于歌咏者颇多,每以偃兵为念,故诏百官议曰:"朕闻海陵有言,我国家虽受四方朝贡,宋犹假息江左,亦天下两家邪?故有亲征之行。去岁宋人兵起无名,摇荡我边鄙,今已败衄,哀恳告和,朕思海陵之言,宜如何?"尔时臣下本希上意,故进言曰:"先于靖康间,宋祚已衰,其游魂余魄,今虽据江左,正犹昭烈之在蜀,不能绍汉氏之遗统,大可见也。"和议乃定。今日校之此语,乃当时继好息民之大略,非后世正闰之定论。

或曰：何以知之？曰：夫昭烈之于汉，虽云中山靖王之后，其族属疏远，不能纪录世数名位。南宋高宗，乃徽宗之子，钦宗之弟，岁月不易，以即位奄有江南，似与昭烈颇异。若以《金史》专依泰和朝议，特承宋统，或从今日所论，包为载记二论，俱非至公。

坐客又云：辽之有国，僻居燕云，法度不一，似难以元魏、北齐为比。

仆再拜而言曰：以此责之，肤浅尤甚。若以居中土者为正，则刘、石、慕容、符姚、赫连所得之土，皆五帝三王之旧都也。若以有道者为正，符秦之量，雄材英略，信任不疑；朱梁行事，篡夺内乱，不得其死，二者方之，统孰得焉？夫授受相承之理，难以此责，况乎泰和初，朝廷先有此论。故选官置院，创修《辽史》，刻期榜状元张楫预焉。后因南宋馘献告和，臣下奏言，靖康间宋祚已绝，当承宋统，上乃罢修《辽史》。缘此中州士大夫间，不知辽、金之兴，本末各异者。向使泰和间《辽史》蚤成，天下自有定论，何待余言？

坐客愕然曰：数百年隐显之由，何其悉也！问一得三，实出望外，幸谓言之。仆因就毫楮录狂斐以俟憙事者删之，庶备他日史官之采撷云尔。燕山修端谨记。（《秋涧先生大全文集》卷一百。文同上）

按，此文见王恽《玉堂嘉话》，署名燕山修端，大致同于苏天爵《元文类》所收者，惟字句颇多出入，如《元文类》但言泰和初，创修《辽史》，此则举出张楫预焉，为《元文类》所缺。兹并录存之，以资比较。《秋涧先生大全文集》八十《中堂事记上》有张楫，字巨川，覃怀人，右房省掾。未知即此人否？张楫预修《辽史》事，冯家昇《辽史源流考》失载。《金史·章宗纪》泰和七年（1207）五月，"宋张岩遣方信孺以书至都元帅府。八月戊申岩复遣方信孺赍其主誓书来乞和"。文中记方信孺，即是时事也。

陶宗仪　正统辨

至正二年壬午(1342)春三月十有四日,上御咸宁殿,中书右丞相脱脱等奉命史臣纂修宋、辽、金三史,制曰"可"。越二年甲申(1344)春三月,进《辽史》本纪三十卷、志三十一卷、表八卷、列传四十六卷。冬十一月,进《金史》本纪一十九卷、志三十九卷、表四卷、列传七十三卷。又明年乙酉(1345)冬十一月,进《宋史》本纪四十七卷,志一百六十二卷,表三十二卷,列传、世家二百五十五卷。

初,会稽杨维祯尝进《正统辨》,可谓一洗天下纷纭之论,公万世而为心者也。惜三史已成,其言终不见用,后之秉史笔而续《通鉴纲目》者,必以是为本矣。维祯字廉夫,号铁崖,人咸称之曰"铁史先生"。泰定丁卯(1327)李黼榜相甲及第,以文章名当世。

表曰:"至正三年(1343)五月日,伏睹皇帝诏旨,起大梁张□京兆杜本等,爵某官职,专修宋、辽、金三史。越明年,史有成书,而正统未有所归。臣维祯谨撰《三史正统辨》,凡二千六百余言,谨表以上者右。伏以一代离合之殊,固系乎天数盛衰之变,万年正闰之统,实出于人心是非之公。盖统正而例可兴,犹纲举目可备。前代异史,今日兼修,是非之论既明,正闰之统可定。奈三史虽云有作,而一统犹未有归。其惟世祖皇帝,以汤、武而立国;皇帝陛下,以尧、舜而为君。建极建中,致中和而育物;惟精惟一,大一统以书元。尝怪辽、金史之未成,必列赵宋编而全备。芸台大启,草泽高升,宜开三百载之编年,以垂千万代之大典。岂料诸儒之谦笔,徒为三国之志书。《春秋》之首例未闻,《纲目》之大节不举。臣维祯素读《春秋》之王正月,《公羊》谓大一统之书,再观《纲目》之绍《春秋》,文公有在正统之说,故以始皇二十六年(前221)而继周统,高祖成功五年而接秦亡。晋始于平吴，而不始于泰和；唐始于灭盗，而不始于武德。稽之千古，证之于今，况当世祖命伯颜平江南之时，式应宋祖命曹彬下江南之岁。亲传诏旨，有过唐不及汉之言；确定统宗，有继宋不继辽之禅。故臣维祯敢痛排浮议，力建公言，挈大宋之编年，包辽、金之纪载，置之上所，用成一代可鉴之书，传之将来，永示万世不刊之典。冒干天听，深惧冰竞，下情无任瞻天望阙激切屏营之至。"

辨曰：正统之说，何自而起乎？起于夏后传国，汤、武革世，皆出于天命人心之公也。统出于天命人心之公，则三代而下，历数之相仍者，可以妄归于人乎？故正统之义，立于圣人之经，以扶万世之纲常。圣人之经，《春秋》是也。《春秋》，万代之史宗也。首书王正于鲁史之元年者，大一统也。五伯之权，非不强于王也，而《春秋》必黜之，不使奸此统也。吴、楚之号，非不窃于王也，而《春秋》必外之，不使僭此统也。然则统之所在，不得以割据之地，强梁之力，僭伪之名而论之也，尚矣。先正论统于汉之后者，不以刘蜀之祚促与其地之偏而夺其统之正者，《春秋》之义也。彼志三国，降昭烈以侪吴、魏，使汉嗣之正，下与汉贼并称，此《春秋》之罪人矣。复有作《元经》，自谓法《春秋》者，而又帝北魏，黜江左，其失与志三国者等耳。以致尊昭烈，续江左、两魏之名不正而言不顺者，大正于宋朱氏之《纲目》焉。或问朱氏述《纲目》主意。曰在正统。故《纲目》之挈统者在蜀、晋，而抑统者则秦昭襄、唐武氏也。至不得已，以始皇之廿六年（前 221）而始继周。汉始于高帝之五年，而不始于降秦。晋始于平吴，而不始于泰和。唐始于群盗既夷之后，而不始于降武德之元，又所以法《春秋》之大一统也。然则今日之修宋、辽、金三史者，宜莫严于正统与大一统之辨矣。

自我世祖皇帝立国史院，尝命承旨百一王公修辽、金二史矣。宋亡，又命词臣通修三史矣。延祐、天历之间，屡勤诏旨，而三史卒无成书者，岂不以三史正统之议未决乎？夫其议未决者，又岂不以宋渡于南之后,拘于辽、金之抗于北乎?

吾尝究契丹之有国矣,自灰牛氏之部落始广,其初枯骨化形,戴猪服豕,荒唐怪诞,中国之人所不道也。八部之雄,至于阿保机披其党而自尊,迨耶律光而其势浸盛。契丹之号,立于梁贞明之初;大辽之号,复改于汉天福之日。自阿保机讫于天祚,凡九主,历二百一十有五年。夫辽,固唐之边夷也,乘唐之衰,草窃而起。石晋氏通之,且割幽燕以与之,遂得窥衅中夏,而石晋氏不得不亡矣。而议者以辽承晋统,吾不知其何统也?

再考金之有国矣,始于完颜氏,实又臣属于契丹者也。至阿骨打,苟逃性命于道宗之世,遂敢萌人臣之将,而篡有其国,僭称国号于宋重和之元,相传九主,凡历一百一十有七年。而议者又以金之平辽克宋,帝有中原,而谓接辽宋之统,吾又不知其何统也。

议者又谓完颜氏世为君长,保其肃慎,至太祖时,南北为敌国,素非君臣。辽祖神册之际,宋祖未生,辽祖比宋前兴五十余年,而宋尝遣使卑辞以告和,结为兄弟,晚年且辽为翁,而宋为孙矣。此又其说之曲而陋也。

汉之匈奴,唐之突厥,不皆兴于汉、唐之前乎?而汉、唐又与之通和矣。吴、魏之于蜀也,亦一时角立而不相统摄者也,而秉史笔者必以匈奴、突厥为纪传,而以汉、唐为正统,必以吴、魏为分系,而以蜀汉为正统,何也?天理人心之公,阅万世而不泯者也。

议者之论五代,又以朱梁氏为篡逆,不当合为《五代史》,其说似矣,吾又不知,朱晃之篡,克用氏父子以为仇矣。契丹氏背唐兄弟之约而称臣于梁,非逆党乎?《春秋》诛逆,重诛其党,契丹氏之诛,为何如哉?且石敬瑭事唐,不受其命而篡唐,谓之承晋可乎?纵承晋也,谓之统可乎?

又谓东汉四主,远兼郭周,宋至兴国四年(979),始受其降,遂以周为闰,以宋统不为受周禅之正也。吁!苟以五代之统论之,则南唐李昇尝立大唐宗庙而自称为宪宗五代之孙矣。宋于开宝八年（975）灭南唐，则宋统继唐不优于继周继汉乎？但五代皆闰也，吾无取其统。吁！天之历数自有归，代之正闰不可紊。千载历数之统，不必以承先朝续亡主为正，则宋兴不必以膺周之禅，接汉接唐之闰为统也。宋不必膺周接汉接唐以为统，则遂谓欧阳子不定五代为南史，为宋膺周禅之张本者，皆非矣。当唐明宗之祝天也，自以夷虏，不任社稷生灵之主，愿天早生圣人，以主生灵，自是天人交感而宋祖生矣。天厌祸乱之极，使之君主中国，非欺孤弱寡之所致也。朱氏《纲目》，于五代之年，皆细注于岁之下，其余意固有待于宋矣。有待于宋，则直以宋接唐统之正矣，而又何计其受周禅与否乎？中遭阳九之厄，而天犹不泯其社稷，瓜瓞之系，在江之南，子孙享国，又凡百五十有五年。金泰和之议，以靖康为游魂余魄，比之昭烈在蜀，则泰和之议固知宋有遗统在江之左矣，而金欲承其绝为得统，可乎？好党君子，遂斥绍兴为伪宋。吁！吾不忍道矣。张邦昌迎康邸之书曰：由康邸之旧藩，嗣宋朝之大统。汉家之厄十世，而光武中兴；献公之子九人，而重耳尚在，兹惟天意，夫岂人谋！是书也，邦昌肯以靖康之后为游魂余魄而代有其国乎？邦昌不得革宋，则金不得以承宋，是则后宋之与前宋，即东汉、前汉之比耳，又非刘蜀牛晋、族属疏远、马牛疑迷者之可以同日语也。论正闰者，犹以正统在蜀，正朔相仍在江东，矧嗣祚亲切，比诸光武、重耳者乎？而又可以伪斥之乎？此宜不得以南渡为南史也，明矣。

再考宋祖生于丁亥（927），而建国于庚申（960），我太祖之降年，与建国之年亦同。宋以甲戌（974）渡江，而平江南于乙亥（975）、丙子（976）之年，而我王师渡江平江南之年亦同，是天数之有符者不偶然，天意之有属者不苟然矣。故我世祖平宋之时，有过唐不及汉，宋统当绝，我统当续之喻。是世祖以历数之正统归之宋，而以今日接宋统之正者自属也。当时一二大臣又有奏言曰："其国可灭，其史不可灭也。"是又以编年之统在宋矣。论而至此，则中华之统，正而大者，不在辽、金，而在于天付生灵之主也，昭昭矣。然则论我元之大一统者，当在平宋，而不在平辽与金之日，又可推矣。夫何今之君子，昧于《春秋》大一统之旨，而急于我元开国之年，遂欲接辽以为统，至于咈天数之符，悖世祖君臣之喻，逆万世是非之公论而不恤也。吁！不以天数之正，华统之大，属之我元，承乎有宋，如宋之承唐，唐之承隋、承晋、承汉也，而妄分闰代之承，欲以荒夷非统之统属之我元，吾又不知今之君子待今日为何时，待今圣人为何君也哉？於乎！《春秋》大统之义，吾已悉之。请复以成周之大统，明之于今日也。

文王在诸侯凡五十年，至三分天下有其二，遂诞膺天命，以抚方夏，然犹九年而大统未集。必至武王十有三年，代商有天下，商命始革，而大统始集焉。盖革命之事，间不容发，一日之命未绝，则一日之统未集也；当日之命绝，则当日之统集也。宋命一日而未革，则我元之大统亦一日而未集也。成周不急于文王五十年、武王十三年，而集天下之大统，则我元又岂急于太祖开国五十年及世祖十有七年，而集天下之大统哉？

抑又论之，道统者，治统之所在也。尧以是传之舜，舜以是传之禹、汤，禹、汤传之文、武、周公、孔子。孔子没，几不得其传百有余年，而孟子传焉。孟子没，又几不得其传千有余年，而濂、洛、周、程诸子传焉。及乎中立杨氏，而吾道南矣。既而宋亦南渡矣，杨氏之传，为豫章罗氏、延平李氏及于新安朱子。朱子没，而其传及我朝许文正公，此历代道统之源委也。然则道统不在辽、金而在宋，在宋而后及于我朝，君子可以观治统之所在矣。於乎！世隔而后其议公，事久而后其论定，故前代之史，必修于异代之君子，以其议公而论定也。《晋史》修于唐，《唐史》修于宋，则《宋史》之修宜在今日而无让矣。而今日之君子，又不以议公论定者自任，而又诿曰付公论于后之儒者，吾又不知后之儒者又何儒也？此则予为今日君子之痛惜也。今日堂堂大国，林林巨儒，议事为律，吐辞为经，而正统大笔，不自竖立，又阙之以遗将来，不以贻千载《纲目》君子之笑为厚耻，吾又不知负儒名于我元者，何施眉目以诵孔子之遗经乎？

洪惟我圣天子当朝廷清明，四方无虞之日，与贤宰臣亲览经史，有志于圣人《春秋》之经制，故断然定修三史，以继祖宗未遂之意，甚盛典也。知其事大任重，以在馆之诸贤为未足，而又遣使草野，以聘天下之良史才，负其任以往者，有其人矣。而问之以《春秋》之大法，《纲目》之主意，则概乎其无以为言也。

於乎！司马迁易编年为纪传，破《春秋》之大法，唐儒萧茂挺能议之，孰谓林林巨儒之中，而无一萧茂挺其人乎？此草野有识之士之所甚惜而不能倡其言于上也。故私著其说，为《宋辽金正统辨》，以伺千载《纲目》之君子云。若其推子午卯酉及五运之王闰以分正之说者，此日家小技之论，君子不取也，吾无以为论。（《南村辍耕录》卷三、《图书集成》卷一百六十九《帝统部》）

贝　琼　杨维桢传及正统辨

铁崖先生者名维桢，字廉夫，姓杨氏，世为绍兴山阴县人。母李氏，梦金钩自月堕于怀，既寤生先生。少颖悟好学，日记书数千言。父宏，为筑万卷楼铁崖山中，使读书楼上，惧性弗专易怠，去梯，辘轳传食。积五年，贯穿经史百氏，虽老师弗及，因号铁崖，登元泰定丁卯（1324）进士第，授承事郎，天台县尹。未几，丁父忧。服阕，改绍兴钱清场司令。坐捐盐，久不调。遂放浪钱唐，与道士张雨游西湖南山，穷日夜为乐。

至正初，诏征天下儒臣，修辽、金、宋三史，先生不得预。史成，正统讫无定论。乃著《正统辩》，其词曰：

正统之说，何自而起乎？起于夏后传国，汤、武革世，皆出于天命人心之公也。统出于天命人心之公，则三代而下，历数之相仍者，可以妄归于人乎？故正统之义，立于圣人之经，以扶万世之纲常。圣人之经，《春秋》是也。《春秋》，万代史宗也。首书王正于《鲁史》之元年者，大一统也。五伯之权，非不强于王也，而《春秋》必黜之，不使奸此统也。吴、楚之号，非不窃于王也，而《春秋》必外之，不使僭此统也。挈则统之所在，不得以割据之地，僭伪之名而论之也，尚矣。先正论统于汉之后者，不以刘蜀之祚促与其地之偏而夺其统之正者，《春秋》之义也。彼志三国，降昭烈以侪吴、魏，使汉嗣之正下与汉贼并称，此《春秋》之罪人矣。复有作《元经》，自谓法《春秋》者，而又帝北魏，黜江左，其失与志三国者等尔。以致尊昭烈，续江左、两魏之名不正而言不顺者，大正于宋朱氏之《纲目》焉。或问朱氏述《纲目》主意，曰在正统。故《纲目》之挈统者在蜀、晋，而抑统者，则秦昭襄、唐武氏也。至不得已，以始皇之廿六年（前221）而始继周。汉始于高帝之五年，而不始于降秦。晋始于平吴，而不始于泰和。唐始于群盗既夷之后，而不始于武德之元，又所以法于《春秋》之大一统。然则今日之修辽、金、宋三史者，宜莫严于正统，与夫一统之辩矣。

自我世祖皇帝立国史院，尝命承旨百一王公修辽、金二史矣。宋亡，又命词臣通修三史矣。延祐、天历之间，屡勤诏旨，而三史卒无成书者，岂不以三史正统之议未决乎？夫其议未决者，又岂不以宋渡于南之后，拘于辽、金之抗于北乎？

吾尝究契丹之有国矣，自灰牛氏之部落始广，其初枯骨化形，戴豬服豕，荒唐怪诞，中国之人所不道也。八部之雄，至阿保机披其党而自尊，迨耶律光而其势浸盛。契丹之号，立于梁贞明之初；大辽之号，改于汉天福之日。自阿保机讫于天祚，凡九主，历二百一十有五年。夫辽，固唐之边夷也，乘唐之衰，草窃而起。石晋氏通之，且割幽燕以与之，遂得窥衅中夏,而石晋氏不得不亡矣。而议者以辽承晋统,吾不知其何统也?

金之有国,始于完颜氏,实又臣属于契丹者也。至阿骨打,苟逃性命于道宗之世,遂敢萌人臣之将,而篡有其国,僭称国号于宋重和之元。相传九主,凡历一百一十有七年。而议者又以金之平辽克宋,帝有中原,而谓接辽宋之统,吾又不知其何统也?

议者又谓完颜氏世为君长,保有肃慎,至太祖时,南北为敌国,素非君臣。辽祖神册之际,宋祖未生,辽祖比宋前兴五十余年。而宋尝遣使卑词以告和,结为兄弟,晚年辽为翁,而宋为孙矣,此其说之曲而陋者也。

汉之匈奴,唐之突厥,不皆兴于汉、唐之前乎?而汉、唐又与之通和矣。吴、魏之于蜀也,亦一时角立而不相统摄者也,而秉史笔者必以匈奴突厥为纪传,而以汉、唐为正统,必以吴、魏为分系,而以蜀为正纲,何也?天理人心之公,阅万世而不可泯者也。

议者之论五代,又以朱梁氏为篡逆,不当合为《五代史》,其说似矣。吾又不知,朱晃之篡,克用氏父子以为仇矣。契丹氏背唐兄弟之约而称臣于梁,非逆党乎?《春秋》诛逆,重诛其党,契丹氏之诛,当何如哉?且石敬瑭事唐,不受其命而篡其国,亦非正矣。契丹氏虏帝出,改晋为辽;汉兴而人心应汉,谓之承晋又可乎?纵承晋也,谓之统可乎?

又谓东汉四主,远兼郭周,宋至兴国(979)四年,始受其降,遂以周为闰,以宋统不为受周禅之正也。吁!苟以五代之统论之,则南唐李昇尝立大唐宗庙,而自称为宪宗五代之孙矣。宋于开宝八年(975)灭南唐,则宋统继唐不优于继汉继周乎?但五代皆闰也,吾无取其统。吁!天之历数自有归,代之正闰不可紊。千载历数之统,不必以承先朝续亡主为正,则宋兴不必以膺周之禅,接汉接唐之闰为统也。宋不必膺周接唐以为统,则遂谓欧阳子不定五代为南史,为宋膺周禅之张本者,皆非矣。当唐明宗之祝天,自以夷虏,不任社稷生灵之主,愿天早生圣人,自是天人交感而宋太祖生矣。天厌祸乱之极,使之君王中国,非欺孤弱寡之所致也。朱氏《纲目》，于五代之年，皆细注于岁之下，其遗意固有待于宋矣。有待于宋，则直以宋接唐统之正矣，而又何计其受周禅与否乎？中遭阳九之厄，而天犹不泯其社稷，瓜瓞之系，在江之南，子孙享国，又凡百有五十有五年。金泰和之议，以靖康为游魂余魄，比之昭烈在蜀，则泰和之议固知宋有遗统在江之左矣。而金欲承其未绝为得统可乎？好党君子，遂斥绍兴为伪宋，吁！吾不忍道矣。张邦昌迎康邸之书曰：由康邸之旧藩，嗣宋朝之大统。汉家之厄十世，而光武中兴；献公之子九人，而重耳尚在，兹惟天意，夫岂人谋！是书也，邦昌肯以靖康之后为游魂余魄而代有其国乎？邦昌不得革宋，则金不得以承宋，是则后宋之与前宋，即东汉、西汉之比尔，又非刘蜀牛晋、族属疏远，牛马疑迷者之可以同日语也。论正闰者，犹以正统在蜀，正朔相承在江东，矧嗣祚亲切，比诸光武、重耳者乎？而又可以伪斥之乎？此宜不得以渡南为南史，也明矣。

再考宋祖生于丁亥（927），而建国于庚申（960），我太祖之降年与建国之年亦同。宋以甲戌（974）渡江，而平江南于乙亥（975）、丙子（976）之年，而我王师渡江平江南之年亦同，是天数之有符者不偶然，天意之有属者不苟然矣。故我世祖平宋之时，有过唐不及汉，宋统当绝，我统当续之喻。是世祖以历数之正统归之于宋，而以今日接宋统之正自属也。当时一二大臣又有奏言曰："其国可灭，其史不可灭也。"是又以编年之统在宋矣。论而至此，则中华之统，正而大者，皆不在辽、金，而在于天付生灵之主也，昭昭矣。然则论我元之大一统者，当在平宋，而不在平辽与金之日，又可推矣。夫何今之君子，昧于《春秋》大一统之旨，而急于我元开国之年，遂欲接辽以为统，至于咈天数之符，悖世祖君臣之喻，逆万世是非之公论而不恤。吁！不以天数之正，华统之大，属之我元，承乎有宋，如宋之承唐，唐之承隋承晋承汉也，而妄分闰代之承，欲以荒夷非统之统属之我元，吾又不知今之君子待今日为何时，待今圣人为何君也哉？呜呼！《春秋》大一统之义，吾已悉之。请复以成周之大统，明之于今日也。

文王在诸侯位凡五十年，至三分天下有其二，遂诞受天命，以抚方夏，然犹九年而大统未集。必至武王十有三年，伐纣有天下，商命始革，而大统始集焉。盖革命之事，间不容发，一日之命未绝，则一日之统未集；当日之命绝，则当日之统集也。宋命一日未革，则我元之大统亦一日而未集也。成周不急于文王五十年、武王十三年，而集天下之大统，则我元又岂急于太祖开国五十年及世祖十有七年，而集天下之大统哉？

抑又论之，道统者，治统之所在也。尧以是传之舜，舜以是传之禹、汤，禹、汤以是传之文、武、周公、孔子。孔子没，几不得其传百有余年，而孟子传焉。孟子没，又几不得其传千有余年，而濂、洛、周、程诸子传焉。及乎中立杨氏而吾道南矣。既而宋亦南渡矣，杨氏之传，为豫章罗氏、延平李氏及于新安朱子。朱子没，而其传及我朝许文正公，此历代道统之源委也。然则道统不在辽、金而在宋，在宋而后及于我朝，君子可以观治统之所在矣。呜呼！世隔而后其议公，事久而后其论定，故前代之史，必修于异代之君子，以其议公而论定也。《晋史》修于唐，《唐史》修于宋，则《宋史》之修宜，在今日而无让矣。而今日之君子，又不以议公论定者自任，而又诿曰付公论于后之儒者，吾不知后之儒者又何儒也？此则余为今日君子之痛惜也。今日堂堂大国，林林巨儒，议事为律，吐词为经，而正统大笔，不自竖立，又阙之以遗将来，不以贻千载《纲目》君子之笑为厚耻，吾又不知负儒名于我元者，何施眉目以诵孔子之遗经乎？

洪惟圣天子当朝廷清明，四方无虞之日，与贤宰臣亲览经史，有志于圣人《春秋》之经制，故断然定修三史，以继祖宗未遂之志，甚盛典也。故知其事大任重，以在馆之诸贤为未足，而又遣使草野，以聘天下之良史才，负其任以往者，有其人矣。问之以《春秋》之大法，《纲目》之主意，则概乎其无言也。

呜呼！司马迁易编年为纪传，破《春秋》之大法，唐儒萧茂挺能议之，孰谓林林巨儒之中，而无一萧茂挺其人乎？此草野有识之士之所甚惜而不能倡其言于上也。故私著其说，为《宋辽金正统辩》，以俟千载《纲目》君子云。若其推子午卯酉及五运之王以分正统之说者，此日家小技之论，王勃儿辈之佞其君者尔，君子不取也，吾无以为论。

辩出，见者韪之，谓其正大光明，虽百世之下无以易之者。……

（《清江贝先生文集》卷二《铁崖先生传》）

> 按，此文与陶宗仪所录，微有详略，如王勃儿辈句，则陶书所无。

马端临　资治通鉴纲目集览序

《诗》、《书》、《春秋》之后，广记备言，有司马温公之《通鉴》；举纲目撮要，有朱文公之《纲目》，二书虽史而实六籍之流亚。学者童而习之，上下千数百年，谈其事迹，如抽茧绪；语其义例，如引法律。至其名物之音训、句读之疑惑，往往以为非大义所关，过眼还迷，习而不察者皆是也。望江王君行卿，始著《集览》，间窥一二则，考订精研，引援详悉。此书成，后学之读《纲目》者可以冰释理解矣。昔伊川作《易传序》，曰："得于辞不得于意者有之矣，未有不得于辞而能通其意者也。"晦庵与南轩书，亦云汉儒最善说经，不过只说训诂，使人以此训诂玩释经文，直是意味深长。某平生解经，最要守章句。夫程、朱二先生，道学宗师，所著经训，专以明理，虽舍经文而别为一书，亦自可孤行。然其于章句辞义之间，亦不肯草草放如此。昔向秀欲注《庄子》，嵇康曰："此书讵须复注？正是妨人作乐。"邢子才家有书甚多，而不复雠校，见人校看，笑曰："何愚之甚！天下书至死读不可遍，焉能始复校？此日思误书，更是一适。"愚以为病其书之非僻，辞之蔓衍，则如勿读。既已受读，乃卤莽涉猎，以自聋瞀，是谓欺心，而况于经世垂训之书如《通鉴纲目》者乎？使文公可作，当为忠臣首肯。延祐丁巳（1317）嘉平既望鄱阳马端临书。（此书元王幼学撰，元刻本）

张　绅　通鉴续编序

甚矣史学之难也。史之为体，不有以本乎经，则不足成一家之言；史之为言，不有以补乎经，则不足以为一代之制。故太史公之书，其体本乎《书》；司马公之书，其体本乎《左氏》；朱子之《纲目》，其体本乎《春秋》；杜佑之《通典》，其体本乎《周礼》。惟《易》、《诗》之体，未有得之者，而《韩诗外传》演《诗》，邵子《经世书》演《易》，亦可谓杰出矣。然史迁之书，其法言名论，散在书志，与《左氏》相颉颃。而经世之学，可以羽翼"六经"者，则又非诸子之敢比也。宋宝祐进士秘监知台州陈公子微，晚居四明山中，以史学名，著《历代统记》传于家。至孙栐字子经，始推其志。上叙盘古、三皇、五帝之概，以冠夫司马氏之书之首；下述辽、金与宋之详，以续司马氏之书之后。所以合《史》、《汉》、《通鉴外纪》、《前编》诸书为一家，使观者自开辟以至宋末数千载之事，一览无遗，述史者未有若是之详且尽者，其绩可谓芳矣。

至正壬辰（1352），余居广陵，始识子经于逆旅。主人萧条一室，庋木榻北牖下，书满案，字若蝇，皆手亲书。子经占毕其中，率然膏以继晷，汲汲乎若有求而弗得也，翕翕乎若有失而弗知所求也。后余避兵齐、鲁，与子经相失十年，当辛丑（1361）之十月，复会吴中，而其书适成，因得详观焉。其凡以为宋自建隆至太平兴国四年（979），无异于五代，故但以甲子书。四年以后，方系之统，以比汉、唐。辽、金系年宋统之下，以比吴、魏之于蜀，数简之中，大义凛然。其纪年司马氏之补遗也，而不敢自谓之补遗；书法紫阳先生之《纲目》也，而不敢自拟于《纲目》，故题之曰《通鉴续编》，其体盖亦本于《春秋》者。

因忆曩时朝廷纂修三史，一时士论，虽知宋为正统，物议以宋胜国而疑之。史臣王理因著《三史正统论》，推明修端之言，欲以辽为《北史》，金亦为《北史》，宋自太祖至靖康为《宋史》，建炎以后为《南宋史》。其言专，其论力，朝廷亦未之从，而卒为三国立史，正统卒不能定，至今大夫士虽以为慊，然终未有能持至当一定之论，以驱天下百世之惑者。

愚尝窃谓李唐篡而朱梁兴，郭周篡而赵宋立，赵宋灭而本朝混一。则本朝所继者赵宋之统也。本朝所继者赵宋之统，则辽、金与宋轻重可见矣。或曰：本朝继赵宋之统矣，宋承五代之统乎？曰：宋篡周，周篡汉，汉代晋，晋篡后唐，后唐灭梁，梁篡唐。斯时辽、金角立北方，天下幅裂，五代不得为统也。或曰：然则宋承辽、金之统乎？曰：辽乘梁篡而起于北方，不过保有燕云；全虽破辽克宋，而建炎中兴，人心未厌，辽、金亦不得为统也。或曰：然则宋继何统乎？曰：宋继唐统者也。唐，正统也。唐以下，辽、金为北史，五代为南史，斯时为无统。至宋太平兴国四年（979）灭汉之后，天下混一，斯时为有统。亦犹晋之后，南北为无统，至隋、唐而为有统耳。故唐之有辽，犹晋之有元魏也；唐之有五代，犹晋之有宋、齐、梁、陈也；唐之统中绝至宋，犹晋之统中绝而至隋、唐也。然则宋之统，所谓跨五代，轶辽、金而跻汉、唐也。

子经之书，自唐而后，五代、辽、金皆为无统，至太平兴国四年（979）而复有统，盖得其统矣，是可以驱天下百世之惑矣。但恨子经不与史事于当时，不得持此论于朝，而使三史有憾于后也。虽然，子经之书，得与三史并行于世，亦可谓无愧于心矣。

书廿四卷：盘古至高辛为一卷，契丹建国之始合五代为一卷，宋为二十二卷。齐郡张绅为之叙。

至正廿二年(1362)，岁次壬寅二月既望，丛桂堂书。(元刊本书卷首)

按，沈周《客座新闻》载陈桱子经著《通鉴续编》时，书宋太祖云匡胤自立而还，未辍笔，迅雷击案。桱端坐不慑，曰："虽击吾手，终不易也。"可见其不畏强围之精神。

陈桱大父著纂《历代纪统》一书，陈旅为之序，见《安雅堂集》卷六。略谓著宋亡隐居句章山中，"取历代史自三皇讫于祥兴，撰为四言，叶以声韵。若胡氏叙古，为《文字蒙求》之类。名其书曰《历代纪统》者，则以为帝王之统出于天，虽偏弱如蜀汉、东晋，皆天统所在，当时敌国虽强大，据有中土，要不得紊天统也。是统一正，则人心之天理可得而言矣"。桱之学盖渊源于其祖，是书虽为训蒙而作，以"纪统"命名，亦南宋以来统纪之学也。

陈　桱　通鉴续编自序

余读历代史，辑事之至大者为笔记百卷。或见之曰：子之志勤矣，然周威烈王而下至于宋兴，其取舍之审，有逾于司马公《资治通鉴》者乎？况朱子《纲目》笔削之慎耶？溯而至于唐尧，则金先生《前编》方为世所重，子书无乃复乎？余曰：吾备吾翻阅而已，岂觊与诸书并传哉？虽然，盘古至高辛传疑之言，近理有征者，不可不知也。契丹因俗慕华，其国所志者，不可不存也。宋三百年之治乱兴亡，新史繁而寡要，观者思约而未得也。吾不易旧文，直书见义，仿佛《通鉴》而规模《纲目》，述近理而删繁辞,使志学之士,开卷而上下数千年之事得以概见,可乎?曰:此则是也。乃取笔记盘古至高辛为《通鉴世编》一卷,唐天复至周亡、辽夏初事为《通鉴外编》一卷,宋有国至归于大元为《通鉴新编》廿二卷,总之为廿四卷,合名曰《通鉴续编》。惟其不敢取《前编》、《纲目》二书以入其中,故于《世编》之末,则举历代有国之先后以见意焉。其谓之续者,取连续之义耳。若曰续先儒之笔,窃褒贬之旨,则非知我者矣。至正十年(1350),岁在庚寅夏六月甲子,四明陈桱题。(元刊本书卷首)

按,此书二十四卷,自序及张绅序外,又有至正十八年戊戌(1358)临海陈基敬初、二十一年辛丑(1361)鄱阳周伯琦伯温二序。其书全依《纲目》,纪辽在唐及五代时事一卷,纪宋南渡以后事二十二卷。而起首一卷纪盘古氏以次,蓝本胡宏《皇王大纪》。是书清人颇致讥评(见《蛾术编》卷十一"说录")。然于明代史家则颇有影响,如丹阳姜宝编著之《稽古编大政记纲目》(共八卷,华盛顿大学藏善本)。据其门人王藩臣万历间序称:"金仁山上溯陶唐甲辰以后为《前编》,陈子桱复踵刘(恕)史,溯盘古逮高辛,冠于《前编》为《外纪》。然而仁山未完,子桱多舛。"姜书欲补朱子《纲目》之未备,盖有取于陈桱之《世编》焉,《千顷堂书目》著录。姜宝所著此书外,尚有《资治上下编大政记纲目》七十二卷,当是改编《资治通鉴》之作,故以"资治"为名,若《稽古编大政记纲目》,则准温公之《稽古录》云。

吴　澄　春秋诸国统纪序

读三百五篇之《诗》,曰有美、有刺也。读二百四十二年之《春秋》,

曰有褒、有贬也。盖夫子既没，而序《诗》传《春秋》者，固已云然，则非秦、汉以后之儒创为是说也。说经而迷于是，也千年矣。逮自朱子《诗传》出，人始知《诗》之不为美刺作，若《春秋》之不为褒贬作，则朱子无论著，夫孰从而正之？有惑、有不惑者，相半也。邵子曰："圣人之经，浑然无迹，如天道焉。《春秋》书实事，而善恶形于其中矣。"至哉言乎！朱子谓"据事直书，而善恶自见"，其旨一也。唐啖、赵宋孙、刘而下，不泥于传，有功于经者，奚啻数十家！然褒贬之蔽，犹未悉除，必待宋末李、吕而后不大惑。夫其所谓褒贬者，以书时书月书日为详略其事，以书爵书人书国为荣辱其君，以书字书氏书名书人为轻重其臣而已。噫！事之或时或月或日也，君之或爵或人或国也，臣之或字或氏或人也，法一定而不易，岂圣人有意于轩轾予夺之哉？魏邑齐履谦伯恒父之说《春秋》则异是，不承陋袭，故皆苦思深究而自得。内鲁尊周之外，经书其君之卒者十八国，乃分汇诸国之统纪，凡二十已。所特见各传于经，缕数旁通，务合书法，余事阙而不录。其义视李则明决多，其辞视吕则简净胜，予之所可，靡或不同；间有不同，亦其求之太过尔，而非苟为言也。不具九方皋相马之眼者，又乌能识之？伯恒父笃志经学，知之虽久，晚年获睹其二书之成，宁不快于心欤！二书谓何？《易》、《春秋》也。（《吴文正公集》卷二十）

皇极经世续书序

邵子之书，其初十二篇，以元经十二会而系之以运与世。其次十二篇，以九会经二百四十运而系之以世与岁。又其次十篇，以十运经一百二十世而系之以岁与字。元之经会，始月子，讫月亥，效天也。会之经运，始星已开物，讫星戌闭物，法地也。运之经世，始辰子二千一百四十九,讫辰亥二千二百六十八,纪人也。纪事起二千二百五十六世内之甲辰,止二千二百六十六世内之己未。唐帝荒以前不纪,无考也;周显德以后未纪,有俟也。郑松特立甫为续二百七十五年,自庚申(960)宋兴,至甲午(1234)金亡。近述邵子《经世》之事,远继夫子《春秋》之志,用意宏矣!邵子所纪三千三百一十六年间,颇有更定,书法视昔尤谨。论国统绝续离合,谓兴国无所承,亡国无所授者,各为系。汉、魏、晋、宋、齐、梁、陈,统代一系;魏、周、隋、唐、梁、唐、晋、汉、周、宋,十代一系也;辽、金、国朝又一系也。斯论也,世儒未之及也。噫!郑续邵之书,它时岂无续郑之书者乎?虽千世可知也。特立在前代,三预进士贡不第,在今日隐处三十年不仕,独折行辈与澄友。古今因革,圣贤心迹,每共细商焉。是书之成,以澄能知之,而俾题其端,所纂《经说拾遗》,亦多可取云。(《吴文正公集》卷十六)

吴　莱　改元论

先王之始得天下也,必明一代之好尚,以新斯民之耳目。闻改正朔矣,未尝闻改元也。然则《商训》称元祀,《春秋》书元年者,何以哉!曰:是直史官纪述之常体耳,将以志人君之在位久近者也,非王者以是为重事也。后之说《春秋》者,乃欲以改元为重。

春秋之初,周平王立四十有九年,而鲁隐公又改称元年。藉令重在改元,何不袭称王者之年,儽数而明诏于人哉?抑鲁以周公之裔,且僭改之也。苟或僭改,必宜诛绝于夫子之笔削,又反从而书之,独非拨乱反正之道乎?

盖自古未尝有改元,为是说者,特出于战国、秦汉之间。周之既衰,秦与列国争称王。其初即位时,犹以诸侯之爵行国中,国人皆称之曰公。及后以王自称，史官欲少异之，明其称王之始，故曰某王改元，是岂班班然播告于其国者哉？徒以书之载籍而已耳。何则？秦惠文王，孝公之子也，立十三年矣，十四年乃称王，而秦史改元。魏惠王，武侯之子也，立三十六年矣，三十七年乃称王，而《汲冢竹书》亦改元。又十六年而后惠王卒，非改元也，明秦、魏之始称王也。此殆为史官者自志其国之事，犹《春秋》之于鲁史也。求其说而弗得，又大惑焉。且谓西伯在商纣世，亦尝称王，亦尝改元，其兆特因战国之秦、魏，秦、魏岂果以改元为王者之重事哉？

说者恒曰：为国君者，即位之明年，必告庙以临群臣，然后改元。然以之言告庙则可，临群臣则可，以之言改元则未可。国君嗣位，定于初丧。先君之终，即嗣君之始。若曰：缘终始之义，一年不二君，特臣子之情，不忍遽死君父，故居丧自称曰子，国内民人之心系之久矣。将为史官者，以先君之薨年，不得便为嗣君之始年。始待其明年告庙之际，乃次第以书之。如太甲只见厥祖，而元祀之文著于《商训》也。以事系日，以日系月，以月系时，以时系年，书之以年，则又系于一国之君，是皆有不得不然者也。故曰：直史官纪述之常体耳。然则何以变一为元？杜预曰："人君即位，欲其体元而居正，故不言一年一月。"此说善也，而后之说《春秋》者自异焉，亦不合于《春秋》矣。

为《春秋》者曰：惟王者然后改元。东周之迁，王政不行，诸侯亦皆改元。近而宋、鲁，远而晋、楚，下及邾、莒、滕、薛杂小国，莫不皆然。鲁或以是而改历，晋或以是而改正朔，秦或以是而创闰月，此又似是而实非者也。

太史公《三代本纪》，有《三代世表》，征《尚书》。《尚书》无年，故年不可载，乃以世纪之。十二诸侯世家，有《十二诸侯年表》、《六国年表》。共和以下征《春秋左氏内外传》，秦始皇以上征《战国策》，皆有年。故既以世纪之，又以年实之，然或已失其世系，失其年代，失其名爵矣。且先王之世有小史、外史，以掌邦国四方之志，诸侯无私史也。晋之《乘》，楚之《梼杌》，鲁之《春秋》，至东周而后有，是故十二诸侯之年，始可得谱，然不可得谱者亦多矣。燕至惠侯而始有君，秦至穆公而始有名，楚至若敖而始有年。滕、薛、驺，虽文武之褒大封小，不足齿他大国。他大国当西周之盛，亦徒纪之以世而已。近者详，远者略也，非必曰以周之衰而诸侯各自改元。推《春秋》之义，此尚得为大一统乎？

盖古之王者无改元，惟用旧岁。季冬颁来岁十二月朔于诸侯，诸侯受而藏之祖庙，至则以特羊告庙，请而行之。东周既不颁历，故鲁亦作私历，犹私史也，若诸侯固有日御矣。秦以僻陋之国，边在戎夷，于是始有史官，始创闰月，则犹鲁历也。然三王之正不同，而独夏数得天。商、周革命，且改正朔，以示不相沿袭。巡狩承享，兵农田猎，犹自夏焉。故周官有正月，有正岁。正月夏正，正岁周正，三正之通于民俗尚矣。《汲冢竹书》虽用夏正以纪晋事，抑何尝有改元之说哉？若曰东周诸侯皆改元，则此晋事，上起殇叔。殇叔，晋穆侯少子成师也，别封曲沃。是时，文侯、昭侯犹在，殇叔比晋一大夫耳，无缘改元。特武公卒，并宗国，不数文侯，直推殇叔，以继穆侯，徒志其始封与卒年也。

太史公《汉兴以来诸侯世表》、《高祖功臣侯年表》，类于每国书某王元年某侯元年，方天下大定，奉汉法度，行汉年号，固也。又况孝武新建元，而辄自改元可乎？《淮南鸿烈》亦称淮南元年，许慎注云："淮南王安始封之年也。"特为史官者，欲著每国之名爵、年代、世系，故一以是书之，非改元也。考之于汉者如此，则可见东周诸侯之必不然矣。(《渊颖吴先生文集》卷三)

明　王　祎　正统论

正统之论，本乎《春秋》。当周之东迁，王室衰微，夷于列国，而楚及吴、徐，并僭王号。天下之人，几不知正统之所在。孔子之作《春秋》，于正必书王，于王必称天。而僭窃之邦，皆降而书子，凡以著尊王之义也。故传者曰："君子大居正。"又曰："王者大一统。"正统之义，于斯肇焉。欧阳修氏曰："正者，所以正天之不正也；统者，所以合天下之不一也。"由不正与不一，是非有难明，故正统之论所为作也。

呜呼！三代之下有天下者，大抵皆不正不一，而不能合乎至公大义之所在，是非之际，于是难明者多矣。盖当其难明之际，验之天文，则失于妄；稽之人言，则失于偏。是故荧惑守心，应乎魏文帝之殂，而吴、蜀无他故，若可以魏为正矣；然月犯大心，王者所恶，则蜀昭烈之殂实应之，而吴、魏无事也，是蜀亦可为正也，此非失于妄哉？自晋之灭，而南为东晋、宋、齐、梁、陈，北为后魏、后周、隋。私东晋者曰：隋得陈而后天下一，则推其统曰晋、宋、齐、梁、陈、隋。私后魏者曰：统必有所授，则推其统曰隋授之后周，后周授之后魏，此非失于偏哉？

呜呼！论正统而不推天下之至公，据天下之大义，而溺于妄于偏，其亦不明于《春秋》之旨矣。且欧阳氏《正统》之论，以谓正统者，听其有绝有续而后可，不必猥以假人而使勿绝也。猥以假人而使勿绝，则至公大义，有所不行矣。

故正统之序，历唐、虞、夏、商、周、秦、汉，至汉建安而绝。魏氏窃取汉鼎，得之既不以正，刘氏虽汉裔，崎岖巴蜀，又未尝得志于中国，而孙氏徒保守江表而已，皆不可谓居天下之正，合乎天下于一者也。及晋有天下，而其统始续，故自泰始元年（265），复得正其统。至建兴之亡，正统于是又绝矣。

晋氏既南，天下大乱，故自东晋建武之始，止陈贞明之终，二百余年，其间乘时并起，争夺僭窃者，不可胜纪。其略可纪者，犹十六七家。既而大小强弱，自相并吞，而天下犹为四，东晋、宋、齐、梁、陈，又自分为后梁而为二。后魏、后周、隋，又自分为东魏、北齐而为二。离合纷纭，莫适为正,皆不得其统,正统于是又绝矣。

及后周并北齐而授之隋,隋并后周又并陈,然后天下合为一,而其统复续。故自开皇九年(589),复得正其统,而唐继之。自天祐之亡,正统于是又绝矣。梁氏弑其君,盗其国,以梁为伪,固也。后唐之兴,借曰名正而言顺,实非所以复唐。晋氏受国于契丹,尤无足议。而汉、周亦皆取之以非义。况此五代者,皆未尝合天下于一,则其不得以承正统,夫复何疑?

及宋有天下,居其正,合于一,而其统乃复续。故自建隆元年(960),复得正其统,至于靖康之乱,南北分裂。金虽据有中原,不可谓居天下之正。宋既南渡,不可谓合天下于一。其事适类于魏、蜀、东晋、后魏之际,是非难明,而正统于是又绝矣。自辽并于金,而金又并于元,及元又并南宋,然后居天下之正,合天下于一,而复正其统。故元之绍正统,当自至元十三年(1276)始也。

由是论之,所谓正统者,自唐、虞以来,四绝而四续。惟其有绝而有续,然后是非公,予夺当,而正统明也。呜呼! 吾之说,至公大义之所存,欧阳氏之所为说也。欧阳氏之说废,则吾之说不行于天下矣。(《王忠文公集》卷一)

改元论

古有改正朔,而未尝有改元。非无改元也,弗以是为重事,而弗之异也。夫有国者,将以明一代之制度也,于是乎有改正朔。若称元年而后累数之者,是盖史官纪述之常体,所以志夫人君在位之久近者也。

是故《春秋》于鲁公即位之始皆称元年。《公羊传》曰:"君之始年也。"《史记·汉兴以来诸侯世表》、《高祖功臣侯年表》,类于每国书某王元年、某侯元年,《淮南鸿烈》亦称淮南元年,许慎《注》云:"始封之年也。"夫鲁、周之诸侯,而所谓王侯者,汉之臣子也。使改元果为重事耶?则信如说《春秋》者,所谓诸侯不得改元,非王者不改元矣。奈何周之诸侯,汉之臣子,不皆袭称王者之年,而辄自改元! 而《春秋》、《史记》,顾又因其僭而书之耶? 故曰,古未尝有改元也。

考之《帝王世纪》,文王即位四十二年,岁在鹑火,更为受命之元年。其更为元年也,盖曰受命于是始焉尔。及周之衰,列国争称王,其始即位时,不过以诸侯之爵称,及既王矣,则将以自异也,于是又改称元年,故《史记》秦惠王十四年更为元年,《汲冢纪年》魏惠成王三十六年改元称一年,其所以改元者,盖亦曰称王于是始也。是岂以为重事而异之耶?

自汉以后,一变于文帝之称后元,再变于武帝之名年以建元,后世因之,遂重于改元矣。呜呼! 既已称元,而又改元;不惟改元,而又名年以建元,说注繁芜,莫之胜纪,是以弗可革矣。

或曰:使改元不以为重事,而直史官纪述之常体,则曷为变一而为元也? 吾闻之杜预曰:"人君即位,欲其体元而居正。"故不曰一年一月也,曰元年曰元日,此唐、虞、三代之所常称,又何足以为异乎!(《王忠文公集》卷一)

胡　翰　正纪

六合之大,万民之众,有纪焉而后持之,何纪也? 曰:天纪也,地纪也,人纪也。天纪不正,不足以为君;地纪不正,不足以为国;人纪不正,不足以为天下。

何谓天纪? 天子无所受命者也;其所受命者,天也。故国君受命于天子，天子受命于天，义至公也。尧有天下七十载而得舜，舜有天下五十载而得禹。舜以德，禹以功，其得天下也，不曰尧、舜与之，而曰天与之也。由禹之后，桀承其纪而自绝于天，故汤放之。由汤之后，纣承其纪而又绝于天，故武王伐之。天下不以汤、武为篡，而曰此天吏也。天之所废，孰能兴之？天之所兴，又可废乎，皆历数也。虞、夏、商、周之取与异道，皆推至诚以顺天者也，而后世欲以诈力为之，始乱天下之大义矣。

何谓地纪？中国之与夷狄，内外之辨也。以中国治中国，以夷狄治夷狄，势至顺也。自三危、积石负终南地络之阴，抵太华而北逾大河，并太行，抵恒山之右，循塞垣至于涉貊、朝鲜，是谓北纪，胡门也。自岷山、嶓冢负地络之阳，并商山抵上洛，而南逾江汉，至于荆衡，循岭徼至于百粤，是谓南纪，越门也。其间包有冀、兖、青、徐、荆、扬、豫、梁、雍之地。上党，天下之脊也。弘农，分陕、两河之会也。其外四夷居之，风气不同，习俗亦异。虞有三苗之叛，周有昆夷之患，虽有圣人，不能使之同仁，从其族类可也。而后世务勤远略，欲以冠带治之，始失天下之大势矣，非一朝一夕之故也。由汉之后，汩天之纪者，莫曹操若也；由晋之后，汩地之纪者，莫刘渊若也。

魏、晋之事，衰世之事也。以唐高祖、太宗之为君，而不能挈天下归之正者，何也？高祖起兵晋阳，下西河，取临汾，鼓行而入长安，除暴隋之禁，约法十有二条，民怀其德，威震海内，与汉何异哉！汉王即位汜水之上，萧王即位鄗南，君子与之；唐受隋禅，独不与焉，非有恶于唐也。杨广弑父与君，天下之首恶也，与天下诛之，天下之大义也。不知出此，而从事于繁文伪饰，犹窃人之钟，自掩其耳，知其不可而犹为之，是以魏、晋自处矣。太宗承武德之后，以百战之师，命李靖等将之，擒颉利，降伊吾，平党项，西通吐蕃、回纥，南致谢元深。空人之国，俘人之众，鸷然自以秦始皇、汉武帝不若也。魏徵言之不听，颜师古、李百药言之又不听。好须臾之名,亡将来之患。卒从温彦博之议,虚漠南之境,徙其部落,居吾内地,留其君长,备吾屯卫,而帝加号"天可汗",刻之玺书,是以夷狄自处矣。以夷狄处者以夷狄与之,以魏、晋处者以魏、晋与之,《春秋》之义也,盖将以正天地之纪也。天地之纪不正,虽有人纪,君臣也,父子也,夫妇也,朋友之交也,长幼之序也,何自而立哉! 而人纪之在天下,固有不可泯焉者也。

当魏、晋之初,毛玠、荀彧,虽以操之奉献帝为扶弘义示至公,而当时之士,如甘宁、周瑜、金祎、耿纪之徒,奋不与之。渊虽尊汉安乐,自谓汉氏之甥,而孔恂逆知其奸,睦夸不仕其朝。忠臣孝子,遭时多难,未尝不骈首接迹于当世,鼎镬在前而不避,刀锯在后而不顾,吾以是知生人之纪未尝泯也。有能正者,岂难也哉!

故天下莫要于人纪,莫严于地纪,莫尊于天纪,乱其一,则其二随之,乱其二,则三者夷矣。汉不乱,则操固汉之征西也;晋不残,则渊固晋之都尉也。天地之纪不正,由生人之纪先紊之也。非秦、隋之乱,汉高帝、唐太宗亦何自而兴哉? 汉承秦之变,变而近正者也。唐承隋之变,变而不善正者也。三纪之立,其尧、舜、禹、汤、文、武之世乎? 善为天下者,亦法乎尧、舜、禹、汤、文、武而已矣。(《胡仲子集》卷一)

按,金祎、耿纪事,人所罕知。纪为汉侍中,杜畿自荆州还,至许,与语终夜。(《三国志·魏书》十六注引《傅子》)纪于建安二十三年(218)官少府,与京兆金祎(字德祎)及太医令吉本攻烧操长史营,事败。《三辅决录》注称:"(祎)自以世为汉臣……睹汉祚将移,谓可季兴,乃喟然发愤……以祎慷慨有日䃅之风……"(《三国志·魏书·武帝纪》注引)金祎盖西汉金日䃅之后。

方孝孺 **释统 后正统论**

释 统 上

仁义而王，道德而治者，三代也。智力而取，法术而守者，汉、唐、宋也。强致而暴失之者，秦、隋也。篡弑以得之，无术以守之，而子孙受其祸者，晋也。其取之也同，而身为天下戮者，王莽也。苟以全有天下，号令行乎海内者为正统耶？则此皆其人矣。然则汤、武之与秦、隋可得而班乎？汉、唐之与王莽可得而并乎？莽之不齿乎正统久矣，以其篡也。而晋亦篡也，后之得天下而异乎晋者寡矣。而犹黜莽，何也？谓其无成而受诛也。使光武不兴，而莽之子孙袭其位，则亦将与之乎，抑黜之乎？昔之君子，未尝黜晋也；其意以为后人行天子之礼者数百年，势固不得而黜之。推斯意也，则莽苟不诛，论正统者，亦将与之矣。呜呼！何其戾也。

正统之说，何为而立耶？苟以其全有天下，故以是名加之，则彼固有天下矣，何不加以是名也？苟欲假此以寓褒贬，正大分，申君臣之义，明仁暴之别，内夏外夷，扶天理而诛人伪，则不宜无辨。而猥加之以是名，使圣智夷乎暴桀，顺人者等乎逆弑也。侥幸而得天下者，虽其势力之强，无所为而不成，然其心私计而深念，未尝不畏后世之公议。

今将立天下之大法，以为万世劝戒，不能探其邪正逆顺之实以明其是非，而概以正统加诸有天下之人，不亦长侥幸者之恶，而为圣君贤主之羞乎？适事机之会，庸材小人皆可以得志。处非其地，用非其时，圣君贤主亦不足以成治功。古之能统一宇内，而动不以正者多矣，秦、隋其尤也;动不以正,而以正统称之,使文、武、周公而有知,其不羞与之同此名乎? 故谓周、秦、汉、晋、隋、唐、宋均为正统,犹谓孔子、墨翟、庄周、李斯、孟轲、扬雄俱为圣人而传道统也。其孰以为可! 非圣人而谓之圣人,人皆知其不然;不可为正统,而加之以正统之号,则安之而不知其不可! 是尚可以建之万世而无弊乎?

名者,圣人之所慎也。季子然以冉求、仲由为大臣,孔子忿然争之。若二子之才,鲁之诸臣莫及也,苟为大臣,未见其为过,而孔子慎而不许,盖才如仲由、冉求,而以为大臣,则伊尹、周公将曷以名之乎? 伊尹、周公,大臣也,则二子非其类矣,故曰可谓具臣矣。以秦、隋而方乎周,岂直二子之与伊尹、周公哉! 使孔子而出,其不混而称之也决矣。盖必有其道焉而不可知矣。尝试论之曰: 天下有正统一,变统三。三代,正统也。如汉、如唐、如宋,虽不敢几乎三代,然其主皆有恤民之心,则亦圣人之徒也,附之以正统,亦孔子与齐桓仁管仲之意欤? 奚谓变统? 取之不以正,如晋、宋、齐、梁之君,使全有天下,亦不可为正矣。守之不以仁义,戕虐乎生民,如秦与隋,使传数百年,亦不可为正矣。夷狄而僭中国,女后而据天位,治如符坚,才如武氏,亦不可继统矣。二统立而劝戒之道明,侥幸者其有所惧乎? 此非孔子之言也,盖窃取孔子之意也。

释 统 中

正统之说立,而后人君之位尊;变统之名立,而后正统之说明。举有天下者,皆谓之正统,则人将以正统可以智力得,而不务修德矣,其弊至于使人骄肆而不知戒。举三代而下皆不谓之正统,则人将以正统非后世所能及,而不勉为为善矣,其弊至于使人懈怠而无所劝。其有天下同也,惟其或归诸正统,或归诸变统,而不可必得,故贤主有所劝,而奸雄暴君不敢萌陵上虐民之心。

朱子《纲目》之作,所以诛暴止乱于前,而为万世法也。立一法而不足尽天下之情伪,则小人将驰骛乎法之外,而窃笑吾法之疏,是孰若无法之愈乎?故正统以处其常,而参以变统,然后其变可得而尽也。朱子之意曰:周、秦、汉、晋、隋、唐皆全有天下矣,固不得不与之以正统。苟如是,则仁者徒仁,暴者徒暴,以正为正,又以非正为正也而可乎?吾之说则不然。所贵乎为君者,岂谓其有天下哉?以其建道德之中,立仁义之极,操政教之原,有以过乎天下也。有以过乎天下,斯可以为正统。不然,非其所据而据之,是则变也;以变为正,奚若以变为变之美乎。故周也,汉也,唐也,宋也,如朱子之意,则可也。晋也,秦也,隋也,女后也,夷狄也,不谓之变,何可哉?正统则处以天子之制,变统则不得并焉。正统之君,非吾贵之也,变统之君,非吾贱之也。贤者得民心,得民心民斯尊之矣;民尊之,则天与之矣,安得不贵之乎?非其类,无其德,民必恶之。当时恶之,后世以其位而尊之,则违乎天矣,故不得不贱之也。贵不特于其身,而又延及于子孙,虽其愚不肖,苟未至于亡国,犹尊之以正统之礼。贱不特于其身,而其子孙虽有贤知之才,亦不能掩其恶。夫如是,而后褒贬明;夫如是,而后劝戒著;夫如是,而后正统尊,奸邪息、夷狄惧。

释　统　下

夫所谓变统之制者,何也?异于天子之礼也。彼生以天子养,没以天子葬,俨然帝中国而臣四夷,天下莫与敌,大矣!曷为而异其礼?盖其所可致者,势也,不可僭乎后世者,义也。势行于一时,义定于后世。义之所在,臣不敢私爱于君,子不敢私尊于父,大中至正之道,质诸天地参诸鬼神而不忒也。

何谓天子之礼?正统是也。正统之君始立,则大书其国号、谥号、纪年之号。凡其所为必书，所言必书，祀典必书，封拜必书。书后曰皇后，书太子曰皇太子。后及太子殁皆曰崩，葬必书其陵其谥。有事可纪者纪其事。所措置更革，曰诏，曰令，曰制。兵行曰讨，曰征，曰伐。施惠曰赦，曰大赦。施刑当罪曰诛，曰伏诛。违上兴兵者曰反，曰作乱，曰犯，曰寇，曰侵，倍之者曰叛。其邻国，其臣慢之者，必因事贬之；知尊正统者，虽微必进之。不幸而至于衰微，受制于强暴，或屈而臣之。强暴者，诚夷狄也，诚不可为正统也，则盗贼之雄耳，必慎抑扬予夺之辨。其以兵侵也，曰入寇，得地曰陷，据都曰据，至阙曰犯。虏正统之君，必易辞书其故，见杀曰弑，而书其主之名。及其主之没也，特书曰死。其党之与谋，陈力得罪于正统者，虽功多皆书曰死以著其罪，以绝其恶。得中国之地，其民有思中国而叛之者曰起兵，以地降者曰来归。不为中国而反者，彼亦不得而盗贼之也，亦曰起兵。得郡则曰取某郡。其诱正统之臣曰诱，执曰执，杀曰杀，将相则名其主。正统之臣降于夷狄，则夷狄之。死不曰卒，而曰死。凡力能为正统之患者，灭亡则异文书之，以致喜之之意。正统乱亡，则详书而屡见之，以致惜之之意。

变统之异于正统者，何也？始一天下而正统绝则书甲子，而分注其下曰是为某帝、某元年。书国号而不书大，书帝而不书皇，书名而不著谥。其所为非大故不书，常祀不书，或书以志失礼，或志礼之所从变则书，立后不书，尊封其属不书，非贤臣，虽王公拜罢卒葬不书，行幸非关得失不书，诏令非有更革不书。其崩曰殂，后死曰薨，大臣曰卒；佐篡弑，赞征伐，以危正统者曰死；聚敛之臣曰死，酷吏曰死，浮屠之位尊而因事得书者曰死。毁正统陵庙宫室，名其主。用兵不曰讨，不曰征伐，刑其人不曰诛。天下怨而起兵、恶而起兵不曰反，恶乎篡弑，非恶乎君也；恶乎夷狄，恶乎女主，非其君，故不得以君道临之也。惟于其臣，于其部落，则得致其罪。士之仕变统者，能安中国则书，能止暴乱除民害则书，能明道术于后世则书。

有愈贵而愈贱者,有愈贱而愈贵者:利禄宠幸之臣,愈贵而愈贱也;守道不污之士,愈贱而愈贵也。故君子之于变统,外之而不亲也,微之而不尊也,断断乎其严也,闵闵乎恐其久也,望望乎欲正统之复也。是何也?为天下虑也。奚而为天下虑?使女主而乘君位,夷狄而践中国,篡弑而不亡,暴虐而继世,生民之类几何而不灭乎!立变统所以扶人极,能言抑变统者,君子之所取也。

后 正 统 论

正统之名,何所本也?曰:本于《春秋》。何以知其然也?《春秋》之旨虽微,而其大要,不过辨君臣之等,严华夷之分,扶天理,遏人欲而已。《春秋》之世,周室衰,诸侯盛,以地不及于齐、晋、吴、楚,以兵以粟则不远于鲁、卫、曹、郑,然而必曰天王,天王。齐、晋,虽大国,一有蹦分奸礼,则必贬之。楚与吴固已称王,与周无异矣。而斥之曰子曰人,岂非君臣之等、华夷之分不可废乎?《传》曰:《春秋》"大居正",又曰"王者大一统"。此正统之名所由本也。呜呼!后之言正统者,其可戾《春秋》以为说乎?

由周以来,秦、汉、晋、隋、唐、宋,皆尝一天下,主中国而朝四夷矣,正统必归焉。秦起始皇二十六年(前221),而止于二世之三年。隋起开皇九年(589),而尽大业十三年(617)。唐起武德元年(618),而尽天祐四年(907)。汉始高祖五年,晋始太康元年(280),宋始太平兴国四年(979)。然汉自建安而分为三,晋自惠帝以后,夷狄横炽,而中原陷没,宋自高宗播迁江表。是三代者,或与篡贼势同地丑,或为夷狄所虏辱,甚者,或屈而臣之,其微甚矣。然君臣之等、华夷之分之不可废,犹周也;故汉必至于炎兴元年而止,晋必至于元兴三年而止,宋必至于祥兴二年而后天命绝。此百世不易之道,《春秋》之大法也。而或者见其微,欲断自剖分之岁，废统而俱主之。呜呼！其亦不察乎《春秋》之义，而甘为篡贼之归也。

夫中国之为贵者，以有君臣之等，礼义之教，异乎夷狄也。无君臣则入于夷狄，入夷狄则与禽兽几矣。当周之衰，诸侯或射王中肩，或天子出狩，圣人岂不知周之无异于齐、晋、吴、楚之属哉？然而常抑彼尊此者，为天下后世虑也。苟以其迹则周当与鲁、卫同列矣，何有于王乎？如此则何以为圣人之《春秋》乎？夫汉、晋、宋之事，奚异于此？而今之横议者，犹啜啜不置。呜呼！其亦不察乎《春秋》之义，而甘为篡贼夷狄之归也。

且圣人之作《春秋》，以其操至公之道，故建之天地而不谬，前乎百王而有征，后俟来者而无惑也。苟亦随俗之好恶，待时而重轻，岂足以为圣人哉！俗之相成，岁熏月染，使人化而不知。在宋之时，见胡服，闻胡语者，犹以为怪。主其帝而虏之，或羞称其事。至于元百年之间，四海之内，起居饮食，声音器用，皆化而同之，斯民长子育孙于其土地，习熟已久，以为当尔。昔既为其民矣，而斥之以为夷狄，岂不骇俗而惊世哉？然顾嫌者乃一时之私，非百世不易之道也。贤者之虑事，当先于众人，而预忧于后世，使其可继。假使后世有圣人者出，则将俨然当之如昔之正统乎？抑亦有所裁制损益如处吴、楚者乎？苟以夷狄之主而进于中国，则无厌之虏何以惩畏？安知其不复为中国害乎？如是则生民之祸大矣，斯固仁者之所不忍也。然则当何为？曰：其始一天下也，不得已以正统之法书其国号而名其君，于制诏号令变更之法稍异其文，崩、殂、薨、卒之称，递降之，继世改元之礼，如无统，一传以后分注之。凡所当书者，皆不得与中国之正统比，以深致不幸之意，使有天下者惩其害，而保守不敢忽。使夷狄知大义之严，正统之不可以非类得，以消弭其觊觎之心，则亦庶乎圣人之意耳。

呜呼！俗之移人也久矣。吾欲扬斯言于今之世，宁能免啜啜者之躁怒哉？此非予之言也，乃圣人之言也，向之所陈《春秋》之义也。《春秋》之义苟废，三代以降，得天下者亦异矣。吾尝妄论之曰：有天下而不可比于正统者三：篡臣也，贼后也，夷狄也。何也？夷狄恶其乱华，篡臣贼后，恶其乱伦也。

夫天之生此民，好恶嗜欲之不齐，不有以主之，则纷争而靡定。故简圣贤之人，授之命为之主，同其好恶，节其嗜欲，明君臣、父子、夫妇、长幼之伦以教之，为衣服等杀、交际、吉凶之礼以文之，拨洪水、猛兽、蛇虫、夷狄之害以安之。夫所贵乎中国者，以其有人伦也。以其有礼文之美，衣冠之制，可以入先王之道也。彼篡臣贼后者，乘其君之间，弑而夺其位，人伦亡矣，而可以主天下乎？苟从而主之，是率天下之民，无父无君也，是犹可说也；彼夷狄者，侄母蒸杂，父子相攘，无人伦上下之等也，无衣冠礼文之美也，故先王以禽兽畜之，不与中国之人齿。苟举而加诸中国之民之上，是率天下为禽兽也。夫犬马一旦据人之位，虽三尺之童皆能愤怒号呼，持梃而逐之；悍婢奸隶，杀其主而夺其家，虽犬马犹能为之不平，而噬啮之，是何者？为其乱常也。三者之乱常，无异此矣。士大夫诵先王之道者，乃不知怪，又或为之辞，其亦可悲矣乎！

或曰：史以记事者，欲其实乃所以彰其恶也。故《春秋》于篡弑之君，未尝去其号，圣人且不敢，况后之人乎？曰：何为其然也？《春秋》之时，非后世可比也。当是时，闻有臣弑君者矣，未闻弑而夺其位者也。且鲁者，圣人之父母国，而时君固在也，故或为之讳，若他国则据其赴告之辞而书之。圣人固有不知其详者矣。然崔杼之弑齐简公，孔子沐浴而请讨之；季氏之逐鲁昭公，孔子一则曰公在乾侯，二则曰公在乾侯，使季氏而主鲁，圣人其忍以鲁国君礼与之乎？其黜之无疑矣。然则吾之言，固圣人意也，复何僭乎？又况已往之迹，而欲曲为之讳，其亦不达于义乎？

曰：篡臣之事，则既然矣，贼后曷为而不得为主也？圣人之作《易》，其于此言之备矣。阳者,君之道也,夫道也;阴者,臣之道也。妻道也。《易》之六爻,凡阴之得中,阴乘阳位,必谆谆为之戒。坤,阴之纯卦也。于其始,则戒曰"履霜坚冰至",恐阳之忘备也;于其终,恐疑于无阳也,曰"龙战于野"。五,恐其居尊位也,则曰"黄裳元吉"。黄中色而裳下饰,臣之事也,妇之道也,戒其居上则不吉也。其他曰"括囊",曰"含章",曰"从王事",未尝予其专也。推之六十四卦之中,莫不皆然,则圣人之意可知矣。《春秋》无其事故不书,使有之,圣人其肯一日主之乎?

曰:夷狄之不可为统,何所本也?曰:《书》曰"蛮夷猾夏,寇贼奸宄",以蛮夷与寇贼并言。《诗》曰"戎狄是膺",孟子曰"禹遏洪水驱蛇龙,周公膺夷狄",以戎狄与蛇虫洪水并言之。《礼》之言戎狄详矣。异服异言之人,恶其类夷狄,则察而诛之,况夷狄乎?孔子大管仲之功,曰:"微管仲,吾其被发左衽矣。"如其仁,管仲之得为仁者,圣人美其攘夷狄也。然则进夷狄而不攘,又从而助之者,其不仁亦甚矣。曾谓圣人而肯主之乎?学圣人之学,治先王之道,而昧乎此,又何足论哉!

曰:荆舒以南,《春秋》之所夷狄,独可为正统乎?曰:非也。自秦以来,袭礼义而为中国者二千年矣,人伦明而风俗美,乌得与夷狄比乎?先正大儒,知夷狄之不可长也,故虽强如苻坚,盛如德光,不与之以中国之礼。知贼后之不可主也,故吕氏之强,武氏之才,不与之以天子之位。知篡臣之不可训也,故王莽、侯景之徒,一以盗贼待之。其为法至公,其为道至明,其为虑至远也。其于圣人之意,《春秋》之分,至得也,所谓万世而不可易者也。

曰:是则三者皆废之而不书乎?曰:不也。吾固曰不比之于正统而已,非废之也。不废其迹而异其辞,则其为戒也,深矣。呜呼!天下后世之心,吾不敢必也,苟有贤者,其将信吾言也夫!(《逊志斋集》卷二)

按，此文后有跋云："自予为此文，未尝出以示人，人之闻此言者，咸訾笑予以为狂，或阴诋诟之；其谓然者，独予师太史公与金华胡公翰而已。"

John Fincher 在所作 *China as a Race, Culture, and Nation* 引此仅论及宋濂（p. 66），不知胡翰亦有《正纪》之论，故孝孺称为知音，盖均本《春秋》以立言者也。钱大昕《跋方正学溪喻草稿摹本》称最爱正学"论人之患，莫过于自高，莫甚于自狭，莫难于不得其源，三语真有得乎圣贤教人自为之心法"（《潜研堂文集》卷三十二），极中肯綮。正学论统，亦如水之有源，浩乎有沛然莫之能御之气，未可等闲视之。若方苞作《方正学论》，谓其过于任刚，以圣贤之道衡之，盖震于卒然，而失其常度者。（《望溪集外文》卷八）则讥其不得中庸云。

徐一夔　正统问

友人周元亮，其先尝仕宋，相见辄言宋事。间从余涉西湖，上万松岭，访宋氏故都，藉草而坐，因及于正统之说。

余曰："言正统者，以天下为一，则以正统归之。眉山苏氏有云：'正统云者，犹曰有天下云尔'。"元亮曰："宋之太祖既受周禅，平江南，平湖南，平岭南，平荆，平蜀，至于吴越，恐悚待命，所未臣者，独河东一弹丸地，可以谓之有天下矣。比见四明陈氏著《续通鉴纲目》，其书太祖崩，曰'宋主赵某殂'，至太平兴国四年（979），始揭正统归之，岂非以河东未臣，而以敌国例之欤？"余曰："非也。太祖之北征也，尝因河东谍者语刘承钧曰：'君家与周世仇，宜其不屈。今我与尔无间，何为重困此一方之民？'承钧复命曰：'河东土地甲兵，不足以当中国之十一，然承钧家世非叛者,区区守此,盖惧汉氏之不血食也。'太祖哀其言,遂不致伐。以此观之,则河东不足为正统累也明矣。彼陈氏之书,夫岂至当之论哉?"

又曰:"或曰其说本于朱子。"余曰:"朱子之答陈安卿也,曰'如以正统,则秦初未可当,必平一六国而后在秦;晋初未可当,又灭吴而后在晋;隋初未可当,必灭陈而后在隋'。因言'如本朝亦必并河东而后在本朝',朱子诚有是说矣,窃尝观其答问之意,以谓由唐而下,正统在梁,梁之统在后唐,唐之统在晋,晋之统在汉,周氏篡汉废湘阴公赟,其父崇自立于河东,则汉之统犹在河东故也。据朱子之说,而以当时大势度之。于秦于隋是矣,于宋则有可议者。何以言之?六国之众,可以敌秦初之秦,吴、陈帝有江南,可以敌晋初之晋、隋初之隋。区区河东而欲敌宋初之宋,以一敌九,小大不敌,昭然可见。此必朱子一时答问云然,非其终身不易之定论也。而况太祖之生,符明宗宫中之祝。至其受禅,因陈桥六军之变,天命人心之所属,实开三百一十六年有道之基,不以正统归之,可乎?陈氏之书,盖用其大父所取伏羲以来至祥兴事类,为四言,协声韵,名曰《历代纪统》,与其父泌仿《纲目》例,尊纪统为经,而疏其始末为传以行者。如曰本于朱子,则是特其未定之说,而以为是,非忠于朱子者。如出臆见,则未敢以为至当。"

元亮良以余言为是,爰著于篇。(《明文衡》卷二十四)

> 按,徐一夔所言之陈氏,指元陈柽,著有《通鉴续编》。一夔父即徐泌也。一夔见《明史》卷二百八十五《文苑传》。

朱 权 天运绍统序

篡大业,开□□□□非天命不足以戡定区宇,继天□□□□天命者，必承天运。承天运者，必□□□□，而世次谱系编年之史书焉。盖自伏羲氏以木德绍承天运，木德者，取万物发生于春，春属木。东方乃生气之始，日出□□□□以太阳喻□□□木德王，自是统绪乃作。是以神农氏王火德，黄帝王土德，少昊王金德，颛顼王水德，此王□□□承也。自汤伐桀以革夏命，仍以水德王，以继夏之金德也。历代□□□谱系，皆有可考，而其世次编□□□□□有以兄弟而为子侄者，有以□□□祖而世次行列先后者，在五常之□□。自秦火之后，失其真者久矣。虽载诸史籍者，各朝儒生，所编年谱不一，又不可得其真。予于是书究其图录，用心有年，莫得其详。洪武丙子（1396），于御府偶□□□所藏历代帝王谱图校之，与其□□□录其年代世次，多不同其谱系世次。自秦至元有之，自伏羲至周亦谱系，于是纂成图录，编成世次，乃自古之所未有□□□□书可为秘典矣，无不失其天运之统绪也。书成，以纪其所制之由，目于篇端云。时在永乐四年（1406）二月上戊涵虚子。（本书卷首，永乐四年［1406］藩刻本）

王　行　纂宋系统图跋

予观宋之得天下，非有积德累仁之渐，特军情之推戴，出于一时，无异于郭周之篡汉。而其享国之久，三代而下，乃无及之者。虽中叶而夷虏据华，然不改宋号，不移赵姓，至三百有二十年，是何由而能致耶？盖以太祖操杀人之柄，而不嗜杀人；太宗有骄侈之资，而不乐骄侈；真宗似尝骄侈矣，而不忘仁爱，率由旧章。迨乎仁宗四十二年，天下之民，几于皞皞之世，宋之为宋，治斯亦盛矣！惟盛极而衰，理之必至。是以英宗以旁枝继统，乃生神宗，滋培亡国之基本。绍圣改元，正人尽废。徽宗得位，益徇所私，假是以济非，戕民而侮敌，宜若可亡矣！而祸萃厥身，祚胤无故。虽仓皇南渡，仆而复兴，左枝右梧，又历九传，而炎运乃熄。于时论者，莫不欸其弱而不振，因致其亡。呜呼！弱而不振，宋之所以为宋也，使非弱而不振，果能必其不亡也哉？

周之卜世也三十，卜年也七百，而后竟过之，是固以强而延乎？秦自期于万世，而二世遽亡，是固以弱而促乎？汉武强矣，而当时有岌岌之势，其不亡者，以乐极哀来之悔心，能自铄其刚暴之气也，然而喋血禁庭，骨肉屠戮，至于望思，亦足悲矣！光武中兴，用柔道以励风节。洎其末世，虽以奸操之强梁，犹没齿不敢施其弑夺之计，亦有畏于公议耳。晋一海内，其势非弱也；不四十年，而主社稷者非复司马氏之子孙也。隋既平陈，好杀滋甚。继以炀帝，狼戾淫毒，自以为强也。才三十年，而杨氏不血食矣。

迹是而推，使宋非弱而不振，亦安必其不亡也？矧强之与弱，得失有待辨也。盖强者必恃，恃则肆已，肆已则虐人，虐人则怨生，怨生则天怒，天怒亡必随之矣。弱者必慎，慎则审己，审己则爱人，爱人人亦爱之，人爱之，天必祚之矣。天祚之，其孰亡之也哉？若然，弱者其终不亡耶？非也。弱之极亦亡。然其亡也，如水之涸，犹有余润焉。苟强而亡，则如火之倏灭，岂复存其煨烬耶？此又强弱之势也。

且三代皆圣王之后也，不能无亡。宋能必其无亡乎？宋不能不亡；而其亡也，犹有光焉。"殷士肤敏，裸将于京"，哲人盖伤之矣。今宋虽亡，而士君子有未尝沾其微禄，受其一命者，乃至终身不忍忘国恩。自非爱人，而人爱之，又乌能致乎此哉？于是可以见宋之为宋矣。故曰：使非弱而不振，安能必其不亡？然今亡也，犹有光也。

姑苏王行既纂是图，而跋于后云。（《半轩集》卷八）

　　按，《千顷堂书目》卷四"编年类"有王行《宋系统图》二卷，即此书。

徐奋鹏　古今正统辨

《传》曰"君子大居正"，又曰"王者大一统"，则正统之说所为设也。朱夫子以天下合一，朝觐讼狱皆归为正统。则秦之并六国，隋之混南北，皆得与汉、唐、宋并武矣。方希古有言曰："仁义而王，道德而治者，夏、商、周也。智力而取，法术而守者，汉、唐、宋也。强致而暴失者，秦、隋也。篡弑以得之，无术以守之，而子孙受其祸者，晋也。取之也同，而身为天下大戮者，王莽也。"岂以全有天下，令行海内者遂为正统乎哉？此逊志之论，较之晦翁义为尤长也，然有疑焉。秦、隋、晋、莽之不得并列于汉、唐、宋固宜也；而汉、唐、宋居然曰正统，毋乃又以久近论乎？果尔，则使二世传之数十世，秦不亦正统耶？又使光武不兴，薪氏子孙世承其位，莽不亦正统耶？然则以广狭论，以久近论，皆非也。

盖天下有正统，有变统。正统一，变统三。何谓正统？建道德之中，立仁义之极，操政教之原是也；夏、商、周然也。汉、唐、宋虽未必纯，亦近之也，斯以谓之正统。何谓变统？取之以诈力，如晋、宋、齐、梁诸君，即业鹰全盛，非正也。守之以残虐，如秦、隋，即历传数百年，非正也。夷狄僭中国，如刘裕、如蒙古；女后据天位，如吕雉、如武曌；强臣奸大宝，如曹、如莽、如坚、如温等，皆非正也，斯以谓之变统。正统之说立，而后人主之分尊；变统之名立，而后正统之说明。先儒于此盖亦详哉其言之矣！

予窃思之，古今之统而未必正者，秦也，隋也，元也。正而未必统者，西蜀之汉也，南渡之宋也。取其正不取其统，吾宁尊西蜀、南宋而黜秦、隋、元也。

予又窃思之，自尧咨舜曰"天之历数在尔躬"，而舜以命禹，禹传汤，汤传文、武。此脉络分明，正统所自来者。汉以亭长兴，诛无道秦，庶几统其正者乎！唐虽除隋，功在宇宙，而犹然隋臣也。宋艺祖受统于陈桥，几与曹马埒耳。独我太祖高皇帝起自宇内风烟之中，迅扫胡腥再开天地。故宋龙门颂其功高万古，得国之正。则所以上承唐、虞三代以来之正统者，惟我明而已。以此方之，则谓汉、唐、宋皆闰位可也。

故尝为之说曰：天地初混，得盘古氏而始开；天地再混，得我高皇帝而重开，则大明之统，统于天也。即与天无极可也。（《徐笔峒先生文集》卷八）

杨　慎　广正统论

逊志方子作《正统论》，大概以夷狄、篡弑、女主三者非统之正，其论精且悉矣，因而广其未备云。杨子曰：夷乱华，足加首，非乎！而夷狄是已。是曰：易天明，胡元极矣。稽诛于两仪者也。柔乘刚，阴干阳，非乎！而女主是已。是曰：逆天常。吕、武极矣，稽诛于三纲者也。戕其主，逆其天，非乎！而篡弑是已。是曰：乱天纪，稽诛于万世者也。莽、操极矣，皆重绝于《春秋》者也。或献疑曰：胡元也，吕、武也，莽、操也，皆后乎《春秋》者也，何以见其诛绝于圣人也？曰：推以例之，是以知之。书楚人，外荆舒，是以知其不与夷狄也。绝姜氏孙夫人，是以知其不与女主也。书乾侯，黜季氏，是以知其不与篡弑也。夫女主也，夷狄也，春秋之世，则未有如胡元、吕、武也。而羿、浞窃夏四十余年，则有莽、操之俦矣，未有以统与羿、浞者也。是篡弑者，非直《春秋》不与也。夫人皆不与也，以篡弑之不得与，知女主、夷狄之必不与也。曰：是则然矣。王通氏尝帝元魏矣，欧阳氏尝纪武曌矣，涑水氏尝帝魏曹、寇武侯矣。曰：通也偏，刘子玄已驳之矣；欧也迷，伊川翁已正之矣；涑水也固，朱子已改之矣。三子之瑕也，尤也，可攻也，不可效也。然即三子而论，则欧阳、涑水犹无说也。通则有说矣，其曰：乱离瘼矣，吾谁适归？天地有奉，生民有庇，即吾君也。居先王之国，受先王之道，子先王之民，谓之何哉？是其言也，偏也，迷也，固也，通兼有之。尝曰：大哉中国，五帝三王之所自立也！既曰：帝王自立，夷狄岂得而立之？通之言自相戾矣。且元魏之惨杀，史所载有不忍观者，生民何庇乎！元魏居先王之国，子先王之民矣，何尝受先王之道乎！通又自戾其说矣。呜呼！通生元魏之地则帝元魏，使通生莽、操之世，亦将曰：吾谁适归，即吾君也。是何异于甄丰、华歆？若使吕后传于其女鲁元公主，武氏传于其女千金公主，而鲁元、千金又女女相传。通生其时，亦将事之，通作其史，亦将帝之，又何以异于陈平、魏元忠，何足以为通惜哉？通而有是也。

近世无锡邵尚书之说曰：华夷之轻重，以地亦以人，中国帝王，人地俱重，蛮夷荒服，人地俱轻。人重而地轻，则有若箕子之在朝鲜；人轻而地重，则有若陆浑之在伊、洛。故曰：名从中国，物从主人。小物且然，而况大器乎！如使猾夏者遂称帝王，则用夏变夷者，将亦从之夷乎！王通氏诚变于夷者也，是足以诛通矣。

或曰：方子以正统之说起于《春秋》，信乎？曰：信也。岂唯《春秋》，《易传》昭矣。班固作《历志》，引《易传》曰“古者庖牺氏之王天下也”；继之曰“庖牺氏没，神农作，神农没，黄帝氏作，黄帝既没，尧舜氏作”，此即正统之说也。夫庖牺氏之后，神农之前，有共工氏，伯九域，《祭典》存之，而《周易》不载其序，以其任知刑以彊而不王也。德之劣者，圣人且黜之不载焉。有易天明，反天常，乱天纪，而可以承正统乎！夫万代之统，犹一代之宗，商之贤者十余君，而太甲称“太宗”，大戊称“中宗”，武丁称“高宗”，为宗者三而已。降而至汉，上之自尊，下之媚上，世已非商比矣。而其称宗者曰“太宗者文”，曰“世宗者武”，曰“中宗者宣”而已。同姓一代不皆宗，则易姓承代，不皆统一也。至唐则无贤不肖，淫僻夭昏者皆宗矣。无贤不肖,淫僻夭昏皆宗,则无惑乎! 夷狄、篡弑、女主皆统也!

国之统也,犹道之统也。尧以是传之舜,舜以是传之禹,禹以是传之汤,汤以是传之文、武、周公,周公以是传之孔子,孔子以是传之孟轲,轲之死,不得其传。则如荀、如杨者不敢轻以道统与之。夫不以道统轻与之,则道犹尊,而统犹在也。如使道统而可以承乏,可以假借,秦之道统,可付之斯、高,汉之道统,可属之萧、曹,而晋、宋、齐、梁之道统,可移之佛图澄、鸠摩罗什乎! 道统不可以乏,而假之斯、高、萧、曹、澄、罗三灵之主,大宝之位,而以夷狄腥膻之,女主蓄秽之,篡弑戕贼之,亦何以异于道统与斯、高、萧、曹、澄、罗乎! 方氏之论确矣。

有金华太史者独是之,予之言立,而方氏之论益明,必有是乎予如金华者乎? 将无,作《广正统论》。(《升庵文集》卷五)

按,杨氏文举易天明、逆天常、乱天纪三者,以说夷狄、女主、篡弑三事。"天明"出《尚书·大诰》:"用宁(文)王遗我大宝龟,绍天明。"《左传》昭公二十五年(前517):"则天之明,因地之性……""天明"亦犹天命也。"天常",《左传》哀公六年(前489)引《夏书》:"惟彼陶唐,帅彼天常,有此冀方。"又《左传》文公十八年(前609):"傲很明德,以乱天常。"《文选》潘勖《策魏公九锡文》:"后及黄巾,反易天常。""天常"二字,初见于《伪故尚书·五子之歌》。"天纪"出《伪故尚书·胤征》:"畔官离次,俶扰天纪。"陶潜诗"嬴氏乱天纪"是也。又杨氏引《祭法》以说共工。考《管子》卷二十三《揆度篇》,答齐桓公问云:"燧人以来,未有不以轻重为天下也。共工之王,水处什之七,陆处什之三,乘天势以隘制天下。至于黄帝之王,谨逃其爪牙,不利其器……至于尧、舜之王,所以化海内者,北用禺氏之玉,南贵江、汉之珠。"如管子言,共工应次于燧人、黄帝之间。

房玄龄注:"帝共工氏,继女娲有天下。"其序次与《礼》不同。
《逸周书·史记解》:"唐氏伐之,共工以亡。"其年代又异。

丘 濬 世史正纲序

《世史正纲》曷为而作也?著世变也,纪事始也。其事则记乎其大者,其义则明夫统之正而已。董子曰:"正其谊不谋其利,明其道不计其功。"非道非义,功利虽大,弗取也。

或曰:自孔子作《春秋》之后,大事有吕氏之记,续之可也;正统有朱子之笔,遵之可也,奚用此为哉?曰:吕氏之记,记其大而或兼其细也;朱子之笔,笔其正而或专其统也。愚惟录其大而已,细小不屑及也。取其正而已,统否不暇计也。然则有所见乎?曰:有。圣贤之书,婉而正;学者之书,显而直。婉而正,所以待后世之贤人君子也;显而直,所以晓当世之学生小子也。何则人之生也,禀赋不齐,贤者知者恒少,而愚者不肖者恒多。圣贤之书,用意深而立例严,非贤人君子不能知也,是以知之者恒鲜。

愚为此书,直述其事,显明其义。使凡有目者所共睹,有耳者所共闻,粗知文义者,不待讲明思索,皆可与知也。苟或因是而驯致夫贤人君子之地,则夫圣贤婉而正之书,亦可由此而得之矣。

愚所以作书之意,有在于是,非敢立异以犯不韪之罪也。然则其宏纲大旨果何在哉?曰:在严华夷之分,在立君臣之义,在原父子之心。夫华夷之分,其界限在疆域。华华,夷夷,正也。华不华,夷不夷,则人类殽世,不可以不正也。君臣之义,其体统在朝廷,君君,臣臣,正也。君不君,臣不臣,则人纪隳,国不可以不正也。父子之心,其传序在世及。父父,子子,正也。父不父,子不子,则人道乖,家不可以不正也。

本家以立国,正国以持世,而一归于人心。道义之正,则人极以立,天地以位。夷狄不敢以乱华,禽兽不敢以侵人。

上天所以立君之意,圣人所以立教之心,或其在此乎?请言其详:天,位乎上者也;地,位乎下者也。天地之所以生生者,物也。物之动者,有三焉:人也,夷狄也,禽兽也。天生人,而于人之中命一人以为君,以为人类主,阐教以立人极,修政以安人生。然必其生安,然后其极可立也。彼其所以为生人害,而使之不得安者谁欤?夷狄也,禽兽也。为生人主,必攘夷狄,必驱猛兽,使吾一世之民,各遂其生而不罹其害焉。于是乎吾政行而教施,而世底乎雍熙泰和矣,是则君人者之责也。虽然,君之所以为此者,非君之自为也,承天之意也。能承天之意,则能受天之命矣。受天命者,必奉天焉。奉天者,必大报天焉。君秉诚以事天,天垂象以示君;必致夫精禋感格之诚,必谨夫象纬灾祥之故。如是,则天人合一,天不在天,而在君矣。天之心则仁爱人君,君之心则仁爱生民。民之生也,性天之理以为其心,形天之气以为其身。心有不明,君必明之,俾天之理,不为物所蔽。身有不安,君必安之,俾天之气,不为物所戕。故凡其号令之颁,政事之施,教条之布,礼乐制度之具,刑赏征讨之举,无非以民而已。为乎民,所以承乎天;承乎天,所以安其位也。

然君于此,岂能以其独力为之哉?亦由夫小大内外之臣,以为之腹心、股肱、耳目、爪牙焉耳。君总于上,臣分于下,彼此相资,远近相维,阶级相承,气脉相通,各尽职以厘务,毕同心以奉上。君必死其社稷,臣必死其职事。本乎是以持世,由一世而十世,十世而百世,百世而千万世。华必统夫夷,夷决不可干中国之统。君必统夫臣,臣决不可萌非分之望。男必统夫女,女决不可当阳刚之位。臣非有舜、禹之圣,决不可以言禅。君非有桀、纣之暴,决不可以言伐。君虽不及太甲,臣非有伊尹之志,决不可以言放。非为天吏,决不可兴问罪之师;非奉天讨,决不可清君侧之恶。事虽至于无可奈何,非济天经,决不可用权宜之策。天冠地履之分必严，水源木本之心必笃。如是，则大义立矣。

虽然，天下之本在国，国之本在家，家必正而后国定。其本乱而末治者，否矣。是故父有天下，必授之于子；子居大位，必受之于父。父非真尧、舜，子非真朱均，必不可以与舜、禹。子非真武王，父非真西伯，必不可以舍伯邑考。隐摄桓位，不可也；宣传缪位，不可也。父之所予，必子心之所安；子之所承，必父心之所愿。非的见夫大义之决，不可以行权；非真有夫必归之诚，不可以言假授受。取与必原其心，原其本心之初，于序必顺，于理必正，于心必安。以此正名，以此定位；既定其位，必端其本。本之所以端者，身也。身不可以不修，身之所以修者，心也。心不可以不正，知其身心之所以必当脩而正者，学也。学不可以不讲，讲学以正心，正心以修身，修身以端其本。则夫妇于焉以有别，昆弟于焉以有序，诸父于焉以有善，诸舅于焉以有义，族人戚属莫不于焉以有礼。将见身正而令行，家和而福生，行乎上而效于下，笃其近而举诸远矣。

是则大而一世，所以纲维之者，国也。中而一国，所以根本之者，家也。家则内和而外顺，国则上令而下从。极乎一世之大，则华夏安乎中，夷狄卫乎边。各止其所，而不相侵凌，则人之所以为人者，相生相养，各尽其性，各全其命；而一顺于道义之正，而不恤于功利之私，是则所谓雍熙泰和之世也。人既得其所以为人，物亦得其所以为物；天由是而得以为天，地由是而得为地，则人君中天地而立，为人物之主者，其责尽矣。上天立君之意，于是乎为无负，而圣贤所以著书立言，谆谆乎垂世立教者，亦于是乎不徒托之空言矣。

区区一得之愚，偶有所见，而妄为此书。始嬴秦庚辰（前221）之岁，灭国讫于齐，世道之始变也。终皇明戊申（1368）之春，彗出扫于昴，天道之终定也。首尾凡一千五百八十有九年。书成，用僭书卷端，以示夫当世之学生小子。而后世之贤人君子，容或有以取之否乎？不敢必也。于是乎书以俟。

成化辛丑(1481)春二月丁未,琼山丘濬序。(《重编琼台稿》卷九,有缺文)

世史正纲

有华夏纯全之世,汉、唐是也。有华夏割据之世,三国是也。有华夷分裂之世,南北朝及宋南渡是也。有华夷混乱之世,东晋及五代是也。若夫胡元入主中国,则又为夷狄全纯之世焉。噫!世道至此,坏乱极矣,此《世史正纲》所由作也。窃原天下之理,惟圣贤之意,以严万世夷夏之防,于元之混一天下,依《纲目》南北朝、五代例,分书其年号于甲子之下。

洪武元年(1368)春正月,太祖即皇帝位,复中国之统。自有天地以来,中国未尝一日无统也。虽五胡乱华,而晋祚犹存,辽、金僭号,而宋系不断。未有中国之统尽绝,而皆夷狄之归如元之世者也。三纲既沦,九法亦致,天地于是乎易位,日月于是乎晦冥,阴浊用事,迟迟至九十三年之久。中国之人,渐染其俗,日与之化,身其氏名,口其言语,家其伦类,忘其身之为华,十室而八九矣。不有圣君者出,乘天心之所厌,驱其类而荡涤之,中国尚得为中国乎?(《世史正纲》)

费　闿　世史正纲后序

《世史正纲》,琼山丘先生本朱文公《资治通鉴纲目》、吕成公《大事记》而约之,以为此编也。《纲目》之作,本温公之《通鉴》,表其纲而系以目。大事有记,则本《史记》之年表,而兼采《左氏》传记诸书,辑而广之,而附以通释解题。今是编则增二书而显其所难明，续其所未尽者也。然《治鉴》始周威烈王之二十三年（前403），《大记》始敬王之三十九年（前481）。《史纲》托始不本于二书，而起于秦始皇二十六年（前221）之灭齐者，盖《治鉴》接《左氏》之终篇，《大记》续获麟之绝笔，是时虽曰末季，然犹三代封建之余也。

秦罢侯置守以来，自汉、魏迄于今日，更十数代，阅千数百年。其建立规模，称谓名号，维持法制，皆自此权舆之也。前乎此而为夏、商、周，后乎此而为汉、唐、宋，是盖天地间世道一大变也。世道之大者，其要有三：曰世、曰国、曰家。世主华夷，而言要必华内而夷外；国主君臣，而言要必君令而臣共；家主父子，而言要必父传而子继。统非得之正，弗取；权非济夫经，不用。君必死其社稷，臣必死其职事，父必授之于子，子必受之于父。而其极至，尤在于严内夏外夷之限，以为万世大防。故以《世史》为名，其大义有十数焉。学者即此以考世变，求事始，是亦格物致知之先务，而修齐治平之要道，亦不外焉。开卷之际，上下数千百年间，兴亡治乱之迹，是非邪正之辨，了然于心目之间。使夫天下后世之人，知善可鉴而恶可戒，销僭窃者之非望，启幽愤者之善念，其所以扶持世教，警省人心者，其功盖亦不小也。

先生在翰林时已属笔，及来太学始脱稿，每以示阍，且言其所以著书托始之义。因与监丞莆中林大猷谋刻之梓，以永其传。既而林君以忧去，而西蜀汪洋继之。方将具板鸠工，而先生升秩尚书，掌詹事府，入为国史副总裁。阍因请于先生曰："先生在太学踰十年，多所著述，其所著《大学衍义补》，圣天子已诏书坊板行天下矣。请留《世史正纲》于太学为板本，以传天下后世。"先生曰："诺哉！"遂谨其稿刻之梓，藏之载道所付典籍掌焉。谨述所闻于先生者，而并识其岁月于卷末云。弘治元年（1488），岁次戊申，秋八月既望，赐进士出身、朝列大夫、国子祭酒兼经筵讲官、前太子谕德、同修国史、门人京口费阍序。（《世史正纲》卷

章　潢　论历代正统

论周秦晋隋唐正统

　　朱子撰《纲目》，凡例曰："凡天下混一为正统。"其分注曰："凡一统，谓周、秦、汉、晋、隋、唐。"由是观之，周、秦、汉、晋、隋、唐果天下混一也矣。

　　愚窃论之：天下混一可言统。统固有可以正言者，亦有不可以正言者。谓之曰统，如《易》言"统天"，孟子言"定于一"是也。统谓之正，必其得天下以正，又能统之以正，然后可以言正统也。且天下之大，果以一人统之，足乎？抑统之必以道乎？统之以一人，固无列国分争之患；统之以道，则所谓一者，非一之以霸力，非一之以智术，抑惟道足以抑天下也。盖统天下即所以正天下，正天下者为统天下也。故统天下易，正天下难。孟子固言定一，必曰不嗜杀人者能一之。然则杀人以统天下，与夫杀所不敢杀以统天下，为篡弑，为僭贼，奚足以名正统也哉？

　　尧曰："咨尔舜，天之历数在尔躬，允执厥中。"舜亦以命于禹。夫曰"历数在尔躬"是尧以统天下之责畀诸舜矣。又曰"允执厥中"，尧又以正天下之道叮咛乎舜矣。君子曰：传天下，又传道，抑厚舜乎？抑厚天下乎？厚天下重于厚舜，此其传天下，必传以正天下之道也。

　　《春秋》大一统，尊统也。《春秋》大居正，重统之正也。汤于此有惭德，武于此未尽善，矧于汉、晋，矧于唐、隋也哉！夫统，以一言也。三之而为三纲，五之而为五常，九之而为九畴，万之而为万事万物，胥出于统也。岂可以不正为哉！是故非天子莫之中天地为民物纲常之统，非圣人在天子之位，莫之立民物纲常之统也。众星统于北辰，百川统于河海，丘垤统于华岳，飞走统于麟凤，万方统于一人。必一人元良，斯万邦以贞。故一人正，则莫敢不正矣。夫是之谓天下统于一，一于正也。是正也，尧、舜吾无能名矣，禹吾无间然矣，汤所以有惭德，武于此未尽善者，盖其誓师伐暴，固所以正天下。

然昧于正天下，必自正身始；正身必自正纲常始，正纲常必自尊君父，必自舜、禹始。舜有尧之天下，不敢逼其子，所以尊尧也。尊尧，尊纲常也。禹有舜之天下，亦不敢逼其子，所以尊舜也。尊舜，尊纲常也。汤武有夏、商之天下，善处乎桀、纣，固所以尊禹、汤也。尊禹、汤，尊纲常也。爱屋以及其乌，尊祖以及其后，仁至而义尽，礼行而孙出。夫固三纲正，九畴叙，荡荡巍巍，尧、舜、禹不得专美于前矣。惟武王勇于迹汤，荡未暇迹乎舜、禹。敢行称伐，不文之以揖逊，此其天人虽足以顺应，舜、禹则未之媲美。固罔有不正，概之以中正纯粹，则未也。自救世者以民为贵，以君为轻，有能行之者，是亦一微权也。故汤、武亦足以继尧、舜、禹而正统也。自是而一统者，秦也；继秦而一统者，汉也；继汉而一统者，晋也；继晋而一统者，隋也；继隋而一统者，唐也。汉则近于必正，盖其以匹夫而有天下，虽无禹、舜之德，与夫天子之荐，其除残去暴如汤武。其得天下，盖取之于盗贼群雄。说者谓汉大纲正，此其大凡也。

若夫六王毕，四海一，酷虐如秦，未之前闻。鲁仲连不肯帝之，固有在也。矧其灭东周，迁其君于阳人聚，于纲常安在哉？曹魏贼汉，司马氏臣之。温公作三国史以正统系魏，朱子取其统归于蜀，得矣！夫贼汉者窃天下，不足以当正统。则夫臣贼者，据有天下，仍以当正统乎？其于纲常也何如？隋文以猾胥险吏之态，既废其周主阐为介公矣，又从而弑之，且尽宇文氏之族，使之荡无炊烟，盖视封殷后于宋，统承先王，霄壤不侔矣。于纲常也亦何如？隋炀弑父杀兄，罪浮桀、纣，李渊声其逆，讨其人。世民固不必私用夫宫人以劫其父也，固不必推奖李密以骄其志也，固不必称臣突厥也，固不必假尊代王也。有汤、武安天下之志，无仁义正天下之举，区区智谋之末，夫固为纲常之蠹也！

夫纲常者，有天下者所恃，以正天下之大端大本也。论正统者，不惟其纲常而惟其混一，则夫继宋而元亦混一也，亦将以正统与之乎？秦非夷也，仲连不肯帝之，其肯帝元也哉？论而至是，天下固不可一日无统之者，无统则散乱；亦不可一日而无纲常，无纲常则邪慝。散乱救之以纲常，则合矣；邪慝救之以纲常，则正矣。合天下以正，帝王之世也。正则无不合也，合而不正，盗天下者也，非出《震》之长子也。此义不明，复有变统之说。统可以变言乎哉？天不变，统不变。统亦不变，是则驱天下沦胥于窃盗未已也。其可乎哉？是故以混一言正统者，论正统而不精者也。以统而有变者，论正统而不经者也。以纲常为正统，夫固天地之常经，古今之通谊，圣贤之所授受，民物之所趋向者也。

论 宋 元 正 统

《纲目》谓周、秦、汉、晋、隋、唐混一天下为正统，愚固揭纲常案断其是非矣。则夫继唐而宋，固混一也；继宋而元，亦混一也。

宋事周朝，官为检点。陈桥黑夜之变，士卒黄袍之加，袖中禅位之诏，疾如风雨，安如泰山。论者谓其欺孤弱寡，律以天经地义之懿，宋之有天下，与乎秦、晋、隋、唐，其乖纲常一也，均不得为正统也。然犹中国人、窃中国位、奸中国统，中国有道，律以《春秋》大义，黜为篡弑，固所以导纲常、辨正统也。幸而不黜，非轻纲常、褒正统也。忧中国之无主，幸斯民之袵席。抑臣子生当其时，有我朝之称，为君父之属，不得不以正统与之。因而并与前代迹之相似者。要之，非《春秋》尊统居正之意，其得为正统也哉？

若夫胡元问其所戴之天,而五气不顺布也;问其所履之地,而五谷不并生也;问其所为之人,而五品不经纶也;问其所衣之衣,而左右之衽不辨也;问其所食之食,而腥膻之味不避也。任人以九品,惟以蒙古人为之长官;分人以十等,乃以儒者次于盗贼。大德废长立幼,秦以臣弑君,天历以弟酖兄,弟收兄妻,子蒸父妾。无怪昔之人有得其地不足以为耕,得其人不足以为臣之说。兹以不足为臣之人为中国纲常之主,以不足为耕之地入为中国文明之区,作史者因其继宋而有天下,概以正统与之,得不党夷背华?亦为不善变矣。

甚矣!正统之假于秦、晋、隋、唐,已为拂经叛道,况又假于胡元,固难乎其为千百以上之君,尤难乎其为近代之宋也。何也?黄帝之战蚩尤,为中国也。尧、舜之迁有苗,为中国也。夏启之征有扈,为中国也。周宣之伐猃狁,为中国也。炎汉之逐匈奴,为中国也。李唐之服突厥,为中国也。赵宋之备辽、金,为中国也。尽天下之力,竭天下之财,敛天下之怨,亦不足惜。凡以惧其异类入我区宇,裂我冠裳,盗我名字,乱我名器,故治之惟恐其不深。在前王以异类驱之,在后王以正统与之,则前王为徒劳矣。故难乎其为千百世以上之君者此也。

逮夫有宋,二帝播迁于沙漠,中原板荡于犬羊,岳武穆之死于狱,为中国也。文天祥之死于市,为中国也。陆秀夫、张世杰之死于海,为中国也。赵昂发、陈文龙、李挺之之死于官,为中国也。富弼之却献纳二字,为中国也。尹和靖之上秦桧一书,为中国也。方宋之未没,与元不共戴天。及宋之既亡,与元而联正统。吾恐元有德色,宋有愧心,故甚难乎。其为近代之宋者此也。虽则胡虏暂有百年之运,而中国自是万古之尊,中国不可假借胡元一日而居,胡元不可窃吾中国一日而处。故宁宋后虚正统之继,无宁胡元缪正统之传,修史者当名其史为史外之史可也,斥其统为统外之统可也。

夫史所以垂后王之劝惩,统所以继前王之胤绪。以正统与之,则胡元可继赵宋，可继汉、唐，且可继唐、虞、夏、商、周也。以劝惩统善，岂长于中国？中国之恶，又浮于胡元也哉！续宋、元《纲目》者，茫昧大义。

表语有云："若胡元之主中华，尤世运之丁极否。冠履倒置，天地晦冥，三纲既沦，九法亦斁。"斯言然矣！其曰："第已成混一之势，矧复延七八之传，故不得已，大书其年，亦未尝无外夷之意。"噫！此疑言也。《春秋》外夷之例，不如是之宽缓也。夫曰"第已成混一之势"，非古帝王之中华混一也，乃夷之混华为一也。夫曰"矧复延七八之传"，非古帝王贤圣之君六七作也，乃乱华之主相继也。《春秋》大书其年尊王之例也。胡人入主中国，年岂可以大书乎？《春秋》大书吴、楚外夷之例也。元恶倍蓰吴、楚，意但可以微示乎？可已即已，何为"不得已"？当有即有，何为"未尝无"？

元混一为正统，虽云取法于《纲目》，华统混于夷，而实取罪于《春秋》，以正统而与夫继唐之宋，或朱子当年尊君之意；以正统并与夫灭宋之元，岂仲尼万世外夷之志哉！故以辅元者而论之，不得为贤相，以辅非其中国正统之君也。以死元者而论之，不得为忠臣，以死非其中国正统之君也。元可以与正统，则犬戎可以逼幽王也，吴、楚可以猾夏也，五胡可以乱华也。夫子大管仲攘夷之意，固如是乎？孟子取周公膺戎大意，固如是乎？天生南北限夷狄之意，固趣是乎？王莽假越裳，不为欺也；李陵降匈奴，不为叛也；秦桧主和议，不为非也。

观于此，则元不当继中国之正统也，昭昭矣！故正统明而后纲常一，法守严；正统定而后中国尊，夷狄惧。

总论历代之统

统也者，合天下而归诸一者也。合天下而归诸一，即谓之为正统钦？盖正统、变统、霸统、闰统、僭统诸说，皆自异姓代兴，而得天下多不以道,故设此以分别之。

从盘古以来,有纯乎道德者,有以道德与功者;有纯乎功者,有以功而兼诈力者;有纯乎诈力者,有以诈力而兼弑夺者。此诸统之说所由分也。但在当时,既以君天下矣,后世虽欲不谓之君,焉可乎?后世亦谓为一代之君矣,虽欲不以统归之,可乎?如此则羲、黄、尧、舜与后代篡弑者,其统无分辨矣。

盖天下统于一,斯名之为统,故羲、黄、秦、晋、五代、五季同谓之统也。自一姓观之,禹、汤、武,圣君也;桀、纣、幽、厉,大无道也。其贤不肖,相去远甚。未闻有以变统、闰统系之桀、纣、幽、厉者,以其一姓故也。一姓虽幽、厉系之正统,何独于异姓而别其统哉?虽然诸家所论正、变、霸、闰、僭统,意各不齐,纵以此分别异姓代兴者,亦无不可,特专以舆地广狭、世代久近论之未当也。盍究其统之原乎?

盖天生民而立之君,非徒富贵其身与其子孙,使四海合一,可以权力残虐乎生民为也。天地者,生民之大父母,而君即天地之宗子也。子道莫大乎继父志,天子之道莫大乎体天心。天之心,何心哉?所谓生物之心是也。体上天生生之心,以爱养元元,斯为天之肖子矣。……彼秦皇、晋武、隋文之类,计其土宇,虽二帝三王不是过,而其存心积虑不过为身家富贵计耳。况弑君篡国,戕贼生民,而拂天心哉!为天子而拂天心,故天命不可以久留也。执此尚论历代正统、变统、霸统、闰统、僭统,皆不待辨矣。若止以舆地之广狭,世代之久近言,即世之恃强力以陵烁宗党者,便谓为宗子,凡血脉嫡庶源派皆非所论也。然亦未有宗族离散,而宗子能独立者。

嗟夫!以吕易嬴均为秦,以牛易马均为晋。宗派血脉之真假,古今孰不知之?而论世者皆非所计,又何论乎天地宗子派脉之真伪哉?是故但以统言,则中华之正不可一日绝。凡君中华者,皆正书以相续。苟以天地之肖子,言寥寥数千载,虽继世如夏启、少康,商大甲、大戊、祖乙、盘庚、武丁，周成、康、宣，三代以上且不多见。汉七制，唐三宗，至宋百年无内难，亦可屈指而数也。居天位、治天职、食天禄者，独不思继天志、体天心、为天之肖子钦？（《图书编》卷七十八）

按，以下尚有《论帝王之统》方逊志二篇，即方孝孺之《释统》，兹不录。

本文《论宋元正统》"秦以臣弑君，天历以弟酖兄"，"秦"字明刻本如此，应作"泰定"为是。原本既夺"定"字，又"泰"形讹作"秦"，兹附为勘正。

谢　陛　正帝统

正帝历第一

论曰：人主居位享国曰"历"，其在天子，则曰"帝历"，而王公侯伯不得干焉。即使强臣擅实，弱主拥虚，而历数未终，年号仍属，史官岂得轻假？鲁昭公失国，八年无主，鲁史不以季氏纪年也。周赧王失天下，三十五年无主，周史不以秦伯纪年也。夫以二君播迁降屈，俱不在位，二史犹然虚以待之，矧夫有国有位者乎？孝献虽云弱主，然而称制，则天子也；曹操虽云强臣，政权一归其手，仪注一如至尊，然而魏台始建，儋爵为公，进爵为王，北面没身，未篡天子之位。迨至后嗣篡成，追谥曰"太祖武皇帝"而已。陈寿奈何遂作《魏武帝纪》，而以汉献帝初平四年（193）、兴平二年（195）、建安二十五年（220）尽属之于其下乎？甚矣！其悖也！上于鲁昭、周赧，既已不协；从此而下，宋武帝、齐高帝、梁武帝、陈武帝四君，终篡帝位。而当夫四台始建，史官犹以弱主纪年，不遽斩予强臣。待其即真改元，乃始易书也。

至于魏氏，更有可言：曹丕篡汉，位仅七年。曹叡继之，仅十四年。二十年间，可算魏国耳。曹芳以废，曹髦以弑，曹奂以亡。所纪二十五年之魏，皆司马懿与师、昭所有，何啻曹操在献帝时？陈寿曷不斩正始以后之元，遽以归晋，如魏武故事乎？迄至唐室君臣，《晋书》虽作晋宣、景、文纪，其实传体，而未夺魏氏纪年也。古今史官，无如魏收之秽，所作《魏书》，尽以追谥诸帝作纪。然而南北两朝，各君其国，各纪其年，不相凌夺。即收亦何尝斩司马氏以予拓跋氏乎？甚矣陈寿之悖也！范晔后陈寿而作《后汉书》，以魏还汉，斯卓然矣！

余所以断自孝献皇帝起者，非于范史屋下架屋，正以削《国志》之《武纪》以正孝献之帝历耳。

正 帝 系 第 二

论曰：司马光作《通鉴》，至昭烈而有疑。族属疏远，无可考据，因而黜为僭国，不以正统予之。

驳之者曰：以千载而下之宋儒，欲考千载而上之汉谱，诚亦难矣！然而何必考也？昭烈、忠武初见隆中，一则曰："孤，汉室宗子。"一则曰："将军，帝室之胄。"一时君臣交称，审矣！不则昭烈何人，肯作王郎？忠武何人，肯辅盆子？光即勿论其他，曷不考信于此？是故可以祛其蔽矣。以余考之，不止此一端而已也。

孔融、陶谦、陈登、吕布、袁绍、张扬、徐庶、司马徽、公孙瓒无不以帝胄推之。夫文举、元龙犹曰其所诵义者也，陶、吕、袁、张其所同仇者也，德操、元直其所归心者也，公孙、幽州其所同学者也，使非真知所自，亦不至冒以推之。况夫献帝自为刘氏宗社计，使非以昭烈宗子，有扶汉之心，肯以密诏令讨贼，为此不测事乎？此又其一征也。刘荆州、刘益州自为其国计，使非以昭烈同宗有亲亲之义，肯以孤托之、以州迎之乎？此又其一征也。昭烈、忠武入吴求援，孙权以下如鲁肃、周瑜、张昭、程普，一皆以帝胄推刘豫州。夫江东将相，倔强不肯下人，而周瑜为甚。使昭烈非宗子，肯推之以共抗曹，且表之为荆州牧乎？此又其一征也。凡此数端，涑水岂不俱所睹记？而曷云无可考据也？

虽然，此犹陈寿之所概志者也，即以陈寿作先主传，大书曰"中山靖王胜之裔。祖雄，父弘，世仕州郡"，朗然无疑。至作《魏武帝纪》则云"中常侍曹腾养子嵩嗣，官至大尉"，莫能审其生出本末，是则疑似之说矣。夫陈寿有疑于曹操，无疑于昭烈，而奈何涑水倒置之甚邪！只欲以先世承魏统，一蔽至此耳。宋儒有云："君实质粹而气未清，所以行笃而识未彻。故有见司马君实，不得不多之。"评亦或然矣。

正 帝 符 第 三

论曰：帝王受命而起，先兆祯符。白鱼跃舟，乌火流屋，有自来矣。素灵兴叹，高祖开基；赤灵陈词，中兴复祚，此则汉家之故事，昭然其征应者也。迨及汉季，王纲弃柄，神鼎蚀锴，大盗垂涎，群奸献谶。为魏氏之谶者，曰两观阙，当涂高言象魏义也。鬼在山禾，女连王天，下言魏当兴也。言居东，西有午，两日并光，日居下，言魏昌许也。黄龙数见，凤凰仍翱，麒麟首臻，白虎效仁，言魏瑞征也。岁星在大梁，言魏分野也。其在吴氏，黄龙元年（前49），群臣称天命符瑞，劝称尊号。皖口言木连理，重以请之，权两不许。黄龙元年，夏口、武昌并言黄龙、凤凰见，群臣复以劝进，权乃即皇帝位。是皆二主篡窃之势已成，群臣乐推之。怀已亟，故托天苞以星物，饰地宝于风谣。无非矫诬之图，传会之语，虽可暂愚一时之耳目，岂能终易千古之睹闻乎？然则昭烈后帝，殿汉四十余年,亦岂无符瑞之足征也? 曰: 有之。章武元年(221),谯周三引《洛书》,甄曜度宝号,命录运期,皆与昭烈讳字相合。一引《孝经·钩命决》历数,西南黄气、景云、祥风,加以太白荧惑,填星常从,岁星相追。岁星主义,汉位在西,义之上方。如此诸说,陈寿悉载,不一而足,一如魏氏之注。犹曰: 当昭烈即真时,其兆始见,或亦群臣乐推之意乎? 至考季汉,一时宗子出牧,刘虞得幽州,刘表得荆州,刘焉得益州。先是焉图交趾,侍中董扶,究极图谶,私谓焉曰:"京师将乱,益州分野,有天子气,亟亟勿失。"焉遂更图益州,得之,阴有异谋。岂知易世之后,刘璋暗弱,适以益州为昭烈之资乎。是虽人谋之不同,而实天意之有定。然则汉家之帝符,远在魏、吴之先。于时灵帝未崩,献帝未立,昭烈方生。前者为无心之占,后者为无心之应,岂若魏、吴之矫诬傅会者哉! 或者又曰:《黄权传》注《蜀记》权答曹叡"荧惑守心,文皇帝崩",征之天文,魏正统也。考《陈志》黄初四年(223)三月,月犯心,中央大心。心为天王,王者恶之。四月,先主殂,是岂不足征昭烈之应天乎? 黄初七年(226),但云"正月,许昌南门自坏,五月,帝崩",并无"荧惑守心"之文。夫寿先纪星占,后纪星应,可见实录互存,良心不泯。而黄权诡对,乃王隐诬辞;松之缪引,又皆寿之罪人矣。

正帝统第四

论曰: 正统之辩,聚讼久矣。夏、殷以前之统,隋、唐以前之辩,姑置之。自宋欧阳修以迨明方孝孺诸公,其中甲是乙非,入苍出素,何所适判也? 以余案之,古今有有统之世,有无统之世,有分统之世。有统之世,复有全统之世,有偏统之世。周、秦、汉、晋、隋、唐、宋、元,有统之世也;周叔亡后之战国江南、邺下、关中之三国,五代末、赵宋前之十国,无统之世也;南北两朝,分统之世也;周、秦、八代,是即全统之世也;元帝之晋、庄宗之唐、高宗之宋，偏统之世也。

　　三国之时，为有统乎？为无统乎？为分统乎？盖无统而有统也，无全统而有偏统也，无分统而有正统也，岂不卓然在昭烈哉？陈寿乃以正统主魏，而以僭国宾汉、吴，岂非以土地之广、甲兵之强、中原之国，又有阙剪群雄、奉戴汉帝之功，以是数者而崇之乎？余以为挟天子令诸侯，岂足言功？即功曷足以赎弑皇后、屠皇子之罪？至于土地甲兵在所勿论，建都之地，何必中原？东晋、南宋，岂以江左而失统乎？假使汉祚告终，刘宗尽殒，地丑德齐，众之而十国，少之而两朝，无统可也，分统可也，亦安得以正统独归魏乎？幸而炎精虽朒，余烬犹腾，则正统舍昭烈而奚适也？为汉裔者，乃以寇；而为汉贼者，乃以帝，其悖不亦甚哉！虽然，此犹就昭烈而论昭烈耳，□如所云，刘宗尽殒，而袁、吕诸雄，有能若吴氏而与魏鼎立者，则又当从丘悦《三国典略》陈、齐、周之例各分纪之而无适统，亦不必以正统予魏也；况昭烈帝胄，岂他姓之可拟，而反帝魏以寇之乎？

　　虽然，犹有说焉：国家统祚犹人家本支，不幸求继，则自近属以递推疏属，同姓尽矣，乃及他姓。掌谱政者，岂得利其资黜其属，而以与他姓乎？当汉之季，昭烈少振，后帝仅延，亦云幸矣，正统安得不归？余又以为何必昭烈，即使昭烈不兴于涿郡，忠武空老于隆中，或者刘琮终据乎荆襄，又或刘璋终守乎岷益，亦能抗魏与吴，成鼎足之业，则余亦必以正统归之，何也？表焉虽僭，犹皆帝胄，原与昭烈同例，非他姓比，盖本《春秋》主鲁且先同姓之义，即如人家继祀，或以疏属而越近属，纵为失次，尚未夺宗，岂不胜于为盗有乎？吾犹恨昭烈不早取荆而徒取益也。

　　或者又曰：以昭烈而抗操也，正统固归之矣，假使昭烈而能为操也，后帝而忍为丕也则予之乎？不乎？曰：予之，昭烈有夹辅之功，而不失忠顺之节，则上可以配周公，而当封禅于蜀以比鲁。使昭烈而但能袭操，以禅为丕，则如萧梁之于萧齐，篡固不恕，统则归之，岂至帝北朝之魏以寇南朝之梁哉？论而至是，正统之义，自谓无复遗恨矣。

正帝号第五

论曰：夫子有云："必也正名乎！"名之不正，分所由紊；分之不正，统所由淆。陈寿帝魏寇汉，固为可恨；而其所以最可恨者，则以贬汉为蜀耳。

余既以帝统归昭烈，则必正其名号，而乃伸其分义焉。请先以情理断之，而后以事迹证之。上下古今，以五代之刘高祖，其去高、光，一何辽邈！且援汉后号国为汉；岂以昭烈显是中山之裔，兴复汉室，固乃不号汉而号蜀乎？此犹一统之君也。隋末，汉东之黑闼，梁初南汉之岩，一何么麽，且以汉姓号国为汉，而况昭烈乎？此犹中国之雄也。西晋匈奴左贤王之渊，一何索虏，且以汉甥号国为汉，而况昭烈乎？此犹冒汉之姓者也。当时辽东太守公孙渊，一何荒僻，且以汉渐不祀，乃称绍汉元年，而况昭烈乎？凡此皆断之以情理，而知昭烈、忠武之建号改元，必以汉而非蜀矣！

缔翻《国志》，其存汉号于陈寿本文及裴松之注，不可悉举。大约标之，则如《先主传》即位，为文有云"汉邦将湮于地"，又云"惟神飨祚于汉家"，一也。群臣劝进，安汉将军糜竺，二也。谯周上言谶云"汉位在西，义之上方"，三也。《梁王刘理传》后主封策云"朕统承汉序……建尔于东，为汉藩辅"，四也。《诸葛亮传》对先主云"汉室可兴"，五也。《前出师表》云"兴复汉室，还于旧都"，六也。后主诏策，谥亮忠武侯云"惟君体资文武……将建殊功于季汉"，七也。《马超传》先主封策云"以笃汉祜，以对于天下"，八也。《费诗传》奉诏拜关羽为前将军云"今汉王以一时之功，隆崇于汉升"，九也。《杨戏传·季汉辅臣赞》云"（先帝）能承高祖之始兆，复皇汉之宗祀"，十也。《张裔传》辅汉将军，十有一也。《李恢传》安汉将军，十有二也。《王平传》安汉将军进封安汉侯，十有三也。《李平传》辅汉将军，十有四也。诸葛亮表，李平云"汉室倾危，伐平之短，莫若褒之"，十有五也。《蒋琬传》琬上疏云"羌、胡乃心思汉如渴"，十有六也。《姜维传》诸葛亮与蒋琬书云"此人心存汉室，而才兼于人"，十有七也。以上本文之见于《蜀志》者也。《孙权传》与西朝盟曰"今日灭睿，擒其徒党，非汉与吴，将复谁任？"一也。《孙虑传》虑封建昌侯。顾雍等荐虑"性聪体达，所尚日新，比方近汉，宜进爵称王"，二也。以上本文之见于《吴志》者也。《诸葛亮传》注，习凿齿《汉晋春秋》［引］《后出师表》云"先帝虑汉贼不两立，王业不偏安"，又云"此曹操之失计，而汉事将成也"，一也。《霍峻传》注，《襄阳记》罗宪义不降吴，而曰"且汉已亡，吴何得久？"二也。《费祎传》注《祎别传》，祎对孙权云"愿大王勉建功业，同奖汉室"，三也。《杨戏传·季汉辅臣赞》张南注，傅彤骂吴人曰"吴狗。何有汉将军降"，四也。李邵注常璩《华阳国志》"李邈安汉将军"，五也。以上注之见于《蜀志》者也。《诸葛恪传》注，习凿齿《汉晋春秋》恪使李衡说西朝同举伐魏云，"吴攻其东，汉攻其西"，一也。《孙皓传》注陆机《辩亡论》云："汉王亦凭帝王之号，乘危骋变。"二也。《下篇》云：魏人据中夏，汉氏有岷、益。三也。以上注之见于《吴志》者也。《毌丘俭传》注，文钦与郭淮书，约同讨司马懿云："今者之计，宜屈己伸人，托命归汉，东西俱举尔……宜使汉军克期制要……"此则注之见于《魏志》者也。夫如上所列，彼皆当书"蜀"字而乃俱书"汉"字。版章如此，盖其中有必不可改者，即陈氏、裴氏无如之何。然而尚有可改者，二氏何为不改。听其为汉，而与国号相倍乎？夫裴氏无心贬汉也，不过因陈氏旧文耳，勿论可也。陈氏之罪在于贬汉为蜀，然而志中"汉"字，层见叠出。

或者陈氏若曰："余不得已阿晋世之旨，阳虽易其国号，而阴则点缀含藏于行目之间，以俟后世观者，摘而出之，寻复为汉，不亦可乎？余序中所谓亮其遭际者也。"或者又云:"陈氏鄙夫,安得有此? 天夺其魄,彼此逗脱纰漏,自相矛盾而罔觉耳。"嗟夫! 如后所讥,则固天理之有在;如前所亮,则亦人心之不亡。安知司马公《通鉴》非有见于此而改正乎?《出师后表》既赖张俨之默记,《辨亡》二论又赖昭明之兼收,此皆陈氏之所不及谋者矣。要之,《蜀志·诸葛亮传》后主诏策追谥忠武有云:"建殊功于季汉。"而《杨戏传》著《季汉辅臣赞》,则是季汉之君臣自称其国号如此,而实由陈氏之所笔而不削,大书特书者也。

凡此皆以事迹证之,而知昭烈忠武建号改元,业以汉而非蜀矣。国既号汉,则统不归于汉,而奚归哉?(以上俱见《季汉书·正论》)

丰 坊 世统本纪序

人有言:经以载道,史以载事。事与道果二乎哉? 吾闻诸夫子:"下学而上达。"子思亦云:"率性之谓道。"性也者,天理也;道也者,人事也。人事循乎天理,乃所谓道,故古之言道者,未始不征诸事也。言道而遗于事,老之虚、佛之空而已矣。故曰:"我欲载之空言,不如见诸行事之深切著明者也。"空言美听,而非践履之实用,行事有迹,而可以端趋舍之涂。是故《诗》、《书》已删,《礼》、《乐》口正,必假鲁史修《春秋》,以为《诗》、《书》、《礼》、《乐》之用,必征诸行事而后实也。经与史果二乎哉? 系"六经"赖夫子而醇,诸史出于浮士而杂,非经史之二也,存乎其人焉尔。故善学者,必通经然后可以观史,明道而后可以处事,此本末先后之序,而不可以二之也。

古者史官,大事书之简册,小事书之布帛,故有太史以职简册,简册者纲,若《春秋》之经是已。内史以职布帛,布帛者目,若《尚书》、若内外传之体是已。外史职列国之书,小史职百家之说。四职备而史法具,由黄帝以来,未之有改也。吕政斁天,典籍是灭,史官不设,厥职遂散。汉兴,司马迁作《史记》,始立纪传,纪传立而太史之法亡矣。荀悦变纪传而作编年,编年作而内外小史之职混矣。降若班固、郑玄、崔实、应奉、劭、蔡邕、刘珍、侯瑾、鱼豢、谯周、韦昭、薛莹、王沈、陈寿、华侨、司马彪、皇甫谧、陆机、束晳、王隐、张勃、虞预、孙盛、干宝、邓粲、谢沈、朱凤、孟仪、袁山松、袁宏、王韶之、檀道鸾、徐广、何法盛、刘义庆、谢灵运、范晔、何承天、徐爰、裴松之、子野、萧衍、陶弘景、萧方、沈约、崔浩、萧子显、江淹、许亨、陆琼、魏收、王邵、王通、房玄龄、李百药、姚思廉、李延寿、温大雅、许敬宗、张太素、令狐德棻,牛凤及刘知幾、徐坚、韦述、吴兢、柳芳、马总、萧颖士、韩愈、杜佑、郑昈、刘悚、高峻、赵凤、姚颐、刘昫、孙光宪、徐铉、王溥、梁周翰、杨伟、王钦若、章得象、吕夷简、王洪、孙甫、陈彭年、宋庠、祁、欧阳修、薛居正、王洙、吴克、刘恕、章衡、刘攽、敊、范祖禹、苏辙、张唐英、林虑、胡宏、吕本中、唐仲友、曾愭、李涛、罗泌、李心传、陈傅良、胡一桂、金履祥、陈栎、欧阳玄、吕思诚、朱濂、王祎、陈桱、胡粹中、梁寅、丘濬、金燫之徒,述作虽繁,皆未闻君子之大道也。唯宋司马公《通鉴》,叙事有法,镕铸贯穿,成一家言,信超乎诸氏矣。而是非之公,尚有待于朱子。朱子《纲目》明天人之道,昭鉴戒,著几微,诚有得于圣人之传者。顾书成于师渊,而晦翁之手笔无几,是以纲词多费,非谨严之体。目记太略,无以考见本末,学者每遗憾焉。若夫四史之法,则概乎未之及也。

道生垂髫有志于斯,弱冠干禄,未遑卒业,然于心恒弗忘。家故藏书万卷,甫入仕籍,悉以俸入购书,又积万卷。乃谢病归,绝家务,简交游,锁阁而读之,参互考订,昼习夜思。爰自洪荒以来数千百年之事,绳贯数计,灼如今日。乃辑旧业,编十绝而就绪,名曰《世统》。统者,授受之历数也。先辨统之正伪,然后祚之修短,政之失得,君之昏明,臣之忠佞,可得而评。纲祖《春秋》,严美刺也;目宗《左氏》,著本末也。每代之终,必叙礼乐、官赋、刑历、艺文、食货、后妃、列国、诸臣,又以兼《史》、《汉》传志之体也。盖一启册而史法备矣。虽无用乎明道,要之必征诸实,其诸异乎虚空之谈者与!录成,畀之子姓,庶几由是可以言学,非敢示夫人也。

或诮余曰:弃官著书,劳心致疾,不亦蠢乎,覆瓿而已。余闻而笑曰:天地之间,物必同归于尽。区区幻形,且非吾有,矧身外之物乎?知其必尽无可奈何,则亦从吾所好而已矣,夫庸恤其它?

岁在玄黓执徐,月在陬,日在奎,为之序。(《明文授读》卷三十一)

按,丰坊(道生)为四明藏书大家;自宋元祐丰尚书稷以来,累代聚书,至坊父熙以议大礼贬斥,道生亦免官。家有储书,道生又积万卷,故得肆志于学。(叶昌炽《藏书纪事诗》云:"紫清旧宅归来日,元祐图书一旦空。"紫清谓紫清观,丰稷之故园也。见《四明丛书》本《丰清敏遗事》。丰氏余书,后归范钦天一阁。)此《世统本纪》、《明志》及《千顷堂书目》均不著录。序云:"或诮其弃官著书。"盖道生于嘉靖二年(1523)成进士,出为南京吏部考功主事,寻谪通州同知,免归。(见《明史》卷一百九十一丰熙附传。)是序作于玄黓(壬)执徐(辰),即嘉靖十一年(1532)也。观其所征引史书,自班固至金爜百数十家,足见披览之富。其明人撰著,若王祎有《大事记续编》七十七卷,胡粹中(粹中,山阴人,楚府长史)有《元史续编》十八卷及读史笔记,梁寅有《宋(史略)》、《元史略》各四卷,金爜(应作濂,字懋光,太仓州人,官象山训导)有《诸史会编》一百十二卷,俱见《明志》及《千顷堂书目》史部;附记于此。

吴继京 历代帝王历祚考序

先是予兄弟下葬先秘书于丹山,举锸发土,俄得一碣,其上标记数语,盖地志也。末题咸通元年(860),予因举咸通以询,此为唐某宗纪年者? 予弟继安应声,以懿宗对,予讶之:"子何应之捷也! 岂尝究于史乎?"对曰:"夫史纪年纪事之书也,系事于年,表年以事,是故鲁史以《春秋》名,即此义也。世读史者,类详于事而略于年,试举某君某年,某年某号,则茫乎若瞆矣。弟窃病之,闲取历代帝王历年纪号,暨其姓系,汇纂成编,盖窃究心焉。"予闻之,喜曰:"子用心良勤矣! 业既成编,胡不公之,为读史者式?"安逡巡逊让,尚当搜考详悉以俟他日。已而予令贵溪,泊上计归,安乃出是编授予阅之。其编中所载,非特年系而已,并其苗胤、国都、葬地、谥法以及兴亡始末纂统僭据,无不具录。始自伏羲,迄于元末,上下数千载,一展卷,若示诸掌。……新安吴继京(下略)

按,《明史·艺文志》"正史类"著录吴继安《帝王历祚考》八卷。

张自勋 纲目续麟

原 序

士必通经而后可以学史。史者,经之翼也。经不明,则权衡轻重莫适主焉。余服膺"六经"、"四子"有年，而取义尤在《易》与《春秋》。《易》、《春秋》盖名殊而实同者也。孔子本《易》以作《春秋》，而予本《春秋》以治《纲目》。虽大儒笔削，不能无议。诸家推扬过情，褒称失实，予不复置喙。独怪紫阳自谓"纲欲谨严而无脱略，目欲详备而不烦冗"。予观其书，纲略而不严，目冗而未备，何自相矛盾与？或曰：属笔于门人赵氏，故欠详谨。或曰：欲加更定，而力未暇。或又曰：仅能成编，每以未及修补为恨。然则《纲目》固未定之书，而说者断然谓朱子蚤岁所作，非晚年绝笔，不亦诬乎？乃若书法发明，据提要而背《凡例》；《考异》考证，泥《凡例》而戾书法，岂惟非《春秋》之旨，即《纲目》义例，益牴牾不可信。予窃不启安，辄为订定，凡二十卷，名曰《纲目续麟》。虽未必尽当，要无失乎《春秋》之义而已。敢云知罪俟后世哉！宜春张自勋谨书。（《四库全书》本）

校正纲目凡例

《春秋》二百四十二年之事，未尝立例。（丹阳洪氏曰：《春秋》本无例，学者因行事之迹以为例。）史氏有例，自《纲目》始。今观总列十九门（统系、岁年、名号、即位、改元、尊立、崩葬、篡贼、废徙、祭祀、行幸、恩泽、朝会、封拜、征伐、废黜、罢免、人事、灾祥），分注六十四（如统系例，分正统、列国、篡贼、建国之类，详见各条凡例），非不明且悉也，然随事异文，有非例所拘者，如王莽得政迁官，凡例既与董卓、曹操并称（篡贼例注云：王莽、董卓、曹操自其得政、迁官、建国皆依范史，直以自为自立书之），及莽为太傅加号，升位九锡，《纲目》复以上命为辞（汉平帝元始元年[1]，莽为太傅，不书。自三年加安汉公莽宰衡。四年升宰衡，位在诸侯王上，五年加安汉公莽九锡。书法云：曰升、曰加命，犹自上出也），岂背例哉？良以莽之篡汉，由太后启之也。（莽恶易见，后罪难知，故书法如此。)《考异》不察,徒执例以绳《纲目》。书法虽以《纲目》为据,又与《凡例》矛盾,集中颇为论定,犹恐后世缪泥《凡例》而不可解,辄举一二未当者(自矛盾者并附,已见《考异》者不录),与夫刘氏之傅会,汪氏之妄驳,并著篇端,以明例不可执。要以义为主,义明而例自具,虽不言例可也。

朱 子 凡 例

统系例曰:"凡正统,谓周、秦、汉、晋、隋、唐。"

愚按,秦、晋、隋不可谓正统。《凡例》与周、汉、唐并称,非是。详见秦、晋、隋始年大书(秦始皇二十六年[前221]、晋太康元年[280]、隋开皇九年[589])。

又曰:"篡贼谓篡位干统不及传世者。"注云:"如汉之吕后、王莽,唐之武后之类。"又名号例曰:"篡贼曰某。"注云:"新莽之类。"

凡例既以武后与王莽并称:莽称名(如云新莽始建国某年及莽废孺子之类),而武后犹称氏(时武后自名曌,《纲目》不书周曌,仍称武氏,非是),亦自矛盾。

又曰:"凡诸国号,从其本称,或屡更易,即从史家所称。"而于建国之始,即注云:"是为某国。"注云:"如晋太元十年(385),乞伏国仁称单于。"即注云:"是为西秦。"

按,姚苌自称秦王(晋孝武帝太元九年[384]),是为后秦,孝静立于洛阳(梁中大通六年甲寅[534]),是为东魏,并不见分注,何也?(周太祖广顺五年[955]刘崇称帝,是为北汉,亦不注。)

岁年例曰:"凡正统大书,横行之下,朱书君名。"注云:"如云午。"又曰:"惟篇首前无所承,故立此例。后有即位在今年内者用之。"

按,《纲目》始威烈二十三年(前403),正前无所承者,午字宜大书,而反细注,何欤?他如汉昭烈、唐肃宗,并即位在今年内者(昭烈即位在章武元年[221]四月,肃宗即位在天宝十五载[756]七月),而大书分注,并不列名,俱非。

又曰:"凡天子继世,则但于行下朱书。"谥号注云:"如安王、二世皇帝之类。"不名者名已见,其后有被废无谥者,但曰帝某,而不用后人所贬之爵,以其非有天下之号也。

被废无谥,如晋帝奕之类,固当然。汉后主亦无谥者(蜀谥曰"思公",不称帝),不书帝禅,何也?愚按,凡被废者即有谥亦不可书,如汉孝献乃魏明帝所谥(昭烈谥帝孝愍,《纲目》不书),晋怀、愍乃汉刘聪所谥,今大书于册,是乱贼得谥君父,僭窃得谥正统,可乎?唯一准帝奕例书名,示不与其谥也。(《史纲》于汉献但书帝协,不书孝献皇帝,得之。)

即位例曰:"凡正统周王继世,曰:'子某立。'秦更号曰'王'。初并天下,更号曰'皇帝'。继世曰:'某袭位。'"注云:"胡亥从本文。"

胡亥袭位，赵高立之也。不当从本文，不可以胡亥为例。

又曰："汉以后创业中兴曰：'王即皇帝位。'继世曰：'太子某即位。'"

太子即位宜书名。朱子立例非不正，惟唐世即位者，但书太子，不书名，自是因唐史之旧（《唐书》本纪但书皇太子即皇帝位，不书名），遂尔阙漏书法，以为例不书名，非是朱子《凡例》耳。

又曰："凡无统自汉、晋以后，用僭国例，但称帝者不书姓。"注云："如晋王炎、齐王道成之类。"

炎与道成亦当书姓以明更姓之义，不必殊之于丕、裕也。（《凡例》曹丕、刘裕书姓，然刊本宋王裕亦漏刘字，说见《考异凡例》。）

改元例曰："凡中岁改元无事义者，以后为正。其在废兴之际，关义理得失者，以前为正，而注所改。"于下注云："如汉建安二十五年（220）十月，魏始称帝，改元黄初。而《通鉴》从是年之首，即为魏黄初。又章武三年（223）五月，后主即位，改元建兴。而《通鉴》于《目录举要》，自是年之首，即称建兴。凡若此类，非惟失其事实，而于君臣父子之教，所害尤大，故今正之。"

按，建安二十五年，今已正之（分注魏黄初元年[220]）。至章武三年仍称建兴，与《目录举要》何异？他如晋武帝太康十一年(290)四月,武帝始崩。而《纲目》于岁首即大书惠帝永熙元年,皆非。又如汉延熙十七年(254)九月司马师废魏主芳,十月立髦。分注即于是年之首,书魏主髦正元元年(254),不录芳嘉平六年。景耀元年(258)九月,孙琳废吴王亮。十月立景帝休。分注:即于岁首书永安元年,不录吴太平三年,俱与例不合。按,《纲目》于齐昭业、魏闿帝皆以前为正,独建兴、永熙等不录先君之号,非自矛盾,失于更定耳,故当正之。

尊立例曰:“凡正统尊立,皆书尊,曰:‘尊某为某。’”注云:“后凡尊皇太后为太皇太后,尊皇后为皇太后,皆用此例。”

按,汉文帝尊母薄氏为皇太后,不书。景帝立妃薄氏为皇后,不书。(漏者尤众,不及备录。)

崩葬例曰:“凡正统皇后自杀,曰‘自杀’;有罪,即加‘有罪’字。”注云:“上文已书:反逆者,不必加有罪字,如卫后、庚太子是。”

卫后非反者,今以之人有罪例,非是。(详武帝征和二年[前91])

又曰:“无罪而以幽死者,曰:‘幽杀之。’”

既以幽死,则幽即所以杀之也。不必更加“幽”字。

又曰:“秦、汉以后,王侯死皆曰‘卒’。”注曰:“薨乃臣子之辞,不当施之国史也。”

王侯书卒，不书薨，立义甚正。然公主、妃、妾亦有书薨者（唐武德九年[626]，书平阳公主薨。玄宗开元二十五年[737]，书武惠妃薨），不尤甚于王侯乎？又况王侯如襄王重茂（玄宗开元二年[714]，书襄王重茂薨于房州）、宁王宪（二十九年书太尉宁王宪薨），并书薨，何也？《考异》但举刘从谏（昭义节度使，见武宗会昌三年(843)）、刘瞻（同平章事，见僖宗乾符元年[874]）书薨之误，而不及诸王、公主、妃、妾，亦未详考。

又曰："凡无统之君称帝者，曰'某王某殂'。称王公者，曰'某王公，某薨'。（隋义宁二年[618]，犹无统也，而秦、楚之王卒，书卒，何欤？）其后夫人如僭国例（僭国，例书卒）。"

后夫人亦当书殂、书薨，如君王例。愚按，无统之后夫人，犹正统之皇后也（观《春秋》公与夫人并称薨，无异文，可证）。正统皇后书崩，无异辞。（《凡例》：《正统》曰"崩"。其太皇太后、皇太后、皇后皆曰"某后某氏崩"。）独于无统之后、夫人有异例乎？（按陵庙例，后与君同，独殂、卒殊科，非是。）据晋武帝泰始四年(268)太后王氏（十年晋后杨氏亦书殂），后魏文帝太和十四年(490)太后冯氏，并书殂。则此条凡例宜改正。况僭国如刘宋路太后亦书殂（明帝泰始二年），例安在乎？

又曰："凡正统之后，特葬者曰'葬某'，谥皇后于某。合葬不地。"注云："如汉光武、昭烈之类。"

按，昭烈葬惠陵，不见《纲目》，况后乎？此皆阙漏之显然者。后儒必谓《纲目》无阙漏，特未详考耳。据《正统》后葬书谥，独诸帝但书葬某陵，不书谥，何也？愚于骊山长陵皆加"始皇"、"高帝"诸谥于上，盖亦推本朱子之例，非妄增也。

又曰："凡蛮地君长曰'死'。"

此亦当从征伐例，分有主无主（《凡例》：中国有主，则外国曰入寇；无主，则但云入边，或云入某塞）。中国有主曰死，无主曰卒（如宋文帝元嘉元年[424]，吐谷浑书卒。得之《考异》，以为误，非也。然隋开皇十一年[591]，夸吕书死；而十七年高丽王复书卒，亦自矛盾）。《春秋》于吴、楚始举号，继书人书爵，亦以中国衰，则吴、楚进。今概以死称，于蛮戎无辞，然中国无主，何以别焉？如南北朝、前后五代诸君，顾可以汉、唐全盛时待之哉？（中国有主，割据书死，王公书卒；中国无主，割据书卒，王公书薨，亦著为例。）

又曰："凡正统追尊皆书。"

按，唐代宗追尊母为皇太后，僖宗追尊母为皇太后，皆不书。宣宗追尊母晁氏为皇太后，亦不书。

篡贼例曰："凡以毒弑者，加'进毒'字，而不地。"注云："不可得而地，故加进毒以著其实。如莽、冀之类，霍显又加'使医'字。"

此条凡例，与幽杀同误，不必从。按，许世子不尝药，《春秋》直书"弑其君"（见《左传》鲁昭公十九年[前523]许悼公疟饮，太子止之药而卒），并未尝加"进毒"字。（张氏曰，孟子云：

"杀人以刃与政，有以异乎？"曰："无以异也。"进药而药杀，可不谓之弑哉？）盖既已弑矣，何毒之可言哉？必欲一一明著其实，则抽戈刺髦者，不又当书刺弑乎？（汉后主禅景耀三年[260]，魏司马昭弑其主髦于南阙下。分注：成济抽戈刺髦，殒于车下。语云：恶莫僭于意，镆邪为下，进毒抽戈虽殊，其弑君之意一也。固当略其械而诛其意。）据王莽、霍显，皆不书"进毒"、"使医"，或自觉其非，而更定之。《考异》犹欲于韦后弑中宗，补"进毒"二字，何其谬也。

又曰："疑者曰'中毒崩'。"注云："如晋惠帝之类。史言或曰：司马越之鸩，而《通鉴》不著其语，今但如此书以传疑，而著史家本语于其下。"

既云"中毒"，则鸩明矣，何疑之有？必欲传疑，或但书"暴崩"可也。然汉成帝之崩，分注亦言民间欢诼，咸归罪赵昭仪。《纲目》但书"帝崩"，而不言中毒，何欤？（按，梁冀弑质帝，亦于煮饼置毒，使左右进之。《纲目》特书弑帝，史称惠帝食饼中毒而崩。愚意但问其所食之面何自而至，则弑否明矣。宫闱之事，深隐难知，当时既云司马越之鸩，岂无所据，徒以疑例书之，使越逃弑君之罪也乎？）

祭祀例曰："凡杂祠祭，因事乃书，或有得失可法戒，则特书之。"注云："得如始皇祠舜、禹，高祖祠孔子之类。"

始皇祠舜、禹不可与高祖祠孔子同日语。（详始皇三十七年[前210]。）

又曰:"凡置酒宴飨,因事乃书。"

秦王政十年(前237),齐、赵入秦,置酒,可不书。(《凡例》:见"朝会"条分注。)

恩泽例曰:"凡恩泽皆书,正统曰'赦';非正统者,曰'赦其境内'。"

非正统而赦者,既冠以国名(统系例曰:诸国事,各冠以国号,不连书),则所赦之为境内明矣,不必更书"境内"。如《凡例》所云,则正统不当书"赦天下"乎?既书"境内"以著其狭,不书"天下",亦可见其所赦之广乎?按,宋武帝永初二年(421),书大赦;后魏太武帝太平真君元年(440),书大赦,皆无"境内"字(非正统者书"赦"而去"大"字,宋、魏书大,与正统无别,亦非),则此条凡例,当是未经更定耳,不必从。

朝会例曰:"凡割地,从小入大,曰'某献某地于某';从大入小,曰'某与某某'。"

周赧王入秦,可谓从大入小;而《纲目》书献(赧王五十九年[前256],书秦入寇。王入秦,尽献其地,归而卒),何欤?

封拜例曰:"凡正统封王皆书曰'立某为某王'。"注云:"自武帝元朔以后,封王无事义者,皆不书。"

按,汉炎兴元年(263),汉亡,北地王谌死之,非无事义者;《纲目》不书"立子谌为某王",非是。

又曰："封侯有故，乃书曰'封某为某侯'。"

汉吕后封宦者张泽为建陵侯，景帝封匈奴降者徐卢等为列侯。匈奴宦者封侯自吕、景始，非无故者。《纲目》不书，非是。

又曰："褒先代圣王之后而封者，悉书之。"注云："武帝封姬嘉，成帝封孔吉。"

按，元帝封孔霸为关内侯（初元元年［前48］），光武封姬常为周承休公（建武二年［26］），皆不书。按，建武五年［29］，封孔安为殷绍嘉公；十四年，封孔志为褒成侯。晋太元十一年［386］，封孔靖之为奉圣侯。宋元嘉十九年［433］，封孔鲜为奉圣侯。北齐天保元年［550］，封孔渠为恭圣侯。隋文帝封孔长孙为邹国公。唐贞观十年［636］，封孔德伦为褒圣侯。皆不见《纲目》。

又曰："凡宦者封爵，皆加'宦者'字。"注云："如郑众之属，以著刑臣有功之始。"

按，郑众为鄥乡侯（和帝永元十四年［102］），不书"宦者"，况其他乎？谓《纲目》无一字脱误者，非也。（李辅国进爵博陆王，不书"宦者"。）

又曰："凡亲戚贵重者，书'其属'。"注云："如元舅王凤之类，以著外家与政之祸。"

按,梁冀弑君,杨坚篡国,皆与政之祸而不书"属",何欤?

又曰:"凡正统命官曰'以某人为某宰相',皆书。余官非有故,不书。"注云:"有功有事,若其人之贤否用舍,系时之治乱安危者,乃特书之。"

按,贤如诸葛亮,系蜀汉安危,非无事功者,余官犹当特书,初除丞相不特书(章武元年[221]),谬甚!

又曰:"凡宦者除拜当书者,皆加'宦者'字。"注云:"如石显之类,以著刑臣与政之端。"

按,赵高为中丞相,高力士为监门将军,知内侍省事,杨思勖为大将军,鱼朝恩为天下观军容宣慰处置使,总禁兵,皆不加"宦者"字。

又曰:"凡录功臣子孙皆书。"注云:"如宣帝求高祖功臣子孙失侯者,赐金,复其家封。萧何子孙之类。"

按,景帝封萧何孙(萧系《汉书·功臣表》及《萧何传》皆作嘉,或疑其有二名,未知孰是)为武陵侯(景帝元年[前156]),武帝封高祖功臣五人后为列侯(元光三年[前132]),不书。唐代宗录魏徵、王珪(李靖、李勋、房玄龄、杜如晦)等后(大历五年[770]),昭宗访武德功臣子孙(大顺二年[891]),皆不书。

征伐例曰："凡正统用兵于臣子之僭叛者，曰'征'、曰'讨'；于外国，若非其臣子者，曰'伐'、曰'攻'、曰'击'。"

征、讨、攻、伐，不必泥，当以有罪、无罪为主。彼有罪而我伐之，虽外国得称讨；彼无罪，而我攻之，即臣子宜书击。（《春秋》于齐桓公书"伐楚"，于晋定公则书"侵"，可见无定例，惟义是视而已。晋穆帝永和八年［352］，谢尚激叛张遇，不书讨而书攻，可证。）今不问其有罪无罪，概谓臣子不书攻击，外国不书征讨，则是猡犹宜猡夏，而汤、武无天讨，可乎？《考异》但举征讨攻击之互误者为辞，而不知《凡例》之分别征、讨、攻、击，非定论也。

又曰："凡人讨逆贼而败者，亦曰'不克'，死曰'死之'。"注云："刘崇、翟义之类。"

马适求谋诛莽不克（新莽地皇元年［20］），宜入此例。书法以死下阙"之"字（《史纲》有之字），遂谓与慷慨就义者异，非是。

又曰："凡非正统而相攻，先发者，不曰'寇陷'，后应者不曰'征讨'。"

按，汉、唐，正统也。而隗嚣下陇，不书"陷"（光武建武六年［30］）；吐番陷长安而书"入"（代宗广德元年［763］）。宋、魏，非正统也，而柔然侵魏，书"寇"；宋攻杨难当书"讨"，皆误。

罢免例曰："凡谢病、请老、致仕,宰相贤臣则书。"注云："张良、王吉、二疏、韦贤之类。"

许敬宗、宋齐丘,不可谓贤,亦书"致仕";宦官杨复恭、仇士良尤非敬宗、齐丘比,亦书"致仕",尤误。(按,范延光亦书致仕,益见此条《凡例》非定论。)

诛杀例曰："凡诛杀叛逆或大罪,曰'某官伏诛',或曰'诛某官某',或曰'讨某官某,诛之'。"

按,诛杀例宜分三等:罪大当诛者,曰"某伏诛"(高肇宜入此例,魏文帝太和二十一年[497],穆泰、陆叡伏诛,不书官,得之);当诛而失刑者,曰"某死"(刘腾、田承嗣宜入此例);罪微而无可称者,曰"某卒"而已(胡广、崔光等,宜入此例);讨而诛者,曰"讨某,诛之"(宇文护等宜入此例);不讨而诛者,曰"诛某"。《纲目》凡有罪者皆书官,是用人者不能无过,非所以治臣子也。

人事例曰："凡诸臣之卒,惟宰相悉书。"

汉文帝十一年(前169),丞相周勃卒,不书。晋武帝太康五年(284),杜预卒,不书。(《凡例》贤臣特书,依贤相例。)

又曰："贤者曰'某官某爵姓名卒',而注其谥。"

宇文士及李勣等不当注谥而注谥,魏徵、李靖、高士廉宜注谥而不注,皆非。

又曰:"凡篡贼之臣,书'死'。"注云:"如范增、王舜、扬雄之类。"

按,项梁非篡贼之臣,而书"死"(以贼目梁,是予秦也。与大书夺秦予汉之义矛盾);贾充、桓温辈,与舜、雄无异,而书"卒",非是。愚谓篡贼之君,亦当书"死"。《纲目》于吕(汉吕后)、武(唐武后)、曹(魏曹丕)、刘(宋刘裕)书"崩"、书"卒",何其严于臣,而宽于君也?

灾祥例曰:"凡灾异悉书。"

漏者甚众。(如两汉灾异仅据本纪,不考《天文》、《五行志》。无怪其漏,全史具存,不能悉著。)

刘友益　书法凡例

正统例曰:"凡天下混一为正统(以混一为正统,金海陵王之言,非定论也)。"

愚按,混一止可谓大统,不可谓正统。正不在大。如以大统为正,则蜀汉偏安宁得为正统乎?(如孔子贤于尧、舜,岂以位乎? 可以类推。)书法随例附会,不知辩正如此。

皇后例曰:"西汉书'立夫人或婕妤某氏为皇后',东汉书'立贵人某氏为皇后'。止书'立皇后某氏',或书'立某人女为皇后'者,变例也。"

按,朱子《凡例》云:立后曰"立皇后某氏",非正嫡曰"立某氏为皇后"。则止书"立皇后某氏"者,恒称也;书法与书"立某人女"并为变例,非朱子本意。

皇太子例曰:"汉以下书'立子某为皇太子',继世书'太子某即位'。其不书名者,变例也。惟唐世例书太子即位,其(旧本作'不',误)书名者,变例也。"

唐世亦当书"太子某即位"(《纲目》不书名,据唐史耳。唐史皆称"皇太子即皇帝位",不书名),如高祖初立建成为太子,及即位乃世民,非建成也。不书世民,安见庶夺嫡哉?况同一皇太子,汉以名为例,而唐以不名为例,亦自矛盾。

大臣例曰:"丞相、三公拜免,悉书之。"

按,朱子封拜例注云:自永初元年(107)以后,三公因事乃书。故周章为司空,不书。书"司空周章自杀",所谓因事而见书法。谓三公拜免悉书,非也。

又曰:"唐以来,丞相罢为他官,贤者则书'罢为某官',否则书'罢'而已。"

按,牛僧孺不可谓贤,亦书罢为某官,非是。

又曰:"两汉卒具官爵,书姓者为美辞,不书姓者为恒辞。蜀汉至晋以后,无不书姓者。不书姓者,变例也。"

既以书姓为美辞，则蜀汉至晋以后无不书姓者，岂皆美乎？始以不姓为恒辞，继以不姓为变例。姓之不书，一也，而有恒变之别，何欤？

又曰："宋、魏至陈，无不具官者，非贤不录也。"

按，褚渊、王俭、沈约、范云之流，《纲目》皆具官（或书爵）。录之，果可为贤乎？

又曰："隋、唐具官爵者皆美，甚者书谥。"

书谥自《纲目》之误。朱子《凡例》注已言之。（"崩葬"例注云：谥非生者之称，今加于薨卒之上，亦非是，今正之。）书法犹谓"甚者书谥"，何弗察也！

汪克宽　考异凡例

即位例曰："复号曰'某国复称王'。"注曰："如西秦之类。"今刊本晋武帝太元十年（385）书："乞伏国仁称单于。"注云："是为西秦。"十三年书"西秦王乞伏国仁卒"，而不书"西秦复称王"，疑脱简也。

西秦称王自乾归（国仁弟）始，然晋史谓义熙（晋安帝年号）三年（407）僭称秦王。而《纲目》见于太元十九年（394）分注，又不特书。至义熙五年（409），始书"西秦复称王"。愚按，始不书称王（今据分注，补书于太元十九年[394]），而后书复称，既失缘起，《考异》不详其始，尤以已书者为脱简，俱谬。

篡贼例曰:"凡以毒弑者,加'进毒'字,而不地。"注曰:"霍显又加'使医'字。今刊本但书曰'大将军光妻显弑皇后许氏',而不书'使医进毒',恐漏。"

"使医进毒"例不必从。驳见朱子《凡例》,《考异》以为漏,非也。

封拜例曰:"凡殊礼皆书。"注曰:"王莽加号九锡之属。王莽是自为之,以自为书。今刊本'加安汉公莽号宰衡','升宰衡诸侯王上','加安汉公莽九锡',并不书自。愚按"篡贼"例注曰:王莽、董卓、曹操等自其得政,迁官建国,皆依范史,直以自为自立书之。今董卓、曹操、司马昭等迁官殊礼,皆称自;惟王莽不书自,盖误漏耳。"

按,范史无王莽(范史始光武,不录莽事),未尝书自为。《凡例》但以莽篡与操、昭等,故一施之。(唐太宗杀建成而代其位,视操、昭一间耳,《纲目》见不逮此,何软?)然王莽不书"自",罪太后也,不得以曹、董比。曹、董乃真自为者,莽非太后,何自而进,故封为新都侯,曰太后弟子,为大司马,曰太皇太后,以皆罪始之者也。自莽弑帝(元始五年[5])以后,归狱于莽。虽不书自为,亦不可掩矣。此条《凡例》不必从。

征伐例曰:"僭名号曰称。"注曰:"周列国称王。今刊本周显王三十五年(前334)书'齐、魏称王',四十四年书'秦初称王',四十六年书'韩、燕称王'。注曰:时诸侯皆称王,赵武灵王独不肯,令国人谓己曰君。而赧王十七年(前298)下注'赵惠文王元年',则赵已称王矣。然不书'赵称王',疑漏也。"

赵称王乃臣子之辞，不当以惠文为证。(《赵世家》但云立子何为王，是为惠文王，亦不言惠文称王。)如《考异》所云，则五国相王在武灵王八年(前318)，而《世家》于肃侯之卒，即称子武灵王立(《史记·六国表》亦于显王四十四年(前325)书"赵武灵王元年")。亦将谓武灵已称王乎？况分注言"不肯"，亦曰武灵王是知称王者，臣子尊上之辞，非当时已称王，而《纲目》脱漏也。(观赧王九年[前306]赵略中山，《纲目》仍书赵君不书王，益见《考异》之误。)

克宽按："书肆所刊《纲目》，如英布误作黥布，狄道误作秋道，刘裕至彭城戒严，误作解严之类，未可悉举。今取其关于义例之切要者，附考《凡例》之后，庶初学受读者，可以无惑云。"

按，英布《史记》亦作黥布，云姓英氏。惟《前汉书》目录作英布，而本传仍从《史记》作黥布。或曰：布少时有人相云"当刑而王"，故布改姓黥以厌之。(《春秋》时有英蓼，皋陶之后。后魏高允谓布刑而王，乃皋陶用刑之余衅，姑借以警人主慎刑之意，不可为定论。)此《纲目》失于更定，非刊本误也。(黥布之误，仅见汉四年[前202]立布为淮南王。前此吕臣得布军，项籍立布为九江王，皆作英。汪氏概指为误，非也。)乃若刘裕至彭城，本属解严(详义熙十四年[418])，《考异》以为误，何以解学者之惑耶？(如唐中宗景龙元年[707]，太子重俊起兵诛武三思、武崇训。分注明言杀三思、崇训于其第。本当作诛，《考异》亦以为误，非是。)他如嫪毒作嫪毐(毐，依海切；毒音读)、击拚作拚击(订补仍作拚击，非是)、遣樊哙作遣樊哈、吕氏五年作三年、戊午作庚午、田戎作田茂、西城作西域、西夷作两夷、梁州作凉州、左迁作差迁，乃书肆刊误耳。（孝哀皇后就国自杀，国讹作园，并当改正。）

甚矣立言之难也！《书法》、《考异》，岂乐以瑕疵示人哉？无亦寖淫而不自知耳。予虽订《纲目》，心未尝不凛凛焉。后有识者，恕其僭而是正之，予不胜幸。若曰大儒成书，一字不可易，则非予所敢知也。卓庵氏又书。

严　衍　资治通鉴补自序并凡例

自　序

忆髫龀时，便喜读史家言，而牵于制举之业，未暇朝夕从事也。迨年四十有一，始得肆力于司马公《通鉴》全书。怒而读之，跃然喜矣；忧而读之，欣然乐矣；躁而读之，悠然恬矣。宁或有终日不食之时，未有终食不读之时也。

或问曰："子何所为而好之若是？"余曰："仆亦何所为哉？世有好酒色者，愈溺愈深，浸淫成疾而不知悔也。余之于史也亦若是，则已矣！"

"然则能记诵乎？"曰："余资钝，不能记诵，然亦不求记诵也。"

"不能记诵，又不求记诵，则虽好之亦何益？"曰："恶！是何言也？子不见夫人之于饮食乎？朝啜三瓯，昼而饥矣；昼餐两簋，暮而饥矣。夫岂以其饱之旋饥也，而遂谓饮食之无益于人乎？读书者，亦顾其领会何如耳，安在记之诵之，以腹为笥，而后称益哉！"

"然则其益也亦可得而言乎？"曰："譬如饮水，冷暖自知；譬如食蜜，甘芳自喻。吾亦何能语子？虽然，略可得而举似者，大约有二：一曰尚论。尚论者，取古人言行谋为，豫断其成败。此以古事还之古人，其味犹可言也。一曰反观。反观者，取古人善恶是非，自勘吾得失。此以古事收之吾心，其味则难言矣。《易传》不云乎，'危者使平，易者使倾'，此吾尚论之诀也。《鲁论》不云乎，'见贤思齐，见不贤而内省'；此吾反观之诀也。执此二诀，以上下千古，其人虽远，吾如登其堂焉，吾如见其面焉，吾如披其胸焉。吾病愚，则凡明者皆吾师也；吾病怯，则凡勇者皆吾师也；吾病懒，则凡敏者皆吾师也；吾病褊，吾病吝，吾病不断，吾病器小而易盈，则凡广大者好施者，果毅而渊深不测者，皆吾师也。不然而有人焉，如吾愚，如吾怯，如吾懒，如吾褊且吝，如吾不断，如吾器小而易盈者，吾见其人，如见吾焉。一见而愧，再见而悔，三见而痛心切骨，夜半长喟，则亦吾师也。木然为火，则照物而览其妍；金铸为镜，则自照而穷其丑。故有时欣然解颐，有时渥然汗下，有时顶门一针，有时股后一策，集万古之良师胜友，导吾以芳；聚百代之金夫壬人，戒吾以秽。吾所以反覆缠绵，暂欲舍之而不能也。

　　"虽然，书不读不知其善，书不熟读沉酣而恣肆焉，不知其病。余于是书，始读之，但觉其宏深广肆，如临海望洋，未能见其畔岸也。再读之，始得窥其堂奥，穷其源委。见其中去取之谨严，义例之精密，褒讥得失，以发后人之志，考较同异，以辨前人之非。范晔所谓体大而思精者，其斯之谓与？既又三读之、四读之，时觉其有百中之一漏，全璧之微瑕。乃始翻历朝旧史，而一一对勘之。备者固十之七八，遗者亦十之二三。甚且有前后不符，彼此或戾，如谈序所载'七病'，亦往往有之。

　　"况《通鉴》之作，托始于三晋之滥封，以正名分也。汉、魏之际，独非名分攸关乎？乃帝魏而黜汉，至以诸葛入寇为辞，盖谓昭烈之于汉，族属疏远，不能稽其世次耳。然春陵非远裔哉？光武可以继西京之统，昭烈何不可以续东洛之祧？不惟此也，周社虽亡，秦命未集，昭、襄虽强,犹齐、楚耳,而遽以纪年。朱温篡唐,毒浮于地,敬瑭臣虏,贻殃万民,是梁、晋之罪甚于黄巢,世有鲁连,必当蹈海矣！而俨然帝之。唐、汉之兴,彼善于此,然南唐、西蜀,华姓棋分,未能兼夏,难称率土。郭、柴继统,其人华矣;加惠苍黎,其政善矣;北略至关,南侵及江,其地广矣;要之,北汉未亡,则亦犹之蜀汉也。丕不宜君备,荣岂得臣崇？故周赧入秦,七雄分据,改称前列国。唐昭陨洛,五代迭兴,改称后列国。汉吕、唐武,皆宇宙异常之变,而大书纪年。王莽之篡,虽黜其帝号而称名,亦犹大书纪年,是皆以正朔归之也。今二媪之纪,皆称附载,王莽之纪,年号细书,此紫阳氏笔削之旨,亦不肖衍窃取之义也。

"温公于朝纲国政,辑之每详,而家乘世谱,辑之或略。乃略者固略矣,而详者亦未必皆详也。伟论宏议,记之较备;而只行微言,记之或少。乃少者固少矣,而备者亦未必尽备也。事多提其大纲,而删其节目,乃节目过删,而大纲亦或不明。文多录其体要,而翦其枝叶,乃枝叶太翦,而体要亦多不畅,是恶可以不补？至观其所载之人,则显荣者多,而遗逸则鲜矣;方正者多,而侠烈则鲜矣;丈夫者多,而妇女则更鲜矣;方内者多,而方外者绝不及矣。

"愚以为士之穷通,命也。季、孟居三卿之中,而颜、闵在徒步之列,显者岂必尽足述,而晦者岂必无可称乎？故咏空谷之驹,令人起絷维之想;叹山梁之雉,令人兴罗网之思。人虽微也,道则尊矣,吾补之。国有三游,民之蠹也,然缓急亦人所时有,士方在困厄时,得一援手,便可白骨生肉。彼施施者,方且乘吾坚、策吾肥,睹人入穴,而嬉笑自若。独有人焉,奋义慷慨,焦首烂额,探沸汤而出烖鸡,视彼无气无骨者,何天壤哉！则录之以风薄俗,亦何不可？《风》咏游女,《雅》伤弃妇,夫游与弃,圣人犹不尽删。况或以幽闲之姿,树淑慎之范;或以婉娈之质,矢泉壤之诚。使诵其遗编者,蕙兰生于齿牙;闻其余烈者,霜雪凛于毛骨,不可以法乎？

"二氏之教，律之以孔、孟之旨，则杨、墨之流也。然自汉以迄六朝而其说大盛，流弊至于今日，不知者，遂谓三教并行于世矣，夫二氏岂得与孔、孟并乎？第谓'六经'之外，无复妙理；儒教之外，无复异人。则天地生物，但当生其大常，无奇如水寒火热、木然石坚者而已矣，何以复生温泉寒火、不烬之木、温柔之玉也哉？乃知天地以其正气，生圣人以持世，又以其闲气生异人以佐世，其清虚恬淡之风、玮异卓绝之行，亦足以振起流俗，破醒迷情，似不妨闲录之，以存正道之别派支流也。

"温公又以为子不语怪，故凡事涉神异，悉删而不录。愚以为怪之兴也，必有所由。神降于莘，石言于晋，未必非有国者之炯鉴，况天下之至怪，何必非天下之至常乎？天际之国，碧落有痕；龙宫之寺，黄垓有吻，是天地之怪而常者也。泰山之井，夜半见日；东海之蜃，空里嘘楼，是山海之怪而常者也。石脾入水乾而出水湿，独活有风静而无风摇，是物理之怪而常者也，怪亦何足怪乎？故余亦偶取而补之。要使学者欲考兴亡，则观政于朝；欲知淳薄，则观于野；欲树宏猷，则法古人之大节；欲修细行，则拾往哲之余芳。论事者因其宏纲以详其委曲，谈文者因其大意以采其菁华。人无隐显，道隆者为师；行无其平，济物者为尚。丈夫而妇女，可丑也；妇女而丈夫，可学也。游于方之内者，吾以观其礼焉；游于方之外者，吾以观其意焉。则何人非吾师？何事非吾资哉？"

或又进而问曰："昔温公之为是书也，朝廷借以御府秘书，又天下有藏异书者，官为借之，故温公得以穷搜博采，以成千古大观。而子乃欲以空虚之腹，续而补之，不犹泰山之卑撮土，以益其高；讶沧海之隘勺水，以增其广乎？"余谢曰："诚哉子言也！然愚以为学古者当以'十七史'为宗。余窃不自揣，欲将'十七史'之未尽，补《通鉴》之偶遗。使有志之士，人人得睹全史之大概。于是一句一字，搜括剔取，择其实录而未尽录者，补葺成编，以俟后学。虽不能尽录千古之人与千古之事，然其人之不可不识，与事之不可不知者，略已收之几尽矣。而子何疑乎？

"且编年之书，始于《左氏》，纪传之体，辟自马迁。二者异制而同功，此论古者所不可偏废也。使有纪传而无编年，则人自为局，家自为方，一世之事，几于散碎而无纪。自丘明传《春秋》，以年月为经，人事为纬，而后一世方成一统。有编年而无纪传，则行或杂见，言或杂鸣，一人之事，亦几于散碎而无纪。自子长作《史记》，帝自为纪，臣自为传，而后一人自成一家。今《通鉴》之编年，既已踵《左氏》而大畅其风矣，余又撮取古人之遗芳逸美，足以写人之生韵者，或于其进身之始，或于其谢事之年，或于其薨卒之日，略叙其生平，以仿子长之例。使一书之中，编年、立传，若两备其体焉。然采取不可太繁，纂辑不可太杂，故于'十七史'之中，不欲使之多遗；于'十七史'之外，不欲使之多赘也。然非敢好翻古人之局以为名高，诚有大不得已于中者，盖余之初心，不过标写所未备于刻本之首，使子孙得见《通鉴》之外，尚有遗文逸事如许耳。迨补至西汉之末及魏、晋六朝之间，见其中奇节卓行之士，不可胜数。言与事既泯灭不传，姓与名亦湮没不著，若宇宙间本无是人者然，不亦悲乎！

"今人为八股文字所囿，而博古之学废，所恃为后学津梁者，温公此书耳。乃犹多所阙略，遂使无数贤豪君子，皆寝卧于'十七史'中，但饱蠹鱼之腹，而不得一开生面，是古人之不幸也。余今幸得见之，乃复私藏为一家之秘，是古人之罪人也。且余既明见此书之尚有未备，而不为拾遗补阙，是又温公之罪人也。遂重立凡例，细分科条，详为简勘，缮写成帙。发端于万历之乙卯（1615），小成于崇祯之庚午（1630）。又穷十年之心力以改辑之。二十余年之中，食自三餐而外，寝自一觉而后，精神无他用也。夏以油纸借臂而书，汗自顶至踵，不暇扇也；冬则砚冻未融，必火烘日叹而书之，不敢辍也。

"余岂好劳而为此哉？既有大不得已者，驱而迫之于内，且欲求为温公之忠臣耳。尸子不云乎：'屠人割肉，则知牛少长；弓人蝼筋，则知牛少长；雕人裁骨，则知牛少长。'若以此问圣人，圣人岂能知之？夫圣人之不知，固不以是贬圣。然岂可谓屠人、弓人、雕人之知，不足以补圣人所未知哉？今若使余与温公比德絜功，与刘、范诸君子程能较艺，余何敢望其后尘？至若因其成书而拾其偶阙，补成大观，使病'十七史'之浩瀚者，乐《通鉴》之简严；而病《通鉴》之阙略者，又乐余之补正。虽温公复起，或不遂进之门墙之外矣。客以是罪余，余曷敢辞？乃余所惧则有之。

"昔温公奉诏编集，置局崇文院，得自选官属。一时英俊如刘攽、刘恕、范祖禹、赵君锡辈，皆博学洽闻，识该古今之士也，而尽为之佐。乃温公进《通鉴表》犹云：'臣骸骨臞瘁，目昏视近，齿牙无几，神识衰耗，臣之精力尽于此书。'况余孱劣无助，惟一谈子允厚佐余参较他书，考订同异。

"然以二人之手目，综理一千三百六十二年之事，崇祯甲申（1644），《宋元续编》亦复告竣，又益以四百八十二年，共一千八百四十四年之谱牒，不亦难乎！今谈子久困于病，独幼子恒分典校阅，而订正之功尚有待于明达饱学之君子。前程如海，茫乎未有涯矣，而余发已种种矣！此余之所以抚编长叹也。况此书未就，忧在难成；此书既成，又忧在难守。子孙之贤不肖不可知，一难守也；盗贼、兵戈、水火之不可防，二难守也；上官有力者之借观。三者之中，倘有一焉，余三十年之苦心，尽付之东流矣。余既贫士，缮写成帙，所费不赀。盖已罗雀掘鼠，剥肤及膏矣。镌刻岂所敢谋，凡有斯文之任者，余不能无望焉。"

崇祯十有七年，岁在甲申九月朔，古鄮严衍永思父书于翠竹溪亭。

　　按，文中言谈序所载七病，据许自俊序云："谈子之佐先生而阐七病，诚为《春秋》之嫡系，《纲目》之传火，亦温公之功臣也。"谈盖指衍门人谈允厚云。

凡　例

一严正统。《通鉴》于周之亡,即以秦纪年;于唐之亡,即以梁纪年,皆未能混一四海,而俱以正统归之。至于帝魏而黜汉,尊吕、武而黜少主、中宗,又如王莽之大书纪年,皆未协于公论。故俱依朱子《通鉴纲目》改正,其详见序。若宋、齐、梁、陈,虽分南北,而独仍《通鉴》得称正统,盖以南统北,中华为主也。

一存残统。《通鉴》于易姓之际,先于岁首豫书新主年号,而旧主之残年剩月,一笔削去。如魏之篡汉在献帝之建安二十五年(220)冬十月,而于岁首即书魏黄初元年。晋之篡魏在曹奂之咸熙二年(265)十二月,而于岁首即书晋泰始元年之类。夫天命一日未改,犹然一日之君臣。何得崇新而弃旧? 今皆按其年月而改纪之,以昭实录也。

一补僭主之名。《通鉴》于晋之汉、魏诸国,皆书某国某主,未有不称名者。自晋以前,自宋以后,则皆不尔,但称某国主而已。使猝然展卷时,虽知其为某国主,而不知其为某国之某主也。今依《晋鉴》例,一概补书其名,不独于正统之名号有别,且使阅史者一展卷而即知其为某国之某主,无俟追寻别卷也。

一补年号。《通鉴》于改元之首及每卷之首,则书年号,以后但书数而已。人于猝然展卷时,竟不知为何年也。今于每年之上,必补书年号;又于每叶阴面边侧,细书某朝某帝某年,以便简阅也。至于僭国年号,必书于正统纪年之下,而以分注别之。

一补甲子。《通鉴》但书年数而不书甲子,今于每年之上必补书之。

一正谬误。详见序。

一理紊乱。详见序。

一整错杂。详见序。

一删重复。详见序。

一破拘执。详见序。

一辩诬枉。详见序。

一补政事之漏。详见序。

一补诏敕之遗。详见序。

一补文章之遗逸，并删削太甚者。

一补名贤之卒。《通鉴》之例，凡书薨、卒者，大抵居通显而卒于官者也。散秩不书，即非散秩而已。去位者不书，即间有之，亦不过千……

附　许自俊资治通鉴补序：

余读严先生《通鉴补》，叹其深得《春秋》教外别传，其功不在紫阳《纲目》下也。孔子因鲁史作《春秋》，系王于天，一笔一削，行天子之事。所以奉天道、继王迹也。公而不私，简而不繁。当时左氏从而编年。前汉司马迁创为纪传，皆翼《春秋》而分其支派也。温公尚忧其散而无统，合编年纪传，汇为《资治通鉴》，一时奉为金科玉律。而揆以《春秋》大义，不无所失，兼多所遗，其关于世道人心匪细。朱子忧之，为作《纲目》，仍托始于三晋之滥封，以警无降而遏乱萌。更严于统之正闰，详于事之顺逆，而孔子诛乱贼之旨，粲然大明于天下万世。

严先生生于五百年后，星奎斗度，实锺真儒，慨然以补正自任。顾历代提纲挈领，无如《通鉴》一书，乃积三十余年，风雨晦明，竭耳目心思，忘饥渴寒暑，广求四部七录之繁浩，旁参二氏百家之异同，上下于一千三百八十年之见闻，摩对于一十七史之记载，以校正此一书。所云"冷暖自知，甘苦自尝"者此也。其为益有二：一曰尚论，一曰反观，此读史法也。其救失有二，补遗有五，此正史功也。得读史之法，所以全始而全终；立正史之功，所以可大而可久。

说者曰：司马温公身为贤相，集当代名公巨卿二刘、二范辈，共删定此书,岂有失以待正、有缺以待补?先生身为儒生,佐以及门谈子,既孤陋而寡闻,一旦起而斥古人之失,补古人之缺,不亦多事乎?余曰:不然。先生之所谓失者,天下后世共以为失者也;先生之所谓遗者,天下后世共以为遗者也。余少时尝作《通鉴三大失论》,一为依陈寿《三国史》,帝魏寇蜀,则失之乱;一为晋、魏禅代,不直书司马懿父子篡弑,自以晋裔而为尊亲讳,则失之诬;一为南北朝元魏与刘宋并称帝,则失之僭。当年先辈骇为狂言,及读先生书而确然有以自是。如凡例首以辨正统、存残统为大纲,此天下万世之所不易也。

说者又以《通鉴》以"资治"名,凡琐事逸人,无关于治者,可不书也。余以《尚书》为经中史,《麟经》为史中经,经史相为源流。《易》奇而法,《诗》正而葩。《易》之"幽人归妹"、"童牛豮豕"、"载鬼张弧"等语,皆为奇。《诗》之"白驹"、"赤乌"、"乔木"、"幽草"、"姝子"、"美人"诸篇,皆为葩。孔子学《易》学《诗》,悉未尝遗及。作《春秋》书"鹢飞星陨"、"豕立人啼"、"石言于晋"、"神降于莘",至若蚍蜉桃李之细,无不备书,则凡人物之有关于治乱兴亡,不论隐显、内外、巨细、奇正,无不许著于经,而况史乎?则知先生之救二失而补五遗,谈子之佐先生而阐七病,诚为《春秋》之嫡系,《纲目》之传火,亦温公之功臣也。或县之国门,或藏之名山,传之其人。他年必有出壁中之经,起汾阴之鼎,敲记里之鼓,发丰城之匣者。

严子自问:何虞父书之埋没而不章乎?然余亦有虑焉。卷帙繁冗,锓劂费艰。即若汉、宋右文之世,非无贤主名臣,而兰台秘阁之藏,其诏刊者有几?如《奇门遁甲》、《太平御览》诸书,至今尚属抄本。严子萧萧布衣,抱荆山之玉于冷风清野之中,谁过而问之?一旦饥荒,流散兵燹,飘零不化,而为风蝉露蚕者几希矣!宁不为草间埋珀之音哉?窃闻汲冢《周书》、《竹书纪年》及《井中心史》、《杜元凯序例》不过盈寸数卷,虽疑信相半,至今存之。倘严子肯另为一书,而以先人正失补阙之文,注于编年记事之首,如杨铁崖之《史义拾遗》,更为简省。上比于肓腐二史,下亦不失为《公羊》、《榖梁》二传也。以俟有识者商之。

康熙岁次癸亥(1683)春王正月,同里后学许自俊潜壶氏撰。

　　钱大昕撰《严衍传》称:"先生与允厚于史学皆实事求是,不肯妄下雌黄,其所辩正,皆确乎不可易。宋季元、明儒家好读《纲目》,如尹起莘、刘友益、王幼学、徐昭文辈,皆浅陋迂腐,虽附《纲目》以传,转为本书之累。其有功于《通鉴》者,胡身之而后,仅见此书耳。"(《潜研堂文集》卷三十八)推许备至,读严衍书,不可不参看钱氏此传。

清　魏　禧　正统论

正统论上

　　古今正统之论,纷纭而不决,其说之近是者有三:欧阳修、苏轼、郑思肖是也。欧阳子之说曰:正统有时而绝,故曰正统之序,自唐虞、三代历秦、汉而绝,晋得之又绝,隋、唐得之又绝。苏氏之说曰:正统之为言,犹曰有天下云尔。无其实而得其名者,圣人亦以名与之,名轻而后实重,故曰正统听其自得者十,曰:尧、舜、夏、商、周、秦、汉、晋、隋、唐。序其可得者以存教,曰:魏、梁、后唐、晋、汉、周。郑氏之说曰:以正得国则篡之者为逆,不以正得国则夺之者为非逆。故曰正统三皇,五帝,三王,东、西、蜀汉,宋而已。三者之说,皆近于理,而郑氏为尤正;然各有其偏见，不可以不辨也，辨其非则是者出矣。

天下不能一日无君，故正统有时绝而统无绝，绝其统则彼天下将何属乎？而其予西晋，而不与东晋，等后唐、后汉于朱梁、石晋尤为非是，此欧阳子之蔽也。偏安之主，篡窃之人，吾予之以正统，彼正统者孰肯与之？苏氏曰：犹夫大夫士与民也，而或为盗，势不得不与之偕坐，夫吾非有诛赏进退之权，则隐忍而偕坐，固其势也。旁观之君子，则必别其为盗，而不齿之大夫士与民，且以为举天下而授之魏晋，汉魏之过，与之统者何罪，犹舅以妾为妻，而妇奈何不以为姑，则大不然矣。生于篡君之子孙，亲为其臣子，谓之姑可也。然君子有微辞焉，《春秋》于桓公元年书"春王正月"，于三年书"春正月"之义是也。至于后世之公论，则是人以妾为妻，而国人则妾之耳。使当时之名，一定而后不可更，则公议无权，乱臣贼子，不畏身后之诛，以为吾固可与二帝三王俨然而并列也。孔子之《春秋》可无作矣。故以为欧阳子重与之，而吾轻与之者，此苏氏之蔽也。郑氏身当宋亡，发愤于《心史》，虽元魏之修礼乐，兴制度，亦所不取，其尊宋之极，至于黜唐。夫以为不正而得国，则陈桥之变与隋禅唐何异？而唐除隋暴，尤正于宋之取周，故以为三皇、五帝、三王、汉、宋者，忠臣之心，义士之见，非古今之公论，此郑氏之蔽也。

然则正统之说恶乎定？魏子曰：古今之统有三，别其三统，而正统之说全矣。曰正统，曰偏统，曰窃统。正统者，以圣人得天下，德不及圣人，而得之不至于甚不正，功加天下者亦与焉。偏统者，不能使天下归于一统，则择其非篡弑居中国而强大者属焉。窃统者，身弑其君而篡其位，纵能一统乎天下，终不与之正统，而著之曰窃统。是故因其实而归之以其名者正统也，唐、虞、夏、商、周、西汉、东汉、蜀汉、东晋、唐、南宋是也。正统绝，而其子孙无足以系天下之望，而后归之偏统，后唐、后汉是也。天下之偏统绝，虽乱贼固已正乎其为天子有天下，则不得不归之窃统，秦、魏、西晋、宋、齐、梁、陈、隋、后梁、后晋、后周、北宋是也。吾故折中欧阳子正统有时绝，郑氏篡正为逆、夺不正非逆之说，以明三统。三统明然后天下之统不绝，偏安之主，篡弑之人，亦终不得以干正统，而正统之论定矣。

正 统 论 中

　　或问：以东晋兴复为正统，是矣，元帝为牛氏子，非司马子孙也。曰：秦政以吕易嬴，未尝有绝之于秦者，而独绝元于晋乎？且元帝与始皇尤不同，不韦初进孕妇，后乱太后，始终事迹，凿然可据。牛氏之通，出于暧昧，庸或有污蔑以快私怨者，故寻常闺门，君子所不道，况执此莫须有之事，而绝人之宗，削人之国哉！是非良史之法矣。自记。

　　秦何以不为正统也？欧阳子曰："诸侯共起而弱周，非独秦之暴也。"且夫周弃丰、镐，以赐襄公，报王稽首献邑，自归于秦，秦虽有灭周之罪，亦与后世之弑君篡国者异矣。秦何以不为正统也？魏子曰：诸侯不敢灭周，而秦卒灭周，周无幽、厉之罪，而秦有桀、纣之恶，取之以诈力，守之以残暴，恶在其为正统也？

　　唐高祖废酅国公，与晋武废陈留王，隋文废介公，宋太祖废郑王，同一篡也，何以不为窃统？魏子曰：陈留、介公、郑王，初无罪不足以失天下，其臣又皆以勋戚居中用事，为先君所依托，一旦欺人孤寡而攘夺之。故虽晋武、隋文，成混一之业，息南北之兵。宋太祖禅受之后，奉其故君，与子孙无失礼，深仁厚德，浃数百年，而其得国之不正，终不可以赏。隋之淫虐，过于桀、纣，李氏兴兵，而诛汤、武之业也，而惜乎其立侑而禅之；以汤、武始，而以莽、操终，谋之不善，非其本志，固不可以为篡。混一之功比晋、隋，而仁恩之在天下者等宋祖，故予之也。

后唐、后汉,何以不为窃统也?朱温灭唐,而李存勖帝邺;契丹灭晋,而刘智远帝晋阳。欧阳子曰:"李氏、朱氏共起窥唐,而梁先得之,李氏因之者,非也。"克用忠唐,志在灭梁,存勖后虽自帝,始未尝不欲承父志而报国仇,故欲并之于梁者非也。欧阳子曰:"刘智远始不与契丹战,以幸其败,后不能奉从益以存晋,与梁、晋无异。"夫灭梁不自帝与奉从益以存晋,此圣贤之用心,忠臣之盛节,而可责诸五代之君乎?今夫责人以圣贤,为忠臣不得,而遽同之于乱贼,此学者欲苟成其说而文致之,非天下之公论。故欧阳子之说,不可训也。

东晋统承西晋,南宋统承北宋,何以祖宗之一统者为窃,而子孙仅有天下之半得为正也?曰:晋、宋之君天下,天下奉为共主久矣。虽其始不正,前后相承,而元帝、高宗当灭亡之余,有特起之势,又以子孙复其祖业,义不得不进之于正统。楚子僭王灭诸姬,罪在不赦,至昭王失国而复之,则圣人有取焉。欧阳子之黜东晋,亦不可训也。且夫义得为正统者,其子孙虽甚微弱,不可不存以为正,故三十六邑一日未献,不可不书周;禅宋之笔一日未操,不可不书晋;崖山之舟一日未覆,不可不书宋。奈何既以正统予西晋,而其子孙尚有天下之半者,乃以偏安斥乎?革姓受命之时,非天心所欲,势也。君子必不得已而后绝其统,所以不伤忠臣孝子之心,仁人之志也。吾故曰:正统绝而后归之偏统,偏统绝而后归之窃统也。

门人涂尚岠曰:正统之义,古今实如聚讼,章氏"王统"、"霸统"之分,似矣。然予正统者,未必可进于王;非正统者,弊又不止于霸。苏氏虽辨其非,而无以服之也。吾师立三统之说,而万世之论定矣。篇中疏别疑义,足令观者晓然。至于退晋、宋,而进元、高,尤深得《春秋》之旨,非寻常考古论世之文也。

正统论下

　　所谓括其大略者,如载秦始皇阿房官事,则云始皇以先王宫庭小,乃营作阿房宫渭南上林苑中,广袤三百余里,殿阁台榭,穷极奢丽,役作数十万人,死者亡算。如载宋子业、齐东昏杀人事,则云以非刑杀人亡算,惨毒所施,求死不得。如载隋炀帝荒淫诸事,则每一事,书曰某事费财几何,杀人几何,民失业几何,激变几何,不妨极言其甚。而规制节目,可以娱心志,为效法者则没而不书。齐主高纬问南阳王绰曰:"在州何以为乐?"绰以蛋盆对。纬即日命捕虫蝎杀人,以取欢笑。曰:"如此乐事,何不驰驿奏闻?"夫哀号惨痛,有何可娱? 而命为乐事,然纬性虽凶恶,使不闻绰言,则蛋盆一事亦亡由作,后世暴君,岂无见此等于史册而欲仿行者? 至淫乐奢侈之具,则中主亦不免见猎心喜矣。自识。

　　魏子曰: 吾于窃统,其书法犹有说焉。郑氏之言曰:"史纂弑之君,称某祖、某帝,及朕、诏、封禅、郊祀、太子、后诸礼,宜书曰: 某名僭行某事。"魏子曰: 读史者其知惧乎! 然是道也,施于始纂之君,其子孙则不加焉。夫身纂弑者,虽为天下君,终不贳其实罪,而予之美名;子孙袭成业而安,不可以重诛也。故纂国子孙,其臣有能服义死节者,则君子必以为忠。是故贬削其身,所以正古今之名;宽其子孙,所以存天下之实。名实得而史法立矣。

　　虽然,吾犹有说焉,作史者多务博,而征信务博,则不讳不经之言。征信则尽当时之实事,故凡人君之奢淫残暴,必详书于册,为后世鉴。而不知夫不肖者之见,而适中其欲也,则且或仿而行之。《诗》曰"毋教猱升木"。杨子曰"劝百而惩一",而独何取焉？昔唐太宗元夜大张灯火，以问隋萧后曰："炀帝时亦如此乎？"萧后盛述当时华侈，百倍太宗。太宗盖口刺其奢，而心服其盛也。夫心服其盛，虽贤君犹不免是，而况于不肖者乎？吾则以为史，凡宫室、田猎、声色、奇技、淫巧、非刑、酷杀之事，记载详悉者，尽删除其文，而括其大略，足知致乱之故而已。至于生民愁苦、怨诅、天灾、人祸、盗贼、危亡之状，则极书之，以显示于册，使后之人主，荒淫可喜之形，惨毒快意之具，无所接于其目，而愀然生其危惧。宋真宗时，陈恕久领三司，尝命条具中外钱谷以闻。恕久不进，屡诏趣之，恕对曰："陛下富于春秋，若知府库充实，恐生侈心，是以不敢。"李沆为相，日取四方水旱、盗贼奏之，以为人主少年，当使知四方艰难；不然血气方刚，不留意于声色犬马，则土木、甲兵、祷祀之事作矣。古之大臣，防微杜渐，以谨人主之耳目，而绝其萌蘖，道盖如此。

余于司马氏《通鉴》常欲以窃统之法改书之，删除其文，足眩世主之心者，有志而未逮也。夫正统定，书法明，史其几于道矣。

　　门人杨复晟曰：上篇统引三家之说，而辨苏氏处最详；中篇单辨欧阳之说；下篇又以余意发明郑氏之说，分合详略之法，井井可观。

　　门人涂尚㸌曰：或云篡君书法不同，考于《春秋》，桓、宣无异辞，则郑氏非通论也。不知孔圣亲为桓、宣臣子鲁之败执且讳，况斥其大恶乎？且《春秋》之法，贵通其意，圣人于定、哀多微辞，而后世史官贵直笔。魏孝文曰：人主威权在己，无能制者，若史册不复书其恶，何所畏忌？况以异代而书前君，岂得执讳国恶之义以相非乎？独如宋太祖者，其得国虽不得不以篡书，而深仁厚德实为后世贤主，郊祀诏敕之类，亦岂得同于王莽、朱温？议功议贤，《春秋》之法，如赵盾虽冒弑君，圣人必不夷之华督、庆父之列明矣。要之,三统言其大纲,至于篡而不弑,与篡而弑者;救其败而篡,与毁其成而篡者,情罪互有轻重,此又作史者所当通其义例也。(《魏叔子文集》卷一)

王夫之　读通鉴论卷末

叙　论

论之不及正统者,何也? 曰: 正统之说,不知其所自昉也。自汉之亡,曹氏、司马氏乘之以窃天下,而为之名曰禅。于是为之说曰:"必有所承以为统,而后可以为天子。"义不相授受,而强相缀系,以掩篡夺之迹,抑假邹衍五德之邪说与刘歆历家之绪论,文其诐辞,要岂事理之实然哉?

统之为言,合而并之之谓也,因而续之之谓也。而天下之不合与不续也多矣! 盖尝上推数千年中国之治乱,以迄于今,凡三变矣。当其未变,固不知后之变也,奚若? 虽圣人弗能知也。商、周以上,有不可考者。而三代以言之,其时万国各有其君,而天子特为之长。王畿之外,刑赏不听命,赋税不上供,天下虽合而固未合也。王者以义正名而合之,此一变也。而汤之代夏,武之代殷,未尝一日无共主焉。及乎春秋之世,齐、晋、秦、楚各据所属之从,诸侯以分裂天下。至战国而强秦、六国交相为从衡。赧王朝秦,而天下并无共主之号,岂复有所统哉! 此一合一离之始也。汉亡,而蜀汉、魏、吴三分。晋东渡,而十六国与拓跋、高氏、宇文裂土以自帝。唐亡而汴、晋、江南、吴越、蜀、粤、楚、闽、荆南、河东各帝制以自崇。土其土,民其民,或迹示臣属,而终不相维系也,无所统也。六国离而秦苟合以及汉；三国离而晋乍合之，非固合也。五胡起，南北离，而隋苟合之以及唐；五代离，而宋乃合之，此一合一离之局，一变也。至于宋亡以迄于今，则当其治也，则中国有共主，当其乱也，中国并无一隅分据之主，盖所谓统者，绝而不续，此又一变也。夫统者，合而不离、续而不绝之谓也。离矣，而恶乎统之？绝矣，而固不相承以为统。崛起以一中夏者，奚用承彼不连之系乎？

天下之生，一治一乱。当其治，无不正者以相干，而何有于正！当其乱，既不正矣，而又孰为正？有离有绝，固无统也，而又何正不正邪？以天下论者，必循天下之公，天下非一姓之私也。惟为其臣子者，必私其君父，则宗社已亡，而必不忍戴异姓异族以为君。若夫立乎百世以后，持百世以上大公之论，则五帝、三王之大德，天命已改，不能强系之以存。故杞不足以延夏，宋不足以延商，夫岂忘禹、汤之大泽哉！非五子不能为夏而歌洛汭，非箕子不能为商而吟《麦秀》也。故昭烈亦自君其国于蜀，可为汉之余裔；而拟诸光武，为九州兆姓之大君，不亦诬乎！充其义类，将欲使汉至今存而后快，则又何以处三王之明德，降苗裔于编氓邪？

蜀汉正矣，已亡而统在晋，晋自篡魏，岂承汉而兴者？唐承隋，而隋抑何承？承之陈，则隋不因灭陈而始为君；承之宇文氏，则天下之大防已乱，何统之足云乎？无所承，无所统，正不正，存乎其人而已矣。正不正，人也；一治一乱，天也。犹日之有昼夜，月之有朔、弦、望、晦也。非其臣子，以德之顺逆，定天命之去留；而詹詹然为已亡无道之国，延消谢之运，何为者邪？宋亡而天下无统，又奚说焉？

近世有李槃者，以宇文氏所臣属之萧岿，为篡弑之萧衍延苟全之祀，而使之统陈。沙陀夷族之朱邪存勖，不知所出之徐知诰，冒李唐之宗，而使之统分据之天下。父子、君臣之伦大紊，而自矜为义，有识者一唉而已。若邹衍五德之说，尤妖妄而不经，君子辟之，断断如也。（《读通鉴论》）

按，李槃著《纲鉴世史类编》四十五卷，见《千顷堂书目》"编年类"，《明史·艺文志》"正史类"不收。

宋实颖　黜朱梁纪年论（附图）

予读《五代史》至《梁太祖本纪》，未尝不废书而叹也。曰：呜呼！欧阳公良史也，于是纪为真失《春秋》之志矣。公之言曰：鲁桓公弑隐公而自立者，宣公弑子赤而自立者，郑厉公逐世子忽而自立者，卫公孙剽逐其君衎而自立者。圣人于《春秋》，皆不绝其为君，予所以不伪梁者，用《春秋》之法也。然不知四君者，非鲁、卫、郑之嫡子，皆其君之公孙介弟也。为其君之公孙介弟，则社稷无陨，犹愈于属之他人。而朱全忠者，为唐之何人乎？问其始，则盗贼也；问其终，则弑昭宗、弑昭宣、弑太后也，此其罪，比于王莽、安禄山尤为过之。王莽不得为新，安禄山不得为燕，朱全忠独得为梁乎？《春秋》之于阳虎，书曰：盗窃宝玉大弓；则《五代史》于朱全忠，亦当正其名曰盗，而何得大书特书，予之以帝王之名哉？且其时移檄兴复唐室者，有晋、岐、蜀、淮南四国在焉。或为唐之臣子，或为唐之赐族，则唐实未尝亡也。譬之有千金之家，宗子遇非常之变，或偶无后，则支庶之贤者，皆可以理其业而继其祀，可曰宗子无人矣，而付之于盗贼之手，付之于盗贼之手矣，后之君子，又不正其罪曰盗贼，而饰其名曰是即我家督也，有是理乎？欧阳公之不伪梁，何以异是？欲不谓之大失《春秋》之志，岂可得哉！予故黜朱梁之纪年而已。晋、岐、淮南之称天祐者为主，年经月纬，发凡起例，始于天祐之四年（907），至唐庄宗之同光元年（923）而止。此十六年中，朱梁之恶熟矣，天报之以滛烝子妇，刃出其腹，灰飞烟灭，苗裔荡尽。所谓富贵赫奕者何在？谋臣将相者何在？奉册衮冕者何在？而安得大书特书，与以帝王之名哉? 惟不与以帝王之名,而后之乱臣贼子如朱全忠者,可以悚然而惧矣。若晋、岐、淮南之系于唐后,犹夏之少康、周之共和,亦《春秋》书"公在乾侯"之义也,又何疑焉? 又何疑焉?

黜朱梁纪年图

唐昭宣光烈孝皇帝

甲子　天祐元年(904)

乙丑　天祐二年(905)

丙寅　天祐三年(906)

丁卯　天祐四年(907)

夏四月,朱全忠僭称皇帝,伪国号梁,伪年号开平。废唐帝为济阴王。淮南、四川移檄兴复唐室。

戊辰　晋、岐、淮南称天祐五年(908)

春正月,晋王李克用卒,子存勗立,朱全忠弑昭宣帝。

夏五月,晋王伐伪梁,夹寨破之,潞州围解。

己巳　晋、岐、淮南天祐六年(909)

六月,伪梁刘知俊奔岐,岐遣刘知俊伐伪梁灵州,大败梁人。

庚午　晋、岐、淮南天祐七年(910)

伪梁遣兵袭镇州,取深冀、镇定,推晋王为盟主,晋遣兵救之。

辛未　晋、岐、吴天祐八年(911)　伪梁改号乾化

春正月朔,日食。晋王伐伪梁,军于柏乡,大破之。

壬申　晋、岐、吴、赵天祐九年(912)

春正月,晋师及镇定之兵伐幽州。

二月,朱全忠救之,大败而还。

六月,朱全忠为子友珪所杀。

癸酉　晋、岐、吴天祐十年(913)

　　二月，朱友贞杀友珪而自立。

甲戌　晋、岐、吴天祐十一年(914)

乙亥　晋、岐、吴天祐十二年(915)　　朱友贞改伪年号曰贞明

丙子　晋、岐、吴天祐十三年(916)

丁丑　晋、岐、吴大祐十四年(917)

戊寅　晋、岐、吴天祐十五年(918)

己卯　晋、岐、吴天祐十六年(919)

庚辰　晋、岐、吴天祐十七年(920)　　朱友贞改伪年号曰龙德

辛巳　晋、岐、吴天祐十八年(921)

壬午　晋、岐、吴天祐十九年(922)

癸未　晋、岐、吴天祐二十年(923)，晋王李存显建国号曰后唐，改
　　元同光

　　冬十月，唐主人大梁。朱友贞自杀。

　　唐毁伪梁宗庙，废朱温、朱友贞为庶人。

　　后唐庄宗光圣神闵孝皇帝

甲申　同光二年(924)　（《檀几丛书》卷五）

邵廷采　正统论（六篇）

一　天　人

宁都魏叔子著《正统论》，以欧阳、苏、郑三家者，言皆近理而有蔽。其过欧曰：天下不可一日无君，故正统有时绝而统无绝。绝其统则彼天下

得谁属乎？而其与西晋而不与东晋，等后唐、后汉于朱梁、石晋，此欧阳氏之蔽也。过苏曰：生于篡君之子孙，亲为其臣子而谓之君，犹舅以妾为妻，而亲为其子妇，谓之姑可也。至后世之公论，则是人以妾为妻，而国人则妾之耳。使当时之名一定，而后不可更，则公议无权，乱臣贼子不畏身后之诛，以为吾固可与二帝三王俨然而并列也，孔子之《春秋》可无作矣。故其进曹魏、朱梁以为无其实而得其名，圣人亦以名予之，此苏氏之蔽也。过郑曰：所南身当宋亡，发愤于《心史》，虽元魏之修礼乐、兴制度亦所不取，其尊宋之极，至于黜唐。夫以为不正而得国，宋篡，实也；唐禅，名也。唐有救民除暴之功，安得以其名之禅而没之？此郑氏之蔽也。

叔子之论辨而正，吾因其说而益以二言，曰：有天行之统，有人心之统，是两者万世而不亡。叔子所谓正统绝而归之偏统，偏统绝而归之窃统者，天之所在，人不能违也。《纲目》既以甲子纪之矣，吾则谓存窃统而终不使附偏统，存偏统而终不与于正统者，人之所在，天亦不能违也。孔子曰："其义则丘有罪焉尔。"故为正统之说者，一衷于《春秋》、《纲目》而定，余纷纷可无议也。

苏子生朱子之前，不知尊蜀汉，所南尊蜀汉，故知景炎祥兴之统不可亡，而其激也，乃至于黜唐。君子之持论无取激，激则必拂乎天人。拂乎天，天无心，容可违；拂乎人，将有受其责者。即一家之似续一国之世及不可以轻，而况乎正统之大乎！

二　汉唐明秦隋

三代而下，以兵取天下为正，而假受禅之名不与焉。其开地大而享国长久，守之以仁义，君取汉、唐及明而已。

昔者商鞅变法，谋弱六国，天下血战二百年，卒并于强虎狼之秦。当是时，先王遗法尽，而生民亦尽矣，盖乾坤肇造至此遂屯否也。汉兴，复其见天地之心乎！以高祖之宽大平暴乱，文、景之恭俭，几刑措，武帝之雄才，疆四荒而修"六经"。至风俗之美，士节之厉，未有越于东汉。四百余载，英谊之君六七作，是以大汉之名，到于今中外称之。虽治体杂王霸之间，规模气象远矣。此汉继周后，断然居正统之首也。自新莽始篡，因仍千百年，及于赵宋。

唐除隋暴，天下归心，即不立侑，岂不遂定长安取群雄哉！而见小速成，拘牵积俗，忽自蹈于不义，盖非太宗本谋，亦起晋阳时，冯籍父资，寝门之谏，不能夺裴寂之庸陋。后之君子，读书至唐之受禅，特累叹而深原之。以为隋恶稔矣，篡臣贼子萃于一家，苟有正而声其罪，即萧铣、建德皆可与也，而况以太宗之贤，一统致治如此之盛乎？夫得之者逆，则取之者为非逆，所南之言，既有定论，奈何尊宋而反非唐，非唐则无以为宋地，唐之所以不及于汉，正以其多此一禅也。

明起草泽取天下，秉天地之义气以严立国。迨其亡也，有殉社稷之君，一代之名教，比于汉、唐，殆超过之。於乎！吾于三代而下，取其足当正统者，仅有汉、唐及明。而唐又以可已而不已之禅，使吾余憾于千年以上。天为之，人为之耶？

秦、隋之统一天下也，天心厌乱，适会其时，分之久必暂合，合而不于其所则必复分，然后求有德者而归焉。汉、唐之德，不如三代之什一也，以其承太无道之后，民饥渴之易饮食，孟子所云事半而功倍也。自古国家丧亡之日，必有忠臣义士赴其难而同死之，后之稽古怀道之士，或相与太息而追怜之。世未有怜秦、隋者，以是知人心之不与也。夫不与，是其天之正也。叔子归窃统于秦、隋，与吾天人之说有相合也。

三　晋　宋

世称汉、唐、宋久矣，今乃夷宋于晋，何也？其取之不以正也。何言乎取之不以正？周世宗，三代以后之贤君也。世宗不死，天下归周，其气运当什倍于宋，不幸享国不永，余教遗法，固可以翼后嗣，使宋祖无二心，则范质、王溥、李筠、符彦卿辈，犹足内外夹辅。贤世宗不得不重罪宋，所谓取之不以正也。

或曰：宋历三百年，五星聚奎，贤人君子盛矣，三代而下，忠厚罕有如宋者，晋乌得比之？而乌得不进之？

曰：不然。宋之君如仁宗之为仁，孝宗之为孝，诚足以培裕国基。然譬之家人，子孙贤孝，为量减其祖父之罪可耳，举而尽捐之，是厉王可以宣王而改谥，瞽、鲧可以舜、禹而易名，彼无罪者其谁肯服？孔子作《春秋》，不以公子鲍之贤、昭公之无道而不书宋弑其君；不以宣孟之忠，不书赵盾弑其君。彼其人身为恶而前后有善，则并录其善以不没其实，示天下之劝而已，是《春秋》之断例也。不然，艺祖亦三代以后之贤君也，其仁心为质，而爱民礼贤，容有过于汉、唐之太宗者，而吾于宋乎何深尤之？夫是非出于宋人之言，六百余载矣，其时为君亲讳，理固宜，然今易世，而犹锢于成说，曰宋之代周，天与也，非晋比也。於乎！是为书愚而已矣。

或曰：叔子与东晋，而不与西晋、北宋，而顾与南宋，其故何也？曰：此继世之说也。天之待继世宽矣，人心亦犹是也。君臣分定，亲为其臣子，而父祖被其泽，不得不戴之为本朝。使王衍、诸葛靓之裔，执司马师、昭之罪，以仇简文、韩通之子孙，追讨太祖、太宗，而逮于真、仁、英、哲，天下群起而贼之矣。楚平王杀蔓成然，其子乘昭王之败将复之，其兄止之曰："君，天命也。父死君命，将谁仇？"其后昭王复国而行赏，子西曰："请舍怀也。"王曰："大德灭小怨，道也。"知此，可以明东晋、南宋之为正统矣。故有不以子孙之善贷其祖宗之不善者，西晋、北宋非正统之说也。有不以祖宗之不善，累其子孙之善者，东晋、南宋皆正统之说也。君子于正统之说，仁之至，义之尽也。然则当日之修晋、宋史也，宜何如？曰：是非隔世然后明，唐修《晋书》，继《汉书》，不以己之承隋，尊北统，而黜晋，此万世之公也。《宋史》修于至正，诸君子持公论，然降宋于史而后辽、金，容有未易处者，惟时会稽杨维桢以正统未有所归，作辨上之。大要谓元承宋统，不承辽、金。厓山舟覆之年，乃皇元正统之始。会三史已成，未及纳用，陶九成见而叹曰："此百世定论，后之续《通鉴纲目》者，必以是为本。"其后彭时、商辂等果用其说，立言之功大矣哉！然或者推维桢之意，遂欲改修《宋书》，而以辽、金为载纪，则于理未安也。何也？辽传七主二百一十有五年，金传九主一百一十有七年，设官养民，创制立度。迨于其亡，有忠义之士，与之同毙，其规模历数，非偶然者，安得以其史为载纪而夷于十六国？十六国为载纪而附《晋书》，晋未尝书币称臣于刘、石、苻、姚、慕容、元氏也。然则若何为正？曰：修《宋书》附辽、金史于末为正，使宋之遇辽、金，如遇元魏、北齐、后周氏焉，则安矣。元魏、北齐、后周氏，比肩于宋、齐、梁、陈南国，而辽、金不使比肩于宋，如是而宋之为正统之义明。

四　南北五代

南北之所以为南北，其刘裕之罪乎！然吾何敢罪刘裕？裕之不能致天下于一统，亦天也。君子尚论不原其世之终始，而徒以事后观成败，古人可作，其谁吾服！裕之时，拓跋方盛，虽守关中，必不能兼河北。河北不兼，则关中不能守，其地势然也。又有刘勃之猛鸷随伺吾后，逆计裕之必归，安有关中？裕积苦日战，而精已消亡。刘穆之死，内事无托，仓皇解而东出，虽其子不能顾，又望其整旅更西，以图复长安公家填墓乎？裕不享年，则无与抗拓跋，而南北之形成，加之魏孝文修礼纪政，改姓迁都，中国之气胥聚于北，而南无人矣。天无常归，归于有德，其不以先北于南，君子之不得已也，人心为之也，逆天者也。夫逆天者,亦天之正也。唐末之乱,朱温篡逆有甚于前之南北者矣。修史者,以五代名,而归纪年于北,则以其时吴、越、荆、潭,争修职贡,奉正朔,而北因得苟窃其名。然历年弥促,岂足言帝王之统?得之不义,又无论已!周世宗其杰然者,天不佑以年。於乎!置统亡而乃有南北,唐统绝而乃有梁、唐、晋、汉、周。世递降而至是,果天为之,人为之耶?《易》曰:"物不可穷也,故受之未济。"知未济而后知统之有时绝;知统之有时绝,而后可与论统矣。(《思复堂文集》卷八)

甘 京 正统论

欧阳子始作《正统论》,论曰:"正者,正天下之不正;统者,合天下之不一。"大哉言乎!而予秦、晋、隋、唐以实之,何耶?

苏子作《正统论》,与章子辩霸统,以全欧阳子正统之论。夫名轻,则实与俱轻;实重,则名与俱重。苏子乃言曰:"正统之为言,有天下云尔。"名轻而后实重,有是理乎?

郑子作《正统论》,曰:"以正得国,则篡之者为逆;不以正得国,则夺之者为非逆。"诚然,将何以处晋之夺魏,齐、梁、陈、隋之夺宋?齐、梁、陈盗人之物以为己有,有钻穴隙而复盗之者,遂不得为盗乎?魏子既折中三家之说,而以西晋、北宋为窃统,东晋、南宋为正统。夫祖父御人于国门而得千金,半为人所夺,而其子孙尚守其半,遂谓之至公大义矣乎?

丘子既折中欧阳子、苏子之说,曰:"欧阳子'正统有时而绝'之论,吾犹以为未能绝之之严,以自伸其说,乃谓唐篡隋,而唐太宗为无罪于正统为正统,宋篡周,而宋太宗为无罪于正统为正统。又甚于魏子以东晋、南宋为正统矣。"

甘子曰:吾为严绝之,以伸诸子之说,使天下后世,知正统之不可以一日而或奸。篡统之名,垂于万万世,而不能改也。孔子曰:"惟器与名,不可以假人。"统,器也;正,名也。禅者,正统也。诛君吊民者,正统也。正统之子孙,世守其天下者,正统也。正统之子孙,灭篡统而中兴者,正统也。正统之子孙不能守其天下,偏安于一方,以系正统之脉者,正统也。

桀、纣,正统也,禹、汤为之也。汤、武,正统也,桀、纣为之也。外此皆非正统矣。为人臣废弑其君而自立者,篡统也。以不同父之兄,而废同父子之子以自立者,篡统也。其势废矣,因而废之,其人废矣,因而自立。物自来而取之曰攘;上以别于正统,下以别于篡统,曰攘统。凡篡统、攘统之后,为其子若孙者,知其为篡为攘也。不能不继其统。杀人之人,乌能禁其子孙不世称之为祖父乎? 名之曰继统,以明篡则继篡、攘则继攘而已。

古今异姓之篡统,自寒浞始。寒浞绝正统,而少康续之,易知也。古今同姓之篡统,自周考王始。威烈,考王之子也。继其统,不得列于统,难知也。秦,周之封国也,虽曰赧王献地,昭襄受之。吕政二十六年齐亡,而后并天下。然周曰王,秦亦曰王,久无周矣。唐庄宗取天下于朱温之手,正矣。然世宗唐室,不能求唐后立之,终有憾于人心。唐高祖以兵取天下,不正兴师讨贼之名,而袭迹受禅。后汉刘知远实仕后晋。此四人者,其为攘统乎?

寒浞、周考王而后,若吕雉、新王莽、魏曹丕、晋司马炎、宋刘裕、刘彧、齐萧道成、萧鸾、梁萧衍、陈陈霸先、陈顼、隋杨坚、杨广、后梁朱温、后唐李从珂、后晋石敬唐、后周郭威、宋赵匡胤、元忽必烈,此皆绝人之国,弑君、父、兄而自立为君,夺天子土宇而据之。万世而下,声其罪为篡,而又必严绝之于其子孙,始足以为乱臣贼子之惧。然则曹丕、刘渊之徒,不逃诛乎? 曰:民无二王。上有继统之君未绝,凡建名号者,皆谓之篡。且不得为统矣,又何奸正之有哉! 若失正、篡、攘之子孙,则皆继也。继正者得谓之正,所以隆正统也。继篡者概谓之继,继攘者概谓之继,所以重罪篡与攘也。如是而正统可得而定矣。

自帝尧甲辰至夏王相凡二百三十八年,寒浞篡之,而正统始绝。少康中兴,历商至周贞定王一千六百三十九年,考王篡之,而正统又绝。汉高祖复为正统,十九年,吕后篡之,而正统又绝。文帝复为正统,一百八十七年,王莽篡之,而正统又绝。光武中兴,复为正统,至蜀汉,二百三十九年,魏曹奂篡之,而正统又绝。其间为篡、为攘、为继,明如指掌。明太祖高皇帝复为正统,三十五年而正统又绝。自尧甲辰以下,为正统者凡二千三百五十七年。(《国朝文录》卷五)

蒋汾功　正统论

古今为正统之说者众矣,皆自善其所见,为不可易矣。而其间最著者,莫若欧阳氏、苏氏。近世易堂魏冰叔因之,增以宋末郑氏之言,谓皆近是。而又设立三统,曰正、曰偏、曰窃。其例愈繁,其辨愈不可穷。而吾尤以贬西晋、北宋于窃,而进东晋、南宋于正,为所未安。

夫正也者,得其全之谓,与偏为辨者也。异之于窃,抑又与邪为辨矣。正而窃之,偏而正之,毋乃自乱其例乎?且其言曰:"置宋之君,天下奉为共主久矣,虽其始不正,前后相承。而元帝、高宗,当灭亡之余,有特起之势,又以子孙复其祖业,义不得不进之于正统。"如其说,则是二代之君,幸有此中叶颠陨,而臣民震动以迁也。设令晋不东,宋不南,千百年而一统,反终其世为窃矣。且以为能复祖业而异之,则益谬!夫当灭亡之余,而能复继大统,若光武于东汉,可谓无忝。

今考元帝、高宗,不过裂土地之半而倚其臣,为幸免偷安计。譬如人婴将死之疾,而恃药饵、参苓,以绵日夕,然识者有以觇其不永矣。故吾谓晋东而宋南,其败亡之势已成,纵不可尽举为元帝、高宗罪,而要不能授方任能,戡伐中原,以宏祖父业,其咎有所不得辞。今也欲还之以正,而苦无因,乃曲寻其间,缘饰而奖与之,讵可训乎? 吾尝谓论不出于圣人,则无自定其所必然,列古今之论于前,吾出一说以胜之,其始自以为无弊,而生乎吾后者,又攻其弊而诎其短。

昔章氏始分伯统,而苏氏诎之。魏氏因以立窃统之名,警夫不正取天下者。庸讵知夫窃不可言统乎? 窃之为言,犹曰盗贼云尔。盗贼宁有统乎? 将有正而正者,有偏而正者,有正而窃者,有偏而窃者。今欲类聚群分,以较其锱铢殿最,则唐虞视三代犹有间焉。曾是西晋与北宋,若是班乎? 循是以往,巧历或不能尽,而谓三统足概之乎?

夫惟人心所不言而同然者,天下安其说,无异词。而凡重予之,轻予之,或纯乎名,或杂乎实者,皆过也。严为之辨,而辨愈纷;曲为之名,而名益舛。昔人谓天下有君,则《春秋》不当作。吾亦谓天下有君,而正统可无论也。於乎! 古今为说者,人善其所见,而莫觉其蔽也久矣。自非圣人,其孰能定之?(《国朝文录》卷七)

叶 燮 正统论

上

正统之论,始于欧阳子。后之论者,纷纷不一,予夺进退之说未定,其归自朱紫阳成《纲目》,而正统之辨始严明。正学方子谓:"汉、唐、宋,如朱子之意可也。秦与晋、隋,概与之以正统,何可哉?"其论是也。然等晋、隋于秦,又非也。夫秦之得为正统,欧阳之论得其当矣。晋与隋皆篡弑以得之，紫阳以谓晋、隋虽得之不以正，而天下实统于一，不得黜也。止于其得天下之始，以篡例书，自后皆以汉、唐之书法书之，似乎有不得不然之势也。

盖尝论之：有天下者，谓之统。以正得之，而统能合之，与以正之，而统则分之，法均得以正统系之；是统以正重，正不以统分合易也。不以正得之而统分之，则为偏为窃无论；不以正得之，而统则合之，是统既不正，而何可以正统全归之？此紫阳之于晋与隋，殆不能无议也。其意以为天下不可一日无君，天下合于一，天下群以为君矣。且晋之传十余世，百数十年，隋一传亦二十年有余，于是而黜之，天下岂有统绝无君，如是之久者哉！此不得不然者也。夫统之不可绝，一日与百年无异。儒者正名定分，彼揆时度势之论，有所不设，恐开天下后世乱臣贼子侥幸之门也。

昔者夏后氏太康之世，有穷后羿篡位四十年，居然得统矣，将以羿四十年为天下之君，遂续夏统乎？西汉之王莽篡位十八年，居然得统矣，亦将以莽十八年为天下之君，遂续汉统乎？二贼臣之不得有其统者，以少康、光武之中兴，故不以历年之久篡，易其没世乱贼之号也。晋、隋之篡，与二贼臣同，徒以一姓不再兴，而子孙相传，尊为高祖世祖，后儒史笔，遂跻之尧、舜、三王之统而无异。然则乱臣贼子，不幸而为羿为莽，侥幸而为炎为坚，罪同而法异，何以服羿、莽之心，而寒乱贼之胆乎？且司马炎一传，而骨肉相戕，继以刘石乱中原，及东晋而南北朝，遂判晋统之不一久矣。杨坚篡周，子广又弑坚而自立，其罪甚于羿、莽，是人人得而诛之者，岂可居然以正统归之，奉为天下之君乎？

然则当何如？曰：法当如列国之例，注年号于甲子之下。如晋则称晋主炎，传至其子若孙则止称晋主而不称名，此《纲目》书曹魏、南北朝及后唐、晋、汉、周之例也。隋亦称隋主坚。其子杨广，虽父传，则仍称隋主广，恶之甚也。如此虽尚宽于羿、莽之例，庶不诡于大义矣。若朱梁则又异于是。朱温篡逆之罪过羿、莽，而恶尤甚于操、懿，身毙于逆子之手，一传灭于唐，祚又促于王莽。循其例，当如安禄山之称燕、侯景之称齐已矣。书法当仿王莽，去新之号，而止称莽；朱温去梁之号，而止称温，并削其全忠与晃之名，方为得之。乃欧阳子力辨黜梁为伪之非，是则将羿、莽俱非伪而可乎？

欧阳子又极表王彦章之死于忠，为传为记，流连三叹不止。昔黄巢伏诛，诸将献巢之姬妾于京师，天子诘其从贼，其居首者对曰："国家以百万之众，失守宗祧，今陛下以不能拒贼责一女子，置公卿将相于何地乎？"市人争与之酒，居首者不饮不泣，至于就刑，神色肃然。若以彦章之死为忠，则此姬之死为节乎？莽之臣王寻，死于昆阳之战，王邑从莽死于渐台，俱为死于忠乎？

欧阳子又曰："彼有梁之土地，臣梁之吏民，立梁之宗庙社稷，而能杀生赏罚，以制命于梁人，则是梁之君矣，安得曰伪哉？"若是数者，羿与莽何一不然哉？即贤如扬雄，且为莽大夫矣，又何况吏民哉！故吾于晋、隋则绝之于正统，于朱温则更绝之分统，而直名之为伪为贼。夫然后君臣之分严，使后世乱臣贼子不得侥幸以藉口，而大义昭然不易矣。

下

正统之说曰：正者所以正天下之不正也，统者所以合天下之不一也。欧阳子曰："正统之序，上自尧、舜，历夏、商、周、秦、汉而绝，晋得之又绝，隋、唐得之而又绝。自尧、舜以来，三绝而复续，惟有绝而有续，然后是非公而予夺当、而正统明。"欧阳子之论，谓为统明则可，谓为正统明则不可。何也？夫正可以该统，而统不可以奸正。正可该统，极之则东周君与宋之在崖山是也，不可易也。统不可奸正，极之则吾前所论羿与莽是也，不容窃也。

欧阳子谓正统之序,自尧、舜历夏、商、周、秦、汉而绝,而晋得之,是以魏为绝也。魏为绝,而晋可为得乎?又谓晋得之而又绝,而隋得之,是以南北朝为绝也。南北朝为绝,而隋可为得乎?统既有时而可绝,则晋与隋亦何不可为绝乎?夫统以言乎相传也,相传则如祖父子孙之世及不可绝也。绝而欲续之,必有一定之宗法在。彼有天下者之统而绝,必有尧、舜、夏、商、周、秦、汉,得天下之法在,此即《春秋》大居正之义也。故绝与续之关,为有天下者公器之衡,必毫末铢两悉称方得。且正统者,即夫子所云:三重寡过之君子也。有其位,无其德,则不敢作礼乐。夫德者正也,位者统也。不敢作礼乐,虽王天下,不得称为寡过之君子。然则乱臣而有天下,敢作礼乐,而称寡过之君子乎?故未有德位不兼,而可称正统者也,则晋、隋之不得续正统,断断然矣。

或曰:正统之斥晋、隋是矣;若唐与宋,一则起兵以隋禅,一则兵变以周禅,独非篡乎?而俱续正统,何也?曰:唐之得天下于隋也,可云伐暴;宋之得天下于周也,可云救民。伐暴救民,汤、武有其德,而值其时,以践其位。唐、宋值其时,而取其位,以庶几合乎德。唐与宋,虽非二帝三王执中之传,庶几无戾乎二帝三王之法,以三重之君子,归之为正统之绝续可也。欧阳子以统而该正,失轻重之衡,是非未明,予夺未当也。吾故曰所以明统,而非明正统。然正不明,而统亦且因之不明矣。

苏子曰:"正统之为言,有天下云尔。"人之得此名而又有此实也,夫何议?天下固有无其实而得其名者,圣人于此不得已焉。而不以实伤名,而名卒不伤实,故名轻而实重。不以实伤名,故天下不争;名轻而实重,故天下趋于实。是论也,所以为调停而非折中以定其归也。正统者,名不可以虚假乎实,而实不可以冒袭乎名,要使天下后世,知道德仁义之有常尊,而贼乱篡弑之足为诫也。《春秋》之法,天王有常尊。文公五年,王使荣叔归成风之含且赗,后儒谓成风以妾僭嫡,王不能正,使大夫归含赗焉,则王不称天以致谨。夫子周人也,昭代之共主,一失其正,则削天而但称王,其严如此;然则千秋弈代之史笔,于无正之实,而加以正之名者,可不辨而明矣。

苏子又曰:"正统听其自得者十,尧、舜、夏、商、周、秦、汉、晋、隋、唐。予其可得者六以存教,曰:魏、梁、后唐、晋、汉、周。"此本欧阳之说而略为异同者,又不待辨。苏子又非章子正统、霸统之说是矣。统而霸则非统矣,王降而霸,霸者犹假仁义,未闻乱贼而可假仁义者。然则以统归霸,且不可以统归乱贼,苏子谓为存教,可乎?

近时魏禧因霸统之言,又为正统、偏统、窃统纷纭之说。统者,合天下之不一,既已偏矣,安得称统?彼窃者盗也,盗窃人之藏而取其财,即其藏而称盗为主人可乎?窃而以统归之,何异于是!故不知正之为义,而为借袭之说,与不知统之为义,而为分晰之论者,皆不得其本者欤!(《己畦文集》卷一)

钱维城　续苏子正统论

上

正统之辨,夥矣。章氏说不足辨,辨欧阳子与苏子。欧阳子之说曰:"得天下有道,必无失乎道,而后为正统。"于是少所与。苏子之说曰:"正统者,有天下之名耳。既已有天下矣,吾安得靳?"于是无不与。欧阳子以为实而重之,苏子以为名而轻之。其说不同,而其心无不同也。

然而三代以下,得统之正者盖寡矣。从欧阳子之说,是统往往而绝也。得天下不一,就不正者而言,不正亦不一。苏子以为统不可绝,有之斯与之。是有以处魏、晋、梁矣。然而何以处有穷、新莽也？以魏、晋、梁之实有也而与之，欧阳子无以难。以有穷、新莽之亦有也，而将与之，即苏子不欲也。

帝王之有统，犹家之有宗。统以天地为终始，故长。长，故以易姓改物为一代。宗以一家为终始，故短。短，故以父死子继为一代。夏、商、周为三代，曾、祖、考亦为三代。宗法重嫡长，嫡长不必皆贤，然不得以其不贤，而降为仲、叔、季。此苏子之说之所优也。不幸而嫡长绝，则次及于仲、叔、季，又及于本宗之疏远者，皆可继嫡长而为宗。虽支庶，犹本宗也。若以为微，而进异姓以继之，则乱宗矣。此苏子之说之所短也。

汉献亡而昭烈继之，汉未尝绝也，魏乌得而有统？太康、汉哀，统已绝矣；有穷、新莽，业已成矣，然而不得与于统者。本宗式微，异姓篡继，其不反正也，则终统之；其反正也，则宗谱削而不得书，此宗法也。

然则萧詧亦得存正统乎？曰：不然。萧詧不足以立国，而臣于周，是支子之流于贱者也。异姓犹得而役使之，而可称宗乎？必有家乃可以立宗，必成国乃可以继统。

下

名实有定乎？无定也。有君子之名实，有小人之名实。君子曰：富贵者名也，贤不肖者实也。实也吾重之，名也吾轻之。小人曰：富贵者实也，贤不肖其名耳。务取其实，而无惜其名。吾操名实以治君子，君子固然。治小人，小人不尔也。置千金于地，令于众曰：其取者吾贪之，其不取者吾廉之。则人争取之矣。彼见千金之为实，而贪、廉之为名也。人得千金之实，而吾操贪夫之名以随其后，安在其能不争也！且所谓名实者何据乎？天下有凭者为实，无凭者为名。千金物也，可凭也。贪、廉何物也？今有贤者于此，爱之者曰贤，恶之者曰不贤。有贵者于此，爱之者曰贵，即恶之者得曰非贵乎？则贤不肖无凭，而贵有凭也。魏、晋、梁之取天下，以为天下也而取之，非不如篡弑之为罪也。苏子之所谓名，乃魏、晋、梁之所谓实耳。

　　然则名实果无定乎？小人之名实，真名实矣。圣人不没其实，而谨操其名，操其名以治实。实者，一身之私，一世之事也。名者，天下之公，万世之事也。且名附实而存，存其实，则名不可得而遁。虽贵有天下，而不能与吾争贤不肖，则名重。名重故实轻，实轻故小人有所顾忌于名，而不敢犯。空名者，人之所谓无用者也。然古人借之，且以成大事。陈涉假楚号以动众，光武起南阳由刘氏。二世、新莽方有天下，终为楚、汉所灭者，诚不能不屈乎其名？名之重于实也彰彰矣。一人据其实，而天下执其名，故名盛而实危。操其盛以破其危，于是匹夫之权，可重于帝王。

　　正统，名实之所系也，不可诬也。以魏、晋、梁之不肖而绝之，则何以处唐、宋？且充其说，何不于文王时即削纣，而反疑受命之说？以晋、梁之实有天下，而并魏而进之，则何以处蜀汉？且充其说，何不于东周之衰，而即帝秦乎？故苏子辨欧阳子之说是也，而其所为名实者非也。（《国朝文汇》卷十四）

徐世佐　正统论

上

　　正统之变有二：有奸雄篡据，无群雄割据；先君无一线之嗣，天下统于一人，则以正统与之，非义之，从其实也。秦并六国，晋平吴，隋灭陈，天下无与分统者矣。有奸雄篡据，有群雄割据；先君有一线之嗣，则以正统与先君之嗣，不以与贼。有奸雄篡据，无群雄割据；先君有一线之嗣，则亦以正统与先君之嗣，不以与贼，与之者义之，从其实也。篡据者不正，割据者不正，先君之嗣正。正者君，其不正者贼也，故曰义之，从其实也。汉之蜀，晋之南，天下无与分正者矣。无正统者，有奸雄篡据，有群雄割据；先君无一线之嗣，则莫适与正。以篡据者为正，篡据者乌乎正？以割据者为正，割据者乌乎正？各不正，亦莫适与统。以篡据者统，篡据者未能统。以割据者统，割据者未能统，各不相统，故无正统。唐之亡，梁篡据者，晋、岐、吴、越、闽、蜀割据者。夫篡据者之罪，甚于割据者，为其手刃君父而灭其宗社也。以篡据者为正，是犹以杀父者为主人，而分其财为盗也，岂不悖哉！

中

苏子瞻曰：魏与梁，吾与之名，不与之实，名轻而实重。异哉！苏子之论也。贤者吾名之为贤，不肖者吾名之为不肖。吾名不肖者为贤，曰吾与之名，不与之实也，途之人闻之，其不哑然笑乎？天子吾名之为天子，诸侯吾名之为诸侯，吾名诸侯为天子，曰吾与之名，不与之实也，途之人闻之，其不哑然笑乎？

子瞻曰：位，名也；德，实也。吾轻与之名，而重留其实。夫位与德，皆实也。德为圣人，吾名之为圣人；位为天子，吾名之为天子。名者，名其实也。人，吾名之为人；鸟，吾名之为鸟；兽，吾名之为兽；山川虫鱼，吾名之为山川虫鱼。子瞻则曰：人，名也；仁、义、礼、乐，人之实也。人必有仁、义、礼、乐之实，而后名之为人，则天下之为人者鲜矣！故吾轻与之名，而重留其实。然则子瞻将指羽毛麟介之族，而尽名之为人乎？抑必衣冠言笑者而后名之为人也？然则子瞻之为名，犹未免从其实也。

子瞻曰：不必有圣人之德而后名之为正统。吾亦曰：不必有圣人之德而后名之为正统。尧、舜正统也，桀、纣亦正统也。然必正统而后名之为正统也，吾怪子瞻非正统而名之为正统也！

子瞻曰：不必有圣人之德而后名之为人。吾亦曰：不必有圣人之德而后名之为人。尧、舜，人也；桀、纣，亦人也。然必人而后名之为人也，吾怪子瞻非人而名之为人也！

子瞻曰：必尧而后父，稍不若尧，降而为兄，则瞽瞍惧，至仆妾焉。吾亦曰：必尧而后君，稍不若尧，降而为臣，则桀、纣惧，至奴隶焉。夫父之必不可降而为兄也，子瞻则固知之矣，有是哉，名之必从其实也。而子瞻又曰：吾轻与之名。然则兄也，而吾名之为父；降而仆妾也，而吾名之为父。有笑于旁者，吾且解之曰：名轻也，故与之，非与其实也，则何以留其实？曰：名之为父，而实不以为父也，然则实仆妾也，而名父也，则且役之，使之治栖、除厕、饮牛、饭马，而又詈之，而又笞之，而役之，使之治栖、除厕、饮牛、饭马，而詈之，而笞之，而名之为父，曰：吾轻与之名，而重留其实也。然则臣也，而吾名之为君，降而奴隶也，而吾名之为君。有怒于旁者，吾且解之曰：名轻也，故与之，非与其实也，则何以留其实？曰：名之为君，而实不以为君也。然则实奴隶也，而名君也，则且役之，使之治栖、除厕、饮牛、饭马，而又詈之，而又笞之，而役之。使之治栖、除厕、饮牛、饭马，而詈之，而笞之，而名之为君，曰：吾轻与之名，而重留其实也。甚矣！子瞻之谬也。父，父也。杀父者，非父也。君，君也。杀君者，非君也。父，吾父之，杀父者非父，吾亦父之；君，吾君之，杀君者非君，吾亦君之。曰：是皆无圣人之德者也，不必有圣人之德，而后君之父之也，吾轻与之名，而重留其实也。之瞻之愚而悖于道，其亦至此乎？

子瞻曰：魏与吴不两立。夫魏与吴，何尝不两立？魏灭而后吴亡，魏虽强，不能统吴。吾之称名，以魏统吴，于实则诬，魏虽强篡据者，吴割据者,吾之称名,以魏正吴,于义则乖。退吴不可,况于退蜀?甚矣!子瞻之谬也。

或曰:正统有常变乎?曰:有。得之以正而大一统,则正统之常也。

下

子瞻以为瞽瞍虽顽,子不得以为非父;桀、纣虽暴,臣不得以为非君;魏与梁虽篡天下,不得以为非正统。夫瞽瞍,父也;桀、纣,君也;魏与梁,弑君者也,则犹弑父者也。吾怪子瞻以弑君者,同于君之暴者。君之暴者,不得以为非君;弑君者,亦不得以为非君。则吾怪子瞻以弑父者,同于父之顽者。父之顽者,不得以为非父;弑父者,亦不得以为非父,则子而父,其弑父者,而子瞻以为孝也。臣而君,其弑君者,而子瞻以为忠也。且夫父虽顽,子不得以为非父;非其子,不得入之而以为父也。君虽暴,臣不得以为非君。非其臣,不得入之而以为君也。

魏与梁虽篡,其所统者,不得以为非其所统也。非其所统者,不得入之而以为其所统也。非其所统者而入之,而以为其所统,曰:吾以名与之,非其实也。途之人闻之,其不哑然笑乎?夫吴与蜀之非魏所统也,晋、岐、吴、越、闽、蜀之非梁所统也,子瞻其亦知之矣。然则子瞻以吴与蜀之各有所统也,皆不正,而独魏为正;晋、岐、吴、越、闽、蜀之各有所统也,皆不正,而独梁为正。是子瞻独以弑君者为正,而其不弑君者,皆不正也。虽丕与温闻之,亦不以为然,而以子瞻为谀而欺我也。

且夫正统之名,名以统,不名以德。魏与梁果无分统者,虽非汤、武,天下皆有其臣子,子孙守之,则正统也。汤放桀而有若吴者,有若蜀者,则分统也,不得遂以商为正统也。武王诛纣,而有若晋、岐、吴、越、闽、蜀者,则分统也,不得遂以周为正也。

且夫统天下者,统之云耳,奚以云正?有不正者,则有正者,是故正统之名，以与先君一线之嗣也，非与之也，谁非戴吾天而履吾地者，其所篡据，其所割据，皆吾之土地人民也。不得以其篡据之，割据之，遂以为非吾所统也。虽篡而割，犹臣子也，故统之也。统之者不与其篡也，不与其割也，非其所得据也，以土地人民还之天子，是《春秋》之义也。子瞻胡以与弑君者？（《遁斋文集》卷一）

计　东　纪元汇考序

甬上万石园征君，淹通史学。尝取历代正史之未著表者，一一补之。自东汉以至十国方镇，凡六十篇，益以《明史》表一十三篇。竹垞谓其揽万里于尺寸，罗百世于方策，览者快心。征君复以其绪余成《纪元汇考》一编，上溯陶唐，迄于胜国之季，四千余年。年经代纬，纪号无遗。凡禅继正闰及割据僭伪，与夫世系之久近，时地之纷更，按图摘例，粲如列眉。虽卷帙不多，而上下千古，绳贯丝联，不至泛而无所稽，洵读史家案头必置之册。

昔治平中，刘道原最精史学，尝佐温公修《通鉴》。既成，别纂《十国纪年》及《历代疑年谱年略》。《谱》虽与《通鉴》之目录举要大小差殊，而其为史学之助一也。

是书为征君犹子九沙先生视黔学时，曾一校刊。庚申板毁，吴竹屏观察重刊邛上，流播未广。昨岁甲午余校士浙水，先生季子右扬以重锓请序，会使竣还朝未果。今年丙申，余复奉命来浙，适汤对松前辈寓，书申前请。余惟是编当与征君《史表》五十四卷并传艺林，其于学者，知人论世，裨益非细。否则仅取《纪元》一册读之，即能记显德年号，亦未可遂诩为读书人也。愿以余言当读史者之乘韦，为何如耶？（《清儒学案》卷六十四）

刁　包　与史子敏论史书

从金容得《论史书》读之，始知洋洋大国，有所谓子敏史先生者，当代史才也。子长、孟坚而后，直振其响矣。相去五百里，未获一把臂畅所欲言，岂非憾事！虽然吾不得而身交之也，请以心交之。心可得而交，则口可得而言。包何言哉？言史而已。廿史瑕瑜，古今固有定评，执事又从而折中之，抑扬予夺，凿凿若指诸掌。他不具论，如降霸王为世家，而以抑下之遗为缺典，以陈寿之史为眯目丧心，皆千古快论，读史者不可不知也。至于论列《明史》，尤中权衡。如建文革除，景泰附录，皆当代缺典，有史氏之责者，岂能一日置诸其怀耶？今幸毅然立纪，此笔乎其所不得不笔者也。显陵立纪，索然无味，即有好文章，将安用之？适足以彰祖宗盛德之累而已。今幸毅然删去，此削乎其所不得不削者也。刘伯温以开国名臣而兼文学，宋景濂以文学名臣而兼开国，当是子房流亚，邓、冯、房、杜诸人不及也。其始也，既不得与草庐例论；其既也，又不仅与管仲同科，目曰迁乔，亶其然乎！江陵、分宜特书二巨，犹蜀人之目姜、黄也。伯约志图恢复，虽不克而死，凛凛有生气焉，岂亡国败家之黄皓所可同日语哉！江陵《实录》具载慎行于公上丘司寇一书，包已集诸《斯文正统》矣。崇祯间，特加恤录，未为过分，盖其辅翼匡救之功，昭然在人耳目，非分宜所敢望也。开国逸民，首陈静诚，允为一代冠冕。近代则百谷、眉公，其人抑亦名实允称。虽二公学术未醇，终其身以诗文见长，然不事王侯，高尚其事，庶几《遁》之上九矣。至于雪庵和尚、东湖樵、补窝匠诸君，或死或从，皆以身殉君父，置之闲闲十亩，岂有伦哉！贤奸霄壤，如唐张承业，《纲目》大书特书，直与韩张良、晋陶潜异世同心，若以寺人故一概抹杀，非情理之平也。表而出之，谁曰不宜？

以上数论，皆包晤对圣贤所千虑一得者，不谓执事先得我心也。窃自欣慰，以为未就正而合符有道，一似天牖其衷者。

虽然，执事固有言矣，读《上傅名公书》云："如某唯唯称善，不尽肝膈，毕奏乎执事之前，某不敢出也。"包于执事亦云：敢讳狂瞽乎？窃尝反覆执事之言，有所疑而臆为之说者四焉，有所信而进为之说者四焉，愿尽肝膈毕奏之。

自古母后之恶，至武氏极矣，吕雉其次也。先生平心以核，谓不失为本朝国母，或者未安乎？何以言之？《春秋》于鲁文姜去其姓氏，《传》谓："绝不为亲礼也。"吕氏秽德彰闻，不减文姜，而杀戮功臣，半出其手，凋丧汉家一代之元气。且也诛锄宗室，布列亲党于要地，以图不轨。若非平、勃交欢，诸君左袒，刘氏将转而为吕氏矣。牝鸡之辰不可长，犹缓乎其言之也。

永嘉诸人，列诸佞幸，诚过矣。但以世宗为纯孝，文忠为纯忠，或者未安乎？何以言之？继统非继嗣，此自有见而然，包独谓继统便当继嗣，不继嗣便不得继统也。尊为天子，以继统故尊也；富有四海之内，以继统故富也；宗庙享之，子孙保之，以继统故享之保之也。尊富享保，伊谁之赐？而可忘其所由来乎？

昔司马温公议濮王典礼尝曰："濮安懿王虽有天性之亲，顾复之恩，然陛下所以负扆端冕，万世相承，皆先帝德也。"至哉言乎！可为万世法矣。请以舜、禹言之：舜继尧之统者也，非继嗣也。禹继舜之统者也，非继嗣也。按《祭法》有虞氏宗尧，未及瞽瞍；夏后氏郊鲧，未及舜。后儒便有异议焉。其言曰："夏后氏之天下，受于舜，非受于鲧也。禹安得以天下私其父哉？"异氏继统且如此，而况世庙实犹子、孝宗实犹父乎？以亲而言，兴献父也，孝宗不可谓之非父；孝宗君也，兴献不可谓之非臣。父若子，盖尝北面而朝之；一旦入继大统，遂使正统失其亲；而亲归本生，正统失其尊；而尊归本生，尊尊亲亲之道，固如是耶？非特亲本生也,且若特疏正统以明本生之亲者;非特尊本生也,且若特卑正统以明本生之尊者。姑举其一二言之。如兴献太后千秋节,命妇各上笺贺晏赍倍常。昭圣诞辰,则传命妇免朝。如昭圣仁寿宫役,深念岁灾民困,暂停以恤民命。献皇观德殿役,则敕礼、工二部十日营度,群臣或言灾异罢工,则不报。如武宗庄蜀皇后谥法,概从减削,事以嫂礼,而忘其为天下之母。至于祧仁宗附兴献,尤为不经。以华亭之贤,初议甚正,再议甚婉,而终不免于逢君。诸如此类,永嘉诸人,未闻一语相及,又从而赞成之,朝夕迎合人主,以加恩本生为事。夫本生之恩可加也,正统之恩独可减乎,减正统之恩以加本生,恐非义理所得为也。然则议世庙之礼,当如明道先生说。考孝宗祢昭圣而称兴献为皇伯父,某国太王;兴献后为皇国母,某国太后,此天经地义之不可易者也。方继统之初,业已俯从众议,夫何以群臣之言,终反初命哉!

昔温公又尝曰:"汉宣帝与孝昭后,不追尊卫太子、史皇孙。光武上继元帝,亦不追尊巨鹿南顿君。"窃意宣帝、光武为世庙正未可以例论也,何也?宣帝之祖为卫太子,父为史皇孙,皆孝武嫡传,不幸以谗废死。宣帝崛起民间,即追尊其祖父,正自不碍昭帝。而不然者,盖泥于继昭帝之统,即继昭帝之嗣也。汉之天下为新室十有九年矣,光武从马上百战而得之,与高帝何异?即追尊其祖父,正自不碍元帝。而不然者,盖泥于继元帝之统,即继元帝之嗣也。世庙继统,孝宗在祖父,非有宗子家嗣之传也,在当身非有创业垂统之实也,视宣帝、光武,盖迥乎不同也。而必追尊兴献哉?窃意兴献,有子者也,未有天下以付之。孝宗、武宗有天下者也,未有子以付。在兴献以子而有孝宗之天下,在孝宗以天下而有兴献之子,岂不以情理允协者乎?当日伏阙诸公,出死力以争之,为孝宗耳。谓十八年盛德大业,不可以不嗣也,岂有所为而为之哉?若张、桂、方、席诸公,援古证今,力排群议,为世庙也。当是时,有所见适同,而将顺其美者;有所见未必同,而惮于批鳞,从而为之辞者;有窥见上意,毁方为圆,一言投合,立致通显者。考其与礼官辨析十三事,大抵皆矫诬粉饰,而不可以服天下万世之心也。噫! 余吾无责焉矣。

若永嘉学识大有可观,且于世庙称鱼水欢,使其心果出忠孝,非诡随以图富贵,当年高官大糈,皆宜坚辞不受,以为伏阙诸臣请命。若入告我后曰:臣言果不谬,幸布告中外允行之,在臣终不敢以此为进身地。建言诸臣各陈所见,亦忠于朝廷之职分也。今或死或窜,或贬或谪,处分得无过甚矣乎! 如此则世庙未必不见听,即或不见听,此心固可以对人己而两无愧,岂不伟然大丈夫哉! 奈何苛以迫胁,诬以欺罔,惟恐诸臣得罪之不深也。噫! 亦已甚矣。执事独恕之曰:"入庙称宗,后亦未尝诡随图富贵也。"包独谓诡随图富贵,更有甚于入庙称宗者矣。入庙称宗而可诡随也,天下事无不可诡随者矣。厥后郊祀配天,与高祖、成祖同为百世不迁之庙,亦相率而诡随之,孰非永嘉作俑乎? 胡《传》曰:"人子不以非所得而加之于父是为孝。"世庙所加诸父者,果人子所得为乎? 人臣不以非所得而加之于君,是为忠。文忠所加诸君者,果人臣所得为乎? 非所得而加之,以之为孝为忠且不可,而况纯乎? 梁溪先生曰:"门人厚葬,何以不可?"使门人为臣,何以为欺天? 只此二事? 可体认天理。《春秋》一书,无一事不是此理也。以此理律之,世庙、文忠恐非《春秋》之所与矣。执事独云一命之荣,无不欲归之父母,以此谅世庙之心,宜矣。

窃尝历考《孝经》及《戴记》所称,以人子一命之荣归之父母为孝乎? 抑以立身行道,扬名于后世为孝乎? 夫舜、武之孝,首以其德;曾、闵之孝,不以其贵。然则孝弟断可识矣。夫子不云乎:"断一树,杀一兽,不以其时,非孝也。"当日以大礼兴大狱,伏阙诸臣谪戍者二百二十人,廷杖者八十余人,病疮卒者十有七人。此史册所仅见也。不知永嘉诸公,纡青拖紫,备极一时荣宠,亦曾念及此百尔臣工之含冤负痛否耶? 夫一兽一树,断之杀之不以其时,未可为孝;忠臣义士,黜之戮之不以其罪,可谓孝乎?然而世庙之大孝至孝,固有在彼不在此者。何以知其孝之大也?敬天法祖,知人安民,创造中兴之业,非大孝乎?何以知其孝之至也?追慕本生,四十余年如一日,每遇生日忌辰,精虔惨怛,无不泣下,非至孝乎?孝子不匮,永锡尔类,世庙之谓矣。若夫称考称妣,称皇称宗,以至于入庙配天,百世不易,主一人之私,非万代之公,恐未足以为大孝至孝也。

执事云:"六经惟《易》道精微,别是一体,若《书》、《诗》、《礼》、《乐》、《春秋》皆史也。"此论极为卓越。但经既可以为史,则史亦可以为经,或者未安乎?何以言之?静修刘先生曰:"古无经史之分。《诗》、《书》、《春秋》皆史也。因圣人删定笔削,立大经大法,即为经。"夫史经圣人笔削而后以经名,彼未经笔削者,经云乎哉?若等夷而论,恐非圣人分本末、别精粗至教矣。盖六经之书,皆圣人不得已而为言也。伊川曰:"有是言则是理明,无是言则天下之理有阙焉。如彼耒耜陶冶之器一不制,则生人之道有不足矣。六经之谓也。"

愚谓斯人有六经,如天有日月,不日不月,则天晦矣。如地有山河,不山不河,则地竭矣。如人有耳目手足,不耳不目,不手不足,则无所知能而失其所以为人矣。自格物、致知、诚意、正心、修身,以至齐家、治国、平天下,何以不本诸此?所谓建诸天地而不悖,质诸鬼神而无疑,考诸三王而不谬,百世以俟圣人而不惑者也。若诸史胪列,如金玉然,其精美可宝,而不能无玷无瑕,如花木然,其色味可珍,而不能无凋无谢。视得之则生,弗得则死者,有间矣。吾不敢谓格致诚正、修齐治平之不出乎此。吾不敢谓格致诚正、修齐治平之尽出乎此也,岂曰不可以建天地?然而或有悖焉者矣。岂曰不可以质鬼神?然而或有疑焉者矣。岂曰不可以考三王、俟圣人于百世?然而或有谬焉、惑焉者矣。故谢显道举全史不遗一字,明道谓之玩物丧志;伊川《春秋传序》谓后世以史视《春秋》，褒善贬恶而已，至于经世之大法，则不知也。《近思录》论为学之序亦俟诸经毕读。明乎《春秋》之用，然后可以观史而辨其是非得失之故。

然则经与史，分本末、别精粗，诚圣人至教也，果可等夷而论哉？昔人有言曰：谤牍也而史，贼臣也而史，寇蜀也而史，奖北酋也而史，受赃也而史，下代上琢也而史，狐媚也而史，事数君也而史，清谈也而史，蔡卞、蔡京也而史，脱脱也而史，史之流弊有此如此者！然则域中有三大，史居其一，盖子由不知道，而妄为夸大之辞也。包窃谓史之大，何如经之大？经者，圣人之全体大用；史者，圣人之迹也。

执事又曰："因《左传》仰溯《春秋》，因《通鉴》深思《纲目》。"此必执事读书得力处。径路岂必尽同？但《春秋》，经中之史也。《左传》只可谓之史。《纲目》，史中之经也。《通鉴》不可谓之经。不本经以考史，而由史以求经，或者未安乎？何以言之？太祖开科，《春秋》四传，并列学宫。及成祖命儒臣纂修《大全》，然后专主胡氏。盖康侯二十年攻苦，其于尼父微词奥义所窥见者，盖十之七八矣。即立言之本旨间有未合，而垂训之大道，则无或戾也。《公羊》、《榖梁》偶有一得，《左氏》则取其足以考二百四十二年之行事而已。其是非能不谬于圣人哉？今之治举子业者，家传户诵唯胡氏，而割裂圣经，穿凿附会，不复睹本来面目。麟经一书，盖名存而实亡矣。包不自揣，欲一举而更易之，校士命题，以经不以传。与诸经同为文，则大段本胡氏立说，而推其意畅发之。《公》、《榖》、《左氏》偶有独到，亦时为表章，否则断以己意，而明正四传之非。夫如是，则圣人之本来面目可复睹而见诸行事，信乎其深切著明矣。若徒以《左传》仰溯《春秋》，恐未可以得《春秋》也。《资治通鉴》删前史之浩瀚，而出以简练；洗前史之芜秽，而出以精纯，岂非一千二百六十二年之功臣哉！然其褒贬，未能尽合于圣人。如曹操，国贼也，而恕其非，取天下于汉几与帝魏寇蜀同识。荀或助桀为虐也，而称其仁先管仲，又与苏长公之见，前后如出一辙。仁山金氏讥其志不本经，而信百家之说，未足以传，信岂过也哉！朱子《纲目》虽本温公，然其文《通鉴》也，其义则窃取《春秋》。读《纲目》而不明乎《春秋》之旨，开卷茫然无所取裁矣！是故上由《春秋》，俯而印诸《纲目》，下由《纲目》仰而溯诸《春秋》，尼山、考亭，若合符节。若徒以《通鉴》深思《纲目》，恐未可以得《纲目》也。所谓有所疑而臆为之说者，四焉此也。

执事忧忠义之少，由于孝道之衰，欲立逸民、孝子、忠臣、节妇四传，以补《吾学编》之缺，此探本穷源之论，移风易俗之心，其为名教裨益多矣。包则谓忠臣之少，由于孝道之衰固矣。孝道之衰，实由于学道者之寡也。何以言之？自道学之名为举世所厌薄，而忠孝两字几不知为何物，窃谓吾人一身亲生之，君成之，两者俱无所逃于天地之间。居恒念身体发肤所自受，起居视息所自如，则思吾亲。思吾亲，而知吾之身本亲身也。身为亲有，故出言践步，不敢忘吾亲。居恒念室庐田里所自保，庠序学校所自育，则思吾君。思吾君，而知吾之身本君身也。身为君有，故处常临难不敢忘吾君。然非平生学道，则决不至此。

执事欲立四传以补《吾学编》之缺，包又欲执事立《道学传》以补四传之缺。盖道学之传，自尧、舜、禹、汤、文、武、周公递及孔子，见而知之者，颜、曾、思、孟也；闻而知之者，周、程、张、朱也。越四百年，笃生真人，发明周、程、张、朱之蕴，以仰溯颜、曾、思、孟之传，而直统诸孔子，则景逸高子是矣。其余或以全体著美，或以偏端擅长，盖学有异同，则统分正闰，虽兼收并录，而不可不为之别户分门也。希将尼父宗传，有无虚实，不落边际者，萃为一编。若夫溺于虚于无，或失则禅；滞于有于实，或失则支。两者各萃为一编，如是则道学倡明，而人知所向，方行见孝子忠臣接踵于世矣。

李本宁先生《庚申纪事》，包未之见也。平生惟服膺梁溪先生《与王黄门一书》，剖明三案，皎如日星，严如斧钺，直使乱臣贼子，更无躲闪处。虽圣人复起，不能易也。甲申之变，记录不知凡几，据包耳目所及，有怵于贼,抱头鼠窜,而以为全节者矣;有死于贼,肝脑涂地,而以为杀身者矣;有矢口骂贼,并骂举朝从贼者,百死不回,未几兵变,获以身免,而泯没无闻者矣。从耳目所及,推之耳目所不及,正愿博搜远访,不遗一人,不滥一人,以成信史,系惟执事是赖。恐曹秋岳先生所谓二十八人者,亦未可遂为铁案也。死者固宜核真,生者亦宜防伪。先生欲以近闲不仕及弃诸生、诸公为获麟乎?然有形迹虽同,而处心积虑殊异者,不可不辨也。

从君父起见,日抱惭负天地不可以立于世之心,而慨然以斯道自任,为天地立心,为生民立命,为往圣继绝学,为来世开太平,此方今第一流乎!从苍生起见,饥溺而切由己之思,锐意问学,矢心经济,自天文、地理、人物,以至出奇制胜之策,扶危定倾之略,靡不有以自命,此其次也。从时势起见,明哲而得保身之道,厌嚣就寂,去危即安,放浪于山水之间,流运于诗酒之内,视富贵利达若将浼焉,此又其次也。若夫名则不为实,则不能偷安藏拙,窃附隐逸,吾不知之矣。所谓有所信而进为之说者四焉此也。

不肖至愚极陋,渺见寡闻,所为效颦弄斧者,无他焉。特以相爱之深,相望之厚,故缕缕数万言不自知其烦多也。然岂遂自以为是乎?伏望提纲挈领,剖析微茫,酌为定论以示,俾包确有见地,不复徘徊于歧路,受赐多矣!(《清儒学案》卷十五)

按,此书力辨史子敏氏目嘉靖(明世宗)为纯孝,张璁(即张孚敬,亦称永嘉,谥文忠)为纯忠之非。所举张、桂、方、席诸公,指张璁、桂萼、方献夫、席书,此明中叶议大礼之事也。是案牵连极大。在理论上可有两种说法:一主继统出于继嗣,继嗣即所以继统;另一主继统与继嗣宜分开,继统承大位,而继嗣乃另一事,宜尊崇所生。盖一准礼而一酌情。世宗欲推尊所生，故不满前议。礼官及朝士无不准礼，格以帝意，毛澄引疾去。及汪俊继为礼部，时献王已加帝号矣。嘉靖三年（1524），刑部主事桂萼请改称孝宗为皇伯考，萼言："孝宗既有武宗为之子，安得复为立后？"又言："武宗全神器授陛下（世宗），何忍不继其统？"竟主张以世宗直接武宗之统。则可以不必理会嗣统问题。惟俊等皆议世宗"既称武宗为皇兄，岂必改孝宗称伯，乃为继其统乎？"故仍执宋人濮议之论。当时惟张璁、霍韬、熊侠与萼议同，其他八十余疏二百五十余人，皆如俊议，世宗不纳。四月，追尊兴献帝为本生皇考恭穆献皇帝。编修邹守益请罢兴献帝称考立庙，修撰吕柟亦言大礼未正，均下锦衣狱。六月，吏部员外郎薛蕙上《为人后解》二篇（按，文载《明史》卷一百九十一《薛蕙传》），鸿胪少卿胡侍言张璁辈议礼之失，俱下狱。七月，更定章圣皇太后尊号，去"本生"之称，引起廷臣伏阙固争，遂下马理等一百三十四人（廷诤诸臣名具见《明史·何孟春传》）于狱，杖之廷，死者十八人，复杖修撰杨慎等，慎谪云南永昌，终身贬戍所。大礼之议，倡自杨廷和，廷和即慎之父也。举朝同声，大抵本司马光、程颐《濮园议》。守先贤大儒之成说，以求无罪于天下后世。（《明史》卷一百九十一《赞》）据理力争，前仆后继，此明儒殉道之精神，为求正统之正，而粉身碎骨。为真理而牺牲，于"大礼"一案，可以见之。而史子敏竟谓张璁为纯忠，无怪刁苞为之扼腕不置也。

书中采元刘因语，联类阐论经与史之轻重。文中引史子敏说，除《易》之外，他经皆史，固知六经皆史之说，明人已常言之，不待章实斋而始发其端。然史之大，不如经之大，故刁氏深斥离经而言史之未安。实斋云："古人未尝离事而言理。"（《易教上》）又谓："六经即其器之可见者也。后人不见先王……以致离器而言道。"(《原道中》)顾舍理而侈言事,理非其精,事非其大,亦何所裨益哉?此刁说正可以深长思而为今日之针砭也。

张宗泰　通鉴论正统闰统

帝魏帝蜀,纷纷聚讼。论者谓温公为北宋臣子,北宋建邦中土,其国势类乎魏,故温公《通鉴》,以魏为正统。朱子为南宋臣子,南宋建邦江左,其国势类乎蜀,故朱子作《纲目》,以蜀为正统,其实亦未尽然也。魏受汉禅,晋受魏禅,世代相承,此而以正统归之,谁曰不宜?又况魏之地大兵强,据天下十分之七八,一切条教号令,皆自之出,温公之帝魏,亦酌量乎情事之轻重,以定予夺之准,而非必为符合本朝起见也。至蜀之为国,僻在一隅,声教不通于中邦,似与帝统无与矣。然昭烈为中山靖王之裔胄,民心不忘汉室,昭烈能延汉祚,以蜀为正统,亦天理人心之不容泯没者,而何可厚非也?总之,帝蜀帝魏,均有一说之可通,正不必非承祚而是彦威,亦不必右朱子而左温公也。(《鲁岩所学集》)

叶维庚　纪元通考序例

自　序

自有熊氏黄帝始造甲子,历金天、高阳、高辛、唐、虞、夏、商、周、秦至汉高、惠、文、景,二千五百五十七年,皆历历有年次可稽,而未有所为年号者。有之，自汉武帝建元元年辛丑始。自是厥后，正统之朝，与僭号之国罔不纪元，或一帝而数更，或一岁而屡改，或南北之正朔傺池，或前后之纪元剿袭。棼纭繁复，即淹博之士，亦病其难稽。虽然黄初二月，张策辨古鼎之铭；乾德四年（966），窦仪识蜀王之镜。诵其书，不知其世，可乎？客窗暇日，爰辑《纪元通考》，厘为十二卷，亦未必非读史者之小补云尔。

例　　言

一、薛应旂《甲子会纪》及于明代。我朝列圣，顺天应人，抚有万国。圣祖、高宗享国至六十余年，自三代以来，未之有也。敬谨书之，以纪其盛。

一、依韵类编《通考纪元》之号，以便检阅。本朝正朔，寰海同文，普天共晓。于卷首统系谨书之，以见天命之攸归，而类编中不敢次列。

一、朱子《纲目》晋、隋之间一百七十年，唐、宋之间五十三年，皆不得谓之正统。然欲著历代相传之次序，则不得不取南宋、南齐、南梁、南陈、后梁、后唐、后晋、后汉、后周之年号。故三国之继统，从朱子，前后五代之继，从温公，非歧之也。

一、海内一统之世，年号归一，无所用表。惟割据分裂之时，彼此纪年差殊，难于检对。故取三国、十六国、南北朝、唐末十国、宋、辽、金、元数百年，系之以表。其僭窃之号，为时不久，无关考据；外藩之号，多荒忽不可凭，无从定其时代，故概不入表。

一、年表年经国纬，皆以中朝正朔冠之，庶开卷晓然。

一、凡史书异辞，如始初、初始、中元、建武中元之类，仍两存之，博异闻也。

一、年号相同，摘录但著其纪元之甲子与年数之修短。其僭窃之号，系于何代，已见《类编》，不赘。

一、一年两号、三号考，止就汉、晋、前五代、唐、后五代、宋、元、明相承之统著明之。其三国、十六国、十国等略见年表，不重列。

一、古今纪年之书，不下数十家，如《古今年号录》、《古今类聚年号图》、《嘉号录》、《稽古录》、《纪年录》、《通鉴目录》、《历代纪要录》、《纪年世运录》、《年号历》、《正闰位历》、《历代纪年》、《历代年号》、《元类》、《玉海改元类》、《历代纪元赋》、《纪元通谱》、《甲子会纪》、《甲子编年》以及《纪元汇考》、《纪元表》、《纪元谱》、《改元考》、《纪元叙韵》、《历代建元考》等书，或日月简略，或正伪纷糅，或一年数号之未明，或前后相同之未著，语焉不详，未能使观者开卷了然。是编缕析条分，体例稿为详尽。然胡身之有言曰："他人之误，我知之；我之误，我不能自知之。"区区之心，所望大雅正谬耳。

一、温公言："阅《通鉴》者，未尽一卷，已欠伸思卧，能读之终篇，惟王益柔一人耳。"甚矣，读书之难也。庚学识浅陋，未获博览，漏略之讥，知所不免。

一、所编首纪正统，尊帝绪也。次列分霸，别正闰也。次及僭窃、外藩，广稽核也。次及道经、杂记、无稽之语及拟议不用、史书异同诸号，备疏漏也。次为年表，分霸之时，各自为元，使归一也。次以编韵，便检阅也。次著前后之相同，著一岁之屡更，晰杂糅也。次缀集古人论说，以考见得失，稽古论世之学，盛衰治乱之原，或亦有取焉。（《清儒学案》卷二百二）

段长基 历代统纪表序（附：凡例）

古昔帝王之御天下也，典礼命讨原于天，尊卑内外，人不敢紊。是以"六经"不言统，而统自正也。周衰，圣贤不作，纲沦法斁，礼废乐崩，驯至强秦，入寇王室，七国均敌，不相统一。后若南北朝及五代，华夷纷争，天下无主，不得已同谓之无统。然作史者，每徇所好恶，或例义不严，间有倒乱其统者，如陈寿之《三国志》帝魏寇刘之类。有未及成统而遽以大统书之者，如《通鉴》以秦自丙午（前255）继周、汉自高祖元年（前206）继秦、晋自泰始元年（285）继魏、唐自武德元年（618）继隋之类，所谓统者，均未得其正也。惟有宋新安朱子《纲目》一书，笔直旨深，义正例严，参诸说而厘订之。又蒙我圣祖仁皇帝万几之暇，博稽详考，析疑正陋，厘异阐幽，实所以立天地之大纲，扶古今之大义，深有得于孔子《春秋》之心法者也。但卷帙浩繁，学者能熟悉而贯通者甚鲜，而坊间删本，非错记互载，参列国建国及割据诸国于正统之中，即各国各成一编，几不知列国建国及割据诸国起于何帝终于何代。是编为初学计，仿太史公十表之式，分为数格，以正统者正书于上，编年以纪其事。无统及篡统者，低一格而横书之。至列国及割据诸国起于某，正统某年某月终于某，正统某年某月俱横于各正统之下，而以正统之年月纪之。则分观焉，各成各国之史；合观之，共成一代之书，此所以大一统也。统一则纲立，纲立则义正矣。至其间所纪之书与人及祥瑞灾异之见，必其关于统之所以盛与所以衰者，乃摘录之。其典礼命讨尊卑内外，一皆本御批《纲目》云。大清嘉庆岁在昭阳作噩皋月西亳段长基自识。

凡　例

【正统】谓周、秦、汉、晋、隋、唐、宋、明。

【无统】谓周、秦之间，秦、汉之间，晋、隋之间，唐、宋之间。

【列国】谓正统所封之国。

【建国】诸仗义自王成相王者。

【篡贼】谓篡位干统而不及传位者。

【割据】谓割正统之土地而据之者，如蜀汉时晋、魏，晋、宋间二赵、五凉、四芜、成、夏。（下略）

【不成君】谓仗义承统而不能成功者。

是编惟正统者正书于上，编年以纪其事，所以大一统也。（本书卷首）

赵　翼　《通鉴》、《纲目》　《纲目》书法有所本

《通鉴》、《纲目》

《通鉴》仿《左氏》编年体，虽创于温公，然温公以前已有为之者。晋时习凿齿已著《汉晋春秋》，刘宋时刘允济采鲁哀公后十二世接战国为《鲁后春秋》，元魏时张始均改陈寿《魏志》为编年三十卷。唐时裴光庭引李融、张琪、司马利宾等直宏文馆撰《续春秋经传》，自战国讫隋，表请天子修经，光庭等作传。又太子詹事姚康撰《统史》三百卷，上自开辟，下讫隋朝，皆编年为之。柳仲郢之子璞著《天祚长历》一书，断自汉武纪元为编年，闰位者附于左。萧颖士谓仲尼《春秋》为百王不易之法，而司马迁作本纪、世家、列传，不足以训。乃起汉元年（前 206），讫隋义宁，编年依《春秋》义类，为传百篇。书魏高贵乡公之崩，则曰：“司马昭弑帝于南阙。”书梁敬帝之逊位，则曰：“陈霸先反。”此皆在温公之前。则《通鉴》一书亦有所本。观颖士书法，则并开朱子《纲目》之体例矣。

《纲目》书法有所本

《通鉴》书三国事，犹承陈寿之旧，以曹魏继汉为正统。至朱子作

《纲目》，乃始改蜀汉继献帝。然习凿齿《汉晋春秋》，早以蜀汉为正。其著论云："若以魏有代王之德则不足，有静乱之功则孙、刘鼎立共王，秦政犹不见叙于帝王，况暂制数州之众哉？"此又朱子所本也。（章俊卿《山堂考索》前集十六卷，载司马温公与刘道原书，云："周、秦、汉、晋、隋、唐皆尝混一天下，其余蜀、魏、吴、宋、齐、梁、陈、魏、齐、周、五代诸国，地丑德齐，不能相一，皆用列国法。刘备虽承汉，然族属疏远，是非难明，今并同之列国，不得以汉光武、晋元帝为比。"云云。是温公修《通鉴》时，亦未尝不斟酌于正闰也。）《纲目》于唐中宗之废居房州，每岁首必书"帝在房州"。虽朱子特笔，然唐人沈既济亦已有此论。谓汉高后称制，独有王诸吕为负约，无迁鼎革命事。矧其时孝惠已殁，子非刘氏，故不得已而纪吕后，议者犹谓不可。今中宗以初年即位，季年复祚，虽尊名中夺，而天命未改，《春秋》岁书鲁昭公出曰"公在乾侯"，示君虽失位，不敢废也。请省天后合《中宗纪》为一，每岁首必书在所以统之，宜称帝不称庐陵王。是此论实发自唐人也。又朱子《纲目》用中宗嗣圣年号至二十四年，此例亦不自朱子始，范祖禹《唐鉴》已是如此。（按，《癸辛杂识》："欧公修《唐书》作《武后纪》，依前汉例也。天授以后，唐虽改号为周，而史不以周称之，盖黜之也。朱晦翁病其唐经乱周，史遂有嗣圣二十四年之号。年之首书'帝在某'、'帝在某'，盖以《春秋》之法正名也。每年之下又细书武氏所改年号，垂拱则曰'武氏垂拱'，天授则曰'武氏天授'，此意甚严也。但武氏既革唐命，国号为周，有周则无唐矣，无唐则无帝矣。同一疆域也，而帝与周同书，则民有二王矣。岂无窒碍乎？若《春秋》'公在乾侯'，则鲁国未尝有他号云云。是又以《纲目》所书为稍紊矣。然律以《春秋》书法，究以《纲目》为正。"）

　　《通鉴》、《纲目》所书及《集览》、《质实》、《书法》、《发明》、《正误》等书所注多有谬误者，今摘于后，以资考证。（《陔余丛考》卷十五）

鲁一同　正统论

正统之论,得欧阳氏而尊,得苏氏而辨,得魏氏而严。然则将奚从?曰:三子之说善矣,而不能无蔽。欧尊而不辨,苏辨而不严,魏严而不精。所谓一端之论,非善之善者也。欧阳氏重以予人统,而不能不予晋、隋,彼晋、隋者,可谓得统矣,可谓得正乎?故曰尊而不辨。苏氏曰:"正统者,犹曰有天下云尔。欧阳氏重予之,吾轻予之,故不以实伤名,名亦不能伤实。"夫君子所恃,以与篡夺争者,名尔。《传》曰:"惟名与器,不可以假人。"名莫大于正统,器莫大于有天下,彼不幸而窃吾器,吾又从而假以名,名既去矣,而区区持贤不肖之说以绳其后,庸有济乎?故曰辨而不严。魏氏曰:"天下不可一日无君,故正统有时而绝,而统无绝,于是有正统、有偏统、有窃统。三统明而天下之统不绝。"篡弑之人,亦终不得以干正统,可谓严矣。而以西晋、北宋为窃统,以东晋、南宋为正统,此何说也?夫居得其正之谓正,相承勿绝之谓统,是东晋与是南宋其所承者何统乎?非其祖若宗所窃之统耶?其父盗人之物,其子据而有之,断是狱者以为是盗耶,是其所自有耶?且夫以太宗、仁宗之升平郅治,不免为窃,以高宗、孝宗之扰攘偏安,进之为正。论正,则高、孝不足,论统则高、孝之统,即太祖、太宗之所贻留也,故曰严而不精。

然则正统之论,遂不定乎?曰:天下名实之淆,自有正统始。去正统之名,而后名实定。且夫居得其正之谓正也,相承勿绝之谓统也。不幸而得正者无统,得统者不正,当此之时,全名则丧实,全实则丧名。是故由欧阳氏、魏氏之说,则正统重。正统重,则义不得不绝魏、梁,绝魏、梁则不得不绝晋、隋,绝晋、隋不已,不得不绝北宋;晋、北宋绝,而东晋、南宋势不得不相随而并绝之。自汉以来,更千数百年,独得唐为正统,而唐之受隋禅也,又何以服晋、宋之心哉!是千数百年而无正统也?由苏氏之说则正统轻,正统轻,则予晋、隋,势不得不予魏、梁;予魏、梁,势不得不予宋、齐、梁、陈、唐、晋、汉、周,而新莽亦在所不容绝也。

呜呼!吾不惜夫统,而惜夫正也。故重正统则穷于夺,轻正统则穷于予。且夫既已谓之正矣,而轻以予夫盗贼篡弑极不正之人,此人之所以滋不服也。故曰莫若并去正统之名。去正统之名而后可以惟吾所予,篡而得者谓之篡,盗而得者谓之盗,而皆不绝其为君,而卒亦不予之为正。《春秋》之法,用夷礼则夷之,通上国则进之,予夺何常,惟变所适。今一去无实之名,而各如其所自为。帝则曰帝,王则曰王。高、光崛起,李、赵徬徨。魏、晋盗窃,秦、隋强梁。偏安割据,画土分疆。无所拘滞,安所纷扰哉?(《通甫类稿》卷一)

储同人　正统论(六篇)

一

初而言正统者谁欤?欧阳子也。正统者,"六经"、孔孟所不道,《史》《汉》无明文,惟王猛、苻融以为正统在晋。夫王猛纵横智谋之臣耳,恶知道?彼见其君有虎吞江左之心,遗大患于肘腋,故假此以禁切之,此固不足为据依。

欧阳子著论七篇,且厘其谱以号于众,然后天下学士大夫哄然而各为说。故言正统自欧阳子兴。其论曰:"正者,所以正天下之不正也;统者,所以合天下之不一也。"由欧阳子之言,三代之下,人之有此实以被此名者,何其难欤!昔秦并诸侯,隋兼南北,晋武平吴,而海甸悉臣,庶几合于一矣。然秦以暴,隋以窃,晋以篡弑,可谓能正天下之不正乎?晋转而东,赵宋窜而南,保守先祀,不失为正;然以天下舆图按之,可谓能合天下之不一乎? 此无异故,正与统兼焉,故难也。

吾论统,勿务以正参之,如秦如隋,如晋武,吾与之可矣。吾论正,勿务以统参之,如晋之东、宋之南,吾与之可矣。惟兼而言之,则得之者希。得之者希,不得已有所宽假于其间,不欲与之,而姑与之,又从而为之辞。先天下学士大夫而关其口,则天下之心必不服,虽其父子师弟间,犹有起而争者,而况他人乎? 况后人乎?

嗟乎! 天下闰秦、伪梁、诋诃魏晋之日久矣。欧阳子患其纷纷也,标正统以息天下之争,名立而天下之争益剧。譬若射者焉,手弓腰矢,呼其侣适野,而即禽汗漫,未知所射也。有隼焉,轩然企于高埠之上,则射者注目而视,不呼而集,百发而求中之。吾悲夫正统之名之为射夫隼也,此欧阳子之过也。

二

统可言也,正不可言也。何谓统可言? 苏子曰:"正统之为言,犹曰有天下云尔。"予谓: 统之为言,犹曰有天下而能一云尔。有天下而一,与有天下而不能一,布在史书,昭乎其不可掩也,故曰统可言也,且不待言而自明。若夫正之为言,从乎人之意而加焉。苟从乎人之意而加焉,人之意百变,则其说亦百变,此曰正,彼亦曰正乎? 一以为正,一以为不正,吾安适从乎? 世无孔、孟,学士横议,怪迂刻薄之谈盈耳。议秦曰暴,议隋曰窃,议晋曰弑,此犹有以取之也;然未也,索瘢求疵,议汉者曰杂伯,议唐者曰弑弟弑兄,议宋者曰欺人孤寡。由其言,将汉、唐、宋之有天下,皆不得为正欤? 岂正之为言至三代而绝欤? 然人情是古非今,当战国时,尝有议德衰者矣,议以臣弑君者矣,将无夏后、殷、周亦以不正受命欤？举一废百，虽尧、舜亦岌岌乎无以自完。故曰正不可言也。

苏子曰："天下之争，自贤不肖始。正既不可言，而统又不待言。"然则正统之名，如勿立焉而已矣。孟子曰："天与贤则与贤，天与子则与子。"三代受命之正，待孟子而决。使欧阳子如孟子，自有以折天下之纷纷者，而曰正曰统，岂不亦赘矣夫？

三

或曰：欧阳子与夺之义严矣哉！其说曰："由尧、舜讫唐末，数千百年之间，正统有三绝，有绝而有续，绝者夺之，续者与之，其严如此。"余谓欧阳子之严，亦得半耳。严于绝，而不慎于续，能夺其所当夺，而于所不当与者，有时与也。是欧阳子犹未充乎义之尽也。盖欧阳子夺曹魏氏矣，又夺东晋，夺北魏，其于前之四代，后之五代也，悉夺之，彼皆未能合天下而出于一，如之何其与之统邪？故曰：夺所当夺也。夺所当夺，由其严于正统之绝也。至其与秦与晋与隋也，彼皆恃其富强狙诈以一天下，然能合天下于一，吾不得不与以一矣。如之何其并正以与之邪？故曰：与所不当与也。与所不当与，以其不慎于正统之续也。

按，欧阳子与晋、隋之说曰："始虽不得其正，卒能合天下于一。夫一天下而居正，即天下之君矣。"余以为正与不正，若缁素然，始既不得其正，中间又无翻然改图去不正而返正凿凿据之实迹，是晋、隋以不正始，以不正终也。能一天下之晋、隋，无改于未一天下之晋、隋，而猝然以居正称之，亦何异于缁之冒素乎？且既曰不正，又曰居正，此自乱其说也。吾前言不欲与之而姑与之，又从而为之辞者，非是之谓乎？其与秦之说为尤详，上溯大业、伯翳，中述非子、秦襄，下列穆、孝以来之雄盛，然余以为此皆秦为诸侯有家国之本末耳。其实秦至庄襄，未尝一日得天下，其一天下，在始皇之二十四年。欧阳子虽繁称博引，与正统何涉哉？自周文王不得称受命之君，则始皇以上秦之为秦可知矣。而欧阳子曰："始皇无道，不过桀、纣，桀、纣不废夏、商之统，则始皇未可废秦也。"嗟乎！曩令禹不禅，汤不革命，其子孙仍世为诸侯，至桀、纣始有天下，而其无道如此，又不旋踵而亡，则今之谈正统者，将复屈指夏、商乎？抑亦等之有穷、后羿而已耶？且前乎始皇之二十四年，秦本无统也，即与秦以统，必断自始皇，今并正而与之，此又以缁而冒素也。天下固有盗贼小人而穷富极贵者矣，有人焉语于众曰："某也富，某也贵。"闻者弗怪也。既而曰："彼非盗贼小人而正人也。有不强者唾弱者愠乎？欧阳子之与秦、晋、隋，何以异于是？"吾故曰："欧阳子犹未充乎义之尽也。"苏子曰："欧阳子重与之，而吾轻与之。"于是乎与曹魏，与后梁、后唐、晋、汉、周，此则苏子之过也。

今夫人主之有天下也，孰与哉？亦曰天与之而已矣。天下者，天之天下，全而与之，则天下合而事一君矣。与之不全，则天下离而各事其君矣。全与之而得其正，虽不正而犹全与之，或不失为正而与之者不全，凡此者皆天也。天下之权有大小：与人一城一社者，诸侯之权也；与人百里七十五十里者，天子之权也；与人天下者，天之权也。权在诸侯，上卿莫得而侵焉；权在天子，方伯连率莫得而侵焉；权在天，虽天子莫得而侵焉。故孟子曰："天子不能以天下与人。"彼若曹魏，若后五代者，其人皆未尝一天下。苏子曰："此正统也。"是苏子之与之也。天子不能以天下与人，苏子独能以正统与魏五代乎？朱子起而矫其说，其作《纲目》也，夺魏以与蜀，又以与晋之东，曰此正统也，是朱子之与之也。天子不能以天下与人，朱子独能以正统与蜀、晋乎？

间尝综而论焉：重与人以一，轻与人以正者，欧阳子也；轻与人以一，又轻与人以正者，苏子也；重与人以正，轻与人以一者，朱子也。轻与人一，是谓乱统；轻与人正，是谓乱正。所乱不同，要由孟子之言观之，其为侵天之权则均耳。不曰天与之，而曰吾之与之，欧阳子失矣，苏子、朱子恐亦未为得也。然而人尤集矢于欧阳子者，以正统之号之，自欧阳子兴，而吾前言不如勿立而已者，不其然乎！不其然乎！

或曰：子何言之妄欤？朱子《纲目》，非史也，经也，朱子之《纲目》，犹孔子之《春秋》。《纲目》之法，皆《春秋》之法，一笔一削，朱子以天自处矣，恶乎侵？余应之曰：子谓朱子以天自处，我不敢知，若乃《春秋》，则吾童而习之，长而讲闻其法矣。《纲目》之于《春秋》，合乎不合乎？吾不可以不辨。

四

《孟子》曰："王者之迹熄而《诗》亡，《诗》亡，然后《春秋》作。晋之《乘》，楚之《梼杌》，鲁之《春秋》，一也。其事则齐桓、晋文，其文则史。孔子曰：'其义则丘窃取之矣。'"孟子之言《春秋》之法也，先原《春秋》所从来，而继言其所以作之者，其事其文其义而已。孟子之言《春秋》之法也，太史迁亦云：因鲁史记作《春秋》，作必有因，因则不凿，因一国之史，则其统纪条理，井井而不乱也。是故《春秋》书元年者，元鲁元、年鲁年也。书公即位，书公薨，葬我君某公者，公鲁公、君鲁君也。书某侵我某鄙，某伐我某鄙者，鄙鲁鄙也。《春秋》纪载达天下，然略天下而详鲁，外天下而内鲁，疏天下而亲鲁，不归统天下而归统鲁。若是者何也？因鲁史也。今夫《纲目》，其亦有因乎？曰：因《资治》。今夫《资治》其亦有因乎？曰：因历代史。

虽然，朱子之因历代史也，吾惑焉。何也？陈寿之志三国，各自为史，善矣。朱子因《三国志》而帝蜀，而摈魏，而摈吴。东晋与北，各自有史矣，朱子因东晋史、因北史而帝晋、而摈北，帝晋姑勿论。吾窃惑乎朱子之帝蜀也，何也？朱子所因者，《三国志》也，而若吴若魏，皆其所刊落而不因。虽然，使朱子信能不因彼二国者之史，则必没其改元纪年不载,节其君臣上下不录,芟其典章品物善败废兴,不志不详。盖《春秋》于王朝列国之事,赴则书,不赴则否。当其不赴,虽天王、王后之丧,天崩地坼,阙如也。《春秋》不因王朝列国之史故也,是故必刊落之至尽,而后朱子之《纲目》为能不因彼二国者之史。能不因二国之史,然后可毅然以帝与蜀而无嫌。今观于《纲目》然乎哉?不然乎哉?

《春秋》之法有三:曰实其事,曰信其文,曰精其义。圣人之所重者义也。然其事不实,其文不信,乌乎精其义?是故欲精其义,必实其事,必信其文。今朱子之《纲目》,果能不因彼二国者之史乎?未也。亦既因之矣,因魏史而帝蜀,因吴史而帝蜀,彼二史固未尝帝蜀也,可谓信其文乎?且三史者亦不没其实耳,魏不能统蜀、吴,吴不能统蜀、魏,蜀又安能统魏、吴哉?三史者亦不没其实耳,而《纲目》所书如是,可谓实其事乎?其事不实,其文不信,《纲目》之于《春秋》,合乎不合乎?且圣人因鲁史,岂择而取哉?否也。圣人退老于鲁,故因鲁史,设老于齐,未必不因齐史。借令因齐史而元鲁元、年鲁年,略天下而详鲁,外天下而内鲁,疏天下而亲鲁,不归统天下而归统鲁,岂非其事不实、其文不信?而何经之,能为朱子之帝蜀与因齐史而云云者何以异?虽然,朱子处此亦穷矣。

《春秋》所因者一国史也,朱子则取数国之史而皆因之,此其参伍出入统纪条理之际,较《春秋》所因,难易悬矣。又沾沾正统之说,夺彼予此,以求胜前人,则其势必穷,所以其事不实,而其文不信,皆其穷而无所处以致此也。夫处于不穷者,《春秋》也。

五

事与文抑末也,圣人所重义耳。请言其义。今夫帝蜀何义乎?不曰正名乎?不曰定分乎?正名定分,莫善于《春秋》。《春秋》之正名如之何？曰：循实以正名而已。定分如之何？曰：循名以定分而已。有其实，然后加之以名，厘其名，则其分截然而不可犯。是故辨分以名，制名以实，其实如是，其名不可不如是。然有失其名者焉，吾正之，惟不失其实以正之，故曰：循实以正名。其名如是，其分不可不如是。然有失其分者焉，吾定之，惟不失其名以定之，故曰：循名以定分。

所谓循实以正名，如僖三十年（前630），书"天王狩于河阳"是也。《传》曰："晋侯召王以诸侯见。"仲尼曰："以臣召君，不可以训，故书曰：'天王狩于河阳。'"谨按《尚书》五载一巡狩。孟子曰："天子适诸侯曰巡狩。"由孟子之言，则知凡天子适诸侯，皆当以巡狩名，不论方岳与不方岳也。旧史无识，不能深考虞、夏、商、周之典，固陋鄙野，苟以召王为文，而仲尼正之，然其实天子也。故正名曰天王；其实天子适诸侯也，故正名曰狩，盖《春秋》循实以正名类如此。

所谓循名以定分，如哀二年（前493）书晋赵鞅帅师纳卫世子蒯聩是也。当是时，蒯聩卫辄父子君臣之际可谓甚矣。子曰："必也正名乎。"子路曰："有是哉！子之迂也。"及观《春秋》，大书"卫世子蒯聩"，夫未有父方为世子，而其子俨然君者，亦未有为卫世子其父已卒，而世子不得为卫君者，然后君臣父子之分，较若画一于一二字名称之间，而迂乎哉！盖《春秋》之循名以定分类如此。且夫蒯聩其实世子也，故书世子；其实卫世子蒯聩也，故书卫世子蒯聩。故曰辨分以名、制名以实者，《春秋》也。

夫《春秋》之必以实、必以名何也？苟非其实而强予之名，名不顺而强授之分，是犹执涂之人而仆妾之，且曰：我尔主也。有是理哉！《纲目》之帝蜀，不惟执涂之人而已，犹士大夫执士大夫，而主仆之未也，犹士大夫之微弱者，执士大夫之强有力者而主仆之。名非其名也，分非其分也，而强之名，而强之分，视《春秋》何如也？

或曰：然则《春秋》何以尊东周？曰：周与蜀汉类乎？不类也。平王亲幽王子、宣王元孙，而文、武、成、康之适主罔也，不得以蜀汉比。徙洛之后，海内奉朔自如。《左氏》曰："王周正月。"《公羊》曰："王者孰谓？谓文王也。"尤不得以蜀汉比。且《春秋》所书天王、天子云者，岂圣人特笔哉？旧史固曰天王、天子云尔。自周而外，无复有天王、天子云者，又岂圣人特笔哉？当时莫大诸侯，实未有天王、天子自为者，旧史固未尝曰天王、天子云尔。而援之以为帝蜀例，可谓不伦也。曰：然则吴、楚僭王，何以抑而书子？曰：吴、楚果僭王耶？如闽越、东瓯、夜郎、康居之在汉，此吴、楚之僭王也，自娱而已，不出境内。若其通山东列会盟，行人往来赴告之词，必曰寡君、寡大夫，如此者非一据，然则旧史固未尝以王书也，圣人焉得王之，而又孰从削之？而援之以为不帝魏不帝吴之例，亦可谓不伦也。

或曰：吴、楚之君，卒而不葬，非圣人削之欤？曰：然！然固不待圣人也。昔韩宣子聘于鲁，观书于太史氏，见鲁《春秋》，曰周礼尽在鲁矣。使吴、楚俨然称王以葬，何云周礼？然则旧史早以削之，而何待于圣人？

或又曰：学圣人者，神而明之可矣，例非所拘也。曰：循实以正名，循名以定分，如是而不拘其例可也。执涂之人而仆妾之，而曰我能神而明之，可不可也？

嗟乎！《纲目》之作，文成百万，其间大书特书，有裨世教者不胜举矣，特其沾沾正统之说，夺彼与此，以求胜前人，其于义有未安焉。而或者比诸《春秋》，因为本孟子之言，陈《春秋》之法，以观《纲目》之合否如此。嗟乎！予敢肆然议朱子哉！亦以见硁硁鄙人，虽贤如朱子，终不敢以《春秋》佞云尔。

六

天下有相激之患，有相沿之弊。弊莫甚于相沿，而患恒起于相激也。逮余于友人所披一史鉴，甚怪前五代无陈，后五代无周，初疑为脱卷也。徐而视之，则以后梁萧察继梁之后，后梁灭而入隋，时文帝开皇九年（589）矣。以北汉刘旻继汉之后，宋太宗灭北汉，而入宋，为太平兴国四年（979）。余是时不觉骇异呼诧，友人亟检序文示余，其序曰"此书据李焘《长编》而作"，又曰"《纲目》挈正统属蜀汉"，此书合若符节焉。读未毕，余愤而掷诸地，其书之名，作者、序者之姓氏，不暇致详也。

嗟乎！陈霸先之得天下，与萧衍伯仲耳，吾不解其所厚薄。傥曰苟以存亡国而已，不知其他，独不曰天之所坏，谁能兴之乎？将无齐必爽鸠，鲁必大庭，御世必天皇氏之子孙，然后快于心乎？至如周世宗之贤，四百年开基受命之主如宋太祖，一切麾诸正统之外，仅得附书，可谓怪于史者也，不得使余之不愤也。

余家贫，无力购书，所云李焘《长编》者，迄今未睹，序言果否，未敢臆定。其云与《纲目》合，此语不为无因，然亦不善学《纲目》矣，无知妄作，未必非《纲目》之罪人。顾其所学者《纲目》也，岂非慕效之过，务为新奇，穿凿不通，以至此极欤！弊莫甚于相沿，此其效也。虽然，《纲目》挈正统属蜀汉，似非亦无因者。汉末三分，曹氏虽有其二，然汉贼盗之名籍籍焉。眉山氏闯然以正统与之，涑水《资治》亦然；朱子之心，必有所不服者，又惧无以相胜也，胜与魏者莫如与蜀，于是乎夺曹氏而授之刘，曰彼故物也。无乃眉山、涑水相激使然，而岂知末流之弊，至此极哉！吾故曰：标一名以息天下之争，名立而天下之争益剧。善治水者，堙其流不若涤其源，后之君子，能取正统之名，荡涤务尽，而信史出，怪史绝矣。

或曰：然则信史宜如何？曰：余之愚何足以知之？虽然，余尝言之矣：与人天下者，天下之权也。天与人天下，有一有不一，为编年书者，盍一以天为断？遇天下合于一，则称某纪以冠之，循其改元而纪年纪事焉。不幸天下为二为三为十数，则以甲子书系某国、某元、某年于甲子之下,而勿称某纪以冠之,俟天下复合于一,则书法如初,惟王莽、武曌,以夏羿、泯例书之,称《汉纪》、《唐纪》冠其首。宋兴,有辽有夏,所割至微,犹周有淮徐,汉有南越,不害其为一也。徽、钦而后,然后以甲子书,一切顺乎天,而行所无事,如是亦可也。

或曰:若有正、有不正何?曰:余前言之矣,统可言也,正不可言也。故曰:如是亦可也。苟不如是,吾未知相沿之弊之于何而止,而怪于史者相接迹,不重可虑也哉!(《在陆草堂文集》卷一)

附　袁枚《随园随笔》卷四"古无正统之说"条云:

正统论始于宋、元,如欧公、杨铁厓诸人澜翻千言,互相争论。又有有正无统、有统无正之说,不知古帝王无正统之说。王猛谏苻坚伐晋曰:"司马氏正朔相承。"高欢谓杜弼曰:"江右有萧衍老公,专事衣冠礼乐,人以为正统。"石勒临死忧曰:"恐后世不以吾为受命之君。"盖惟苻坚、石勒、高欢皆不能得天下,故欲隐然窃附于正统耳。本朝储同人先生,作论七篇,一扫而空之,殊快人意。

周树槐　书苏文忠《正统论》后　再书《正统论》后

书苏文忠《正统论》后

欧阳子始为《正统论》凡七篇,章子非之,苏子是之。其所争者,魏也,晋、梁也;后唐、晋、汉、周,三子者无异论焉。欧阳子晚乃删为三篇,其说曰:"正统之序,自尧、舜历夏、商、周、秦、汉而绝,晋得之而又绝,隋、唐得之而又绝。"则黜魏而并绝五代。苏子所谓序其可得以存教者,欧阳子终弗与也。

苏子曰："正统之为言,犹曰有天下。"诚有天下也,与之可也,魏、五代实则未能有天下也。欧阳子之绝东晋甚矣,欧阳子欲其统之绝而可续也,东晋不绝隋不续。继东晋者,宋、齐、梁、陈也。与东晋而不与宋、齐、梁、陈则无终;与宋、齐、梁、陈而黜后魏,隋则无始。夫魏不能有汉,东晋不能有晋,汉晋无终可也;宋、齐、梁、陈实有东晋,东晋无终不可也。以晋续汉,晋不独有魏;以隋续晋,隋不独有后魏,晋、隋则不恶其无始也。与东晋以及宋、齐、梁、陈而黜后魏,隋则恶其无始也。苏子序其可得者六,至于晋、隋之间,苏子亦不能有所与也。

然且固与魏何也?汉之魏,犹唐之五代。苏子与五代,宜无词以绝魏,然且固与五代,何也?苏子以五代为宋始也。夫宋之续唐,犹隋之续晋,晋之续汉,宋不恶无始也。欧阳子之修五代史也,为宋故尊周以及梁、唐、晋、汉,犹晋之陈寿,不容不帝魏也。然三国并志,寿盖不以正统与魏,而欧阳子于史则尊之,至论正统终绝之,明宋不恶无始也。且均之无始,于宋则恶之,隋则不恶之,于后魏则不与,五代则与之,宜欧阳子之不安而终变其说也。虽然,欧阳子之多所绝,尊正统也,而晋、隋与焉。欧阳子之与,亦已轻矣。曰是实有天下,曰有天下则已尔,何必正统?(《续古文辞类纂》卷一)

再书《正统论》后

晋之东,未有绝之正统者,绝之自欧阳子。欧阳子,宋人也,使其生南宋,欧阳子不绝东晋矣。岂惟欧阳子不绝东晋,苏子亦不固与魏而退蜀汉。蜀汉之上继两汉也,自南宋也。前此东晋时,有习凿齿之《汉晋春秋》矣。人以凿齿为东晋故也。至欧阳子并东晋绝之矣。苏子又固与魏矣。二子外,司马温公又帝魏而寇之矣,皆弗与也。盖至南宋而后与之决矣。

夫南宋之为宋，其可哀矣。南宋之人，求之于古，有东周矣。幽王之弒也，太子即位，自西徂东，犹是王畿千里之内，天下宗周，未之有改，则非南宋之比也。其下后汉，后汉能诛莽而一天下，又非南宋敢望也。南宋不如东周、后汉，而犹贤于蜀汉，故亟与之。其下东晋，东晋则真南宋之比也。又其下则后梁与北汉，则南宋亦不屑比也。

元人之以宋、辽、金列为三史也，非公论也。至明人病之，欲黜辽金，悉从《晋书》载记之例，则甚矣，亦非公论也。从载记之例，辽可也，金不可也；于宋可也，于南宋不可也。夫辽之为辽，盖非五胡之比矣。尝助晋灭唐而臣晋矣，又灭晋而暂主中国矣。然宋能一天下，而辽独有燕云，以此不如后魏，故曰辽可。而金暴起于宋之末，故曰于宋可也。南宋之不得不别于宋也，犹东晋之不得不别于晋也。论其地，则比于东晋而优于蜀汉；较其德，则蜀汉初不为魏屈，东晋初不为五胡屈，南宋愧之矣。而金之视后魏，有过之无不及也。而或者欲比于夫子之抑吴、楚，过矣。吴、楚自王其国耳，周之为周自若也。夫子作《春秋》，不必为吴、楚。若吴、楚虽微，夫子抑之。后之为史，必无有以吴、楚拟周者也。吾故曰：非公论也。

或曰：蜀汉列于正统者，以有武乡侯、汉寿亭侯也。南宋列于正统者，以有岳忠武、紫阳诸贤也。贤者之益于人国若是哉！（《续古文辞类纂》卷一）

梁廷枏　正统道统论

天下有正统，无道统。三代以前，治从德出，而两统合。尧、舜、禹递禅天下，亦递有训词。训词者，以道为授受者也。殷汤、周武身创大业矣,乃反身修德,则又上接尧、舜以来。当是时,神圣代承,治与道未尝为二,而必混于一。混于一,则两统之名不得分,而统之名更不必立。判两统者,盖自暴秦之一天下始。两统判,而后正统、道统之说出焉。

夫正统者何?别乎伪统而言之也。统曷言伪?不成统也。蜀汉昭烈以帝胄中兴,统固直接光武矣。若魏若吴,皆伪也。推此以论,则继汉称正统,惟晋、隋、唐、宋、元、明六姓而已。晋之宋、齐、梁、陈、后魏、北齐、北周,唐之后梁、后唐、后晋、后汉、后周,宋之辽、金,此十四国者,大率据地称雄,祚短年促。其相去多不过百余年,少或数年。以诡而得,以篡为禅,所谓置君如易吏,变国若传舍。凡人力可为,无关天授人与者,皆得别之曰伪统。议者谓力争得国为不正,必以诛无道为正矣。

然则三代上,惟唐、虞之揖让为正统;三代下推汉高之诛暴为正统,其余皆伪耶?又谓以王中原者为正,然则都咸阳、都长安、都洛阳、都汴、都燕、都南京,术尽同也,岂光武改都洛阳不可以继西汉耶?岂南渡改都建业不可以继北宋耶?必执山河疆宇之论,将自古无云正统者矣!此说之难齐也。道本空虚无形之物耳,寄于圣贤之身,则有形,有形故曰统。圣贤在上,政即道也;圣贤在下,言即道也。以政见道,尧、舜、禹、汤、文、武之治是也;以言见道,孔、孟之《诗》、《书》、经传,虽不言统,而道亦存。

且禹五百年而有汤,汤后五百年而有文、武,文、武后五百年而有孔子,又后百余年而有孟子。中间相去久远,而先后同出一辙,不啻授受之。递承如是,而系以统,谁曰不然?所难据者,孟子以后耳。在汉时则有若孔、毛、郑、何、赵,在魏时则有若王、何,在晋时则有若韩、杜、郭、范,在唐时则有若韩、陆,能以所训注翼圣言、明至教。然譬则百川之于江、河,垄断之于泰山,不足云统也。迨关、闽、濂、洛四子者兴,如阳明、如白沙,所谓主静致知之旨胥宗焉。其言理也,实有以推极乎天人性命之原,察著乎日用伦常之道。无如凿空而说,未见施为,可以为前圣功臣,不可以为前圣宗子。乃叙道之谱系,直尊以邹、鲁,则过矣。

夫主汉学者,谓其博也;主宋学者,谓其精也。不知无汉学于前,何以开宋儒之精?无宋学于后,何以形汉儒之博?其两虽偏废也亦明甚。及论道统,则必舍汉而归宋,不亦惑乎?且夫老彭,孔子所窃比也,而闻知一论,孟子犹或遗之,又安知千百余岁,必无遁世求志之人?文中子其著述,一规模孔、孟者也。而依仿太甚,后世犹或议之,又安知今本《大学》,必合前圣未错之简?第执统以论汉儒之所以断区乎统外,宋儒之所以断入乎统中,均未见其据也。然则孔、孟而后,道分见于诸儒,则道未绝。诸儒不足承统,则统绝。统绝,则道统之名可废。故曰:天下有正统,无道统也。(《广东文征》卷三十一)

梁玉绳　元号略序

古者人君不改元,不纪号。继体之主,惟即位逾年称元而已。自魏惠王更三十六年为元年,秦惠文王更十四年为元年,而改元于是乎始。故汉文、景有后元年、中元年,说者谓起于周之文王,妄也。(郑厉公、卫献公及出公,史皆书曰"后元年出亡、复国",不在此例。)自汉孝武假天瑞名年,冠以建元,而纪号于是乎始。说者谓昉于周之共和,非也。厥后义例乖违,单复错杂:或改元而未逾年,或逾年而不改元;或一年而三易元,一帝而十余号;或取先皇之号而仍用之,或昧昔朝之号而谬袭之;又或与前代宫殿、陵、谥及州、县之名相同。其他僭伪迭出,难以缕数。盖上下千八百年间,几至千名,而尽欲强识弗误,固有所不能矣。余自庚戌之夏,卜居城东,因病得闲,辑《元号略》四卷,考讹校异,旁采曲收,依韵类编,取便寻阅,聊为读史之小助云。

本朝列圣纪元,谨录于卷首,尊国体也。

自汉迄今，分专号重号，编为三卷。其拟而未用及无考者，别为佚号一卷，以俟参核。

历代正统，与南北分统诸帝，皆前列大书。次偏霸，次外蕃，皆书国书名而注其事于下。草窃者，直书姓名，以圈别之。凡都地、乡贯、氏名、年寿、庙谥、山陵，兼载备览。

昔人论改号有关休咎者，注各号下，见谶应之异。

金石文字，必据年月为验，则更元之月，不可不详，兹并审对无误，一检即知。

虚造元号，如道家言天帝、中皇、无极之类，理所宜删，用祛荒诞。诸史述乱贼事，有但言改元，不著年名，而他书亦不载者，又有自立号名，而非改元者，概不牵入。

是编惟辑年号，不排甲子。如欲稽历朝之修短代系之干支，前贤纪年诸书具在，可覆视焉。（《清儒学案》卷一百三）

龚自珍　壬癸之际胎观第三

有天下，有大国。宝应出，福德聚，主天下。宝应不出，福德不聚，主大国。有天下者，都中。有大国者，都西北。大国之君，有古纪，有近纪，亦以福德为差。夫始变古者，颛顼也。有帝统，有王统，有霸统。帝统之盛，颛顼、伊耆、姚；王统之盛，姒、子、姬；霸统之盛，共工、嬴、刘、博尔吉吉特氏。非帝王之法，地万里，位百叶，统犹为霸。帝有法，王有法，霸有法，皆异天，皆不相师，不相訾，不相消息。王统以儒、墨进天下之言；霸统以法家进天下之言；霸之末失，以杂家进天下之言。以霸法劝帝王家，则诛。以帝王法劝霸家，则诛。能知王霸之异天者曰大人。进退王霸之统者曰大人。大人之聪明神武而不杀，总其文辞者曰圣人。

圣人者,不王不霸,而又异天;天异以制作,以制作自为统。自霸天下之民,以及凡民,姓必黄、炎;惟太皞、黄、炎、共工为有胤孙,非古之凡民皆有胤孙。古之世,语言出于一,以古语古,犹越人越言,楚人楚言也。后之世,语言出于二,以后语古,犹楚人以越言名,越人以楚言名也。虽有大人生于霸世,号令弗与共,福禄弗与偕,观其语言,弗可用;号令与共,福禄与偕,观其语言,卒弗可用。于是退而立大人之语言,明各家之统,慕圣人之文,固犹将生越而楚言也。(《龚自珍全集》卷一)

方宗诚　继统论

天子者,代天理物者也。三皇谓之皇,五帝谓之帝。三王谓之王,亦称天子,亦称天王。自秦以后,称皇帝。皆上主天地、宗庙、社稷、百神之祀,而下以临御百官、总理万几、蓄育教化亿兆黎民者也。五帝以上官天下,三王以下家天下。官天下传诸贤,家天下传诸子。传贤之世亦有传子者,子贤传子,即传贤也。

世世传子自禹始。禹非私天下也。启贤,能敬承继禹之道,而其时又无尧、舜、禹之大圣勋德足以服民者可以传之。禹治水之功,敷于四海,明德远矣。天命祐之,人心归之。禹虽尝欲传之益,及禹崩,天下朝觐、讼狱、讴歌者,不之益而之启。启恶得而不起以承父之谊?逮启之终,益无圣贤可传。由是世世相承,遂为万世不易之典矣。韩子曰:"传之人则争,未前定也;传之子则不争,前定也。前定虽不当贤,犹可守法;不前定而不遇贤,则争且乱。"与其传不得圣人而争且乱,孰若传之子虽不得贤犹可守法。故曰:尧、舜之利民也大,禹之虑民也深。何者?天子者,代天理物者也。必其上能主天地、宗庙、社稷、百神之祀,下能临御百官、总理万几,养育教化亿兆黎民,而后可以为天子。圣帝明王,传贤传子，其心皆以为民而已矣。传不当而启争端，以害于民。传子固私，传人亦私。三代而降，人心不如皇古矣。传之人则衅端多，传之子则衅端少。是故传子者，万世之常经，百王之大法。

传子者，传统也。何谓统？统如丝然，缣总绵络，而无断可续也，故谓之统纪，亦谓之统绪。天子者，生则践祚，死则入庙。故生为帝统，死为庙统。生得统于帝，而后死得统于庙。生不得统于帝，则死不得统于庙。是故开创者谓之创业，垂统继体，守文者谓之继统。非创业垂统者，不得称为皇帝；非继统者，不得称为皇帝；非创业垂统者之祖父，不得追尊为皇帝。是故舜格于文祖而为天子，承尧之统也。其于父，生则以天下养，死则宗庙飨之，而未闻追尊瞽瞍为帝。禹受命于神宗而为天子，承舜之统也。于其亲虽曰致孝乎鬼神，而未闻追尊伯鲧为王。惟汤亦然。《书》曰："奉先思孝。"然未尝闻其追尊祖若父为王也。古之人至诚，配天至孝，不诬其祖。祖若父未为帝王，而称之为帝王，是乱帝王之统，诬其祖，而以不诚欺天也。

然则契何以称玄王？曰：契相尧、舜，敷教明伦，开万世五常之宗。天之祐商，以有天下功德，实自契始。是商创业垂统之祖也。故《商颂》称玄王，而汤之祖若父，则不敢以追王为孝，此所谓惟圣人为能飨帝，为其以诚事帝；惟孝子为能飨亲，为其以诚事亲也。所谓"夏尚忠、殷尚质"者此也。

至于武王灭商，始追尊文考为文王。周公成文、武之德，始追王太王、王季。所以然者，以三后虽未及身为王，而王业之兴，自三后始。《书》曰："太王肇基王迹，王季其勤王家。我文考文王克成厥勋，诞膺天命，以抚方夏。大邦畏其力，小邦怀其德。惟九年，大统未集，余小子其成厥志。"孟子论太王之事曰："君子创业垂统为可继也。"是亦以太王为周室创业垂统之君。不然，武王、周公虽达孝，必不敢以王爵为尊，而以不诚事其祖考。故曰：事死如事生，事亡如事存，孝之至也。后世开创之君,追尊祖考为皇帝,实自武王、周公追王始。而非开创之君,断不敢以此为例。何者? 开创之君与前朝虽正统相承,而改姓易庙,前朝之统已绝,故可溯其有天下之由,而追尊其先为皇帝,自立太庙,并不乱历代相承之帝统庙统也。

汉世祖光武帝,当汉统中绝,崛起南阳,讨灭群盗以践帝祚。虽曰中兴,而功实同于开创。自立七庙,追尊南顿君以上为皇帝,无不可者;然而不行此礼,何也? 盖以汉世帝统,实创垂于高帝,中篡于王莽。已讨贼而平之,以继其统,不得自比于开创之君。若自立七庙,追尊南顿君以上为帝,则是自成一朝,兴王之业,而绝高帝以下相传之统。且南顿君以上,本无周三王肇基之实。而以子爵父、以孙爵祖,微特以不诚事其亲,抑亦以不敬事其亲。不敢以不诚不敬事其亲,尊亲之至也。故先起高庙于洛阳,四时合祀高祖、太宗、世宗。继立四亲庙于洛阳,祀父南顿君以上至舂陵节侯固,亦可谓中礼矣。继又自以昭、穆次第当为元帝后,尊孝宣为中宗,祀元帝以上于太庙,成帝以下于长安,徙四亲庙于章陵。于礼似谦护太过,然不敢紊帝统与庙统之心,则固不悖于前王,而可为后世法。不独此也,太丁者殷汤元子,太子泄父者,周桓王之父,未立而死。则在殷、周帝纪与殷、周庙位中,皆以太甲继仲壬,桓王继平王,而太丁、泄父不得与。此岂太甲不念父、桓王好祢祖哉? 生未得统于帝,死未得统于庙,礼道然也。明乎此,而后知天子之统,不可以妄干。非创业垂统者,不得称皇帝,非继统者,不得称皇帝;非创业垂统之帝之祖父,不得追尊为皇为帝。

皇帝者,天子之尊号也,生未尝代天理物,上承天地、宗庙、社稷、百神之祀,而下以临御百官、教养群生。则虽天子之父,尚不敢尊之为帝,以乱历代相传之统,而况其他乎? 是故汉宣帝以武帝曾孙、昌邑王废,霍光奏请太后诏入以嗣昭帝后,承祖宗、子万姓。宣帝立,止追谥戾太子、戾夫人、悼考、悼后,置园邑。其后又追尊悼考为皇考,立寝庙,而未敢追尊为皇帝。何者？承昭帝之统，固不敢追尊本生，以乱帝王之统，而陷祖父于不义也。然则帝王传统，不亦重哉！

或曰：传子者，传统也。不幸而无子可传，帝统不几绝乎？曰：古之传统，有传子，有传弟。夏、周传子，传子之穷，然后传弟。如周匡王无子，立弟定王是也。殷商传弟，传弟之穷，然后传子。如中丁传弟外壬，外壬传弟河亶甲，至河亶甲无弟，然后传子祖乙是也。传子者，适长子为正。传弟者，母弟为正。无则传同父之弟，是以《礼运》曰："大人世及以为礼。"世者，父子相继为一世。及者，兄终弟及。《公羊传》曰："一生一及。"生即世也。至汉成帝无子，立定陶王欣为皇太子。帝崩，太子即位，是为哀帝。宋仁宗无子，以濮王子宗实育宫中，后立为皇子。帝崩，皇子即位，是为英宗。明武宗无子，皇太后以遗诏遣官迎兴世子厚熜入嗣皇帝位，是为世宗。是三帝者，无子可世，亦无弟可及。汉成预定兄弟之子为太子，宋仁预立兄弟之子为皇子。及崩而太子即位、皇子即位，名正言顺，则与传子无殊。明武未预立嗣子，亦无兄弟之子可立，由是通无子之穷，而立弟又通无弟之穷。而立同曾祖之弟，是亦与兄终弟及无殊。虽无预立为皇子之文，而皇太后以遗诏入，即君命也。入嗣皇帝位，即嗣孝宗、武宗之帝统、庙统也。以武宗于世系为世宗兄，不得以世宗继嗣。故杨廷和曰："当考孝宗。"此亦名正而言顺也。然则世宗者，奉皇太后以遗诏入嗣皇帝位，自当继孝宗之嗣，以继武宗之统，始合于天之经、地之义。乃其始入也，曰："违诏以我嗣皇帝位，非皇子也。"兴献后闻朝议考孝宗，恚曰："安得以我子为他人子？"是岂知大义之言哉！夫世宗于孝宗所谓兄弟之子，犹子也。以兄弟之子入嗣大统，继统即应继嗣，非继嗣不得继统。世宗于武宗，君臣也。即兴献王妃之于孝宗、武宗，皆有君臣之义。臣子之身，听之君父。君取其子入嗣大统，而可曰"安得以我子为他人子"耶？不考孝宗而考兴献，由是邪佞之徒乘间而入，帝统庙统因之以乱。以为开创乎？则世宗非开创之君也。以为嗣皇帝位乎？则殷太甲以适孙继统，而不敢追尊其父为王。汉宣以皇曾孙继统，而不敢追尊其祖若父为帝。即世祖中兴，本非继元帝之嗣，而犹以高祖以来，正统相承，不敢追尊四亲为皇帝，以乱高帝相传之统。

夫太甲、宣帝、世祖皆贤君也，天下后世，未尝以不追尊所生为不孝也。盖孝在以义事亲，以诚事亲。亲非皇帝，而称为皇帝，则是不诚。亲非创业垂统之君，又非继统之君，而称皇帝以乱大统，是为不义。陷亲于不义，不孝之大者也。孔子曰："生，事之以礼。死，葬祭之以礼。可谓孝矣！"而况大统可紊乱乎？夫天子者，代天理物者也。入嗣大统，当以能承天地、宗庙、社稷之祀，临驭百官、教育万民为孝。不当以非礼追尊所生为孝。汉哀帝不听师丹之言，天下并不闻以哀帝为圣主。宋英宗谦让，不敢尊其亲为皇为后，天下后世多以英宗为明君。盖舜之大孝，首在德为圣人。武、周之达孝，惟在善继善述，不在隆以虚文也。又况非礼之称乎？

曰：入嗣大统，于其本生之祀，如之何？曰：昔汉定陶恭王为成帝庶弟，宋濮安懿王为仁宗庶兄。成帝取恭王子立入为太子，而恭王无别子，乃立楚孝王孙景嗣恭王为定陶后。仁宗取安懿王子入立为皇子，而安懿王自有王子，即以王子宗朴嗣安懿王为濮后。是固仁至而义尽也。哀帝欲隆私亲，师丹疏引《礼》："父为士，子为天子，祭以天子，其尸服以士。"子无爵父之义，尊父母也。为人后者，为之子。故为所后，服斩衰三年，而降其父母服期，明尊祖而重正统也。陛下继体先帝，持重大宗，承天地、宗庙、社稷之祀，义不得复奉定陶共皇祀，正名定分，圣人复起，岂能易哉？何者？统承先帝，而复隆本生，是绝先帝之统系也。

宋英宗诏议崇奉濮王典礼，司马光奏以为人后者，为之子，不得顾私亲。仁宗皇帝深惟宗庙之重于宗室中，简推圣明，授以大业，陛下亲为先帝之子，然后继体承祧，立有天下。濮安懿王虽于陛下有天性之亲,顾复之恩,然陛下所以负扆端冕,子孙万世相承,皆先帝德也。臣等窃以濮王宜准先朝封赠、期亲、尊属故事,尊以高官大国,考之古今为宜称。中书议以濮王当称何亲? 名与不名? 王珪等议以濮王于仁宗为兄,于皇帝宜称皇伯父而不名,是亦名正言顺,圣人复起,岂能易哉! 韩琦、欧阳修以为不然。修引《丧服大记》以为为人后者,为其父母降服,三年为期,而不没其父母之名,以见服可降,而名不可没。若本生之亲,改称皇伯,历考前世,皆无典据。进封大国,则又礼无加爵之道。

窃以修之言,似是而实不合经义也。天之生物,使之一本。国无二统,人无二本。是以《公羊传》曰:"为人后者为之子。"为之子则必称所后者为父母矣。《礼》曰:"为人后者,为其父母降服,三年为期。"所后者何? 人后,大宗也。古者大宗无子,必立其兄弟之子,以承大宗之祀。故为所后者,服斩衰三年,同父母之服也。而降其父母服期,同伯叔父之服也。既降同伯叔父之服,自应改同伯叔父之名。《记》曰:"为人后者,为其父母期。"乃《记》、《礼》者穷于辞,不得不曰"为其父母",若曰"为其伯叔父母",则辞旨不明,非谓为人后者,仍称其父母为父母也。仍称其父母为父母,则不得降同伯叔父母之服。既称所后者为父母,又称其降服者为父母,非二本乎? 既可以二本,又何为降服? 夫古之圣人,非令人薄其所生也。万物本乎天,人本乎祖。家无二尊,父母虽尊,不能尊于祖。故后大宗,则为所后者服,斩衰三年,而降其所生之父母服期,厌于祖也。又况旁支入继大统,天无二日,民无二王,尊无二上。所生之父母,乃所后者之臣子也。是恶得而不降其服、易其名?

仁宗既立,英宗为皇子。英宗自必称仁宗为皇父。仁宗崩,自必称为皇考。濮王于义自不得与仁宗并称为皇父、皇考也。称皇伯父而不名,虽于前世无据,而实得古圣人制礼之精义。王珪之议,出于伊川程子。此程子所以为传道之儒与! 时韩琦在中书,上言请明诏中外,以皇伯无稽,决不可称。今所欲定者,正名号耳。至于立庙京师,干乱统纪之事,皆非朝廷本意。既而皇太后手诏中书,宜尊濮王为皇,夫人为后,皇帝称亲。帝下诏,谦让不受尊号,但称亲。即园立庙,以王子为濮国公,奉祠事;仍令臣民避王讳。乌呼! 是亦可谓择乎中庸、权衡至当也已。

至明世宗之事,所不同者在未预立为孝宗子。然皇太后以遗诏遣官迎入,嗣皇帝位。嗣位即嗣统也,非以之继嗣,乌得曰嗣皇帝位? 杨廷和等议以宜如定陶王故事,以益王子厚熜主后,兴国其称号,宜如宋英宗、濮安懿王故事,称孝宗曰皇考、兴献王曰皇叔父,亦正论也。世宗大愠,以为父母之名不可互易。由是张璁遂上疏请尊崇所生,立兴献王庙于京师,继且追尊为兴献帝、后矣,又继尊兴献后为兴国太后矣。如此亦可以止矣,乃继则桂萼进邪说,请改孝宗为皇伯考,又继则称本生皇考恭穆献皇帝,本生圣母章圣皇太后矣。又继则更定大礼,称孝宗为皇伯考,昭圣皇太后为皇伯母,献皇帝为皇考,章圣皇太后为圣母,去本生字。又继则立世庙,章圣皇太后有事于太庙、世庙。于是张璁、桂萼之徒皆大用,削杨廷和籍。凡争大礼者,或死或贬,善类为空。在诸臣虽亦有执之太过之处,然止别立兴献庙于京师,尊为兴献帝、兴献后,如汉定陶恭皇、定陶某皇后称本生,如宋英宗之称亲,犹或可也。乃称孝宗为皇伯,则所谓嗣皇帝位者,嗣谁之位乎? 公本生而尊兴献为皇帝,是乱帝统矣! 先议入太庙,后立世庙,是乱庙统矣! 遗诏迎入嗣皇帝位,原以嗣孝宗、武宗之统也,如此则是夺皇帝之位,而绝孝宗、武宗之统矣! 不惟身犯不义,抑且致其亲于不义,是可以为孝乎?

夫商太甲、汉宣帝、汉世祖、宋英宗不越礼以尊其亲,天下皆称守成之贤君、中兴之令主。享国久长,天眷不绝。汉哀帝、明世宗自以为尊亲至孝矣,而实皆季世之君,衰乱之政,不三数传而国祚遂亡。后世继统者,可不以为鉴哉!

或曰:期之丧达乎大夫,三年之丧达乎天子。为人后者,为其父母期。公卿大夫以下可也。天子绝期服。然则宗亲入嗣大统者,于其本生父母,虽期服不将终归于无服乎? 曰:不然。天子绝期服,绝旁亲之期服也。至于本生父母之期服,乃由三年之丧而降,当仍以三年之丧为例。三年之丧无贵贱,一则为人后者,为其父母降服,三年为期,亦无贵贱。一降为期者,所以继帝王之正统。降为期而不与他期服同绝者,所以安大孝之心。圣人制礼之精,其仁至而义尽也夫。

或曰:公卿以下,皆得请以其官爵封赠其亲。入嗣大统者,反不得追尊其本生之亲,可乎? 曰:公卿以下,得以其官爵请封赠其亲者,天子之命也。天子可以封赠其臣,而不可以子爵其父。君封赠其臣,臣之荣也。子爵父,非所以尊本生父也。且封赠其臣,无逼上之嫌。天子而隆其私亲,追尊其本生父母,则紊乱继统之义,岂圣君大孝所敢出此哉!
(《柏堂集后编》卷一)

继统论下(从略)

按,继统虽非史学问题,然与正统观念关系至为密切。王位之传承,是为帝统;皇帝先世之崇祀及其名号之制定,则为庙统。二者互为关联,皆继统争论重点之所在也。

《魏书·明帝纪》太和三年(229)诏曰:"礼,王后无嗣,择建支子以继大宗,则当纂正统而奉公义,何得复顾私亲哉? 汉宣继昭帝后,加悼考以皇号。哀帝以外藩援立……既尊恭皇,立庙京都……而非罪师丹忠正之谏,用致丁、傅之祸。……其令公卿有司,深以前世行事为戒。后嗣万一有由诸侯入奉大统,则当明为人后之义。敢为佞邪导谀时君,妄建非正之号以干正统,谓考为皇,称妣为后,则股肱大臣,诛之无赦。"自是以后,继统之君,自诸侯入嗣者,不得谓本生之考妣为皇与后。

宋时濮安懿王之子入继仁宗后,是为英宗,范镇言:"陛下(指英宗)既考仁宗,若复以濮王为考,于义未当。"程颐曰:"为人后者,谓所后为父母,而谓所生为伯、叔父母,此生人之大伦也。然所生之义,至尊至大,宜别立殊称,曰皇伯、叔父某国大王,则正统既明,而所生亦尊崇极矣。"魏明帝诏书及程颐(代彭思永)《议濮王礼疏》二文,遂为后代之理论根据。

明世宗(厚熜)以兴献王祐杬世子,入承大统,礼部尚书毛澄等上议,依程颐说,谓"兴献王于孝宗为弟,于陛下(指世宗)为本生父,与(宋)濮安懿王事正相等,陛下宜称孝宗为皇考,改称兴献王为皇叔父兴献大王;凡祭告兴献王,自称侄皇帝某。"而帝不悦。澄及廷臣复坚持再四,以为"改称兴献王为叔父者,明大统之尊无二也";"其他推尊之说,称亲之议,似为非礼。推尊之非,莫详于魏明帝之诏;称亲之非,莫详于宋程颐之议。至当之礼,要不出于此"(详《明史》卷一百九十一毛澄等人传)。当日朝廷礼官坚执是说,以为最得义理之正,可为万世法。不惜一死以正名分,伏阙力争,以至撼门恸哭,死节不渝,虽或过激,而意气奋发,信道之笃,浩然之气与天地长存。而导谀者虽另执一理,若张璁进《大礼或问》,朝廷且有《明伦大典》二十四卷(见《千顷堂书目》卷四)之颁布,终不足以服人之心。下至清季,桐城方宗诚(同治时官枣强知县)著《继统论》,重予扬榷是非,诚正统论中之重要文字,故备录之,以见明儒力争正统出于实践,非徒托之空文;为真理而奋斗,其精神有不可磨灭者在。

又按,《论》中称杨廷和等议以益王子厚熜主后,兴国其称号。今考《明史》卷一百九十《杨廷和传》称:世宗之立,本以孝宗弟兴献王长子入嗣,"宜尊孝宗曰皇考,称(其本生父)献王为皇叔孝兴国大王……自称侄皇帝名,别立益王次子崇仁王为兴王,奉献王祀"。益王者,《诸王传》云"益端王祐槟,宪宗第六子"也。《明史·毛澄传》云:"以益王第二子、崇仁王厚炫继兴王后,袭兴王,主祀事。《诸王世系表五》:"益,恭王厚炫,端嫡二子,初封崇仁王……"是宜为厚炫,此文作厚煊,乃厚炫之误,应正。

李慈铭 论正统

正统之说,纷纭不决。欧阳文忠、司马文正失之拘,杨铁厓仍其腐说,杨升庵又失之偏,皆不能折中于理。其中最难定者,为六朝五代。必以统归晋、宋、齐、梁、陈,犹可说也,五代以朱温、石敬瑭为正统,则大谬于圣人矣。要之,正闰者,当论邪正,不当论内外;当推当日之人心,不当据当日之地势。宋儒于"六经",进江表而退关、洛,其意在内诸夏外夷狄也。顾晋得于魏,魏得于汉,乃禅让之贼,自是篡弒相仍,以讫于陈,不正甚矣。元魏道武以一成一旅,奋起平城,何异夏之少康?且其先代虽臣属于晋,其后亡于秦而晋不能救,道武又自兴于诸胡,非得国于晋。乃以刘宋之篡为正,而元魏为僭,何其偾例乎!唐之亡也,天祐、天复之号,不绝于天下,而必尊崇朱温之凶竖为帝,尤害于理。宋儒于五代,其始也,帝梁而寇河东;其继也,尊石晋、汉周而伪南唐,其意在重中原,轻诸国也。顾朱温罪恶之首;石氏叛臣,实阶戎祸;刘氏乘间而窃国;郭氏倡乱以弒君,皆圣人所必诛。与其帝朱温,不若帝王建、帝杨行密也。与其帝石氏,不若帝契丹也。与其帝郭氏,不若帝北汉刘旻也。太原李氏一日不灭,则唐一日不亡,其名正言顺无论矣。南唐即云其世系不可知,然昭烈之于汉,亦未必昭、穆尽可据也。帝南唐不犹愈于石、刘、郭、柴乎？洪景卢谓汉晋后当以宋、齐、梁为正统，而接之以北周，周传隋及唐。盖以梁既灭于周，则陈可不数，而陈氏又终灭于隋也。予谓即如其说，梁元帝江陵之陷，时为西魏恭帝之元年，虽政出宇文，而元氏固未改步也，何得遂为北周？况魏戕元帝，立梁岳阳王詧于江陵，是为宣帝，传明帝后主三世始灭于隋。宣帝乃昭明太子之子，萧氏世嫡，得国甚正，是固当以隋继梁，不当以周继梁。此皆人心之公，万世不易之论也。（《越缦堂读书记》卷十二）

现代　梁启超　论正统

中国史家之谬，未有过于论正统者也。言正统者，以为天下不可一日无君也，于是乎有统。又以为天无二日，民无二王也，于是乎有正统。统之云者，殆谓天所立而民所宗也。正之云者，殆谓一为真，而余为伪也。千余年来，陋儒断断于此事，攘臂张目，笔斗舌战，支离蔓衍，不可穷诘。一言蔽之曰：自为奴隶根性所束缚，而复以煽后人之奴隶根性而已，是不可以不辨。

统字之名词，何自起乎？殆滥觞于《春秋》。《春秋公羊传》曰："何言乎王正月？大一统也。"此即后儒论正统者所援为依据也。庸讵知《春秋》所谓大一统者，对于三统而言。《春秋》之大义非一，而通三统实为要端。通三统者，正以明天下为天下人之天下，而非一姓之所得私有；与后儒所谓统者，其本义既适相反对矣。故夫统之云者，始于霸者之私天下，而又惧民之不吾认也，乃为是说以箝制之，曰：此天之所以与我者，吾主而有特别之权利，非他人所能几也。因文其说曰"亶聪明，作父母"，曰"辨上下，定民志"。统之既立，然后任其作威作福，恣睢蛮野，而不得谓之不义。而人民之稍强立不挠者，乃得坐之以不忠不敬、大逆无道诸恶名以锄之摧之,此统之名所由立也。《记》曰:"得乎丘而民为天子。"若是乎,无统则已,苟其有统,则创垂之而继续之者,舍斯民而奚属哉? 故泰西之良史,皆以叙述一国国民系统之所由来,及其发达进步盛衰兴亡之原因结果为主,诚以民有统而君无统也。借曰君而有统也,则不过一家之谱牒,一人之传记,而非可以冒全史之名,安劳史家之哓哓争论也。然则以国之统而属诸君,则固已举全国之人民,视同无物,而国民之资格,所以永坠九渊而不克自拔,皆此一义之为误也。故不扫君统之谬见,而欲以作史,史虽充栋,徒为生民毒耳。

统之义已谬,而正与不正,更何足云? 虽然,亦既有说矣,其说且深中于人心矣,则辞而辟之,固非得已。正统之辨,昉于晋而盛于宋,朱子《通鉴纲目》所推定者,则秦也,汉也,东汉也,蜀汉也,晋也,东晋也,宋、齐、梁、陈也,隋也,唐也,后梁、后唐、后汉、后晋、后周也。本朝乾隆年间,御批《通鉴》从而续之,则宋也,南宋也,元也,明也,清也。所谓正统者如是如是,而其所据为理论,以衡量夫正不正者,约有六事:

一曰以得地之多寡,而定其正不正也。凡混一宇内者,无论其为何等人,而皆奉之以正,如晋、元等是。

二曰以据位之久暂,而定其正不正也。虽混一宇内,而享之不久者,皆谓之不正。如项羽、王莽等是。

三曰以前代之血胤为正,而其余皆为伪也。如蜀汉、东晋、南宋等是。

四曰以前代之旧都所在为正,而其余皆为伪也。如因汉而正魏,因唐而正后梁、后唐、后晋、后汉、后周等是。

五曰以后代之所承者,所自出者为正,而其余为伪也。如因唐而正隋,因宋而正周等是。

六曰以中国种族为正,其余为伪也。如宋、齐、梁、陈等是。

此六者互相矛盾,通于此则窒于彼,通于彼则窒于此。而据朱子

《通鉴纲目》及《通鉴辑览》所定，则前后互歧，进退失据，无一而可焉，请穷诘之。夫以得地之多寡为定，则混一者，固莫与争矣。其不能混一者，自当以最多者为最正，则苻秦盛时，南至邛僰，东至淮泗，西极西域，北尽大碛，视司马氏版图过之数倍；而宋金交争时代，金之幅员，亦有天下三分之二，而果谁为正？而谁为伪也？如以据位之久暂而定，则如汉、唐等之数百年，不必论矣。若夫拓跋氏之祚，迥轶于宋、齐、梁、陈；钱镠、刘隐之系，远过于梁、唐、晋、汉、周。而西夏李氏，乃始唐乾符，终宋宝庆，凡三百五十余年，几与汉、唐埒，地亦广袤万里，又谁为正而谁为伪也？如以前代之血胤而定，则杞、宋当二日并出，而周不可不退处于篡僭。而明李槃以宇文氏所臣属之萧岿为篡贼，萧衍延苟全之性命，而使之统陈；以沙陀夷族朱邪存勖，不知所出之徐知诰冒李唐之宗，而使之统分据之天下者，将为特识矣。而顺治十八年（1661）间，故明弘光、隆武、永历尚存正朔，而视同闰位，何也？而果谁为正而谁为伪也？如以前代旧部所在而定，则刘、石、慕容、苻、姚、赫连、拓跋所得之土，皆五帝三王之故宅也。女真所抚之众，皆汉、唐所遗民也，而又谁为正而谁为伪也？如以后代所承所自出者为正，则晋既正矣，而晋所自出之魏，何以不正？前既正蜀，而后复正晋，晋自篡魏，岂承汉而兴邪？唐既正矣，且因唐而正隋矣，而隋所自出之宇文，宇文之以自出之拓跋，何以不正？前正陈而后正隋，隋岂因灭陈，而始有帝号耶？又乌知夫谁为正而谁为伪也？若夫以中国之种族而定，则诚爱国之公理，民族之精神，虽迷于统之义，而犹不悖于正之名也，而惜乎数千年未有持此以为鹄者也。李存勖、石敬瑭、刘知远以沙陀三小族，窃一掌之地，而觍然奉为共主。自宋至明百年间，黄帝子孙无尺寸土，而史家无谓正统者，仍不绝如故也，而果谁为正而谁为伪也？于是乎而持正统论者，果无说以自完矣。

大抵正统之说所以以起者，有二原因：

其一，则当代君臣自私本国也。温公所谓："宋、魏以降，各有国史，互相排黜：南谓北为索虏，北谓南为岛夷。朱氏代唐，四方幅裂，朱邪入汴，比之穷新。运历年纪，弃而不数，此皆私己之偏辞，非大公之通论也。"诚知言矣。自古正统之争，莫多于蜀魏问题。主都邑者，以魏为真人；主血胤者，以蜀为宗子。而其议论之变迁，恒缘当时之境遇。陈寿主魏，习凿齿主蜀；寿生西晋，而凿齿东晋也。西晋踞旧都，而上有所受，苟不主都邑说，则晋为僭矣。故寿之正魏，凡以正晋也。凿齿时，则晋既南渡，苟不主血胤说，而仍沿都邑，则刘、石、苻、姚正，而晋为僭矣。凿齿之正蜀，凡亦以正晋也。其后温公主魏，而朱子主蜀；温公主北宋，而朱子南宋也。宋之篡周宅汴，与晋之篡魏宅许者同源。温公之主都邑说也，正魏也，凡以正宋也。南渡之宋，与江东之晋同病。朱子之主血胤说也，正蜀也，凡亦以正宋也，盖未有非为时君计者也。至如五代之亦觍然目为正统也，更宋人之谰言也。彼五代亦何足以称代？朱温，盗也；李存勖、石敬瑭、刘智远，沙陀犬羊之长也。温可代唐，则侯景、李全可代宋也。沙陀三族，可代中华之主，则刘聪、石虎，可代晋也。郭威非夷非盗，差近正矣，而以黥卒乍起，功业无闻，乘人孤寡，夺其穴以自立，以视陈霸先之能平寇乱犹奴隶耳。而况彼五人者，所掠之地，不及禹域二十分之一，所享之祚，合计仅五十二年。而顾可以圣仁神武某祖某皇帝之名奉之乎？其奉之也，则自宋人始也。宋之得天下也不正，推柴氏以为所自受，因而溯之，许朱温以代唐，而五代之名立焉。其正五代也，凡亦以正宋。至于本朝，以异域龙兴，入主中夏，与辽、金、元前事相类。故顺治二年（1645）三月，议历代帝王祀典，礼部上言，谓辽则宋曾纳贡，金则宋尝称侄，帝王庙祀，似不得遗，骎骎乎欲伪宋而正辽全矣。后虽惮于清议，未敢焊然，然卒增祀辽太祖、太宗、景宗、圣宗、兴宗、道宗，金太祖、太宗、世宗、章宗、宣宗、哀宗。其后复增祀元魏道武帝、明帝、孝武帝、文成帝、献文帝、孝文帝、宣武帝、孝明帝，岂所谓兔死狐悲，物伤其类者耶？由此言之，凡数千年来，哓哓于正不正、伪不伪之辨者,皆当时之霸者,与夫霸者之奴隶,缘饰附会,以为保其一姓私产之谋耳,而时过境迁之后,作史者犹慷他人之慨,断断焉辨得失于鸡虫,吾不知其何为也?

其二,由于陋儒误解经义,煽扬奴性也。陋儒之说,以为帝王者圣神也。陋儒之意,以为一国之天,不可以一时而无一圣神焉,又不可以同时而有两圣神焉者。当其无圣神也,则无论为乱臣、为贼子、为大盗、为狗偷、为仇雠、为夷狄,而必取一人一姓焉,偶像而尸祝之曰:此圣神也! 此圣神也! 当其多圣神也,则于群圣群神之中,而探阄焉,而置棋焉,择取其一人一姓而膜拜之曰:此乃真圣神也! 而其余皆乱臣贼子、大盗狗偷、仇雠夷狄也。不宁惟是,同一人也,甲书称之为乱贼偷盗、仇雠夷狄,而乙书则称之为圣神焉。甚者同一人也,同一书也,而今日称之为乱贼偷盗、仇雠夷狄,明日则称之为圣神焉。夫圣神自圣神,乱贼自乱贼,偷盗自偷盗,夷狄自夷狄,其人格之相去不可以道里计,一望而知无能相混者也,亦断未有一人之身,而能兼两涂者也。异哉! 此至显至浅至通行至平正之方人术,而独不可以施诸帝王也。谚曰:"成即为王,败即为寇。"此真持正统论之史家所奉为月旦法门者也。夫众所归往谓之王,窃夺殄民谓之寇。既王矣,无论如何变相,而必不能堕而为寇;既寇矣,无论如何变相,而必不能升而为王,未有能相即焉者也。如美人之抗英而独立也,王也,非寇也,此其成者也。即不成者,如菲律宾之抗美,波亚之抗英,未闻有能目之为寇者也。元人之侵日本,寇也,非王也,此其败也者。即不败焉,如蒙古蹂躏俄罗斯,握其主权者数百年,未闻有肯认之为王者也。中国不然,兀术也,完颜亮也,在宋史则谓之为贼为虏为仇,在金史则某祖某皇帝矣。而两史皆成于中国人之手,同列正史也。而诸葛亮入寇、丞相出师等之差异,更无论也。朱温也,燕王棣也,始而曰叛曰盗,忽然而某祖某皇帝矣。而曹丕、司马炎而由名而公,由公而王,由王而帝,更无论也。准此以谈,吾不能不为匈奴、冒顿、突厥、颉利之徒悲也;吾不能不为汉吴、楚七国,淮南王安,晋八王,明宸濠之徒悲也;吾不能不为上官桀、董卓、桓温、苏峻、侯景、安禄山、朱泚、吴三桂之徒悲也;吾不得不为陈涉、吴广、新市、平林、铜马、赤眉、黄巾、窦建德、王世充、黄巢、张士诚、陈友谅、张献忠、李自成、洪秀全之徒悲也。彼其与圣神相去,不能以寸耳,使其稍有天幸,能于百尺竿头进此一步,何患乎千百年后,赡才博学、正言谠论、倡天经明地义之史家,不奉以"承天广运、圣德神功、肇纪立极、钦明文思、睿哲显武、端毅弘文、宽裕中和、大成定业太祖高皇帝"之徽号。而有腹谤者,则曰大不敬;有指斥者,则曰逆不道也,此非吾过激之言也。试思朱元璋之德,何如窦建德? 萧衍之才,何如王莽? 赵匡胤之功,何如项羽? 李存勖之强,何如冒顿? 杨坚传国之久,何如李元昊? 朱温略地之广,何如洪秀全? 而皆于数千年历史上巍巍然圣矣神矣。吾无以名之,名之曰幸不幸已耳。若是乎,史也者,赌博耳,儿戏耳,鬼蜮之府耳,势利之林耳,以是而为史,安得不率天下而禽兽也! 而陋儒犹嚣嚣然曰:此天之经也,地之义也,人之伦也,国之本也,民之防也。吾不得不深恶痛绝夫陋儒之毒天下如是其甚也。

然则不论正统则亦已耳,苟论正统,吾敢翻数千年之案而昌言曰:自周、秦之后,无一朝能当此名者也。第一,夷狄不可以为统。则胡元及沙陀三小族在所必摈,而后魏、北齐、北周、契丹、女真更无论矣。第二,篡夺不可以为统。则魏、晋、宋、齐、梁、陈、北齐、北周、隋、后周、宋在所必摈,而唐亦不能免矣。第三,盗贼不可以为统,则后梁与明,在所必摈,而汉亦如唯之与阿矣。然则正统当于何求之? 曰:统也者,在国非在君也、在众人非在一人也。舍国而求诸君,舍众人而求诸一人,必无统之可言,更无正之可言。必不获已者,则如英、德、日本等立宪君主之国,以宪法而定君位继承之律,其即位也,以敬守宪法之语,誓于大众,而民亦公认之。若是者,其犹不谬于得丘民为天子之义,而于正统庶乎近矣。虽然,吾中国数千年历史上,何处有此?然犹断断焉于百步、五十步之间,而曰统不统、正不正,吾不得不怜其愚而恶其妄也。

后有良史乎,盍于我国民系盛衰强弱主奴之间,三致意焉尔。(《分类饮冰室文集全编》卷十一)

章炳麟　论正统

正史云云,又有当论述者,正统之说是也。《隋志》于正史之外,别有霸史。以霸匹正,则正言正统,霸言僭伪割据也。正统之说,论者纷然。北人以北朝为正统,唐初尚尔。而《隋志》则南北朝史并入正史。盖南北朝究竟以何方为正统,未易定也。若依夷夏之辨立论,自当以南朝为正,北朝非华人也。如以正统予元魏,则前之刘渊、石勒、苻坚,皆将以正统归之矣。斥刘、石而予魏、齐,岂持论之平哉!苻坚奄有中原,强逾东晋。而王猛临终语之曰:“晋正朔相承,愿不以晋为图。”是猛固视晋为正统也。北魏初亦不敢自大,及魏收作《魏书》,始称东晋为僭晋,谥南朝曰岛夷(此亦报复之道。沈约作《宋书》,号北朝曰索虏,托[拓]跋编发为辫,故曰索头虏)。助桀为虐,信为秽史!唐人承隋,不得不以北朝为正。开元时,萧颖士以为南朝正统至萧梁而绝,作《梁不禅陈论》。实则梁敬帝禅位于陈,不能言陈无所受,而温公有陈氏何所受之说,殆为萧氏所误也。按,萧颖士为梁鄱阳王恢七世孙,梁氏宗室,自相构难。萧詧至以妻子质魏,道魏兵伐江陵,杀梁元帝。元帝之子敬帝,称帝建业,后禅位于陈。詧亦在襄阳即位,号后梁。至隋开皇七年(587),国废。党伐之见,萧家子弟锢蔽最深。颖士偏私之言,岂可尽信?皇甫湜作《东晋元魏正闰论》,亦谓江陵之灭,则为周矣。陈氏自树而夺，无容于言，此盖唐人立言，不得不尔。《资治通鉴》则取宋、齐、梁、陈年号以纪诸国之事，自宋至陈，主国者皆汉人，自宜以正统予之。而朱晦庵作《纲目》，不分主从，并列南北朝年号。晦庵生当南宋，不知何以昧于夷夏之义如此？温公《通鉴》于三国则正魏闰蜀，《纲目》反之，以蜀为正统，此晦庵长于温公处。温公谓昭烈之于汉，虽云中山靖王之后，而族属疏远，不能纪其世数名位，亦犹南唐烈祖之称吴王恪后，不当以光武为比（自长沙靖王至光，世系甚明）。此温公之偏见。徐知诰幼时为徐温所虏，其世系人无知者。若昭烈之称汉后，为当时敌国所共认。为汉中王时，群臣表于献帝，称肺腑枝叶，宗子藩翰，若果世次无考，曹操焉有不揭破其诈者！又吴蜀交恶，诸葛瑾与备笺云："关羽之亲，何如先帝？"设非汉裔，瑾何为为此言哉！故以昭烈比徐知诰，亦温公之一失也。温公自言正闰之际，非所敢知，不过假其年号以识事之先后。故五代、梁、唐，亦取其年号纪事。而王船山则以为称五代者，宋人之辞，黥卒剧盗，犬羊之长，不能私之以称代。必不得已，聆斯时也，而欲推一人以为之主，其杨行密、徐温、王建、李昇、钱镠、王潮之犹愈乎？尚有长人之心，而人或依之以偷安也。周自威烈王以后，七国交争，十二侯画地以待尽。赧王纳土朝秦，天下后世，固不以秦代周，而名之曰战国。然则天祐以后，建隆以前，谓之战国焉允矣。何取于偏据速亡之盗夷而推崇为共主乎？严衍《通鉴补》亦言周社虽亡，秦命未集；昭襄虽强，犹齐、楚耳。朱温篡唐，毒浮于地。敬瑭巨虏，贻殃万民。梁、晋之罪，甚于黄巢。世有鲁连，必当蹈海。其书以周赧入秦，七雄分据，改称前列国。唐昭陨洛，五代迭兴，改称后列国。论甚公允。惟书之于册，甚不易于纪年。当时十国中称帝者四（吴、南唐、前蜀、后蜀，又南汉刘䶮亦称帝），究以何人之年号为纲而附之以事乎？严书分注列国年号。按分注之例，始于《纲目》。前之前、后《汉纪》，皆不分注。《纲目》与《通鉴》体例不同，毕沅《续通鉴》，于宋代纪年之下，旁注辽、金年号，显然违乱《通鉴》体例，严之《通鉴补》亦然。故空言甚易，成书则难。史家于此，所当郑重考虑也。霸史中如马令、陆游《南唐书》，吴任臣《十国春秋》，谢启昆《西魏书》(魏收在北齐作《魏书》，不载西魏，谢纂录故籍成此)，皆足以资考订。至何者方可谓之正史，则清代以颁立学官者为限。民国以来，无此限制，亦不能再立范围矣。

史家载笔，直书其事，其义自见，本不必以一二字为褒贬。书法固当规定，正统殊不可问，所谓不过假年号以记事耳。《通鉴》视未成一统之局，与列国相等。如以魏为正统，而记载仍与吴、蜀相同。南北朝亦然。凡一统之君死称崩，否则称殂。《通鉴》于三国魏主死称殂，蜀、吴二主亦称殂，南北朝南主称殂，北朝亦称殂。一统之国，大臣死称薨，否则称卒，与春秋列国大夫相同。此温公之书法，所以表示一统与否者也。其在一年中改元者，温公以后者为准。若禅受之际，上半年属胜代，下半年为新朝，亦以后者为准。如汉献帝二十五年(220)之冬，禅于曹魏，纪汉则献帝止于二十四年，二十五年即为黄初元年。南北朝以南朝纪年，至隋开皇九年(589)灭陈，始立《隋纪》。其在汉献未禅位以前，魏称王，汉称帝。开皇九年以前，陈称帝，隋称主。灭陈之岁，陈称主，而隋称帝。温公书法如此。其实一年两纪，亦无不可。温公不欲两纪，故以后者为准。宋人言温公夺汉太速，实亦逼于书法，无可如何也。《纲目》以蜀为正统，分注魏、吴二国年号于下。《通鉴》则止有大书，无分注之一法。后陈桱(桱生元末，入明为翰林编修)作《通鉴续编》二十四卷。大书分注，全仿《纲目》。虽曰《通鉴续编》，实《纲目》之流亚也。沈周《客座新闻》载，桱著此书时，书宋太祖云"匡胤自立而还"，未辍笔，迅雷击案。桱端坐不慑，曰："虽击吾手，终不易也。"桱书颇有存亡继绝之意。如后汉刘知远族裔据太原称北汉，《续编》仍存北汉年号。金哀宗之后，末帝承麟立仅一日，亦为之纪年。西辽传国数十年，《续编》

详为分注,宋益王昰、卫王昺在瀛国公降元之后,播迁海岛,《续编》亦皆记之,以存宋统。(元修《宋史》附《恭宗本纪》后。)清代君主对于此事,深恶痛疾,其不愿福、桂、唐三王得称正统,观御批《通鉴辑览》可知。甚至李光地《榕村语录》云:"凡历代帝王,均有天命,不得随人私意,尊为正统。蜀汉之尊为正统者,以重视诸葛武侯之故耳。"乾隆时更发特谕,谓:"元人北去,在漠北称汗,其裔至清初始尽。设国灭统存,则元祚不当尽于至正。武王灭纣,武庚亦将仍为正统。"此不知史为中国之史,胡元非我族类,驱出境外,宁有再系其年号之理?武庚已受周封,备位三恪,岂可与益、卫二王即位岭海者同年而语哉!然戴名世即以《南山集》论二王应称正统而得祸。由今观之,爱新觉罗氏既作此国亡统绝之论,则辽东之溥仪,自不得再有统绪之说可以借口也。(《国学略说》)

蒙文通 肤浅小书

史家正闰之论,肇于《汉晋春秋》,而极于《宋史质》。粗视之若无谓,而实有深意存焉。《世经》言炎帝受共工,共工受太昊。《祭典》曰:共工氏霸九域。言虽有水德,在火、木之间,非其序也,故《易》不载。《易》曰:炮牺氏没,神农氏作。言共工霸而不王,虽有水德,非其序也。共工固为天子,而《易》、《书》家(《尚书大传》、《易·系辞》)黜之也。《秦始皇本纪》后附班固《典引》曰:"周历已终,仁不代母,秦值其位。"《索隐》言秦值其闰位,德在木、火之间。《郊祀志》亦言昔共工氏以水德间于木、火,与秦同运,非其次序。《索隐》之言,即据《郊祀志》文,是秦与共工实为天子,而汉师不以为天子也。习凿齿作《汉晋春秋》,其《晋承汉统论》曰:"昔共工氏霸有九州,秦政奄平区夏,犹不见序于帝王。今若以魏为有代王之德,则其道不足,道不足则不可谓制当年。当年不制于魏,则魏未曾为天下之王。王道不足于曹,则曹未始为一日之王也。"于是习氏之书以蜀汉为正统而黜魏。萧颖士亦作《黜陈闰隋论》,以唐承梁,固以唐人以南朝为僭伪故也。朱子《纲目》亦沿习氏,以南为正统。陆游之作《南唐书》称本纪,以易马令之书,是亦欲以南唐继唐,而斥北宋人五代正统之论。明时王洙作《宋史质》一百卷,以明继宋,非惟辽、金两代皆列于外国,即元一代年号亦尽削之,而于宋益王之末即以明太祖之高祖追称德祖元皇帝者承宋统。于瀛国公降元以后,岁岁书帝在某地。王洙之书,显为种族之痛。朱氏陆氏固以痛及于金祸,习氏固以痛于五胡。共工姜姓,为苗黎之族。秦人之事,吾固考其为西戎,则正闰论者,固政治民族主义也。(《国史要义》附)

柳诒徵　史统

(上略)即明人所托郑氏之言,亦明人持正义以论史之特识也。

《心史·古今正统大论》:中国之事,系乎正统。正统之治,出于圣人,以教后世天下之人所以为臣为子也。岂宜列之以嬴政、王莽、曹操、孙坚、拓跋珪、十六夷国等,与中国正统互相夷虏之语,杂附于正史之间?且书其秦、新室、魏、吴、元魏、十六夷国名年号,及某祖、某帝、朕、诏、天子、封禅等事,竟无以别其大伦。……臣行君事,夷狄行中国事,古今天下之不祥,莫大于是。若夫夷狄风俗兴亡之事,许存于本史……若国名素具猃狁、单于之号,及官职州县并从之。……其曰《北史》,是与中国抗衡之称,宜黜曰"胡史"。仍修改其书,夺其僭用天子制度等语，其曰《南史》，实以偏方小之，然中国一脉系焉。宜崇曰"四朝正史"。……嬴政不道，王莽篡逆，刘玄降赤眉，刘盆子为赤眉所挟，五代篡逆尤甚，冥冥长夜，皆不当与之。普六茹坚小字那罗延，夺伪周宇文辟之士，而并僭陈之天下，本夷狄也。魏徵犹引"杨震十四世孙"书之，此必普六茹坚援引前贤以华族谱云，并宜黜其国名、年号，惟直书其姓名及甲子焉。……若论古今正统，则三皇、五帝、三代、西汉、东汉、蜀汉、大宋而已。司马绝无善治，或谓后化为牛氏矣。宋、齐、梁、陈、巍然缀中国之一脉，四姓廿四帝，通不过百七十年，俱无善治，俱未足多议，故两晋、宋、齐、梁、陈可以中国与之，而不可列之于正统。李唐为《晋载记》凉武昭王李暠七世孙，实夷狄之裔，况其诸君家法甚缪戾，特以其并包天下颇久，贞观、开元太平气象，东汉而下未之有也，故列之于中国，特不可以正统言。……以正而得国，则篡之者逆也，如逆莽、逆操之类是也。不以正而得国，则篡之者非逆也，汉取嬴政之国，唐取普六茹坚之国，大宋取柴宗训之国是也。

方正学《释统》之言曰：天下有正统一，变统三。三代，正统也。如汉如唐如宋，虽不敢几乎三代，然其主皆有恤民之心，则亦圣人之徒也，附之以正统，亦孔子与齐桓仁管仲之意也。奚谓变统？取之不以正，如晋、宋、齐、梁之君，亦不可为正矣。守之不以仁义，戕虐乎生民，如秦如隋，使传数百年也，亦不可为正矣。夷狄而僭中国，女后而据天位，治如苻坚，才如武氏，亦不可继统矣。二统立而劝戒之道明，侥幸者其有所惧乎？（《释统上》）变统之说，视章望之所定霸统较贱；霸统不及武周之窃唐，变统则贱之矣。又曰：变统之异于正统者，何也？始一天下而正统绝，则书甲子而分注其下。（《释统下》）是亦欧公所谓三绝，朱子所谓无统之意也。魏禧《正统论》，历举欧、苏、郑三家之说，谓郑氏为尤正，顾未及方氏《释统》，而其所创正统、偏统、窃统三目，亦即章氏霸统、方氏变统而小易之耳。

方氏生当明初，吾族习于蒙古者久，闻其言者多訾之。故又作《后正统论》，专伸夷夏之义。

> 方孝孺《后正统论》：俗之相成，岁薰月染，使人化而不知。在宋之时，见胡服、闻胡语者，犹以为怪。主其帝而虏之，或羞称其事。至于元，百年之间，四海之内，起居饮食，声音器用，皆化而同之，斯民长子育孙于其土地，习熟已久，以为当尔。昔既为其民矣，而斥之以为夷狄，岂不骇俗而惊世哉？然顾嫌者乃一时之私，非百世不易之道也。贤者之虑事，当先于众人，而预忧于后世。苟以夷狄之主而进之于中国，则无厌之虏，何以惩畏？安知其不复为中国害乎？如是则生民之祸大矣，斯固仁者之所不忍也。然则当何为？曰：其始一天下也，不得已以正统之法书其国号而名其君，于制诏号令变更之法，稍异其文，崩、殂、薨、卒之称，递降之；继世改元之礼，如无统，一传以后，分注之。凡所当书者皆不得与中国之正统比，以深致不幸之意。使有天下者惩其害，而保守不敢忽，使夷狄知大义之严，正统之不可以非类得，以消弭其侥觎之心。

丘琼山作《世史正纲》，即本方氏之法书《元世史》，至明太祖始复中国之统。其于中国之人，渐染元俗，日与之化，身其氏名，口其言语，家其伦类，忘其身之为华，十室而八九，言之尤极沉痛。而仍元之世，第谓世道至此，坏乱已极，亦不似王洙《宋史质》之以明之先祖虚承宋统。则于正义之中，亦不抹杀史实。胡应麟以是书继《纲目》，非过言也。（《国史要义》）

资料二

秦 秦会要（历数上）

五运　附正朔服色　邹衍创《终始五德》之说，以为天地剖判以来，五德转移，治各有宜。政教文质，所以云救，当时则用，过则舍之，有易则易之。始皇采用其说，推终始五德之传，改正朔，易服色，成为一王之法。迄乎汉后，凡创业垂统之主，继体守文之君，莫不踵而效之，以改正朔、易服色为先务，此于历代政制，所关极大，故特识焉。

始皇推终始五德传，以为周得火德。秦代周德，从所不胜。方今水德之始，改年始朝贺，皆自十月朔。衣服、旄旌、节皆上黑，数以六为纪，符、法冠皆六寸，而舆六尺，六尺为步，乘六马。更名河曰德水，以为水德之始。刚毅戾深，事因决于法，刻削，毋仁恩和义。然后合五德之数。（《始皇本纪》）

战国扰攘，秦兼天下，未遑暇也。亦颇推五胜，而自以为获水德，乃以十月为正，色尚黑。（《汉书·律历志》）

《祭典》曰：共工氏伯九域，言虽有水德，在火、木之间，非其序也。任知刑以疆，故伯而不王。秦以水德，在周、汉木火之间。周人迁其行序，故《易》不载。（同上）

秦在水德，故谓据土而克之。昔共工氏以水德，间于木、火，与秦同运，非其次序，故皆不永。（《汉书·郊祀志》）

始皇帝既即位，或曰："黄帝得土德，黄龙地螾见。夏得木德，青龙止于郊，草木畅茂。殷得金德，银自山溢。周得火德，有赤乌之符。今秦变周，水德之时。昔秦文公出猎，获黑龙，此其水德之瑞。"于是秦更

命河曰德水,以冬十月为年首,色上黑,度以六为名,音上大吕,事统上法。(《史记·封禅书》、《汉书·郊祀志》)

共工氏为水德,居木、火之间,伯而不王,非其序也。秦昭王始灭周,而诸侯未尽从。至昭王之曾孙政,遂并天下,是为始皇帝。有天下十四年,犹共工氏焉,非其序也。(《汉纪》卷一)

自齐威、宣时,驺子之徒,论著终始五德之运。及秦帝,而齐人奏之,故始皇采用之。(《史记·封禅书》、《汉书·郊祀志》)

《帝王世纪》云:"秦不求五运,别以水德王。"(《初学记》卷九引)

是时独有邹衍,明于五德之传,而散消息之分,以显诸侯。而亦因秦灭六国,兵戎极烦,又升至尊之日浅,未遑暇也。然亦颇推五胜,而自以为获水德之瑞,更名河曰德水。而正以十月,色上黑。然历度闰余,未能睹其真也。(《史记·历书》)

周历已移,仁不代母,秦直其位。(《典引》,见《始皇本纪》后)

附　吕思勉曰:

五德终始,说出邹子,乃谓有五种治法,当以时更易,意实同于儒家之通三统。至秦、汉之世,一变而为改正朔、易服色等空谈,继且推衍而入于迷信,则后人之不克负荷也。

行序之说,西京之季,盖尝经一大变。秦襄、文、献三公,皆祭白帝。《封禅书》又云:"秦始皇既并天下而帝,或曰:黄帝得土德,黄龙地螾见。夏得木德,青龙止于郊,草木畅茂。殷得金德,银自山溢。周得火德,有赤乌之符。今秦变周,水德之时。昔秦文公出猎获黑龙,此其水德之瑞。于是秦更命河曰德水,以冬十月为年首,色上黑,度以六为名,音上大吕,事统上法。"一似秦本自谓金德,后乃改行水德者。然下文又云:"自齐威、宣之时,驺子之徒,论著五德终始之运,及秦帝而齐人奏之,故始皇采用之。"又云:"高祖问:'吾闻天有五帝,而有四,何也?'莫知其说。"夫使秦人久知有五帝，何得独阙一黑帝？逮始皇自谓水德而独不立祠？则知《封禅书》襄公以后之事，多方士附会之辞，五德终始之说，实出自东方也。邹子之说，五德相代，从所不胜。汉兴，张苍为计相，时绪正律历，以高祖十月始至霸上，故因秦时，本十月为岁首不革。推五德之运，以为汉当水德之时，上黑如故。吹律调乐，人之音声，及以比定律令，若百工天下作程品。至于为丞相，卒就之。（苍为计相在高祖六年[前201]，为丞相在孝文四年[前176]。）文帝十三年（前167），鲁人公孙臣上书曰："始秦得水德，今汉受之，推《终始传》，则汉当土德。土德之应黄龙见。宜改正朔，易服色，色尚黄。"苍以为非，罢之。后三岁，黄龙见成纪。文帝召公孙臣，拜为博士，与诸生草改历服色事。张苍由此自绌。而贾生草具仪法，亦色尚黄，数用五。则汉初言行序者，皆守邹子之说。至末造而异说兴。

……

邹子之书，今已不传。《文选》沈休文《齐故安陆昭王碑》李善《注》引邹子曰："五德从所不胜，虞土，夏木，殷金，周火。"左思《魏都赋》注引《七略》亦曰："邹子终始五德，从所不胜。土德为始，木德次之，金德次之，火德次之，水德次之。"《吕览·应同》以黄帝为土德，禹为木德，汤为金德，文王为火德；《淮南·齐俗》言有虞氏祀中霤，服尚黄，夏后氏祀户，服尚青，殷人祀门，服尚白，周人祀灶，服尚赤，与秦始皇所采之说同，皆邹子之说也。据此推之，则颛顼木，帝喾金，尧火，而舜为土德，中阙水德一代。或谓邹子之说，实五帝同德。或谓《管子·揆度》，称共工之王，则共工当王尧、舜间。《汉书·律历志》曰：工共氏霸九域，言虽有水德，在火土之间，非其序也，任刑知以彊，故伯而不王，意在桃秦而以汉承周耳。说亦可通。自刘歆之后，遂又有所谓正闰之说矣。（《秦汉史》）

汉 刘歆 世经

《春秋》昭公十七年(前 525)"郯子来朝",《传》曰：昭子问少昊氏鸟名何故？[①]对曰："吾祖也,我知之矣。昔者,黄帝氏以云纪,故为云师而云名；炎帝氏以火纪,故为火师而火名；共工氏以水纪,故为水师而水名；[②]太昊氏以龙纪,故为龙师而龙名。我高祖少昊挚之立也,凤鸟适至,故纪于鸟,为鸟师而鸟名。"言郯子据少昊受黄帝,黄帝受炎帝,炎帝受共工,共工受太昊,故先言黄帝,上及太昊。稽之于《易》,炮牺、神农、黄帝相继之世可知。[③]

① 师古曰："郯,国名；子,其君之爵也。郯国即东海郯县是也。朝,朝于鲁也。昭子,鲁大夫叔孙昭子也,名婼。"

② 师古曰："共读曰龚。下皆类此。"

③ 师古曰："炮与庖同也。"

太昊帝 《易》曰："炮牺氏之王天下也。"言炮牺继天而王,为百王先,首德始于木,故为帝太昊。作罔罟[①]以田渔,取牺牲,故天下号曰炮牺氏。《祭典》曰："共工氏伯九域。"[②]言虽有水德,在火、木之间,非其序也。任知刑以彊,故伯而不王。秦以水德,在周、汉木火之间。[③]周人卻[④]其行序,故《易》不载。

① 师古曰："罟音古。"

② 师古曰："《祭典》,即《礼经祭法》也。伯读与霸同。下亦类此。"

③ 师古曰："志言秦为闰位,亦犹共工不当五德之序。"

④ 邓展曰："卻,去也,以其非次故去之。"师古曰："此指谓共工也。卻,古迁字,其下并同。"

炎帝　《易》曰："炮牺氏没，神农氏作。"言共工伯而不王，虽有水德，非其序也。以火承木，故为炎帝。教民耕农，故天下号曰神农氏。

黄帝　《易》曰："神农氏没，黄帝氏作。"火生土，故为土德。与炎帝之后战于阪泉，遂王天下。始垂衣裳，有轩冕①之服，故天下号曰轩辕氏。

① 邓展曰："凡冠，前卑后高，故曰轩冕也。"师古曰："此说非也。轩，轩车也。冕，冕服也。《春秋左氏传》曰：'服冕乘轩。'"

少昊帝　《考德》①曰少昊曰清。清者，黄帝之子清阳也。是其子孙名挚立。土生金，故为金德，天下号曰金天氏。周迁其乐，故《易》不载，序于行。

① 师古曰："《考德》者，考五帝德之书也。"

颛顼帝　《春秋外传》曰：少昊之衰，九黎乱德，颛顼受之，乃命重黎。苍林昌意之子也。金生水，故为水德。天下号曰高阳氏。周迁其乐，故《易》不载，序于行。

帝喾　《春秋外传》曰：颛顼之所建，帝喾受之。清阳玄嚣之孙也。水生木，故为木德。天下号曰高辛氏。帝挚继之，不知世数。周迁其乐，故《易》不载。周人禘之。

唐帝　《帝系》曰：帝喾四妃，陈丰生帝尧，封于唐。盖高辛氏衰，天下归之。木生火，故为火德，天下号曰陶唐氏。让天下于虞，使子朱处于丹渊为诸侯。即位七十载。

虞帝　《帝系》曰：颛顼生穷蝉，五世而生瞽叟，瞽叟生帝舜，处虞之妫汭①，尧嬗②以天下。火生土，故为土德。天下号曰有虞氏。让天下于禹，使子商均为诸侯。即位五十载。

① 师古曰："妫，水名也。水曲曰汭，音人锐反。"

② 师古曰:"嬗,古禅让字也。其下亦同。"

伯禹　《帝系》曰:颛顼五世而生鲧,鲧生禹,虞舜嬗以天下。土生金,故为金德。天下号曰夏后氏。继世十七王,四百三十二岁。

成汤　《书经·汤誓》:汤伐夏桀。金生水,故为水德。天下号曰商,后曰殷。①

① 孟康曰:"初契封商,汤居殷而受命,故二号。"

武王　《书经·牧誓》武王伐商纣,水生木,故为木德,天下号曰周室。(《汉书·律历志》)

附　吕思勉说:

《汉书·郊祀志》赞曰:"汉兴之初,庶事草创。惟一叔孙生,略定朝廷之仪。若乃正朔、服色、郊望之事,数世犹未章焉。至于孝文,始以夏郊,而张苍据水德,公孙弘、贾谊更以为土德,卒不能明。孝武之世,文章为盛。大初改制,而兒宽、司马迁等,犹从臣、谊之言。服色度数,遂顺黄德。彼以五德之传,从所不胜,秦在水德,故谓汉据土而克之。刘向父子以为帝出于震,故包牺氏始受木德。其后以母传子,孙而复始,后神农、黄帝下历唐、虞、三代,而汉得火焉。故高祖始起,神母夜号,著赤帝之符,旗章遂赤,自得天统矣。"按,王莽以汉为火德,自谓得土德。(莽班符命于天下……其《德祥》引汉文、宣之世黄龙见于成纪,以为新室之祥。又言平帝末年,火德销尽,土德当代,皇天眷然,去汉与新,以丹石始命于皇帝。受命之日丁卯,丁火,汉氏之德也,卯刘姓所以为字也,明汉刘火德尽而传于新室也。)而其称假皇帝之奏,引哀帝建平二年改元易号之事,曰:"案其本事,甘忠可、夏贺良谶书藏兰台。"其增益漏刻,亦与贺良等同,则其说实出忠可、贺良。哀帝号陈圣刘大平皇帝,陈、田古同音通假，土、田古同义通用，意若谓帝虽姓刘，所行实土德之政耳。莽与刘向父子，盖同信忠可、贺良之说者也。此说盖因赤帝子之说而附会，而赤帝子之说，则又因高祖为沛公旗帜皆赤而附会，未必与行序有关。《史记·本纪》言旗帜皆赤，由所杀蛇白帝子，杀者赤帝子，疑出后人增窜，非谈、迁元文也。自是之后，相生之说遂行。光武建武二年（26），始正火德，色尚赤（《后书·本记》）。公孙述引《援神契》曰："西大守，乙卯金。"谓五德之运，黄承赤而白继黄，金据西方为白德，而代王氏，得其正序。耿包密白袁绍曰："赤德衰尽，袁为黄胤，宜顺天意。"袁术以袁氏出陈为舜后，以黄代赤，德运之次，遂有僭逆之谋。李休谓赤气久衰，黄家当兴，欲使张鲁举号（《三国·魏志·曹爽传》注引《魏略》）。魏之兴也，以黄龙见谯为瑞（见《后汉书·方术传》及《三国·魏志·文帝纪》）。群臣劝蜀先主称尊号，亦曰黄龙见武阳。桓帝建和二年（148），长平陈景自号黄帝子（此从监本。宋本黄作皇。按，皇、黄古通），张角自称黄天，其部师三十六万，皆著黄巾（《后汉书·灵帝纪·续汉书·五行志》注引《物理论》云：黄巾被服纯黄），皆相生之说。其主相胜之说者：学人惟一王充（见《论衡·验符篇》）。草泽之夫，惟冲帝永嘉元年（145），历阳贼华孟自称黑帝耳。盖行序之说，至此已无理可言，故资以惑众者，亦惟取其为众所习知耳。

邹子之说，本主政教更易，受命者之为谁，非其所计。新室以后，徒借此说以陈受命之符，而感生之说兴焉矣。《史记·高祖本纪》言：刘媪尝息大泽之陂，梦与神遇。是时雷电晦冥，大公往视，则见交龙于其上，俱云交龙而已，不言龙为何色也。及夏贺良，始作赤精子之谶。应劭曰："高祖感赤精而生，自谓赤帝之精，良等因作此谶文。"其说盖是（见《汉书·哀帝纪》）。《汉书·高帝纪》赞曰："刘向云：战国时，刘氏自秦获于魏。秦灭魏，迁大梁，都于丰。故周市说雍齿曰：丰故梁徙也。是以颂高祖云：汉帝本系，出自唐帝。降及于周，在秦作刘。涉魏而东，遂为丰公。"可见汉帝本系,乃后来所附会。自是之后,自托古帝王之胄裔,复成积习。王莽自本为虞舜后(见《汉书·元后传》),即汉人自谓尧后之故智也。后汉光武建武七年(31),诏三公曰:"汉当效尧,其与卿士大夫博议。"侍御史杜林上疏,以为"汉基业特起,不因缘尧。尧远于汉,民不晓信。言提其耳,终不说谕"(《续汉书·祭祀志》及注引《东观书》)。亦可见作伪者之心劳日拙矣。(《秦汉史》第二十章)

魏　苏林、董巴上表

辛酉,给事中博士苏林、董巴上表曰:"天有十二次以为分野,王公之国,各有所属,周在鹑火,魏在大梁。岁星行历十二次国,天子受命,诸侯以封。周文王始受命,岁在鹑火,至武王伐纣十三年,岁星复在鹑火,故《春秋传》曰:'武王伐纣,岁在鹑火;岁之所在,即我有周之分野也。'昔光和七年(184),岁在大梁,武王始授命,于时将讨黄巾。是岁改年为中平元年。建安元年(196),岁复在大梁,始拜大将军。十三年复在大梁,始拜丞相。今二十五年,岁复在大梁,陛下受命。此魏得岁与周文王受命相应。今年青龙在庚子,《诗·推度灾》曰:'庚者更也,子者滋也,圣命天下治。'又曰:'王者布德于子,治成于丑。'此言今年天更命圣人制治天下,布德于民也。魏以改制天下,与诗协矣。颛顼受命,岁在豕韦,卫居其地,亦在豕韦,故《春秋传》曰:'卫,颛顼之墟也。'今十月斗之建,则颛顼受命之分也,始魏以十月受禅,此同符始祖受命之验也。魏之氏族,出自颛顼,与舜同祖,见于《春秋》世家。舜以土德承尧之火,今魏亦以土德承汉之火,于行运,会于尧舜授受之次。臣闻天之去就,固有常分,圣人当之,昭然不疑,故尧捐骨肉而禅有虞,终无怍色,舜发陇亩而君天下,若固有之,其相授受,间不替漏;天下已传矣,所以急天命,天下不可一日无君也。今汉朝运已终,妖异绝之已审,陛下受天之命,符瑞告征,丁宁详悉,反覆备至,虽言语相喻,无以代此。今既发诏书,玺绶未御,固执谦让,上逆天命,下违民望。臣谨按古之典籍,参以图纬,魏之行运及天道所在,即尊之验,在于今年此月,昭晰分明。惟陛下迁思易虑,以时即位,显告天帝而告天下,然后改正朔,易服色,正大号,天下幸甚。"

令曰:"凡斯皆宜圣德,故曰:'苟非其人,道不虚经。'天瑞虽彰,须德而光;吾德薄之人,胡足以当之? 今让,冀见听许,内外咸使闻知。"(《三国志·魏书二·文帝纪》)

附 《宋书·符瑞志上》:

魏之氏族,出自颛顼,与舜同祖……舜以土德承尧之火,今魏亦以土德承汉之火,其于行运合于尧、舜授受之次。

晋 史臣论五德

晋武帝泰始元年(265),有司奏:"王者祖气而奉其□终,晋于五行之次应尚金,金生于巳,事于酉,终于丑,宜祖以酉日,腊以丑日。改《景初历》为《泰始历》。"奏可。

史臣按邹衍五德,周为火行。衍生在周时,不容不知周氏行运。且周之为历年八百,秦氏即有周之建国也。周之火、木,其事易详。且五德更王,唯有二家之说。邹衍以相胜之体,刘向以相生为义。据以为言,不得出此二家者。假使即刘向之说,周为木行,秦氏代周,改其行运。若不相胜,则克木者金;相生则木实生火。秦氏乃称水德,理非谬然。斯则刘氏所证为不值矣。臣以为张苍虽是汉臣,生与周接,司秦柱下,备睹图书。且秦虽灭学,不废术数,则有周遗文虽不毕在,据汉水行,事非虚作。贾谊《取秦》云:"汉土德。"盖以是汉代秦。详论二说,各有其义。张苍则以汉水胜周火,废秦不班五德。贾谊则以汉土胜秦水,以秦为一代。论秦、汉虽殊,而周为火一也。然则相胜之义,于事为长。若同苍黜秦,则汉水、魏土、晋木、宋金;若同贾谊《取秦》,则汉土、魏木、晋金、宋火也。难者云:"汉高断蛇而神母夜哭,云赤帝子杀白帝子,然则汉非火而何?"斯又不然矣。汉若为火,则当云赤帝,不宜云赤帝子也。白帝子又何义况乎?盖由汉是土德,土生乎火,秦是水德,水生乎金,斯则汉以土为赤帝子,秦以水德为白帝子也。难者又曰:"向云五德相胜,今复云土为赤帝子,何也?"答曰:"五行自有相胜之义,自有相生之义。不得以相胜废相生,相生废相胜也。相胜者,以土胜水耳;相生者,土自火子,义岂相关。"

崔寔《四民月令》曰:祖者,道神。黄帝之子曰累祖,好远游,死道路,故祀以为道神。嵇含《祖道赋序》曰:汉用丙午,魏用丁未,晋用孟月之酉。曰莫识祖之所由。说者云祈请道神,谓之祖有事于道者,君子行役,则列之于中路,丧者将迁,则称名于阶庭。或云,百代远祖,名谥彫灭,坟茔不复存于铭表,游魂不得托于庙祧,故以初岁良辰,建华盖,扬采旌,将以招灵爽,庶众祖之来凭云尔。(《宋书·律历志中》)

南齐建元元年(479)五月丙午……改《元嘉历》为《建元历》。木德盛卯终未,以正月卯祖,十二月未腊。(《南齐书·高帝纪下》)

北魏 高闾、李彪等议五德

(太和)十四年(490)八月诏曰:"丘泽初志,配尚宜定,五德相袭,分叙有常。然异同之论,著于往汉,未详之说,疑在今史。群官百辟,可议其所应,必令合衷,以成万代之式。"

中书监高闾议以为："帝王之作（《册府元龟》作'祚'），百代可知，运代相承，书传可验。虽祚命有长短，德政有优劣，至于受终严祖，殷荐上帝，其致一也。故敢述其前载，举其大略。臣闻居尊据极，允应明命者，莫不以中原为正统，神州为帝宅。苟位当名全，化迹流洽，则不专以世数为与夺，善恶为是非。故尧、舜禅揖，一身异尚；魏晋相代，少纪运殊。桀、纣至虐，不废承历之叙；厉、惠至昏，不阙周、晋之录。计五德之论，始自汉刘，一时之议，三家致别。故张苍以汉为水德，贾谊、公孙臣以汉为土德，刘向以汉为火德。以为水德者，正以尝有水溢之应，则不推运代相承之数矣。以土德者，则以亡秦继历，相即为次，不推逆顺之异也。以为火德者，悬证赤帝斩蛇之符，弃秦之暴，越恶承善，不以世次为正也，故以承周为火德。自兹厥后，乃以为常。魏承汉，火生土，故魏为土德。晋承魏，土生金，故魏为金德。赵承晋，金生水，故赵为水德。燕承赵，水生木，故燕为木德。秦承燕，木生火，故秦为火德。秦之未灭，皇魏未克神州，秦氏既亡，大魏称制玄朔。胡平文之庙，始称'太祖'，以明受命之证，如周在岐之阳。若继晋，晋亡已久；若弃秦，则中原有寄。推此而言，承秦之理，事为明验。故以魏承秦，魏为土德，又五纬表验，黄星曜彩，考氏定实，合德轩辕，承土祖未，事为著矣，又秦、赵及燕，虽非明圣，各正号赤县，统有中土，郊天祭地，肆类咸秩，明刑制礼，不失旧章。奄岱逾河，境被淮汉。非若龌龊边方，僭拟之属，远如孙权、刘备，近若刘裕、道成，事系蛮夷，非关中夏。伏惟圣朝，德配天地，道被四海，承乾统历，功侔百王。光格同于唐、虞，享祚流于周、汉，正位中境，奄有万方。今若并弃三家，远承晋氏，则蔑中原正次之实。存之无损于此，而有成于彼；废之无益于今，而有伤于事。臣愚以为宜从尚黄，定为土德。又前代之君，明贤之史，皆因其可褒褒之，可贬贬之。今议者偏据可绝之义，而不录可全之礼。所论事大，垂之万弃。宜并集中秘群儒，人人别议，择其所长，于理为悉。"

秘书丞臣李彪、著作郎崔光等议以为："尚书阎议，继近秦氏。臣职掌国籍，颇览前书，惜此正次，慨彼非绪。辄仰推帝始，还寻百王。魏虽建国君民，兆暎振古，祖黄制朔，绵迹有因。然此帝业，神元为首。按，神元、晋武，往来和好。至于桓、穆，洛京破亡。二帝志摧聪、勒，思存晋氏，每助刘琨，申威并冀。是以晋室衔扶救之仁，越石深代王之请。平文、太祖，抗衡苻、石，终平燕氏，大造中区。则是司马祚终于郏鄏，而元氏受命于云代。盖自周之灭及汉正号，几六十年，著符尚赤。后虽张、贾殊议，暂疑而卒从火德，以继周氏。排虐嬴以比共工，蔑暴项而同吴广。近蠲谬伪，还即神正，若此之明也。宁使白蛇徒斩，雕云空结哉！自有晋倾沦，暨登国肇号，亦几六十余载，物色旗帜，率多从黑。是又自然合应，玄同汉始。且秦并天下，革创法度，汉仍其制，少所变易。犹仰推五，竟踵隆姬。而况刘、石、苻、燕，世业促编，纲纪弗立。魏接其弊，自有彝典，岂可异汉之承木，舍晋而为土耶？夫皇统崇极，承运至重，必当推协天绪，考审王次，不可杂以僭窃，参之强狡。神元既晋武同世，桓、穆与怀、愍接时。晋室之沦，平文始大，庙号太祖，抑亦有由。绍晋定德，孰曰不可，而欲次兹伪僭，岂非惑乎？臣所以偻偻惜之，唯垂察纳。"诏令群官议之。

十五年正月，侍中、司空、长乐王穆亮，侍中、尚书左仆射、平原王陆睿，侍中、吏部尚书、中山王王元孙，侍中、尚书、驸马都尉、南平王冯诞，散骑常侍、都曹尚书、新泰侯游明根，散骑常侍、南部令邓侍祖，秘书中散李恺，尚书左丞郭祚，右丞、霸城子卫庆，中书侍郎封琳，中书郎、泰昌子崔挺，中书侍郎贾元寿等言："臣等受敕共议中书监高闾、秘书丞李彪等二人所议皇魏行次。尚书高闾以石承晋为水德，以燕承石为木德，以秦承燕为火德，大魏次秦为土德，皆以地据中夏，以为得统之征。皇魏建号，事接秦末，晋既灭亡，天命在我，故因中原有寄，即而承之。彪等据神元皇帝与晋武并时，桓、穆二帝，仍修旧好。始自平文，逮于太祖，抗衡秦、赵，终平慕容。晋祚终于秦方，大魏兴于云朔。据汉弃秦承周之义，以皇魏承晋为水德。二家之论，大略如此。臣等谨共参论，伏惟皇魏世王玄朔，下迄魏、晋、赵、秦、二燕，虽地据中华，德祚微浅，并获推叙，于理未惬。又国家积德修长，道光万载，彪等职主东观，详究图史，所据之理，其致难夺。今欲从彪等所议，宜承晋为水德。"诏曰："越近承远，情所未安。然考次推时，颇亦难继。朝贤所议，岂朕能有违夺？便可依为水德，祖申腊辰。"（《魏书》卷一百八《礼志》。《永乐大典》运字号录此言出自《北史》，非）

附　五胡与五德：

　　行序之说，本谓治法当随时变易，后乃流为空谈，入于迷信，已见《先秦史》第十五章第二节，《秦汉史》第二十章第三节。魏、晋已后，虽迷信已澹，而此故事仍存。晋武帝泰始元年（265），有司奏晋行尚金（《宋书·历志》）。刘曜、石勒，皆承金为水德（皆见《载记》）。慕容儁僭位，群下言承黑精之君，代金行之后，从之。《韩恒传》云（附《儁载记》后）：将定行次，众论纷纭，恒时疾在龙城，儁召恒决之。未至，群臣议以燕承晋为水德。恒至，言于儁曰："赵有中原，非惟人事，天所命也。且燕王迹始震。于《易》，震为青龙，受命之初，有龙见于都邑。龙为木德，幽契之符也。"儁初虽难改，后终从恒议，《慕容暐载记》云：郭钦奏议，以暐承石季龙为木德，暐从之。则《儁载记》所谓后从韩恒之义者，实暐时事也。《姚苌载记》：苌僭位，自谓以火德承苻氏木行。按《苻坚载记》云：大元七年（382），坚谋入寇。初坚即伪位，新平王彫，陈说图谶。坚大悦，以彫为大史令。尝于坚曰："谨按谶云。古月之末乱中州，洪水大起健西流，惟有雄子定八州，此即三祖陛下之圣讳也。又曰：当有草付臣又土，灭东燕，破白虏，氐在中，华在表。按图谶之文，陛下当灭燕平六州。愿徙汧、陇诸氐于京师，三秦大户，置于边地，以应图谶之言。"坚访王猛，猛以彤为左道惑众，劝坚诛之。彤临刑上疏曰："臣以赵建武四年(338)，从京兆刘湛学。明于图记，谓臣曰：新平地古颛顼之虚，里名曰鸡闾。此里应出帝王宝器，其名曰延寿宝鼎。颛顼有云：河上先生为吾隐之于西北，吾之孙有草付臣又土应之。湛又云：吾尝斋于室，中夜，有流星大如半月，落于此地，斯盖是乎？愿陛下志之。平七州之后，出于壬午之年。"至是而新平人得之，以献。坚以彤言有征，追赠光禄大夫。(分氐户，留鲜卑，当时盖有深意，彤在当时，盖因违是策而见诛，既而造作妖言，则又托诸已受诛之人，以见其可信也。)则坚实自以为颛顼后。颛顼，必从相胜之说，乃得为木德(见《秦汉史》)，岂坚时尝行其说，苌乃又以相生之说承之欤？《魏书·礼志》云：大祖天兴元年(398)，定都平城，即皇帝位。诏有司定行次，群臣奏以国家继黄帝之后，宜为土德。故神兽如牛，牛土畜，又黄星显曜，其符也。于是始从土德，数用五，服尚黄(亦见《本纪》)。此时之拓跋氏，实受封于西燕，岂亦从相胜之说，而以土承燕之水欤？孝文大和十四年(490)，八月，诏议国之行次(《本纪》)。《礼志》载中书监高闾议，谓："居尊据极，允膺明命者，莫不以中原为正统，神州为帝宅。五德之论，始自汉刘。一时之议，三家致别：以为水德者，以尝有水溢之应，不推运代相承之数。以为土德者，以亡秦继历相即为次，不推逆顺之异。以为火德者，县证赤帝斩蛇之符，越恶承善，不以世次为正。自兹厥后，乃以为常。魏承汉，火生土，故魏为土德。晋承魏，土生金，故晋为金德。赵承晋，金生水，故赵为水德。燕承赵，水生木，故燕为木德。秦承燕，木生火，故秦为火德(此说与《晋书·姚苌载记》不合，盖凭亿为说，不依据故事也)。秦之未灭，皇魏未克神州，秦氏既亡，大魏称制河朔。故平文之庙，始称大祖。以明受命之证，如周在岐之阳。若继晋，晋亡已久，若承秦，则中原有寄。又五纬表验，黄星曜采。考氏定实，合德轩辕。承土祖木，事为著矣。秦、赵及燕，虽非明圣，各正统赤县，统有中土。非若边方僭拟之属；远如孙权、刘备，近若刘裕、道成，事系蛮夷，非关中夏。臣愚以为宜从尚黄,定为土德。"按,魏亦五胡之一,若祧后赵、燕、秦,试问自居何等? 韩恒、高闾,盖欲避内华外夷之嫌,故为此认贼作子之说。然孝文之意,有异于是,闾亦未尝不窥知之,故又请"集中秘群儒,人人别议,择其所长"也。于是秘书丞李彪、著作郎崔光议,谓:"魏虽祖黄制朔,绵迹有因,然此帝业,神元为首。司马祚终于邺郿,而元氏受命于云代。自周之灭,及汉正号,几六十年,自有晋倾沦,暨登国肇号,亦六十余载。物色旗帜,率多从黑。是又自然合应,玄同汉始。且秦并天下,革创法度,汉承其制,少所变易,犹仰推五运,竟踵隆姬,而况刘、石、苻、燕,世业促褊,纲纪弗立,魏接其弊,自有彝典? 岂可异汉之承木,舍晋而为土邪?"诏命群官议之。十五年,正月,司空穆亮等言:欲从彪等所议。诏可(《纪》在十六年正月壬戌)。居然自附于华夏矣。周孝闵帝之立,百官奏议,以木承水,制可,见《周书·本纪》。

五德之说,明出学者推论,乃《宋书·历志》曰:"邹衍生在周时,不容不知周之行运。张苍虽是汉臣,生与周接,司秦柱下,备睹图书。秦虽灭学,不废术数,则有周遗文,虽不毕在,据汉水行,事非虚作。然则相胜之义,于事为长。"竟以行序之说为古来实事,误矣。又云:"汉高断蛇,而神母夜哭,云赤帝子杀白帝子,然则汉非火而何? 斯又不然。汉若为火,则当云赤帝,不宜云赤帝子也。白帝子又何义况乎? 盖由汉是土德,土生乎火,秦是水德,水生乎金,斯则汉以土德为赤帝子,秦以水德为白帝子也。"立说虽巧,终近凿孔。(吕思勉:《两晋南北朝史》,页1468—1472,题为辑者所加)

唐 运次

自古帝王五运之次,凡有(原无"有"字,据《唐语林》引补)二说:邹衍则以五行相胜为义,刘向则以五行相生为义。汉、魏共遵刘说。

国家承随氏火运,故为土德。衣服尚黄,旗帜尚赤,常服赭赤也(此句《说郛》本《闻见记》作"裳服赭赤色")。赭黄(《唐语林》引无此"黄"字),黄色之多赤者,或谓之柘木染,义无所取。

高宗时,王勃著《大唐千年历》:"国家土运,当承汉氏火德。上自曹魏,下至(原作'自',据《唐语林》引改)隋室、南北两朝,咸非一统,不得承五运之次。"勃言迂阔,未为当时所许。

天宝中,升平既久,上书言事者多为诡异以希进用,有崔昌袭("袭"原作"以",据秦本改。《唐语林》引作"採")勃旧说,遂以上闻,玄宗纳焉。下诏以唐承汉,自隋以前历代帝王皆屏黜之,更以周、汉为二王(原注:"一作'主'。")后是(原作"二",据《唐语林》引赭改)岁,礼部试天下造秀,作《土德惟新赋》,则("则",《唐语林》引作"即"。按,"则"、"即"字通)其事也。

及杨国忠秉政,自以隋氏之宗,乃追贬崔昌并当时议者,而复鄜、介二公焉。(《封氏闻见记》卷四,参赵贞信《校证》)

附　高丽国进《皇灵孝经》:

五代周恭帝显德六年(959)八月壬寅,高丽国进《孝经》各书(《旧五代史》卷一百二十),其中《皇灵孝经》,据《文昌杂录》云,乃言五德之运。是岁即高丽光宗十年。(见韩国弘文馆:《文献通考》卷一百七十二《交聘考》、卷二百四十二《艺文考》)

宋　运历

昔郯子述五代之官纪,盖有伦矣。稽之于《易》,本其世数,乃知庖牺之王,正得夫统。共工继起,位非其序。少昊之衰,九黎乱德。颛顼始复建重黎之官,以司天地。其后三苗干纪,二官咸废。尧命羲和,以纂其业,授时定岁,众功允治。既而授舜曰:"天之历数在尔躬。"舜亦以命禹。三代之际,牲服殊典。汉绍周世,议论累叶。讫于中兴,始定厥制。魏、晋而下,南北迭起,而天禄永终,实在中夏。至或征诸儒之说,集盈庭之言,敷引异辙,沿袭相戾。及夫循五德终始之传,叶三统因革之义,颁正朔,立制度,咸推历而更王,居正而惟叙者矣。

太昊帝、庖牺氏继天而为王,为百王先,首德始于木,故为太昊帝。

炎帝、神农氏继庖牺氏,以火承木,故为炎帝。

黄帝、轩辕氏继神农氏,火生土,故为土德。

少昊氏,黄帝之子青阳也。是其子孙名挚,立。土生金,故为金德,天下号曰金天氏。

颛顼,高阳氏继少昊氏,金生水,故为水德,天下号曰高阳氏。

帝喾,高辛氏,青阳玄嚣之孙也。继高阳氏,水生木,故为木德。

帝尧,陶唐氏,封于唐。高辛氏衰,天下归之。木生火,故为火德。

帝舜,有虞氏。尧禅(《礼》曰:禅,让字也)以天下。火生土,故为土德。

伯禹,夏后氏,舜嬗禹以天下。土生金,故为金德。故夏后氏尚黑(以建寅之月为正,物生黑色),戎事乘骊(戎,兵也。马黑色曰骊。《尔雅》曰:骐牝、骊牡,玄),牲用玄(玄,黑类也)。

汤伐桀,践天子位。乃改正朔,服色尚白,朝会以书。金生水,故为水德,天下号曰商,后曰殷(初,契封商。汤居殷而受命,故二号)。故殷人尚白(以建丑之月为正,物萌白色),戎事乘翰(翰,白马也),牲用白。

周武王伐纣,践天子位。水生木,故为木德,号曰周室。故周人尚赤(以建子之月为正,物萌色赤),戎事乘骓(骓,骊马白腹),牲用骍(骍赤类)。

烈王二年(前 424),周太史儋见秦献公曰:"始周与秦国合,合而别,别五百载复合(周孝王封伯翳之后为侯伯,与周别五百载。至昭王时,西周君臣自归受罪,献其邑三十六城。合也,谓从秦仲至孝公强大,显王致霸,与之亲合也),合十七岁而霸,王者出焉(从此后十七年,而秦昭王皆霸,至始皇而王天下)。"

汉高祖起沛,旗帜皆赤,由所杀蛇白帝子,所杀者赤帝子故也。既代秦继周,木生火,故为火德。

文帝时,鲁人公孙臣上书曰:"始秦得水,及汉受之。推终始传,则汉当土德。土德之应,黄龙见。宜改正朔,服色上黄。"时丞相张苍好律历,以为汉乃水德,是时河决金堤,其符也。年始冬十月,色外黑内赤(十月阴气在外,故外黑,阳气尚伏在地,故内赤也。或曰:十月,百草外黑内赤也),与德相应。公孙臣言非是,罢之。明年黄龙见成纪(天水之县也),文帝召公孙臣,拜为博士,与诸生申明土德,草改历服色事。自汉兴之初,庶事草创,唯一叔孙生略定朝廷之仪。若乃正朔、服色、郊望之事,数世犹未章焉。至于孝文,始以夏郊,而张苍据水德,公孙臣、贾谊更以为土德,卒不能明。武帝太初元年(前 104)五月,正历以正月为岁首,色尚黄,数用五。儿宽、司马迁等犹从臣、谊(公孙臣、贾谊)之言,服色数度,遂顺黄德。彼以五德之传,从所不胜(五帝相承,代尝以金、木、水、火相胜之法,若火灭金,便以火代金),秦在水德,故谓汉据土而克之。刘向父子以为帝出于震,故庖牺氏始受木德。其后以母传子,终则复始。自神农、黄帝下历唐、虞、三代,而汉得火焉。故高祖始起,神母夜号,著赤帝之符,旗章遂赤,自得天统矣(向父子虽有此议,时不施行。至光武乃用火德耳)。

后汉光武建武二年(26)正月,始正火德,色尚赤。(汉初土德,色尚黄,至此始明火德,旗帜尚赤,服色于是乃正。)

魏文帝以汉延康元年(220)十一月受禅,给事中博士苏林、董巴上表曰："魏之氏族出自颛顼，与舜同祖。舜以土德承尧之火，今魏亦以土德承汉之火，于行运合于尧、舜授受之次。"遂改延康元年为黄初元年，议改正朔，易服色，殊徽号，承土行。十二月幸雒阳，以夏数得天，故即用夏正，而服色尚黄。又诏以汉火行也，火忌水，故雒去水而加隹。魏于行次为土，土，水之壮也，水得土而乃流，土得水而柔，故除隹加水变雒为洛。明帝景初元年(237)春正月壬辰，山茌县言黄龙见。于是有司奏以为魏得地统，宜以建丑之月为正。三月定历，改年为孟夏四月。(初，文皇帝即位，以受禅于汉，因循汉正朔，弗改。帝在东宫，著论以为五帝三王，礼不相袭，正朔自宜改变，以明受命之运。及即位，优游者久之，史官复著言宜改，乃诏三公、特进、九卿、中郎将、大夫、博士、议郎、千石、六百石博议，议者或不同，帝据古典甲子，诏曰：夫太极运三辰、五星于上，元气转三统、五行于下，登降周旋，终则又始，故仲尼作《春秋》，三微之月，每月称王，以明三正迭相为首。今推三统之次，魏得地统，当以建丑之月为正月，考之《洪范》，厥义章矣。其改青龙五年三月为景初元年四月。)服色尚黄，牺牲用白，戎事乘黑首白马，建太赤之旗，朝会建太白之旗，改太和历曰景初历。其春、夏、秋、冬、孟、仲、季月，虽与正岁不同，至于郊祀迎气，祐祀蒸尝，巡狩蒐田，分至启闭，班宣时令，中气早晚，敬授民事，皆以正岁斗建为历数之序。(初，高堂隆以为改正朔、易服色、殊徽号械器，自古帝王，所以神明其政，变民耳目，故三春称王，明三统也。于是敷演旧章，奏而改焉。帝从其议，改青龙五年春三月为景初元年孟夏四月，服色尚黄，牺牲用白，从地正也。)

齐王芳以景初三年(239)即位，十二月诏曰："烈祖皇帝以正月弃背，天下臣子，永惟忌日之哀。其复用夏正，虽违先帝通三统之义，斯亦礼制所由改变也。又夏正于数为得天正，其以建寅之月为正始元年正月，以建丑月为后十二月。"

晋武帝以太始元年(265)即位，二年九月群公奏：唐、尧、舜、禹不以易祚改制,至于汤、武,各推行数。宣尼答为邦之问,则曰行夏之时,辂、冕之制,通为百代之言。盖期于从政济治,不系于行运也。今大晋继三皇之踪,蹑虞、禹之迹,应天从民,受禅有魏。宜一用前代正朔服色,皆有虞遵唐故事,于义为弘。奏可。(史臣曰:晋为金行,服色尚赤,考天之道,其违甚矣。)

元帝以丁丑岁称晋王,置宗庙,使郭璞筮之云:"享二百年。"自丁丑至禅代之岁,年在庚申,为一百四岁。然丁丑始系西晋,庚申终入宋年,所余一百有二岁耳。璞盖以百二之期促,故婉而倒之为二百也。

后魏道兴元年(按,应作天兴元年[398],见《魏书·太祖纪第二》)十二月,诏百司议定行次。尚书崔玄伯等奏从土德,服色尚黄,数用五,祖辰腊,牺牲用白,五郊立气,宣赞时令,敬授民时,行夏之正。(时有司奏:国家继黄帝之后,实为土德,故神兽如牛。牛,上畜,又黄色显曜,其符也。于是始从土德。天兴中,李先之子密问于先曰:"子今为魏臣,将复事他主也。"先告曰:"未也,国家政化,长远不可卒穷。自始皇至齐受禅,实五百余载矣。")

孝文太和十四年(490)八月诏曰:"丘泽初制,配尚安定,五德相袭,分叙有尝。然异同之论,著于往汉,未详之说,疑在今史。群官百辟,可议其所应,必令合衷,以成万代之式。"(见《魏书》卷一百八《礼志》)

后周闵帝元年(581)春正月辛丑,即天王位。是日魏槐里献赤雀,百官奏议云:"帝王之兴,必更正朔,明受之于天,革民视听也。逮于尼父,稽诸阴阳,云行夏之时。后王所不易。今魏历告终,周室受命,以木乘水,实当行录,正用夏时,式遵圣道,惟文王诞玄气之祥,有黑水之谶,服色乌。"制曰:"可。"

隋高祖受禅,召崔仲方与高颖议正朔服色事。仲方曰:"晋为金行,后魏为水,周为木。皇家以火承木,得天之统。又圣躬戴诞之初,有赤光之瑞。车服旗牲并宜用赤。"又劝帝除六官,请依汉、魏之旧。帝皆从之。开府卢贲奏改周代旗帜，更为嘉名。其青龙、驺虞、朱雀、玄武、千秋、万岁之旗，皆贲所创也。

开皇元年(581)六月癸未，诏以初受天命，赤雀降祥，五德相生，赤为火色。其郊及社之庙，依服色之议，而朝会之服，旗帜牺牲，各令尚赤，戎服以黄。七月乙卯，帝始服黄，百僚毕贺。

唐玄宗开元中，有上书请以皇家为金德者。中书令萧嵩奏请集百僚详议。侍中裴光庭以国家符命，久著史策，若有改易，恐贻后学之诮。密奏请依旧为定。乃下诏停百僚集议之事。（臣钦若等言唐初事阙。）天宝九载(750)七月，诏曰："三王继统，质文既不相袭。五德承时，服色遵于所尚。至于旗尝改制，骍翰异宜，所以表军国之容，合声名之度，事之大者，安可因循而已焉？国家膺推纽之期，纂黄中之历。宪章垂范，运既属于维新；旗帜同色，义必在于革故。顷者俯纳群议，式明统绪。故得天人致和，风雨时若。岂朕躬菲德，克广睿图？实累圣鸿休，允膺景运。稽古之大，既有昭明。文物所资，理宜详正。其诸卫应队仗所用之色幡等，并改为赤黄色。庶克遵于通变，谅有叶于从宜。其诸节度使，并管内军使等，亦宜准此。"

九月，处士崔昌上封事，以国家合承周、汉，其周、隋不合为二王后，请废。诏下尚书省集公卿议。昌负独见之明，群议不屈，会集贤院学士卫包抗表陈论，上心遂定。乃求于殷、周、汉后为三恪，废韩、介、酅等公。以昌为左赞善大夫，包为虞部员外。

十载(751)五月，诸卫幡旗色始改为赤黄。

十二载(753)五月己酉，复以魏、周、隋依旧为恪及二王后。其本封韩、介、酅等公如故。初，崔昌上封事，推五行之运，以皇家土德，合承汉行。自魏、晋至隋皆非正统，是闰位。书奏，诏公卿议，是非相半。时上方希古慕道，得昌疏，甚与意惬。宰相林甫亦以昌意为是。会集贤院学士卫包抗奏曰："昨夜云开，四星聚于尾宿。又都堂会议之际，阴雾四塞,绪言之后,晴空万里,此盖天意,明国家承汉之象也。"上以为然,遂行之。及是,杨国忠根本林甫之短,乃奏云:"周、汉远不当为二王后。卫包助邪,独与林甫计议,大紊彝论。"上疑之,下包狱案鞫,遂贬为夜郎郡夜郎尉,崔昌为玉山郡乌雷尉,并皆外置。

代宗永泰中,归崇敬为膳部郎中。时有术士巨彭祖上疏云:"大唐土德,千年之合符。请每四季郊祀天地。"诏礼官、儒者议之。崇敬议曰:"按旧礼,立春之日,迎春于东郊,祭青帝。立夏之日,迎夏于南郊,祭赤帝。先立春十八日,迎黄灵于中地,祀黄帝。秋冬各如其方,黄帝于五行道土,王在四季。生于火,故火用事之末而祭之,三季则否。汉、魏、周、隋共行此礼。国家土德,乘时亦以每岁六月土王之日,祀黄帝于南郊,以后土配,所谓合礼。今彭祖请用四季祠祀,多凭纬候之文。且据阴阳之说,事涉不经,恐难行用。"

周太祖广顺元年(951),司天上言:"历代帝王以五运相承,前朝绍承水德。今国家建号名周朝,合以木德代水。准经法,国以岁暮为腊。今历日所行,合以今年十二月二十二日丁未为腊。"从之。(臣钦若等曰:"晋承后唐,汉承晋,本文不载承土之德。晋为金,以继唐土德也。")(《册府元龟·帝王部四》)

按,《旧五代史》卷一百一十:周广顺元年(951),"司天上言:'今国家建号,以木德代水,准经法,国以姓墓为腊,请以未日为腊。'从之。时议者曰:'昔武王胜殷,岁集于房,国家受命,金、木集于房。文王厄羑里,而卦遇《明夷》,帝脱于邺,大衍之数,复得《明夷》,则周为国号,符于文、武矣。'先是,丁未年(947)夏六月,土、金、木、火四星聚于张,占者云:'当有帝王兴于周者。'故汉祖建国,由平阳、陕服趋洛阳以应之,及隐帝将嗣位,封周王以符其事。而帝以姬虢之胄,复继宗周,而天人之契炳然矣。昔武王以木德王天下，宇文周亦承木德，而三朝皆以木代水，不其异乎？"

中华书局标点本《旧五代史》此段"此姓墓为腊"句，不可解；以《元龟》校之，当作"岁暮"为是。

诸家五德议

赵垂庆、徐铉议

太宗太平兴国九年(984)四月，布衣赵垂庆言："皇家当越五代，上承唐统为金德。若以梁上继唐，传后唐至国朝，亦合为金德。矧自禅代以来，符瑞狎至，羽毛之类，多色白者，皆金德之应。望改正朔，易服色，以承天统。"下尚书省集百官定议。右散骑常侍徐铉等奏议曰："五运相承，国家大事，著于前载，具有明文。顷以唐季丧乱，朱梁篡代。庄宗早编，属籍继立。亲雪国仇，天下称庆。即以梁比羿、浞、王莽之徒，不可以为正统也。庄宗中兴唐祚，重新土运，自后数姓相传。晋以金，汉以水，周以木，天造皇宋，运膺火德。况国初便祀火帝，为感生于金。二十五年，圆丘展礼，已经六祭，年谷丰登，干戈偃戢。必若圣统未合天心，焉有太平得如今日？岂可辄因献议，便从改易？"又云："梁至周，不合迭居五运，欲上继唐统为金德，且后唐已下，奄宅中区，合该正统。今便废绝，礼实无谓。且五运代迁，皆亲承受，质文相次，间不容发。岂可越数姓之上，继百年之运？按《唐书》天宝九载(750)，崔昌献议曰：'魏、晋至周、隋，皆不得为正统。欲唐远继汉统，立周、汉子孙为王者后，备三恪之礼。是时朝议，是非相半。集贤学士卫包扶同李林甫，遂行其事。林甫卒后，复以魏、周、隋后为三恪。崔昌、卫包并皆远贬。此又前载甚明。况今封禅有日，宜从定制。上答殊休。'"从之。（《永乐大典》卷之一万五千九百五十一）

按，《续资治通鉴长编》卷二十五作布衣赵重庆，系其事于雍熙元年（984）夏四月甲辰。

张 君 房 议

真宗大中祥符三年（1010）九月，开封府功曹参军张君房言："国家当继唐土德，统用金德。朱梁篡代，不可以承正统。其晋氏称金德，而江南李昇实称唐其后。汉承晋为水，止四年而灭。周承汉为木，止九年而四方分据。太祖以庚申年（960）受周禅，开宝乙亥（975）岁，平江南，及太宗定并、汾，自是一统。是国家乘金德以受命，其验明矣。"并献所著论四卷。真宗曰："若此言者多矣。且国初徇群议为火德，今岂敢骤改邪？"（《永乐大典》卷之一万五千九百五十一）

张君房议："自唐室下衰，土德陨圮，朱梁氏强称金统，而庄宗旋复旧邦，则朱梁氏不入正统明矣。晋氏又复称金，盖谓乘于唐氏，殊不知李昇建国于江南耳。汉家二主共止三年，绍晋而兴，是为水德。洎广顺革命，二主九年，终于显德。以上三朝七主共止二十四年，行运之间，阴隐而难颐。伏自太祖承周木德而王，当于火行，上系于商，开国在宋，自是三朝，迄今以为然矣。愚臣详而辨之，若可疑者。太祖禅周之岁，岁在庚申。夫庚者，金也，申亦金位，纳音是木，盖周氏称木为二金所胜之象也。太宗登极之后，诏开金明池于金方之上，此谁启之？乃天之灵符也。陛下履极，当强圉之岁，握符在作噩之春，适宋道之隆兴，得金天之正气。臣试以瑞应言之，则当年丹徒贡白鹿，姑苏进白龟，条支之雀来,颍川之雉至。臣又闻当封禅之时,鲁郊贡白兔,郓上得金龟,皆金符之至验也。愿以臣章下三事大臣参定其事。"(《宋史·律历志》,两处多删节)

谢 绛 议

天禧四年(1020)五月,光禄寺丞谢绛上书曰:"夫帝王之兴,必推五行。盛德所以配天地而符阴阳也。推五行者,必采诸国瑞。稽诸象历,视所兴之基,所承之后。于是服色制度,郊祀正朔,因而准之,是故神农氏以火德,有火星之端。圣祖以土德,黄龙地蚓以见。夏以木德,青龙止于郊。商以金德,山泽自溢。周以火德,有赤乌之符。自汉朝之兴,王火德者,以谓承尧之后者,盖取赤帝子之验。文帝世,贾谊以汉宜色尚黄,数用五。班固贬其疏阔。张苍好律历,谓汉乃水德之时,河决金堤,其符也。又公孙臣曰:'姑秦德水而汉受之,推始终传,则汉当土德之应。'孝文亦命有司申明其事。迨至孝武,乃谓承尧之后,非可改易。迨世祖中兴,有赤伏之谶,于是火德之论确然得正。然则数子之议,皆失之矣。且汉,尧之裔。五帝之大,莫大于尧,而汉能因之,是不坠其绪,而善继盛德者也。切以国家应开先之庆,执敦厚之德,宜以土瑞王天下。夫三皇莫大于圣祖,承其后者,犹汉之继尧也。然则推终始传,乘周之木德,而火德其次。且朱梁不预正统者,谓庄宗复兴于后。自石晋汉氏以及于周,则李昪建国左右,而唐祚未绝。是三代者,亦不得正其统矣。昔者秦祚促而德暴,不入正统。考诸五代之际,亦是类矣。今国家诚能下黜五代,绍唐土德,以继圣祖,亦犹汉之黜秦,兴周火德,以继尧者也。夫土于五行,位居其中。国家兆运于宋,作京于汴,诚万国之中区矣。《传》曰:'土为群主,故曰后土。'《洪范》曰:'土爰稼穑,稼穑作甘。'今四海洽足,嘉生蕃衍。顷之泰山醴涌泉,迩年京师甘露降,作甘之兆,斯亦见矣。矧灵木异卉,资生于土者,不可胜道,非土德之验乎?又闻在昔,灵命肇发,太祖生于洛邑,而包络惟黄。鸿图既建,五纬聚于奎躔。而镇星是主。及陛下升中之次,日抱黄珥,朝祀太清,含誉黄润,斯皆天意人事响效之大者也。其余神龟珍兽,自远至者,或鳞或介,佥有厥应。然非耳目之所具也。苟验其一,则土德之符在此矣。陛下勿以变故为疑,循旧自守。且汉兴至武帝,越九十年始寖寻于火德,至光武盖二百载,方习定平正运。国家受祚,犹在五纪,乃能兴是正统,敏于汉德甚矣。是故天心在兹,陛下拒而罔受;民意若是,陛下谦而弗答。气壅未宣,河决遂溃,岂不神哉?然则天渊之勃流,水德之浸患,考验五行相胜之说,亦宜兴土运,御时灾。乞顺考符应,详习法度,不可以揖让至德,因循旧典,废天之休也。其度量律历之则,车服衣冠之法,圜丘方泽之事,明堂辟雍之制,宗庙荐飨之序,方国朝会之典,政教礼乐,文质增杀,愿下搢绅讲之。"(《永乐大典》卷之一万五千九百五十一)

董行父议及两制议

时大理寺丞董行父又言曰:"在昔黄帝兼三材而统天下,天统得而天下治。故伏羲为人统,神农为地统,黄帝为天统。三统常合而迭为首。黄帝合之而不死,此之谓也。少昊,黄帝子也,修其德而守其统。高阳德统俱变为人统。高辛易之为地统。唐尧,高辛子也,德统俱变为天统。虞舜受禅,更其德,故《易》曰:'黄帝、尧、舜氏作,通其变,使民不倦,神而化之,使民宜之。'又曰:'黄帝、尧、舜,垂衣裳而天下治,盖取诸乾坤。'言黄帝、尧、舜,神变化而法乾坤,统天而治者也。其后夏为人统,商为地统,周为天统,是故文、武应天顺人,周公制礼作乐,故黄帝、尧舜、姬周三统,皆有天降之瑞,神锡之符。盖能以明德通天,而用天以统治天下也。汉继周为人统,唐续汉为地统,斯三统相传之道也。又泰昊以万物生于东,至仁体乎木,故德始于木,木以生火。神农受之为火德。故曰炎帝,火以生土,黄帝受之为土德。黄者中之色,土之象,中土既正,天命以定,故曰黄帝。土以生金,少昊受之为金德。金以生水,高阳受之为水德。水以生木,高辛受之为木德。木以生火,尧受之为火德。火以生土,舜传之为土德。土以生金,夏为金德,金以生水,商为水德。水以生木,周为木德。木以生火,汉为火德。火以生土,唐为土德。是以五行因三微成著,五运与三统兼行。陛下绍天统,受天命,心与天通,道与天广,固当应天明统,绍唐正德,显黄帝之嫡绪,彰圣益之丕烈。改正朔,易服色,建大中,殊徽号,制礼乐,定律历,谨权量,审法度,敦庠序,考文章,正风俗,振黄道。作此大略以答天休,与民更始,为万代法。又按圣祖降于癸酉,天书降于戊申,太祖受禅于庚申,陛下即位于丁酉(997),申、酉,皆金也。陛下绍唐、汉之运,继黄帝之后,三世变通,应天之统,正金之德,斯又顺也。臣请用天为统,以金为德,然后尊皇帝于清庙。册圣益以帝称,郊祀黄帝以配天。太祖作王以侑神,宗祀圣益于明堂,以配上帝。太宗作主侑神,配享有位,冠于祧庙之祖。然后封造父以王爵,建原庙于赵城,祀白帝于西畤,表福地于雍京。此陛下统运之大猷,祖宗之象事。惟详择而行之。"

诏两制详议。议曰:"自庖牺继天而王,为百王先首,德始于木。共工氏伯九之域,虽有水德,而非其序。炎帝神农氏以火承之,黄帝轩辕氏继王天下。火生土,故为土德。少昊金天氏承之,土生金,故为金德。高阳氏承之,金生水,故为水德。帝喾高辛氏承之,水生木,故为木德。木生火,故帝尧陶唐氏为火德。火生土,故帝舜有虞氏为土德。土生金,故夏禹为金德。金生水,故商汤为水德。水生木,故周为木德。秦以水德,在周、汉水火之间,亦犹共工不当五德之序,遂以不载。汉祖代秦,上继周统,以木生火,而为火德。文帝时,公孙臣、贾谊称汉当土德，丞相张苍又以当水德。其后刘向父子以庖牺木德为始，而汉得火焉。虽建此议，至后汉光武遂用火德。魏受汉禅，以火生土，而为土德。土生金，晋为金德。南朝自宋至陈，咸当闰位。金生水，后魏承晋为水德。水生木，后周承魏为木德。木生火，隋承后周为火德。火生土，唐承隋为土德。至开元中，言者以今为金德。百僚详议，裴光庭请依旧为定。从之。朱梁篡代，同夫羿、浞、王莽，非可当于运序。庄宗早编属籍，亲雪国仇，中兴唐祚，遂承其运。土生金，晋承唐为金德。金生水，汉承晋为水德。水生木，周承汉为木德。木生火，皇朝承周，遂为火德。雍熙初，赵垂庆上言，宜越五代，上承唐统为金德。事下尚书省议。徐铉等议，以为皇宋运膺火德，祀赤帝为感生于今积年，不可轻易改易。诏从铉议。今谢绛所述，以圣祖得土瑞，宜承土德。且引汉承尧绪为火德之比，虽班彪叙汉祖之兴有五：其一曰尧之苗裔。及序正统，乃越秦继周，非用尧之德。今国家或用土德，即当越唐承隋，愈失五德传袭之序。又董行父请越五代，绍唐为金德。其度越累世，上承百代之统，则晋、汉洎周，咸帝中夏，太祖实受终于周，而陟元后，岂可弗遵传继之序，继于遐邈之统？三圣临御，六十余载，登封告成，昭姓纪号，率循火德之运，以焯炎灵之曜。兹事体大，非容轻议，二臣所请，难以施行。"诏可。（《永乐大典》卷之一万五千九百五十一）

徽宗政和七年诏

徽宗政和七年（1117）十月一日，诏以来年岁运历数，颁告天下曰："昔我先后，先天而天弗违，后天而奉天时。其岁月日时无易，民用平康。今朕临观八极，考建五常，以天地日月星辰气运之数，敷锡庶民，以待来岁之宜。惟尔万邦，率兹典常，奉若天道，钦厥时宪，保于有极，外薄四海，罔或不祗。政和八年戊戌岁(1118)，运气阳火太过，运行先天，太徵、少宫、太商、少羽、少角，五气运行，各终其月日。赫曦之纪，北政司天，相天之气，经于戊分。太阳司天，左间厥阳，右间阳明。太阴在泉，左间阳明，右间少阴。岁半之前，天气太阳主之，岁半之后，地气太阴主之。水、土合德，上应辰星、镇星。寒化为六，热化七，湿化五。木位为初气，大火为二气，相火位为三气，土位为四气，金位五气，水位为终气。是为主气。初之气，少阳相，火居木位。二之气，阳明燥，金居火位。三之气，太阳寒，水居火位。四之气，厥阴风，木居土位。五之气，少阴大，火居金位。终之气，太阴湿，土居水位。是为客气。戊火太过，赫曦之纪，戊为太阳，司天之政，太阳寒水，有以胜火。火既受制，其气受平，故曰：上羽与正徵同。盖火之太过为大徵，不及为少徵，平为正徵。以运推之，阴气内化，阳气外荣，炎暑施化，物得以昌。其气高，其性速，其收齐，其病痓。其谷麦、豆，其畜羊、彘，其果杏、栗，其色赤、白、玄，其味苦、辛、咸，其藏心、肺，其虫羽、鳞。以气推之，天气肃，地气静。寒政大举，泽无阳焰，小阳中治，时雨乃淫，还于太阴湿化，乃布寒湿之气。特于气交，岁半以前，民感寒气，病本于心。平以辛热，佐以甘苦，以咸泻之。岁半之后，民感湿气，病本于肾。治以苦热，佐以酸淡，以苦燥之，以淡泄之。一岁之间，宜食无黔之谷，以全其真，以资化源，以助天气。无使暴过而生疾，是谓至治。自是月朔布政，孟冬颁历，率推数运，具之文辞以为常。"(《永乐大典》卷之一万五千九百五十一)

太祖建隆元年(962)三月，有司上言："国家受禅于周，周木德，木生火，合以火德王，其色尚赤。仍请以戌日为腊。"从之。(《永乐大典》卷之一万五千九百五十一)

（以上《永乐大典》所记，凡长篇已见于正史及《册府元龟》者，均删去。）

金　德运议

赵　秉　文　议

　　右秉文议除与编修王仲元相同外,窃详圣朝之兴,并灭辽、宋,俘宋二主,迁其宝器,宋为已灭。章宗皇帝宸断,以土继火,已得中当,宜不可越宋而远继唐。以此看详,止为土德,是为相应,须至申者,贞祐二年(1214)二月日,翰林直学士、中大夫赵秉文状。(《大金德运图说》,《金文最》卷五十六)

黄　裳　议

　　右裳伏承省札,仰讲议本朝德运者。《传》曰:"君子大居正。"又曰:"王者大一统。"正者,所以正天下之不正;统者,所以统天下之不一也。由不正与不一,然后正统之论兴;正统之论兴,然后德运之议定。自近代言之,则唐以土德王,传祚三百,土生金,继唐而王者,德当在金。朱温,唐之羿、浞,固无足道。朱邪存勖以赐姓号唐,灭梁之后,仅得四年,复为异姓嗣源所夺,是可以当德运耶? 厥后石晋兴亡,实系契丹。刘汉父子,通及四载。郭威以逆而得,柴荣自外而继,是皆不足以当德运明矣! 惟汴梁赵宋传祚数君,差优于五季。然考其实,则赵宋以柴氏之臣,欺孤儿寡妇以取其国,初不能并契丹,复唐故地,而其后嗣君与契丹通好,其实事之。夫欺夺柴氏,是不能正天下之不正也;实事契丹,是不能统天下之不一也。其臣如赵垂庆、张君房、董衍辈,诿悦其君,欲使承唐为金德者非一。使当时牵合而从之，犹不足以塞后世之公议，况妄为火德之说，我尚可以继之也哉！我太祖之兴也，当收国改元之初，谓凡物之不变，无如金者。且完颜部色尚白，则金之正色。自今本国可号大金。神哉斯言！殆天启之也。继以太宗，遂平辽、宋。夫辽、宋不能相正，而我正之；不能相一，而我统之。正统固在我矣！光承唐运，非我而谁？事固有不求合而自合者，设无太祖圣训，本朝德运，固应金行，况乎言与天合，而复有纯白鸟兽，自然之瑞哉！故自丑日为腊以来，时和岁丰，中外禔福，干戈平息者八十余年。呜呼！休哉！金德其正也。泰和之初，议者以汴宋尝帝中原为可继，于是改金为土，曾不知辽亦尝灭晋而得中原矣。本朝实先取辽，何独不可继哉！既闰辽矣，而宋独不可闰乎哉？改之诚是矣。其天时人事之应，果愈于前日耶？抑不及耶？夫秦能并六国，一四海，作法立制，后世有不可改者。直以不道，汉尚越之而继周；以区区篡夺之宋，且尝事辽，我独不能越之而承唐乎？诚能复金德之旧，则上以副祖宗之意，下以慰遗老之思，祛降不祥，感召善气，在此举矣！臆见如此，伏俟裁择，谨议。贞祐二年（1214）二月日，应奉翰林文字黄裳状。（《大金德运图说》，《金文最》卷五十六）

完 颜 乌 楚 议

右乌楚钦依见奉圣旨，商议本朝德运事。乌楚先于章宗朝已与完颜萨喇、温特赫，大兴孙人杰、郭仲容、孙人鉴等，以为本朝继宋，宋为火德，火德已绝。火生土，我为土德，是为相应。奉敕旨准奏行。今据乌楚所见，本朝德运止合依先朝奉行为土德，似为长便。贞祐二年（1214）二月日，翰林待制兼侍御史完颜乌楚状。（《大金德运图说》，《金文最》卷五十六）

王 仲 元 议

右仲元承尚书礼部符承省札,备该今来见奉圣旨,本朝德运公事教商量。仲元品职虽卑,亦令备商量之数。谨按欧阳修《正统论》有曰:"君子大居正,王者大一统。正者,所以正天下之不正也;统者,所以合天下之不一也。"自古帝王之兴,必有至德以受于天命,岂偏名于一德哉? 而曰五行之运有休王,一以彼衰,一以此胜。此历官术家之事,不知出于何人? 伏睹本朝之兴,混一区宇,正欧阳修所谓"大居正"、"大一统"者也。开国之初,太祖皇帝以金为国号,取其不变之义,非取五行之数也。必欲顺五行相生之德,则前此章宗皇帝宸断,继亡宋火行之绝而为土德。虽当日改辰为腊,然大金之号亦自仍旧,以冠历日,而不相妨也。以此看详,此为土德,是为相应,须至申者。贞祐二年(1214)二月日,承直郎国史院编修官王仲元状,十六日,应奉崔伯祥连署讫。(《大金德运图说》,《金文最》卷五十六)

舒穆噜世勋、吕子羽议

右世勋等伏承礼部符文,令议德运事。窃见前来朝廷论议,固已详备。但各执所见,或以为金,或以为木,或以为土,彼此不同。世勋等愚见,既太祖圣训谓完颜部色尚白,则是太祖宸断已有所定也。当时瑞应,复有纯白鸟兽之异,则是天意,固有所命也。章宗敕旨谓只从李愈所论,以为金德复如何? 则是章宗圣意初亦有所疑也。据此合无止为金德,仍旧以丑为腊。谨议。贞祐二年(1214)二月日,翰林修撰舒穆噜世勋、刑部员外郎吕子羽状。十六日,大理卿李和甫连署讫。十八日,户部郎中赫舍哩乌噜连署讫。(《大金德运图说》,《金文最》卷五十六)

张 行 信 议

右行信准礼部告示,集议国家德运事。窃以德运之说,其来久矣。自伏羲以木德王,炎帝为火,轩皇为土,五帝三王,相承以叙,皆取五行生旺之气也。苍周迄录,木宜生火,秦虽强大,传五世,并六国,自为水行,逆统失次。及汉祖开创,断蛇著符,旗帜尚赤,此自然之应协于火德,故汉初惑臣谊异说,虽暂为土,其后终为火德,承周之统。魏、晋以降,刘、石、燕、秦迭据中国,以世业促褊,不获推叙。元魏兴自玄朔,物色尚黑,此亦自然之应协于水德。故魏初虽继秦为土,理有未惬。及孝文缵业,览朝臣之议,卒定为水德,远承晋运。周、隋继唐,更无异论,以其序顺而理得也。降及五代,篡乱相循,地褊世促,更甚于苻秦、燕、赵,其不足推叙亦明矣。且梁与晋、周,皆以篡取,岂独梁为闰位?后唐三姓,俱非李氏子孙,岂得仍为土运?石晋一纪,刘汉四年,本史各不载其所王不德,谓之金与水者,无所考据。盖赵氏篡周,不能越近承远,既继周木,猥称火德,必欲上接唐运以自夸大。故逆推而强配之,以汉为水,以晋为金,而续后唐之土,是皆妄说附会,不可信也。然则唐土之后,当启金运,朱梁以下,无可言者。宋昧于所承,自称火德,逆统失次,亦与秦水无异。此国朝所以继宋为土,有可疑者也。五行之运,岂有断绝,考次推时,天意可见。自唐之僖、昭坠绪于西,本朝之始祖,已肇迹于东。气王于长白,祚衍于金源,奕世载德,遂集大统。太祖开国之始,谓部色尚白。白者金之正色,乃以大金为号。天辅年间,又多纯白之瑞。凡此数者,皆暗相符应,运之为金,亦昭昭矣。或谓部色尚白,国号为金,太祖本不言及五行之叙,难便据之为运。是不知汉获赤帝符,尚赤,元魏居玄朔,尚黑。当初亦非论德运也,何妨汉之为火,魏之为土,晋之为水哉?盖帝王乘五德之运,王有天下,于开创之初,必有自然符应,协于五德,不得不据而言之也。今蒙集议德运所宜,行信愚见,若考国初自然之符应,依汉承周、魏承晋之故事,定为金德,上承唐运。则得天统,合祖意,古典不违,人心亦顺矣。若夫汴宋之火,前无所承,失其行次,自为五行之闰位,不足继也。谨议。贞祐二年(1214)二月日,右谏议大夫兼吏部侍郎张行信状。二十日,左司谏吕祥卿连署讫。(《大金德运图说》,《金文最》卷五十六)

穆颜乌登议

右乌登等窃见,自古推定德运者多矣。有承其序而称之者,有协其符而取之者。故二帝三王,以五行相因,备载于汉史,此承其德运之叙而称之者也。迄于汉世,不取贾谊、公孙臣之说,卒以旗帜尚赤,此协其断蛇之符而取之者也。由是观之,承德运之序,协天之符瑞,乃明哲所行之令典也。钦惟太祖,一戎衣而天下大定,遂乃国号为大金,以丑为腊。是时虽未尝究其德运,而圣谋自得其正,其与天之符瑞粲然相合矣!何以言之?盖自李唐王以土德,其后朱梁不能混一天下,不得附于正统,诚为然矣。而后唐本姓朱邪,非李唐之苗裔,而强附于土德,究其失,则后唐当为金,石晋为水,刘汉为木,后周为火,亡宋为土。既土生金,而圣朝以丑为腊者,诚可谓默获德运之正矣。况自国初,尝获纯白鸟兽之瑞,兼长白山素系国家福幸之地,且白者既为金色,而太祖国号为金,其与天之符瑞,灼然协矣!美哉得德运之正!而协天之符瑞,以致四夷咸怀,六合同风,干戈永息,礼乐兴隆,八十余年,寂然无事。逮乎章宗之朝,议定德运,而孙人杰等,备言当继于宋,可谓得其事之实者也。然而不究亡宋失序为火德之由,乃谓之土生于火,以辰为腊。今若正其宋失,更火为土,则本朝取宋,自为金德。若是,则得其德运之正,而协于天之符瑞矣!贞祐二年

（1214）二月十六日，朝请大夫应奉兼编修穆颜乌登、少中大夫吏部员外郎纳塔谋嘉、中大夫濮王府尉阿里哈希卜苏、中议大夫刑部郎中富察伊尔必斯，通奉大夫越王傅完颜伊尔必斯、中奉大夫吏部尚书完颜伯特同议。（《大金德运图说》，《金文最》卷五十六）

田庭芳议

右庭芳伏为承本部告示，集议德运事者。窃惟从来德运之称不一，大率有三：或以本土物色之奇为之应，或以当时符瑞之殊为之合，或以曩朝王迹之始为之继。其间有一于此，即可为其运号，不必以五行相生为序。

论夫本朝，于是有所得之者多。何以知之？盖闻本朝肇迹之方，多出金宝。且金之正色也，尚曰：本地又有长白山，其中是物自生而白。此为金德，是其物色之奇应之者一也。兼天辅之初，有纯白鸟兽屡尝来见，此为金德，是其符瑞之殊合之者二也。

又闻曾论本朝，合继唐之土德，谓唐为有道之统。自梁以下，皆起于乱，无可接之。于是者至于宋也，虽如铁中之铮，粗知可取，及见赵垂庆等言，犹不从之，反继柴周，以为火德，是其自失唐之正统之序。意者以谓当其玄运，有以待其来兆金之应也。兹者若继于唐，亦犹汉之越秦继周之例。此为金德，是其与王迹之始继之者三也。

又闻故老相传，国初将举义师也，曾遣人诣宋相约伐辽，仍请参定其国之本号，时则宋人自以其为火德，意谓火当克金，遂因循推其国号为金，自想为得。不知伊统本非为火，果是因其自背，还自速其俘降。识者又谓金得火克，乃能成器。由宋假于其火，转成金国之大也，宜然。是故向来以丑为腊者，八十余年，应是当时已有定论，后疑其失，本文不得其详尔。

今来议者，本欲复其金之号，徒自胶其反本之说，其间有所疑议者二，请试释之。一则强为迁就，谓刘齐继宋。宋为火也，火当生土。本朝废齐，齐，土也，土当生金。是不知宋已失序，固非为火之正。齐又出于臣，使之封，亦非为土之正。如此序本朝为金德之运，似非折中。一则议者复谓宋或为火，以金忌于火为避。不知宋非为火，已如上说。设如宋本为火，曾不知五行造化，衰火不能克于旺金。且如昔之秦为水运，水当克火。汉为火运，火德忌水。然则秦终为汉灭之者，得非以秦德衰而汉德旺之故耶？以此参详，加以本朝为金德之运，委是相应。至如以五行上推移之则，亦是以德之衰旺，见其运之隆替，可使慎终如始，为其戒尔。

良以金之为言，名则取其坚固不变为体，本以贵其刚明有断为德。则知金主于义，义以合宜者，行一切与夺间，决然无疑者。是追观太祖已行之迹，固有其义。若然，则谓开其金运之先，贻则于后，使燕翼者也。今则如能必复金德之运，必依祖义，则事自然无所不断，位自然无所不固；如不依祖义，徒凭运号，则亦犹宋人向曾以河清为天水郡之瑞应，以万岁山真武庙为镇北方之术，殊不稽于人事，毕竟何如？右谨议，伏承尚书礼部详酌是望。（《大金德运图说》，《金文最》卷五十六）

《金史·章宗纪》：泰和二年（1202）十一月甲辰，更定德运为土，腊用辰。（《金史》卷十一）

《宣宗纪》上：贞祐二年（1214）正月乙酉，命有司复议本朝德运。（《金史》卷十四）

又《张行信传》：（贞祐）四年（1216）二月，为太子少保，兼前职。时尚书省奏："辽东宣抚副使完颜海奴言，参议官王浍尝言，本朝绍高辛，黄帝之后也。昔汉祖陶唐，唐祖老子，皆为立庙。我朝迄今百年，不为黄帝立庙，无乃愧于汉、唐乎？"又云："本朝初兴，旗帜尚赤，其为火德明矣。主德之祀，阙而不讲，亦非礼经重祭祀之意。臣闻于浍者如此，乞朝廷议其事。"诏问有司，行信奏曰:"按《始祖实录》止称自高丽以来,未闻出于高辛。今所据欲立黄帝庙,黄帝高辛之祖,借曰绍之,当为木德,今乃言火德,亦何谓也。况国初太祖有训,因完颜部多尚白,又取金之不变,乃以大金为国号,未尝议及德运。近章宗朝始集百僚议之,而以继亡宋火行之绝,定为土德,以告宗庙而诏天下焉。顾浍所言特狂妄者耳。"上是之。(《金史》卷一百七)

　　按,贞祐二年(1214)二月谏议大夫张行信议,主依汉承周,魏承晋故事,定为金德,与此云"定为土德"不合。土德当是泰和二年(1202)事,不知何以系在贞祐四年(1216)。《四库提要》(史部十三)疑终金之世仍从泰和所定土德,而未尝重改。此《大金德运图说》保存当日案牍之文,最为可贵。与议诸君,若张行简,盖与行信为兄弟,贞祐初转官太子太傅(《金史》卷一百八有传),赵秉文是时则由兵部郎中兼翰林修撰转翰林学士(《金史》卷一百十有传);纳塔谋嘉当即《金史》之纳坦谋嘉(上京路牙塔懒猛安人),本传云"贞祐初,迁吏部员外郎、翰林待制、侍御史"(《金史》卷一百四),与图说官衔合。

　　据本书《省判》所述,金德运之议,始自章宗明昌四年(1193)十二月,至承安五年(1199)二月,再有敕旨商量。至泰和元年(1201),将众人议论,编类集成六册。当时有数说:(1) 刑部尚书李愈主金为德运,以丑为腊;翰林学士承旨党怀英,主金德而不问五行之次;(2) 户部尚书孙铎、侍读学士张行简等亦主金德,而上承唐统,取越恶承善、越近承远之说;(3) 秘书郎吕贞干、校书郎赵泌主承辽运之水德为木德;(4) 太常丞孙人杰、大理卿完颜萨喇等主继宋运火德而为土德。泰和二年(1202)敕旨,皇朝灭宋,俘其二主,合继火德已绝汴梁之宋,以为土德。泰和以前之议论六册,今已失传。

历代德运图

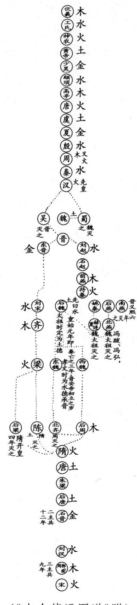

（《大金德运图说》附）

元　王恽　请论定德运状

盖闻自古有天下之君,莫不应天革命,推论五运以明肇造之始。如尧以火,舜以土,夏以金,殷、周以水木王,汉、唐以火土王是也。据亡金泰和初,德运已定,腊名服色,因之一新。今国家奄有区夏六十余载,而德运之事未尝议及,其于大一统之道似为阙然。何则? 盖关系国体,诚为重事。缘只今文治熠兴,肄朝章,制仪卫。若德运不先定所王,而车服旗帜之色将何尚矣? 合无奏闻,令中书省与元老大臣及在廷儒者推论讲究而详定之,然后诏告方方,俾承天立极之序粲然明白,实光扬祖烈,贻厥子孙之永图也。恽谬当言列,无以塞责,重大之事,敢冒昧敷陈。(《秋涧先生大全文集》卷八十五)

明　五运

苏子由《古史·三皇本纪》:"太昊伏牺氏,风姓,亦曰庖牺。以木德王天下,为三皇首。伏牺氏既衰,而共工氏伯九州,自谓水德,失五行之叙。其后神农氏兴,以火德继木,为大师也。"

《册府元龟》:"太昊帝庖牺氏继天而王,为百王先首。德始之于木,故为帝太昊。"

《事物纪元》:"《通历》曰:'太昊木德王,始有甲历五运。'项峻《始学篇》曰:'天地立有天皇,以木德王。则五运之起,自天皇氏始也。然天地开辟之初,溟涬鸿濛,万物未立,五运相承,宜未详也;当自太昊为是。'王子年《拾遗记》曰:'伏牺以木德称王,位居东方,以含养蠢化,叶于木德，其音附甲，号曰木皇。此宜五德相乘之始也。'后汉班固《典引》曰：'肇命人主，五德初始，莫不开元于太昊。'注云：'谓庖牺始以木德王也。'前汉《郊祀志赞》曰：'刘向父子以为帝出乎震，故庖牺氏受木德。'冯鉴《续事始》引徐秀《帝王年代图》云：'伏牺为百王首。故《易》曰：帝出乎震。即帝王五运。震为木，起自太昊也。'炙毂子曰：'五运有二说：邹衍以相胜，刘向以相生。自伏牺至颛顼，以木、火、土、金、水相承。汉、魏以还，共遵刘说。'孟诜《锦带前书》亦曰：'伏牺始以木德出乎震，故曰太皞。'"

罗泌《路史》："《黄帝后纪》：'察五气，立五运，洞性命，纪阴阳，极咨于岐雷，而《内经》作。'"

《册府元龟》："……（中略）"

《西汉会要》："自齐威、宣时，驺子之徒，论著《终始五德》之运（如淳曰：'今其书有《五德终始》，五德各与所胜为行，秦谓周为火德，灭火者水，故自谓水德。'师古曰：'驺子即邹衍。'）。及秦帝而齐人奏之，故始皇采用之。秦兼天下，颇推五胜，而自以为获水德，乃以十月为正，色上黑。汉兴，方纲纪大基，庶事草创，袭秦正朔，以北平侯张苍言，用颛帝历。然正朔服色，未睹其真云。高祖立为沛公，旗帜皆赤，由所杀蛇白帝子，所杀赤帝子也。《赞》曰：'汉承尧运，德祚已盛，断蛇着符，旗帜皆赤，协于火德，自然之应，得天统矣。'高祖曰：'北畤待我而起。'亦自以为获水德之瑞。虽明习历及张苍等，咸以为然。是时天下初定，方纲纪大基，高后女主，皆未遑，故袭秦正朔服色。文帝时，贾谊以为汉兴二十余年，宜当改正朔，易服色制度。乃草具其仪法：色上黄，数用五。帝谦逊未遑也。"

文帝十六年（前164），鲁人公孙臣上书曰："始秦得水德，及汉受之，推终始传，则汉当土德。土德之应，黄龙见，宜改正朔，服色上黄。"张苍以为汉乃水德之时，河决金堤其符也。年始冬十月，色外黑内赤（十月阴气在外，故外黑；阳气尚伏在地，故内赤也。或曰：十月百草外黑内赤也），与德相应，公孙臣言非是，罢之。明年黄龙见成纪（天水之县也），文帝召公孙臣，拜为博士，与诸生申明土德，草改历服色事。新垣平玉杯诈觉，是后文帝怠于改正服鬼神之事。武帝即位，天下乂安，缙绅之属，皆望天子封禅，改正度也。赵绾、王臧议草改历服色事，未就。窦太后不好儒术，使人按，绾、臧自杀。元封七年（前 104），司马迁等言历纪坏废，宜改正朔。是时御史大夫兒宽明经术，上乃诏宽曰："今宜何以为正朔？服色何上？"宽与博士赐等议，皆曰："帝王必改正朔易服色，所以明受命于天也。创改变改，制不相复，推传序文，则今夏时也。"于是乃诏以七年为元年，太初元年（前 104）夏五月正历，以正月为岁首。色上黄，数用五。（张晏曰："汉据土德，土数五，故用五。"）定官名，协音律。班固曰："汉兴之初，庶事草创，唯一叔孙生略定朝廷之仪。若乃正朔、服色、郊望之事，数世犹未章焉。至于孝文始以夏郊，而张苍据水德。公孙臣、贾谊更以为土德，卒不能明。孝武之世，文章为盛。太初改制，而兒宽、司马迁等犹从臣、谊之言，服色数度，遂顺黄德。彼以为五德之传，从所不胜。秦在水德，故汉据土而克之。"刘向父子以为："帝出于震，故包羲氏始受木德，其后以母传子，终而复始。自神农、黄帝，下历唐、虞、三代，而汉得火焉。故高祖始起，神母夜号。着赤帝之符，旗章遂赤，自得天统矣。（刘向父子虽有此议，时不施行，至光武乃用火德耳。）昔共工氏以土德，间于木、火，与秦同运，非其次序，故皆不永。由是言之，祖宗之制，盖有自然之应。顺时宜矣。"

《史记·张丞相列传》：张苍为计相时，绪正律历。以高祖十月始至霸上，因故秦时本以十月为岁首，弗革。推五德之运，以为汉当水德之时，尚黑如故。吹律调乐，入之音声，及以比定律令。（注，如淳曰："此谓五音清浊各有所比也。以定十二月律之法令于乐官，使长行之。"瓒曰："谓以比故取类以定法律与条令也。"）若百工，天下作程品，（注，如淳曰:"若,顺也,百工为器物,皆有尺寸觔两,皆使得宜,此之谓顺。"鲁灼曰:"若,预及之辞。"注,《索隐》曰:"鲁灼说为得。")至于丞相卒就之。故汉家言历律者,本之张苍。

《后汉书·光武纪》:"建武二年(26)正月,始正火德,色上赤。"(汉初土德,色尚黄,至此始明火德,徽帜尚赤服。)

《三国志》:魏文帝以汉元康元年(220)十一月受禅。给事中博士苏林、董巴上表曰:"魏之氏族,出自颛顼,与舜同祖。舜以土德承尧之火,今魏亦以土德承汉之火,于行运合于尧、舜授受之次。"遂改延康元年为黄初元年,议改正朔,易服色,殊徽号,承土行。十二月幸洛阳,以夏数得天,故即用夏正,而服色尚黄。又诏以汉火行也,火忌水,故洛去水而加隹。魏于行次为土。土,水之壮也,水得土而乃流,土得水而柔,故除隹加水,变雒为洛。明帝景初元年(237)春正月壬辰,山茌县言黄龙见,于是有司奏以为魏得地统,宜以建丑之月为正。三月,定历改年,为孟夏四月初,文皇帝乃即位。以受禅于汉,因循汉正朔弗改。帝在东宫著论,以为五帝三皇,礼不相袭,正朔自宜改变,以明受命之运。及即位,优游者久之,史官复著言宜改。乃诏三公、特进、九卿、中郎将、大夫、博士、议郎、千石、六百石博议,议者或不同。帝据古典甲子诏曰:"夫太极运三辰五星于上,元气转三统五行于下,登降周旋,终则又始。故仲尼作《春秋》,三微之月,每月称王,以明三正迭相为首。今推三统之次,魏得地统,当以建丑之月为正月。考之群艺,厥义章矣。其改青龙五年(237)三月为景初元年四月。服色尚黄,牺牲用白,戎事乘黑首白马,建大赤之旆,朝会建大白之旗,改大和历,曰景初历。其春夏秋冬,孟仲季月,虽与正岁不同。至于郊祀迎气,祫祠蒸尝,巡狩蒐田,分至启闭,班宣时令,中气早晚,敬授民事,皆以正岁斗建为历数之序。"初,高堂隆以为改正朔、易服色、殊徽号、异器械,自古帝王所以神明其政,变民耳目。故三春称王,明三统也。于是敷演旧章,奏而改焉。帝从其议,改青龙五年(237)

春三月为景初元年孟夏四月。服色尚黄,牺牲用白,从地正也。齐王芳以景初三年(239)即位,十二月诏曰:"烈祖皇帝以正月弃背,天下臣子,永惟忌日之哀。其后用夏正,虽违先帝通三统之义,斯亦礼制所由变改也。又夏正于数为天正,其以建寅之月为正始元年正月,以建丑月为后十二月。"

《晋书·武帝纪》:太始元年(265)即位。二年九月,群公奏:"唐尧、舜、禹,不以易祚改制。至于汤、武,各推行数。宣尼答为邦之问,则曰行夏之时,辂冕之制,通为百代之言。盖斯于从政济治,不系于行运也。今大晋继三皇之踪,踵舜、禹之迹,应天从民,受禅有魏,宜一用前代正朔服色,皆如有虞遵唐故事,于义为弘。"奏:"可。"史臣曰:晋为金行,服色尚赤,考之天道,其违甚矣。元帝以丁丑岁称晋王,置宗庙,使郭璞筮之云:享二百年。自丁丑至禅代之岁,年在庚申,为一百四岁。然丁丑始系西晋庚申,终入宋,年所余惟一百有二岁耳。璞盖以百二之期促,故婉而倒之为二百也。

《习凿齿传》:凿齿临终,上疏曰:"臣每谓皇晋宜越魏继汉,不应以魏后为三恪。而身微官卑,无由有上达,怀抱愚情,三十余年。今沉沦重疾,性命难保,遂尝怀此,当与之朽烂,区区之情,窃所悼惜。谨力疾著论一篇,愿写上如左。愿陛下考寻古义,求经常之表,超然远览,不以臣微贱,废其所言。"(下略。《永乐大典》卷之一万五千九百五十一)

清　王懋弘　汉火德考

自邹衍推五德终始之传,作《主运》,秦始皇采用其说。以周得火德,秦灭周,从所不胜为木德。《封禅书》或曰:黄帝得土德,夏得木德,殷得金德,周得火德,秦得水德,是必用邹衍说也。至刘歆《三统历》,乃更以夏得金德,殷得水务,周得木德,秦在木、火之间,汉得火德,与邹衍所云异矣。汉初，用赤帝子之祥，旗帜尚赤，而自有天下。后仍袭秦旧，故张苍以为水德。孝文帝时，公孙臣言当改用土德，色尚黄，其事未行。至孝武帝改正朔，色尚黄，印章以五字，则用公孙臣之说也。王莽篡位，自以黄帝之后，当为土德。而用刘歆说，尽改从前相承之序，以汉为火德。后汉重图谶，以《赤伏符》之文改用火德；班固作《志》，遂以著之。高帝而后，汉人作《飞燕外传》，有"祸水灭火"之语，不知前汉自王莽、刘歆以前，未有以为火德者，盖其误也。荀悦《汉纪》言："张苍谓汉为水德而贾谊、公孙臣（今刻作"公孙弘"，误）以为土德。及至刘向父子，推五行之运，以子承母。始自伏羲，以迄于汉，宜为火德，其说为明，然《律历》言刘向总六历，列是非，作《五纪论》，其论今不传。若《三统历》所云，则歆说非向说也。贾谊云："当用土德，色尚黄，数以五。"司马迁《太初历》盖从之。而班固以为疑，改用火德。然前汉，实用土德，非火德也。凡此皆《史记索隐》、《汉书》颜注、《通鉴》胡注所未及，故详论之，以俟后之人考而证焉。

《元后传》："莽更汉家黑貂，著黄貂。又正正朔，伏腊日。"按，汉土德，色尚黄，其黑貂则因秦旧未之改也。《莽传》以十二月为正朔，伏腊则未详。或伏字连言之，下正云"正腊日"，不云"伏"可知。如高堂隆言汉以午祖以戌腊，自是后汉火德之制，前汉则无考，故颜注略之。王莽所改，亦不传也。贾谊、公孙臣皆以汉为上德，太初改历从之。至图谶兴于哀、平之世，盖以汉为火德，刘歆《三统历》当本之。此王莽以符命自立，其辅政居摄时，必改汉以为火德，故《莽传》言：丁火，汉氏之德也。明汉刘火德尽，而传于新室也。则以汉为火德，固不自后汉始矣。大抵起于哀、平之世，王莽、刘歆之说，而班《志》以著之，高帝则不然也。

蔡邕《独断》：五帝腊、祖之异名，青帝以未腊卯祖，赤帝以戌腊未祖，白帝以丑腊酉祖，黑帝以辰腊子祖，黄帝以辰腊未祖。高堂隆曰："水始于申，盛于子，终于辰，故水行之君以子祖，以辰腊。火始于寅，盛于午,终于戌,故火之行之君以子祖,以戌腊。木始于亥,盛于卯,终于未,故木行之君以卯祖,以未腊。金始于巳,盛于酉,终于丑,故金行之君以酉祖,以丑腊。土始于未,盛于戌,终于亥,故土之行之君以戌祖,以辰腊。"其说与蔡合。而秦静以为小数之学,因就传著五行以为说,非典籍经义之文也。隆言魏土德,当以戌祖辰腊。静则言汉以午祖戌腊,魏当如前以未祖丑腊。所云汉以午祖戌腊,自是东汉火德之制,而魏之未祖丑腊,又不知何据也?疑皆后人依放为说,而汉以前祖腊之制皆不可考,故颜注皆略之。(《白田草堂存稿》卷三)

附录　饶宗颐　阴阳五行思想有"形"、"气"二原与"德礼"关联说

　　阴阳一名,何自始乎?考卜辞已有"阴"字,从阜从易(《殷虚书契前编》5·42·5)。阴阳连称则见金文之《永盂》(《文物》1972年第11期);1969年陕西蓝田出土,有"十又二年"语,唐兰定为共王(前930)器。铭云:"锡矢师永厥田,渣易洛彊。……"又《敔殷》:"南淮夷迁入内,伐涅鼎鬘原,袞敏渣阳洛。""阴阳洛"一名,两器互见。一九五一年黄县出土《曩伯子斑父盨》云:"其阶(阴)其阳,以征以行。"(《商周金文录遗》,科学出版社,1957年,176—8)又《石鼓文·銮军篇》云:"原隰阴阳。"皆为地理名词。此与《诗·绵》篇:"相其阴阳,观其流泉。"意义相同。是西周晚期,阴阳一名已出现矣。按"相阴阳"、"观流泉",有近于后世堪舆地形家之事。《汉书·艺文志·数术略》,形法家有《宫宅》、《地形》二十卷,班氏论形法云:"形与气相首尾,亦有有其形而无其气,有其气而无其形,此精微之独异也。"《楚辞·大司命》"乘清气兮御阴阳"、"壹阴兮

壹阳"，阴阳之气为大司命所主宰，战国以来已有此说。阴阳本属于地，《天官书》云："天则有日月，地则有阴阳。天有五星，地有五行。天则有列宿，地则有州域。三光者，阴阳之精，气本在地，而圣人统理之。"其说至当。气本在地，故形法家论地形又兼论气。气即阴阳之二气，与"相阴阳"之事必有关连，故阴阳家初疑出于地形家。《汉志》云："阴阳家者流，盖出于羲和之官，敬顺昊天，历象日月星辰，敬授民时……"此处引证《尧典》。羲和之官原出巫史，《周易·巽卦》云"用史巫纷若"。历谱、形法皆隶属于《数术略》，《汉志》云："数术者，皆明堂羲和史卜之职也。史官之废久矣！其书既不能具，虽有其书而无其人！"足见此学乃出于巫史。

春秋时，朴素之五材说（Five Elements）颇为流行。《左》襄公二十七年（前546）《传》，子罕论兵之重要性，所以用五材而昭文德，其说曰：

> 天生五材，民并用之，废一不可，谁能去兵？兵之设久矣，以威不轨而昭文德也。圣人以兴，乱人以废。

用兵勘乱振威，正是宣扬经天纬地之文德也。《吕刑》所谓"德威惟畏"是也。五材，杜注："金、木、水、火、土也。"此五种原料，为人民生殖之本。《国语》称："地之五行，所以生殖也。"五材与粮食合称为六府，属于九功。《左》文公七年（前620）《传》，却缺对赵宣子论德礼云：

> 非威非怀，何以示德？无德，何以主盟？……九功之德，皆可歌也，谓之《九歌》。六府三事，谓之九功。水、火、金、木、土、谷，谓之六府。正德、利用、厚生，谓之三事。义而行之，谓之德礼；无礼不乐，所由叛也。若五子之德，莫可歌也，其谁来之？

此文原亦引《夏书》，今《大禹谟》作"德惟善政，政在养民，水、火、金、木、土、谷惟修，正德、利用、厚生，惟和。九功惟叙，九叙惟歌。"九叙即九功，合六府与三事言之。六府指六种物质，三事同于三才。《周礼·大司乐》亦有九德之歌，郑司农引此传六府三事说之。《疏》谓正德，人德；利用，地德；厚生，天德。按《易传》："天地之大德曰生。"故厚生可为天德，而合称为德礼。表之如下：

《禹贡》亦言："六府孔修。"六府当即水、火、金、木、土、谷六种职司。古代必于官府设有专职以司之。谷为民食之原，所以在五行之外，增此项目。六府一名，并见于《禹贡》、《夏书》（《大禹谟》）、《左传》，可见九功之歌，事属可信。五行与六府为民生要务；厚生之本，莫重于此。是知古人重视生产，故将厚生、利用与正德并列，成为德礼之三大鹄的。六府之有专司，征之《左》昭公二十九年（前513）《传》，蔡墨曰：

> 夫物，物有其官，官修其方……失官不食。官宿其业，其物乃至。若泯弃之，物乃坻伏，郁湮不育。故有五行之官，是谓五官。

此可证明五行本有官司负责，采集五大类之物资，增加生产（厚生），为人民衣食日用之资（利用）。《夏书·甘誓》始见"五行"一名。有扈氏有"威侮五行，怠弃三正"之罪状，可能即是责备其滥用物资，与失时之过失也。后来《洪范》亦提出"敬用五行",专论五行物质之用途,皆属于六府之五行、五材,即较早之朴素五行说,其性质可谓唯物论。惟从正德、利用、厚生三事观之,乃属于德礼范围,此为《春秋》五行与"德"关系说之第一阶段。

"德礼"既成为一专词,在《春秋》之世,"礼"亦赋予新之天地意义,与周初之"文"一词,具同等重要位置。《左传》有不少重要语句:

> 礼以顺天,天之道也。(文公十五年[前 612])
> 礼,上下之纪,天地之经纬也。(昭公二十五年[前 517])
> 夫礼,天之经也,地之义也,民之行也。天地之经,民实则之。(昭公二十五年)
> 礼……与天地并……先王所禀于天地以为其民也。(昭公二十六年[前 516])

将礼与天地相准,此简直是"文"之翻版矣。

《郑语》中史伯议论云:"先王以土与金、木、水、火杂,以成百物。……建九纪以立纯德,合十数以训百体。"此处可注意者有二事:

(1) 以土为主,以杂百物。春秋时史墨谓:"天有三辰,地有五行。"(《左》昭公三十二年[前 510]《传》)又展禽曰:"天之三辰,所以瞻仰也;地之五行,所以生殖也;为九州名山川泽,所以出财用也。"(《鲁语上》)彼二人俱将五行隶属于地,因为五行乃以土为主;金、木、水、火,皆在地上孕育孳长也。

(2) 以九纪为纯德。九纪者,根据《洪范》中有五纪,指岁、月、日、星、辰、历数,实为纪时之标准,可能即《尧典》"敬授民时"之事务。九纪与五纪,应有密切关系。建立九纪(包括五纪之类),以定时间之标准,使民事不失时,充分发展生产焉,此谓之"纯德",与《左传》所谓"德礼",

意义正相符也。

上述之朴素五行、五材说，乃从物体形质方面加以分析，而以三事为目的，如此之"德礼"，即以民生为主，而非个人道德修养之意义。

阴阳五行有另一套说法，乃讲求气而非讲求形；是说较为后起。战国时《行气铭》云：

> 行気（气）：実则適（畜），畜则神，神则下，下则定，定则固，
> 固则明，明则竧（长），竧则退（退），退则天。天兀（其）舂（本）
> 在上，墜（地）兀舂在下；巡（顺）则生，逆则死。

《行气铭》提及天地乃从自然现象中体会，此种思想自有远源。《国语·周语》记伯阳父解释地震之现象，谓由天地之气失其序："阳伏而不能出，阴迫而不能蒸，于是乎有地震。"由于天地二气不能调协之故。又虢文公述古太史顺时覛土，"阳瘅愤盈，土气震发，农祥晨正"。春天祀农神，即由观察土气而来。"土气"一词，出现甚早。（《宋书·符瑞志》："黄帝以土气胜，遂以土德王。"）《左传》昭公二十五年，记子产论"明天之明，因地之性，生其六气，用其五行；气为五味，发为五色"，以五行与六气对言。昭元年（前541）《传》，医和言："天有六气，降生五味。"六气属天，而五行属地。二气说发展成为后来《易传》"立天之道曰阴与阳"一类之道理。《行气铭》在医学上有《素问》之《四气调神大论》一类思想可以印证。以五行中之"土"说成气，西周已有此一名词，后来全以气说五行，如《吕览·应同篇》引黄帝曰："芒芒昧昧，因天之威，与元同气。""天威"之"威"，旧校"威"一作"道"。罗焌引《广雅》云："威，德也。"则以天威为天德，与《易传》"与天地合其德"之"德"同义。以为此天人感应之理，乃阴阳五德始终说之所本（见《诸子学述》）。五行之行，汉人之说如《白虎通·五行篇》云："言为天行气。"郑玄亦云："行者，顺天行气。"

解释"行"为"行气"，似出之古说。

班固《汉书·艺文志》云："五行者，五常之形、气也。"即指出五行有形与气二系。上述分析，可申班说。

　　按，关于五行之排列与五帝德关联问题，顾颉刚之《五德终始说下的政治和历史》讨论甚繁。日人著作，狩野直喜有文二篇（《东方学报》[京都]第三册、第五册）及岛邦男近著《五行思想与〈礼记·月令〉之研究》，胪列资料甚多。本编"资料二"则颇详其所略，而略其所详云。

资料三

唐 刘知幾 史通

探 赜 篇

隋内史李德林著论,称陈寿蜀人,其撰《国志》,党蜀而抑魏,刊之国史,以为格言。案曹公之创王业也,贼杀母后,幽逼主上,罪百田常,祸千王莽。文帝临戎不武,为国好奢,忍害贤良,疏忌骨肉。而寿评皆依违其事,无所措言。刘主地居汉宗,仗顺而起,夷险不挠,终始无瑕。方诸帝王,可比少康、光武;譬以侯伯,宜辈秦缪、楚庄。而寿评抑其所长,攻其所短。是则以魏为正朔之国,典午攸承;蜀乃僭为之君,中朝所嫉。故曲称曹美,而虚说刘非;安有背曹而向刘,疏魏而亲蜀也?夫无其文而有其说,不亦凭虚亡是者耶!

习凿齿之撰《汉晋春秋》,以魏为伪国者,此盖定邪正之途,明顺逆之理耳。(下略)

列 传 篇

夫纪、传之不同,犹诗、赋之有别,而后来继作,亦多所未详。按,范晔《汉书》纪后妃六宫,其实传也,而谓之为纪;陈寿《国志》,载孙、刘二帝,其实纪也,而呼之曰传。

按,刘子玄《探赜篇》论《国志》则非李德林之论;连类而及习氏《春秋》,则订檀道鸾《续晋阳秋》之说。(大意谓"安有变三国之体统，改五行之正朔，勒成一史，取诚当时，岂非劳而无功，博而非要？")德林说见其答阳休之书："汉献帝死，刘备自尊崇。陈寿，蜀人，以魏为汉贼。宁肯蜀主未立，已云魏武受命乎？"(《隋书》卷四十二)陈寿书目魏为篡，在《蜀志》中屡见之，如《诸葛亮传》记建安二十六年(221)，"群下劝先主称尊号，亮说曰：'今曹氏篡汉，天下无主，大王刘氏苗族，绍世而起，今即帝位，乃其宜也。'……先主于是即帝位，策亮为丞相曰：'朕遭家不造，奉承大统，兢兢业业，不敢康宁……'"传中特书是策以昭隆重。他若张飞、马超、许靖诸传，均载昭烈之策。(策飞云："朕承天序，嗣奉洪业，除残靖乱……"策超云："朕以不德，获继至尊，奉承宗庙。曹操父子，世载其罪，朕用惨怛，疢如疾首。")明著曹氏篡窃之罪，故意不刊削其文。是知德林谓寿"党蜀而抑魏"，殊非空言。再观《许靖传》录靖与曹公曹长文，劝曹扶危持倾，为国柱石。行之得道，即社稷用宁。建安板荡之局，百姓之命，悬于曹氏一人之身，颙颙注望于曹公者甚切，而曹不能行之得道，反背道而行之。寿书特载此篇，尤有微意存焉。子玄谓德林所见为子虚乌有，是未细读《蜀志》也，特以习氏之书明指魏为伪，所以"定邪正之途，明顺逆之理"。宋人之说，胥自此出。故兹以揭于"资料三"之首。

又按，子玄谓"陈寿书载孙、刘二帝，其实纪也，而谓之曰传"，极为有见。吴、蜀两传均书其国年号。名虽为传，本质仍是纪也。刘咸炘云："史之有纪，乃一书之纲领，非帝者之上仪。……然纪必取一时之主。三方鼎峙，莫适为主……承祚则仍守旧法，以一方为纪，而余二方为传；然二方主传，又为彼二方之纲，故不得不仍用纪体，此实向来未有之例，固不可以为有心贬吴、蜀也。"又曰："原承祚之本意，盖以三方皆当为纪,而一书不可三纪,故不得不用纪体,又不得不名为传,以为史法之不得不然也。"深能抉发陈寿之苦心,其书既以三国鼎立,表面虽抑蜀、吴为传,而仍以纪体为之,可令人兴深长思也。又《史通·编次篇》言:"陈寿《蜀书》,首标二牧,次列先主,以继焉、璋,岂以蜀是伪朝,遂乃不遵恒例?"何义门为之解云:"二牧不从董、袁群雄之例,而列《蜀志》者,非夷昭烈于割据也。王者之兴,先有驱除。评云:'庆钟二主。'即以汉家故事,明统绪所归。"又曰:"序吴事则正礼不先于讨逆,系汉统则二牧乃冠乎兴王。变其例,逊其词,所以待后之人自遇其旨于参错迷谬之中,故非当时所测也。"何氏发明陈《三国志》书法,可谓善读书者,胜于子玄之迂见多矣。

宋 张栻 诸葛忠武侯传书后

予既作《侯传》,以示新安朱元晦,元晦以予不当不载以管、乐自许事。谓侯为后主写申、韩、管子、《六韬》之书,及劝昭烈取荆、益以成伯业,可见其所学未免乎驳杂,其说亦美矣。而予意有未尽者,侯之所不足者学也。予固谓使侯得游于洙泗之门,讲学以终之,则所至又非予所知,不无深意矣。然侯胸中所存,诚非三代以下人物可睥睨,岂管、乐之流哉? 时有万变,而事有大纲,大纲正,则其变可得而理。方曹氏篡窃之际,孰为天下之大纲乎? 其惟诛贼以复汉室而已。侯既以身从汉室之英胄,不顾强弱之势,允执此纲,终始不渝,管、乐其能识之乎? 使侯当齐桓之时,必能率天下明尊王之义,协相王室,期复西周,其肯务自富其国,而忘天下之大训乎? 使侯当燕昭之时,必能正名定国,抚其民人,为天吏而讨有罪,以一天下之心,其肯趋一时之近效,志在土地珍宝,而自以为功莫大乎？是其心度与侯绝相辽邈，故不欲书以惑观听，拔本塞源之意也。予读《出师表》，见侯所以告后主，一本于正。其所以望其君者，殊非刻核阴谋之说。故于手写申、韩等书之事亦疑之，疑则可阙也，侯在草庐一见昭烈，遂定取荆、益之计。盖侯之心，欲昭烈以兴复汉室为己任。以兴复汉室为己任，则天下诸侯内怀它图者，吾固得以正名而讨之矣。时昭烈未有驻足之地也。历观诸国，刘氏不能守荆、益，是诚天所资也。若昭烈以荆、益无志讨贼，坐务自大，正其罪而伐之，则夫谁敢不服？然昭烈之为人，徇于小不忍而妨大计，故刘琮降操，荆、益可取而不取，侯之策，昭烈犹有未能尽从者也。及狼狈而遁，虽借吴之力，败操赤壁，然终迫于吴，乃始入蜀。以谲计取之，予知侯于此时盖亦有黾勉不得已焉者，非草庐所以告昭烈之本意也。嗟乎！五伯以来，功利之说盈天下，大义榛塞，幸而有若侯者，坚守其正，不以一时利钝，易不共戴天之心，庶其可以言王道者。故予推明其本心，证以平生大节，而削史之说有近于霸术者。区区妄意，扶正息邪，而不自知其过也。然侯之于学为未足者奈何？知有未至也。知有未至，则心为未尽；未能尽其心，则于天下之事物有所不能遍该而以一贯之也。故昭烈谲取刘璋，于"行一不义，杀一不辜"之道，终为有愧。侯当此时处之，亦有未尽焉。……（《四部丛刊续编》景印宋本。末叶有缺文，参张元济《校勘记》）

按，张栻《武侯传》版本源流，曹元忠有跋，见《笺经堂文集》。

附　明程敏政跋：

右汉丞相《诸葛忠武侯传》一卷，宋南轩先生张宣公之所订者。板刻在南京国子监，有甲、乙两本，皆残缺不完，文亦小异。予尝携入史馆，请阁本参校之，手自抄补如上。而乙本残缺为甚，不复成编矣。然乙本附录一卷，得可属读者，南轩先生论记赞诗四篇。论虽复出，而不可芟也,辄校以附甲本之后。予尝见朱子有《与何叔京书》及《武侯赞跋卧龙庵诗》,多与南轩此传相发,辄录以附。宋季有清江胡泂直者,尝考订《出师表》中脱误数处及补亡七字,见《芦浦笔记》,而人多未之知也,又录以附,将寄南监补刻以传。惟南轩先生以丞相忠献公之长子,当宋社之南,力排和议,倡复仇之举,其心事实与武侯同,故惓惓订此传以见志。且力非武侯之子瞻负兼将相,不能力谏以去黄皓,又不能奉身而退,冀主之一悟,兵败身死,仅胜于卖国者尔。故止书"子瞻嗣爵",以微见善善之长,而余固不足书也。为法严,立义精如此,是岂陈寿辈所能窥其万一? 至求其旨意所在,直将以拯天纲,纾国难,而不坠其世烈,不挠于一毫功利之私,则去今虽数百载,而读之犹有生气也。非有得于圣门正谊明道之说,恶足以与此哉? 朱子以韩侂胄柄国,杀赵忠定(汝愚)公,乃注《楚辞》。伤宋国之亡,以蔡西山之窜,决道之不行,乃注《参同契》,致长往不反之意,皆大贤君子之心事非得已者,而世犹疑其长词华之习,倡导引之端,所谓浅之为丈夫者类如此。因并及之,以见斯传之非徒作云尔。(《篁墪文集》卷三十六)

按,朱子《答何叔京书》,两处言及张栻此传。其一云:"《孔明传》近为元履借去,示喻孔明事,以为天民之未粹者,此论甚当。"其一云:"《武侯传》读之如何? ⋯⋯但熹欲传末略载诸葛瞻及子尚死节事,以见善善及子孙之义,钦夫却不以为然。"(《朱文公集》卷四十)《困学纪闻》载此事。清周寿昌讥钦夫此论,不揣本末而权轻重者。卢弼《〈三国志〉集解》既未采张栻此传;最奇者引王应麟及周氏语,而谓:"宋儒迂谬。""但不知朱子是作何传? 若是修《纲目》,则无传;若《蜀志》,则瞻有专传。""何烦略载耶?"(卷三十五页三七)不悟朱子所指者乃张南轩新作之《武侯传》,卢氏于《朱子文集》未暇检读,可谓失之眉睫!至《出师表·亮传》少"若无兴德之言则"七字,《董允传》有之。《文选》亦有此七字。李善注云:"无此七字,于义有阙。"早已有见及此,不待嘉定间江西刘昌诗之《芦浦笔记》,始著其乡人之说,而矜为创见也。

韩元吉 三国志论

史之法以记事为先,然其大略不可以无《春秋》之遗意也。司马迁作《河渠书》,述《禹贡》;作《货殖传》,述子贡、范蠡。班固因之。夫迁之书,五帝以来之史也。固之书,汉之史也。禹与子贡、范蠡,何以见于汉哉? 则亦不得乎记事之体矣。自迁、固作《吕后本纪》,而为唐史者,则亦作《武后本纪》。夫吕后以女子而擅汉者也,其国与主犹在也。武废其国与主,而称周矣,何以得纪于唐乎? 是大失乎《春秋》之意者也。陈寿之志三国,其记事亦略矣,欲取《春秋》之意则未也。寿之书,以三国云者是矣。以三国云者,示天下莫适有统也。魏则纪之,吴、蜀则传之,是有统也。魏之君曰帝、曰崩,吴之君曰某、曰薨,蜀之君曰主、曰殂,此何谓耶? 夫既已有统矣,而又私于蜀,是将以存汉也。存汉则不可列于传也。且蜀者,当时之称也。昭烈之名国,亦曰汉尔。今不以汉与之者,畏其逼魏也。其所以名国者,则汉不存矣。无已则曰蜀汉乎? 孙氏之有江东,其何名哉? 诸侯割据者也。虽然,魏已代汉矣,纪之可也。吾将加蜀以汉,加其主以帝王而并纪之。以其与蜀者与吴,易其名与薨而存于传,庶乎后世知所去取矣。(《南涧甲乙稿》卷十七)

按,元吉《宋史》无传。其人距程子仅再传,又与朱子最善,其婿即吕祖谦也。(《四库提要》别集类十三)旧、新《唐书》武后皆列于本纪,当是援史公《吕后纪》之例,故南涧非之。其言欲加蜀以汉,称为蜀汉,后人多沿其说。高似孙云:"遂作《蜀汉书》。"刘克庄《后村先生大全集》卷一百三十一《答翁仲山礼部书》云:"某伏承宠示新修《蜀汉书》四册,读之与考亭大旨合。陈同父有此意,惟所见颇疏宕,惟公此书甚精密。"翁浦(仲山)又有《蜀汉书》之作,再后,赵居信亦撰《蜀汉本末》。皆以"蜀汉"名书,盖南涧有以启其端。

周必大　续后汉书序

曹氏代汉,名禅实篡,特新莽之流亚。丕方登坛,自形舜、禹之言,固不敢欺其心矣。今向千载,人之好恶,岂复相沿? 而苏轼记王彭之说,以为涂巷谈三国时事,儿童听者,闻刘败则颦蹙,曹败则称快,遂谓君子小人之泽,百世不斩,兹岂人力强致也与! 陈寿身为蜀人,徒以仕屡见黜,又为诸葛所髡,于刘氏君臣,不能无憾。著《三国志》,以魏为帝,而指汉为蜀,与孙氏俱谓之主。设心已偏,故凡当时给祭高帝以下昭穆制度,皆略不书。方见乞米于人,欲作佳传,私意如此,史笔可知矣。其死未几,习凿齿作《汉晋春秋》。起光武,终愍帝,以蜀为正,魏为篡。谓汉亡仅一二年,则已为晋,炎兴之名,天实命之,是盖公论也。然五十四卷,徒见于《唐艺文志》、本朝《太平御览》之目。逮仁宗时,修《崇文总目》,其书已逸,或谓世亦有之,而未见之也。幸《晋史》载所著论千三百余言,大旨昭然。刘知幾《史通》云:"备王道则曹逆而刘顺。"近世欧阳修议正统不黜魏。其宾客章望之著《明统论》辨之,见于国史。张栻《经世纪年》,直以先主上继献帝而为汉,而附魏、吴于下方,皆是物也。今庐陵贡士萧常,潜心史学,谓古以班固史为《汉书》,范晔史为《后汉书》,乃起昭烈章武元年辛丑(221),尽少帝炎兴元年癸未(263),为

《续后汉书》。既正其名,复择注文之善者,并书之。积勤二十年,成《帝纪》、《年表》各二卷,《列传》十八卷,《吴载记》十二卷,《魏载记》九卷,别为《音义》四卷。惜乎寿疏略于前,使常不得追记英贤,宪章于后,以释裴松之之遗恨也。昔周东迁,寖以微弱。至春秋时,仅为王城。而吴、楚强大,绵地数千里,皆僭称王,圣人断然以夷狄子之。昭烈土地甲兵,甚非周比。兴于汉中,适与沛公始封国号同。天时人事,决非偶然。孔子复生,必有以处此。乃为首探魏文当日之心,次举苏氏百世之说,以合习氏之论,而证旧志之非,作《续后汉书序》。庆元六年庚申(1200)二月望,少傅观文殿大学士致仕、益国公、食邑一万四千六百户周必大书。(《文忠集》卷五十三,《景印文渊阁四库全书》本)

按,高似孙于习凿齿《汉晋春秋》,叙述颇详。周氏在其前则云书逸而未见,盖南宋时习氏书已不易觏矣。陈寿乞米之谤,《周书》卷三十八《柳虬传》、《唐书》卷二百二《刘允济传》均记之,刘知幾更深加诟病。清代学人若朱彝尊、杭世骏(《道古堂文集》卷二十二《论丁仪丁廙》)始为之辩诬。

萧 常 进续后汉书表

臣常言:名义至重,信古今之不渝;书法匪轻,虽毫厘之必计。理不可易,事固当然。窃观鲁史之文,仰识宣尼之志。盟会所列,敢辱天子之尊;王人虽微,必叙诸侯之上。僭如吴、楚,爵不过子;盛若威、文,号止称侯。盖天常尊、地常卑,转移不可。譬履虽新,冠虽敝,颠倒弗容。载维圣经笔削之言,深疾史氏抑扬之谬。彼妄肆一时之意,盖莫如《三国》之书,既纪曹而传刘,复贬汉而为蜀。以鬼蜮之雄,而接东京正统;

以高、文之胄，而与孙权并称。徒知崇伪而黜真，宁识尊王而贱伯？不可以训，莫甚于斯。是用质之古人，揆之公议，一切反之于正，多言守之于中。爰痛辟于淫辞，庶少扶于名教。恭惟皇帝陛下，广渊齐圣，缉熙光明，推太宗开卷有益之诚，佩高庙放心莫收之戒。每于经筵之暇，及夫史学之传，独全深识远览之明，力主大公至正之道。如臣末学，为时鄙儒。自幼承师法于先臣，有志明天下之大义。凡疑似是非之际，必反覆辨析其间。名不假人，斥垣衍帝秦之论；物不失旧，大少康祀夏之功。非固徇管见臆决之私，直欲还天理人心之正，采诸儒之遗说，更再世以成书。小道或有可观，多见其不知量。仅足厕兔园之列，讵敢追麟笔之余？藏名山，副在京师，论次愧十年之作；阅书林，幸乎东观，燕闲裨乙夜之观。所以臣编次《续后汉书》纪、表、列传、载记，总计四十二卷，谨缮写成八册，随表上进以闻。臣常诚惶诚恐，顿首顿首，谨言。（本书卷首）

按，萧常此书，《四库提要》称其于《昭烈纪》云"封陆城侯"，不知常何本？李慈铭《桃华圣解庵日记》丙集指出萧书于音义首条，据《汉书·王子侯表》，言之甚明。班《（王子侯）表》及《水经注·滱水》仅作"陆成侯"，无"亭"字。《地理志》：陆成，中山国县名。

欧阳守道　续后汉书跋

晦斋先生萧季韶，讳常，吾州耆儒也。作《续后汉书》，以正陈寿志《三国》之失。丞相益国周文忠公为之序。余从其孙梁孙得读之，录本藏之家。他日以告史君丰城李侯义山。侯曰："蜀传献帝为曹氏所弒，昭烈遽称大号，实不然也。久之亦知献帝之亡差矣，大号可久居乎？吾尝谓昭烈君臣不满，于子何如？"余曰："春秋之法，失国之君，生名之国君，卒而后名曰某国某侯卒。今生而名，责其不死社稷，虽生犹死也。国者，先君之国，为先君守之。守之不可，则继以死。彼献帝者，以天下之共主，一日而帝魏甘心焉。即其奉玺绶归孽丕之日，不死犹死矣。《春秋》一年不二君，亦不旷年无君。建安庚子（220）冬，汉天子位为丕所篡。次年四月，昭烈始称大号于汉中，盖已旷数月矣。然则以昭烈之元，上接建安末岁为正统，何疑于献帝之犹存乎？萧氏书法与朱公《通鉴纲目》合。《纲目》于建兴十二年（234）'魏山阳公卒'；若曰'献帝'，至此特魏之山阳公。魏有山阳公，而汉无献帝也。萧氏作书时，《通鉴纲目》未出。可观我心所同然矣。"李侯因欲刊其书于郡斋，会去不果。今西昌陈君次公取而刊之潭州州学，上距书成之岁，盖甲子一周矣。其得不泯于世，可不谓幸哉！陈君以斯文为己任，而梁孙之力贫笃学，保有手泽以待之今日，晦斋为不亡矣。梁孙命某书其后，乃书前之复李侯者遗之。（《巽斋文集》卷二十一）

按，欧阳守道著有《皇朝通鉴纪事本末》一百五十卷，起建隆，迄靖康，《千顷堂书目》著录。

刘克庄《后村先生大全集》卷一百七十八《诗话续集》，记翁浦仲山欲作《蜀汉书》，其论未竟而仙去。"后得庐山贡士萧常所作《续后汉》，大纲与仲山同，但萧氏自名其书曰《续后汉》，仲山犹加'蜀'字耳。"此萧常同时人之改撰《三国志》者。守道此序谓常作书时，《通鉴纲目》未出。考《纲目序》署乾道壬辰（1172）（《朱文公文集》卷七十五），而周必大序萧书在庆元六年（1200），实在《纲目》之后。

高似孙 史略

三　国　志

自司马氏史至五代史数千百年，正统偏霸与夫僭窃乱贼，甚衰至微之国，虽如夷狄，而史未有不书其国号者。陈寿志三国，乃独不然，刘备父子在蜀四十余年，始终号汉，是岂可以蜀名哉？其曰蜀者，一时流俗之言耳。寿乃黜正号而从流俗。史之公法，国之正统，辄皆失之，则其所书尚可信乎？且是时世称备为蜀者，犹五代称李璟为吴，称刘崇为晋者耳。今《五代史》作《南唐》、《东汉世家》，未尝以吴、晋称史。荆公曰："五代之事不足书，何足烦公？三国可喜事甚多，率坏于陈寿，公其成之。"公虽深然，未暇作也。予遂作《蜀汉书》，系蜀以汉，尚庶几乎？

《三国志》

《汉魏吴蜀旧事》八卷。

魏　氏　别　史

《魏武本纪年历》五卷。

王沈《魏书》四十八卷。晋司空，字彦伯，高平人，有俊才。沈仕魏，正光中，迁散骑常侍。与荀颐、阮籍共撰《魏书》，多为时讳，未若陈寿之实。

《魏纪》十二卷。左将军阴澹撰。

鱼豢《魏略》五十卷。

梁祚《魏国统》二十卷。

何常侍《论三国志》九卷。

《魏末传》二卷。梁有。魏大事。隋亡。

右魏氏别史五家，盖可与陈寿《志》参考而互见者，亦一时记载之隽也。而鱼豢《典略》，特为有笔力。

魏 志 音

蜀别史

王隐删补《蜀记》七卷。

历 代 春 秋

太史公作《史记》，最采《楚汉春秋》，意其论著，瑰杰弘演，必有以合乎轨辙者。今得《楚汉春秋》，读之不见其奇（中略）。至习凿齿、孙盛、檀道鸾作《魏晋春秋》，意义闳达，辞采清隽，斯亦一代之奇著。桓温见盛《春秋》，怒谓盛子曰："枋头诚为失利，何至乃如尊君所说？"其子遽拜，请删定。诸子号泣请为百口计，盛怒不许。诸子自改定之。盛乃书两本，寄于慕容隽。泰元中，孝武帝求异闻，殆于辽东得之，以相参校，多有不同。时温既觊觎非望，凿齿著《汉晋春秋》以裁正之。起光武，终于晋愍帝。三国之时，蜀以宗室为正。魏武虽受汉禅，尚为篡逆。文帝平蜀，乃汉亡而晋始兴焉。二子之作，严且正矣。善乎！唐史臣之言曰："丘明既殁，班、马迭兴。自斯以降，分明竞爽。"此之谓乎？阳秋者，避晋太后家讳，故曰阳秋。

史　评

王涛《三国志序评》三卷。晋人。

徐爰《三国志评》。

二评盖专为三国所书设,是固有可评者。司马公作《通鉴》,遗书刘道原曰:"魏、吴、蜀、宋、齐、梁、陈、后魏、秦、夏、凉、燕、北齐、后周、五代诸国,地丑德齐,不能相一,名号钧敌,本非君臣者,皆用列国之法。彼此抗衡,无所抑扬,没皆称殂,王公称卒,庶几不诬事实,稍近至公。至于刘备虽承汉,族属疏远,不能纪其世数名字。亦犹宋高祖自称楚元王后,李昇自称吴王恪后,是非难明。今并同之列国,不得与汉光武、晋元帝为例。"以温公之殊见绝识,而于此难决是,果难乎!习凿齿作《汉晋春秋》,其言有曰:"桓温觊觎非望,乃著《汉春秋》以裁正之。起光武,终于晋愍帝。三国之时,蜀以宗室为正。魏武虽受汉禅,尚为篡逆。文帝平蜀,乃汉亡而晋始兴焉。"其说如此,岂不快哉!(《史略》)

按,刘道原即刘恕字。黄庭坚《豫章集》卷二十三有《刘道原墓志》。晁说之于宣和五年(1123)有题《〈通鉴〉长编疑事跋》(《嵩山集》卷十八)即道原所著。今本名《通鉴问疑》,题恕子羲仲撰,盖出其重编。高似孙所举温公遗书道原云云,散见《问疑》中,文字微有出入。

又似孙云:"予遂作《蜀汉书》,系蜀以汉。"惜其书未成。观所列举魏、蜀史书,皆不经见者,知其搜罗之博。自韩南涧论蜀可称为蜀汉,续古即承其说也。(据陆放翁诗注,韩元吉卒于淳熙十四年[1187]。似孙则淳熙十一年[1184]进士,为韩之后辈。《史略》前自序署宝庆元年[1225]。)

尹起莘 昭烈帝章武元年论

昭烈皇帝章武元年（魏黄初二年[221]）夏四月，王即皇帝位。

尹氏曰：三代而下，惟汉得天下为正，诛无道秦，讨逆贼羽，得祚踰四百年，尺地一民，莫非汉有。至桓、灵不君，董卓煽祸，英雄群起而攻之。卓既诛戮，则天下固汉之天下也。曹操乘时擅命，胁制天子，戕杀国母，义士为之叹愤。苟有一夫唱义于天下，皆君子之所予，况于堂堂帝堂之胄、英名盖世者乎？丕既篡位，汉祀无主，昭烈正位，蜀汉亲承大统，名正言顺，本无可疑。自陈寿志三国，全以天子之制予魏，而以列国待汉，故《通鉴》因之，以魏纪年。至《纲目》始以昭烈承献帝之后，绍汉遗统，固非曲立异说，好为矛盾，特《通鉴》自谓姑取其年，以纪诸国之事，非卑此尊彼，有正闰之辨，此盖因史笔以纪述，初不别义例，故其说不得不出于彼。若夫《纲目》，则取《春秋》之义，以示天下万世之正论，所以因曹丕之篡窃，大义莫得而伸，幸有昭烈足以存汉氏之统，故其说不得不出于此。二者固并行而不相悖，要亦有待于互相发明之意也。按陈寿志昭烈，涿郡人，中山靖王刘胜之后。胜子贞，封涿郡陆城侯，坐酬金失侯，因家焉。祖雄父弘，生昭烈，其世次本末甚明。又按欧阳修《五代史》载南唐世家，李昇，徐州人，世本微贱，父荣，遇唐末之乱，不知所终。昇少孤，杨行密养以为子，又乞与徐温，因冒姓徐。至篡吴之后，始复姓李，自言唐宪宗子建王恪之后。及考以《通鉴》，则曰唐王欲祖吴王恪。或曰恪诛死，不若祖郑王元懿。唐王命有司考二王苗裔，以吴王孙伟有功，伟子岘为帝相，遂祖吴王。自岘五世至父荣，其名率皆有司所撰，此与昭烈大祖辽绝。况诸葛一见昭烈，首称将军帝室之胄，及后求救孙权，亦以刘豫州为王室之胄对权称之，亮固非妄言者也。是以张松之说刘璋,且谓豫章使君之宗室,而异时苻坚答苻融谏代晋之语,亦曰刘禅可非汉王遗祚,然亦为中国所并,然则昭烈之为汉裔,显显无疑。以之绍统,夫复何说?是年曹丕既立,昭烈即正位号,不使汉统坠地,深合事宜。其与光武即位于鄗,晋元即位江左,先后一辙,固非其他僭窃急于自帝者之比。斯事在《纲目》中最其大者,臣故历考颠末,详而辨之,以告后之君子,亦使文公秉笔之意,暴白于天下云。(《纲目发明》)

按,朱彝尊撰《陈寿论》,于尹起莘说颇有论难,文见《曝书亭集》卷五十九。

俞文豹　吹剑录

古今论孔明者,莫不以忠义许之。然予兄文龙尝考其颠末,以为孔明之才,谓之识时务则可,谓之明大义则未也;谓之忠于刘备则可,谓之中于汉室则未也。其说有四:一者,备虽称为中山靖王之后,然其服属疏远,世数难考。温公谓犹宋高祖自称楚元王之后,故《通鉴》不敢以绍汉统。况备又非人望之所归,周瑜以枭雄目之,刘巴以雄人视之,司马懿以诈力鄙之,孙权以猾虏呼之,亮独何见而委身焉?借使以为刘氏族属,然献帝在上,犹当如光武之事更始,东征西伐,一切听命焉可也。二者,备之枉驾草庐也,始谋不过曰:主上蒙尘,孤不度德量力,欲伸大义于天下。其辞甚正,其志甚伟。自孔明开之以跨荆、益成霸业之利,而备之志向始移,无复以献帝为念。由建安举兵以来二十四年,天子或都许,或都长安,或幸洛阳,宫室煨烬,越在篱棘间。备未尝使一介行李,诣行在所。今年合众万余,明年合众三万,未尝一言禀命朝廷。而亮亦未尝一谈及焉,盖其帝蜀之心,已定于草庐一见之时矣。三者,曹操欲顺流东下，求救于吴，无一言及献帝，而独说以鼎足之说。夫鼎足之说，始于蒯通，然通之说韩信以此，犹有汉之一足；当三国时而为是说，则献帝无复染指之望矣。赖周瑜汉贼之骂，足以激怒孙权，故能成赤壁之胜。若备若亮，何以厉将士之气，服曹操之心哉？荆、楚之士，从之如云，非从备也，乃从汉也。四者，备之称王汉中，则建安二十四年（219）也。献帝在上，而敢于自王，及称帝武担，则闻献帝之遇害也。亮不能如董公说高祖率三军为义帝缟素，仗大义，连孙吴，声罪讨贼。乃遽乘此即帝位，而反锋攻吴。晋文公有言："父死之谓何？"又因以为利，故费诗以为大敌未克，便先自立，恐人心疑惑，而谏以高祖不敢王秦之事，亮反怒而黜之。夫以操之奸雄，其王其公，犹必待天子之命，荀彧且以此愤死。以丕之篡逆，亦必待献帝之禅，杨彪且不肯臣之。备虽宗室，而亦臣也，何所禀命而自王自帝？固方哓哓以兴复汉室为辞，不知兴复汉室，为献帝邪？为刘备邪？亮既有心于帝备矣，万一果能兴复，将置献帝于何地？《出师》一表，虽忠诚恳恳，特忠于所事尔。其于大义，实有所未明也。管仲、乐毅之事，君子所羞道者，以其但知有燕、齐，而不知有王室也。亮乃以管、乐自许，宜其志虑之所图回，功业之所成就，止于区区一蜀耳。或者但谓备刘氏宗也，备帝蜀则汉祚存矣。亮忠于备，即忠于汉矣。吁！无献帝则可，有献帝在，而君臣自相推戴，则赤眉之立刘盆子，亦有辞于世矣。春秋之末，诸侯争强，周室微弱，孔子无一日不以尊王为心。若如亮之见，则鲁同姓也，亦可奉之为王矣。天下后世，惟持此见，故于孔明之事，无敢置异议于其间。文中子曰：通也敢忘太皇、昭烈之懿识，孔明、公瑾之盛心。噫！汉之君既称献帝，魏之君又称武帝，吴之君又称大皇帝，蜀之君又称昭烈皇帝，天无二日，民无二王，一天下而四帝并立，可乎？通之见如此，宜其为续书之僭也。余兄尝以是说取解于同文馆，又有孔明《识时务论》板行。（王应奎曰：宋俞文豹《吹剑录》中，有论孔明一则，责其忠于刘备，而不忠于汉，为辞甚辨。以予考之,则其说非是。夫孟子,私淑孔子者也,孔子意在尊周室,故《春秋》之作,加王于正,以示大一统之义。而孟子于齐、梁之君,则勉之以王,不复以周室为言,盖知周之不可复兴也。汉之有献帝,非犹周之有显王乎?孔明之不复以汉帝为念,犹孟子意也。必执此以罪孔明,而谓其不忠于汉,是可与经而不可与权者也。至谓备"今年合众万余,明年合众三万,未尝一言禀命朝廷",尤于当日时势,有迂阔而不近情者。夫自操迎帝都许,朝廷已在其掌握中,若必禀命而行,是不啻以其情而输之于操矣。其能与操树敌乎?又谓备"非人望之所归,周瑜以枭雄目之,刘巴以雄人目之,司马懿以诈力鄙之,孙权以猾虏呼之,亮独何见而委身焉?"夫出于敌人之口,其加以恶名也固宜,即使备之为备,果非人望所归,亮亦不得舍汉之宗室,而反委身于人望所归之他姓也。且备为汉宗室,亮委身事之,犹不免吹毛索瘢,假使委身他姓,吾不知后人之指摘,更当如何?又谓"以操之奸雄",自王自帝,此尤与儿童之见无异。夫当操之世,天子已如赘疣,其王其帝,名为出自朝廷,而实操隐有以使之。假使备之称号,而必禀命天子,彼天子之权,已归之操矣,操其肯以尊号予敌乎?总之论古人者,不审时势,而望影乱谈,使如无理取闹,其不为有识所掩口者几希!)

朱文公《通鉴纲目》,以正名为先。子云仕于汉也,于莽天凤元年(14),书"莽大夫扬雄死",以《法言》盛称莽功德,及作《剧秦美新》也,(中略)然魏虽僭窃,毕竟受禅于献帝;蜀虽刘氏宗,温公云:"昭烈称中山靖王后,族属疏远,不能纪其世数名位,犹宋高祖称楚元王后,南唐列祖称吴王恪后,是非难辨,故不敢以绍汉统。"今《纲目》乃黜魏而以蜀为正统,书魏曰"魏主"、吴曰"吴王",公必有所见也。(《吹剑录全编》)

按,文豹,括苍人。此书前有淳祐庚戌(1250)序。王应奎,德兴人,隐居自适,著《春秋管见》,《元史·艺文志》著录。

俞说尝采入《辍耕录》廿五。

黄　震　读史论三国志

汉室既衰,曹氏为贼。昭烈以宗室之英,信义闻于天下,帝故授之密诏,俾之除之。使昭烈之计行,则汉室之鼎安,操特一狐鼠耳。不幸天不祚汉,昭烈不得已,起兵于外。曹既篡汉,昭烈又大不得已,即位于益。昭烈之心,何心哉? 诚不忍四百年之宗社,一旦为他人窃耳。然昭烈之汉在,则高帝之汉犹未亡。江东孙氏不过以戴汉为名,而曹氏之篡汉,则罪不容于天地间矣。何物鬼魅,窃弄史笔,谓贼为帝,而谓帝为贼(《三国志》书"蜀入寇"),且黜汉之号,而蜀其名。呜呼! 不知蜀之名,其何所据乎? 蜀者,地之名,非国名也。昭烈以汉名,未尝以蜀名也。不特昭烈未尝以蜀名,虽孙氏之盟,亦曰:"汉、吴既盟,同讨魏贼。"是天下未尝以蜀名之也。彼小人兮,独所何据,而以蜀名之乎? 且国之有称号,犹人之有姓氏也。自古及今,未有改人之姓氏而笔之书,则亦未有改人之国号而笔之史者也。谓其偏据与? 刘渊自谓汉人犹谓之汉;谓其未能中兴与? 元帝累累南渡,世亦谓之晋矣,未闻以其居吴而谓之吴也。然则蜀之号,其何所始? 毋乃汉、贼不两立,而盗憎其主人,老瞒氏始改其所谓汉,而私谓之蜀乎? 诚以汉之名尚存,则天下岂容有魏? 魏苟明谓汉为汉,是则以臣而敌君。故特惕焉无以自容,而人亦孰为之用? 故不得不谬以蜀名之,姑以自欺,且以欺人也。史氏实录,将以示信万世,亦从而蜀之,何与? 史氏不得其人,无责也。儒生学士,至今亦习闻其称,而蜀之又何与? 故欲观三国之志载者,他未暇责也。必先正蜀、汉之称而后可!

盖尝反覆三国之书,论次三国之事。窃谓汉、吴皆有取天下之势,而魏未尝有也。渭滨之屯,星不告变,则巾帼妇人之门,岂容久闭?中原归汉,即江东特建武之河西耳。魏,汉贼也。方其不敌,吴犹臣之。曾谓汉室中兴,而吴不臣之乎?此汉有恢天下之势然也。方赤壁之胜,昭烈未有着足之地,而魏则胆落于公瑾矣。公瑾之策曰:毋借刘氏以荆,而函取刘璋之益,以及张鲁之汉中。诚使吴、蜀尽为孙氏有,则由汉中以出中原,老瞒之成擒必矣。且汉、吴皆名正而言顺,地险而兵勇,卒难于取魏者,彼此之势分也。曾谓以公瑾之才,先昭烈以并荆、益,而魏将焉往乎?此吴有吞天下之势然也。若魏则身为盗贼之行,已难于堂堂之阵。况谋臣不过荀彧一二辈,非有正大之见;勇将不过张辽三数子,非有开济之资。周瑜出赤壁,则狼狈奔北;关羽在樊城,则日议移避;武侯屯渭滨,则甘受耻辱而不敢出。下至曹丕,扫国再出,唯有望长江而浩叹耳,实未尝有取天下之势。犹幸汉、吴之相攻,终得鼎足而居尔。

世言昭烈之汉,卒为魏所灭。愚谓魏岂能灭汉?魏为晋所灭耳。何则?三国之君,贤否虽不同,要皆命世之豪,未可旦夕并也。司马氏本碌碌无他长,托身曹氏,阴为螳螂黄雀之势。徐伺三国之既弱,然后取汉以取魏,取魏以取吴。故司马氏之取汉者,为取魏张本也。汉灭而魏随之矣,魏亦乌能取汉哉?呜呼!方三国之强也,龙争虎战,彼此不能得尺寸土,及其衰也,以一庸人,谈笑而尽有之。世运之离合,固亦有时也哉!(《黄氏日抄》卷四十八)

按,《三国志·魏明帝纪三》,太和二年(228)书:"蜀大将诸葛亮寇边。"五年三月书:"诸葛亮寇天水,诏大将军司马宣王拒之。"《魏志》于司马懿概称司马宣王。考懿本于少帝嘉平三年(251)八月初追赠相国、郡公,九月谥曰文,后改谥宣文(据中华本《晋书·宣帝纪》校勘记)。晋国初建,方追尊曰宣王。陈寿著书,在平吴之后(《华阳国志·寿传》云:"吴平后,寿乃鸠合三国史,著魏、吴、蜀三书号《三国志》。")时官兼侍郎著作(《晋书·礼志中》:太康元年[280],侍郎山雄与陈寿论礼)。寿既仕晋新朝,故书曰司马宣王,然揆诸其实,太和间,司马懿不应有此称号也。至其书诸葛入寇,为宋人所厚责。寿书乃于没后由尚书郎范頵上表,始就家写之,遂入于官。入寇云云,或頵及后人所改,读《蜀志》亮《传》均言"出祁山"、"由斜谷出",可见寿之原文未必如此也。

林景熙　季汉正义序

《通鉴》,鲁史也;《纲目》,《春秋》也。鲁史载二百四十二年行事。至《春秋》,笔削严矣。或问紫阳夫子曰:"《通鉴》、《纲目》,主意安在?"答曰:"主正统。"每阅其编,如书"莽大夫"、"魏荀攸"、"晋处士"、"唐特进",笔削一字间。况老瞒汉盗、玄德汉胄,史不当黜胄而与盗,故以蜀汉系统。上承建安,下接泰始,而正统于是大明,用《春秋》法也。同时,文昭朱子作《三国纪年》,亦以蜀汉为正。然而不废前史者,犹鲁史之于《春秋》也。正统在宇宙间,五帝三王之禅传,八卦九章之共主,土广狭、势强弱不与焉。秦山河百二,视江左一隅之晋,广狭强弱,居然不侔。然五胡不得与晋齿;秦虽系年,卒闰也。世无鲁连子,岂惟紫阳悲之?胡君从圣学古笃,任道毅,既重志三国,又为《季汉正义》。于以翼前修而扶正统,意何切也!抑持寸管以诛奸慝,天地鬼神,实与闻之。顾所以自持其身者,必无毫发或忝于正。不然,彼冥冥者,亦将有辞,千古在前,万世在后,从圣其尚谨之哉!(《霁山集》卷五)

按,朱文昭即平阳朱黼(《宋史翼》卷二十五有《朱黼传》)字,《三国纪年》即指其《纪年备遗》。此书作者未详,惟书名《季汉正义》,已开谢陛《季汉书》之先河。考《蜀志·杨戏传》备载其(后主)延熙四年(241)所著《季汉辅臣赞》。戏赞首为昭烈皇帝赞,故何义门云:"承祚身入晋室……不得不以魏为正。乃于《蜀书》之末,记文然(戏字)之赞,假托网罗散轶,阴著中汉、季汉,皇统斯在,跻蜀于曹氏之上。大书赞昭烈皇帝,则己之所述曰《先主传》者,明其逊词,实以文然所赞代己序传也。"李龙官亦同此说,谓其"变例隐辞,令人自悟,苦心千载若揭也",其说良然。

金　赵秉文　蜀汉正名论

仲尼编诗,列《王·黍离》于《国风》,为其王室卑弱,下自同于列国也。《春秋》诸侯用夷礼则夷之,夷而进于中国,则中国之。西蜀,僻陋之国,先主、武侯有公天下之心,宜称曰汉。汉者,公天下之言也,自余则否。

书"汉中王立为帝"者何?著自立也。昭烈,帝室之胄,辅以诸葛公王者之佐,乘中原无主,遂即尊位,以系远近之望,宜矣。然而犹有所憾云者,方蜀中传言汉帝遇害,缟素以令王军曰:"曹操父子逼主篡位,吾奉密诏讨贼,义不与(曹操)共戴天。"是时关、张熊虎之将犹在,指挥中原,以定大计。汉主若在,吾事之;不济,退以汉中王终身北面。若云危难之际,非英主不济,舍我其谁哉?上则为三王之学,下不失为汉光武,孰与曹丕、孙权同以僭称哉?

书"蜀攻吴,战于夷陵,蜀师败绩"者何?吴、蜀唇齿之国也,人皆知蜀之攻吴，不知吴谋羽之亦非也。使吴、蜀相持，而刘晔之计得行，吴其殆哉！胜败不足论也。先主于关羽情义久要，义当复仇，不虑其败。然闻诸葛瑾之言："关羽之亲，何如先帝？俱应仇疾，谁当先后？"忿恨之心，亦可已矣；而不能已，余然后知克己之为难也。

书"汉主命丞相辅太子禅"者何？古之所谓诚其意者，毋自欺也。三代而上，正心诚意，以之治天下国家，无余事矣。观先主所以付托孔明之意，三代而下，公天下之心者，至此复见，伊、汤之德，不足进焉。或曰诚固天德，其如人伪何？曹氏父子所以付托司马懿者，亦已至矣，而卒以篡夺，果在推诚哉？曰：曹氏欺孤问鼎，何尝一事而出于诚？使有孔明，不为用也。至于托孤，曰"尔无负我"，庸愚知笑之，岂与先主、武侯同哉？夫仁人者，正其义不谋其利，往以义者来以义，往以利者来以利，义利之判，久矣。曰：然则先主借荆州，逐刘璋，果皆出于诚乎？曰：使先主一出于扶汉，此亦兼弱侮亡之道，惟不忍须臾以即尊位，使人不能无恨。噫！安得王者之佐与之共言至公哉！

书"汉丞相亮讨孟获，七擒纵"者何？昔舜"舞干羽于两阶，七旬，有苗格"，或学者疑焉。此古帝王正义明道之事，因非浅浅者所能议也。有苗虽为逆命，又非冥顽无知者，其意曰：以位，则彼君也，我臣也；以力，则彼以天下，我一方也，而且退让修德，其待我也亦至矣。且孔明所以不杀孟获者，服其心也。孔明而一天下，其待孟获也，必有道矣。昔乎出师中道而殁，不得见帝者之佐之行事，故功业止此龊龊也。善乎文中子曰："诸葛亮而无死，礼乐其有兴乎？"仆固不足以知礼乐之本，若安上治民，移风易俗之实，孔明任之有余矣。不然，周旋铿锵之末，区区叔孙通、大乐令夔之事，何待于亮哉！（《闲闲老人滏水文集》卷十四）

按，赵闲闲为文长于辨析。此论谓："先主、武侯有公天下之心，宜称曰汉。汉者，公天下之言也。"又历举若干条书法，陈义甚晰。蜀之必称曰蜀汉，韩元吉、高似孙已发之。此文榜曰"蜀汉正名"，亦著此意。厥后《黄氏日抄》亦论昭烈以汉名，未尝以蜀名。考当日吴、蜀之间，汉献帝在时，吴称之曰蜀。（《吴主传》裴注引《江表传》："权云：'近得玄德书，已深引咎，前所以名西为蜀者，以汉帝尚存故耳。'"）厥后吴奉魏称藩，继亦自称尊号，遂与蜀为盟。《吴书》："（黄龙元年[229]）六月，蜀遣卫尉陈震庆践位。权乃参分天下，豫、青、徐、幽属吴，兖、冀、并、凉属蜀。其司州之土，以函谷关为界，乃造为盟……"其盟词全载于《吴书》，内云："汉之与吴，虽信由中，然分土裂境，宜有盟约。"又云："自今日汉、吴既盟之后，戮力一心，同讨魏贼……"斥魏为贼，而吴则称对方为汉，不曰蜀也。故陈寿改汉为蜀，向来皆议其无当。刘咸炘曰："魏称受禅于汉，自不容更有汉，指西为蜀，亦非仅为分别也。吴人则通称为汉，其证甚多，不独盟词。吴称汉而魏独不称汉，其为有心明矣。推承祚之意，盖以魏既居正，二方自不可以国号对之，故以地称。一中国而鼎立分割，本前此所未有，无例可沿。名书为《三国志》，而各自为书者，乃从其不相统属之实。而名为吴、蜀者，则示其本一全中国也。且晋既承魏，亦必不容有汉。承祚依时人之意，亦自不敢称为汉，此固非有心贬抑，然以魏为正则明矣。"余疑陈寿之以三国史事平列，命其书为《三国志》，似受左思"三都赋"之影响。据卫权《三都赋略解序》称：为序者太子中庶子皇甫谧。《晋书·谧传》，征为太子中庶子在武帝咸宁二年(276)，时吴尚未灭（平吴之岁为太康元年[280]），寿撰《三国志》在平吴以后（见《华阳国志·陈寿传》）。在晋人立场，自以魏为正统，观"三都赋"之抑蜀、吴而扬魏可以见之。承祚既仕晋，不得不依时人之意以魏为正，而从左思之例称蜀而不敢称汉，仅于《蜀志》保存若干诏策及杨戏《季汉辅臣赞》以见隐微之意，其苦心孤诣，欲求见谅于当时，而冀取得了解于后世，自非易事，宜矣！

元　赵居信　蜀汉本末序

盖昭烈、武侯德泽及物，沦肌浃髓，至老不忘。使天假之年，灭魏平吴，制临中夏，泛扫陵寝，抚字旧民，可翘足而待也。呜呼！天不祚汉，谓之何哉？以当时时事考之，汉之与魏，民土甲兵，诚不可同年而语，然继世之主，篡窃之贼，霄壤冠屦，不可易也。后为晋之史臣，私挟宿憾，不以逆顺为心，而以强弱论事，进曹魏于正统，抑昭烈为僭国，视之与孙权同科，盖未之思也。夫昭烈扶统继绝之规，曹氏篡君杀后之迹，厚诬曲讳，眩惑方来，疑若可变白黑矣。一旦《通鉴纲目》之书出于千载之下，褒贬笔削，善恶俨然，向之讳诬之说，洗涤无遗，千载不平，一时净尽，理之在天下，根诸人心未尝泯者，于斯而尽矣。

至元戊子（1288）之秋，亡友嵩东何从政彦达始示以子朱子《通鉴纲目》，且谓大义数十，炳如日星，如汉继昭烈，唐黜武后，书扬雄为莽大夫，谓陶潜曰晋处士。居信从而读之，不胜叹服，遂述《蜀汉本末论》，以见钦赞之意。岁辛卯（1291），集诸儒精义于柏林书院，欲缀鄙论于纸尾，竟以元稿不存而止。延祐甲寅（1314），乡丈人竹轩先生曹彦谦子和之子琛出是篇于厥家，乃其父手书者，盖求之弗获，两纪于斯矣。今再序编摩之始，复得合而成之，似非偶然。因纪其曲折于卷末云。上元日信都赵居信谨识。（明抄本）

按，《千顷堂书目》："赵居信《魏汉本末》三卷。字季明，许州人，翰林学士，进封梁国公，谥□□（文简）。”据赵氏序，此书本名《蜀汉本末论》。居信事迹，邵远平《元史类编》卷三十六、曾廉《元书》卷四十九俱有传。居信他著又有《史评》一书，见《千顷堂书目》史学类补。

黄君复　蜀汉本末后序

汉始于高帝，中兴于光武，终于灵、献，炎祚熄熄。昭烈以中山后起西蜀，而得诸葛武侯为之佐，虽崎岖一隅，而天下思汉之心犹有望于斯也。传及帝禅，将星坠营，大业弗克复，庸非天乎？晋史帝魏寇蜀，悖已甚矣！紫阳朱夫子《通鉴纲目》之作，而大义始正。东溪赵先生《蜀汉本末》之编，而公论愈明，是则《本末》当与《纲目》并行于世。岁己丑（1349），先生之嗣子总管赵公来守建郡，出是书以示学者，可谓善继志矣。君复伏读敬叹，因请寿诸梓以广其传，使后之贤者知正统之有在，其于世道岂小补哉！时至正辛卯（1351）二月建宁路建安书院山长晚学黄君复载拜谨书。（明抄本）

按，此书明初颇为人所重视，洪武时，有蜀藩刻本。方孝孺序之谓：“近世信都赵氏取自昭烈之生，至于帝禅之亡若干年之事，广其未备之文，参其至当之论，别为一书，曰《蜀汉本末》。贤君良辅之谋谟，忠臣孝子之气节，断断乎其可征；而朱子《纲目》之旨，至是愈白于后世。蜀王殿下抚国之暇，览而悦之，命重刻之，以示学者……”（《逊志斋集》卷十二）《明史》卷一百十七：“蜀献王椿，太祖第十一子……（洪武）二十三年（1390）就藩成都。……既至蜀，聘方孝孺为世子傅，表其居曰正学,以风蜀人。"赵书即是时之所锁也。

清朱彝尊亦有《书元赵居信蜀汉本末后》,谓:"明乎陈寿
不忘蜀汉之本心,而后更可作蜀汉之史;若信都赵氏《蜀汉本
末》一书,其持论谓寿进曹魏于正统,抑昭烈为僭国,视之与孙
权同科,是于《三国志》未尝挈其长短,测其用意之深,徒因《纲
目》书法而作者也。"(《曝书亭集》卷四十五)则以为赵氏未能
窥见陈《志》之书法,说异于方希古。

胡一桂 论蜀汉

汉昭烈姓刘名备,字玄德,涿郡人。祖雄,父弘,景帝子中山靖王胜
之后。(胜子正,元狩六年[前117],封涿县陆城亭侯。坐酬金失侯,因
家焉。)因献帝为曹丕篡逆(庚子十月),蜀中传言献帝已遇害,于是发丧
制服,即位于成都武担(武担,山名)之阳,章武元年辛丑(221)四月也
(即汉二十六年辛丑,章武在位二年)。以诸葛亮为丞相,许靖为司徒。
观帝初见诸葛亮于隆中,亮首曰:"将军帝室之胄,信义著于天下。"及其
劝进之辞又曰:"曹丕篡汉,天下无主。大王刘氏苗族,宜即帝位。"味斯
言也,名正言顺。汉贼逆顺之分,判于此矣。晋陈寿志三国,乃帝魏而
传昭烈。习凿齿《汉晋春秋》之作,谓蜀为正,魏篡逆。蜀平,汉始亡。
(习,襄阳人,为桓温主簿,以温觊觎非望,作是书以裁正之。)司马氏《通
鉴》乃谓昭烈于汉,族属疏远,摧抑汉祚,奖进贼魏。且谓操取天下于盗
手,非取之于汉室。夫自卓既诛戮,则天下固汉之天下也。傕、汜交攻,
天子奔走荆棘间,未闻操有勤王之举。军驾还洛阳,操始入朝,其谋固
欲挟天子令诸侯而已。名为汉相,实汉贼耳。《纲目》于此,始大书特书
以昭烈承献帝之后,俾得以绍汉遗统焉。论者尝即文公《纲目》与温公《通

鉴》并言之，温公于献帝之末，曹丕之篡也，书"帝禅位于魏"、"魏王即皇帝位"。文公则书"魏王曹丕即皇帝位，废帝为山阳公"。至蜀汉之兴也，文公于献帝建安二十五年（220）之后，即大书"昭烈皇帝章武元年，汉中王即皇帝位以继之"。及蜀之出师也，温公书"诸葛亮入寇"，文公则书"魏寇汉中"、"丞相亮伐魏"。温公进魏而退蜀，则祖陈寿之旧史，此以强弱论也。文公帝蜀而贼魏，则本《春秋》之书法，此以是非论也。以废帝矫禅位之诬，以寇汉反入寇之逆，正统复而快人心于方来，大义明而诛贼臣于既往，《纲目》之作可识矣。（胡成性《史论》。）帝弘毅宽厚，知人待士，盖有高祖之风焉。（中略）按《纲目》自章武元年之下，即以魏、吴分书，至癸未（263）魏方并蜀而灭汉。或曰：汉亡矣，魏可承正统乎？曰：未也，有吴在焉。《纲目》于甲申以后，犹以吴、魏分书。（甲申下犹分书"魏咸熙元年，吴主孙皓元兴元年"。）汉亡仅二年，而晋已灭魏。（乙酉[265]，晋司马炎称帝，废魏主陈留王而灭之，魏亡。）乙酉以后，晋、吴犹分书，至太康庚子（280）吴亡，晋武始得大书，以续正统。终魏之世，不得在大书之列焉。吁！《纲目》继《春秋》之笔，不少假借于乱臣贼子之靡，何其严哉！蜀汉再传四十三年，而灭于魏焉。（起辛丑[221]，终癸未[263]。时魏陈留王景元四年，吴孙休永安六年。）（《十七史纂古今通要》卷九）

张之翰 古今指掌图序

天地开辟，未有疆理，神农之王天下，东西九十万里，南北八十五万里。黄帝经制万国，尧遭洪水，命禹治之，别四海为九州，舜厘为十二。夏禹涂山之会，执玉帛者万国。商汤革命，吞灭过半。周之封建，不过千八百国，吞灭又几半矣。春秋止百七十国，战国止七国。秦始皇兼并四海，分四十郡。汉武开广三边，后置十三部。光武并省郡县，其后亦为十三州部。自是分为三国，至晋而混一，裂为南北，至隋而混一。唐太宗分十道，玄宗分十五道。昭、哀之亡，五季扰攘，至宋而混一。建炎渡江，辽灭金强。至国朝而混一。

呜呼！由五三而下，有疆理者凡几变，更几分争、几混同矣。此闽士陈某光大《古今指掌图》不得不作也。纂图四，上下贯穿三千八百余年，国之所以久近，所以兴废，披图一览，尽在目前。名为“指掌”，孰曰不可？

余非善谈史者，因请序，窃有问焉。观君次历代之事，掇精英而入简约，是祖司马温公举要历之遗意也。序三国之正统，屈曹魏而进刘蜀，是准朱文公《纲目》之书法也。举要固大体，《纲目》亦正论，但纪国编年之际，必取《纲目》例，吾恐光大之笔尚有吼之而未易下者。光大曰：敬闻命矣。

至元甲午(1294)四月日前翰林侍讲学士邯郸张某书。(《西岩集》卷十四)

陈　栎　论三国蜀

炎祚既微，三国鼎峙。以强弱之势言，曹操最强，孙吴为次，蜀汉弱者也。以正邪之理言，昭烈以帝室之胄(景帝子中山靖王之后)，志在复汉，名义最正。曹操欺孤弱寡，以诈力取天下，实汉贼耳。孙权臣服于曹，于名不正。虽云助蜀，为义不终，亦汉贼也。魏、吴乌可与蜀同年而语哉！前史帝魏，《通鉴》因之，失之矣！先儒进蜀汉以承汉统，而魏、吴附焉(朱子《纲目》)，不可易也。昭烈始起豫州，未几奔败。降于吕布，归于曹操，借势于袁绍，为客于刘表。崎岖戎马间，无立足之地，而气不挫，志不慑。患难颠沛，而信义愈明；势迫事危，而言不失道。宽仁大度,有高祖风。当时人才,孰有出诸葛亮之右者? 而昭烈独得而相之。复得关侯、张飞以为之将,与吴并力败操赤壁,孙权始借以荆州。未几袭虏刘璋,复得益州(蜀),而蜀汉之业始立焉。因献帝为曹丕所篡,遂即帝位于成都武担之南。荆、益英贤,随才擢用。信赏必罚,训民治兵,蜀汉为之大治。其正大刚毅气象,至今与岷、峨、剑阁相高盛矣!(中略)孔明所荐用诸贤,如费祎、蒋琬、董允,相继秉政,犹足支持。诸贤既尽,而奸阉(黄皓)始用,蜀事始日非焉。诸葛死,蜀之不能争衡中原也必矣。姜维乃不自量,年年出师。黄皓以宦寺蛊于内,维也以觋武耗于外,蜀之亡形,见端在此。司马懿方遣锺会、邓艾攻之,虽有北地王谌(后主之子)之哭昭烈庙,子死于父,诸葛瞻(亮之子)之斩敌使战绵竹,臣死于君,其如庸禅、谯周君臣已迎降何? 蜀汉为国二主四十三年(起辛丑,迄癸未),而魏灭之,实魏主陈留王之景元四年(263),吴主孙休之永安六年也。蜀师才捷,晋国已启;蜀主方入,魏祚已移。后二年,晋篡魏矣。司马氏之取蜀,乃所以取魏;蜀之亡,魏所由以速亡也。岂魏能取蜀哉? 吴、蜀乃辅军之国,吴救蜀不力,行亦自及,理势然也。(《历朝通略》)

　　按,陈氏谓诸葛死,蜀遂不能争衡中原,又云司马氏之取蜀,乃所以取魏。考北魏崔浩与毛修之论诸葛,称其委弃荆州退入巴蜀,此策之下者,可与赵他(佗)为偶耳。又论其"入秦川,不攻城而求野战,魏人以不战屈之"(见《魏书·毛修之传》)。从战略言亦为失策,与宋人持论迥异。浩盖附和毛敬文,"应变将略非其(诸葛)所长"之说,如李苗之叹息亮无奇计(《魏书》卷七十一《李苗传》),与宋人之从理势立论,观点自不同耳。

赵世延　南唐书序

天历改元，余待罪中，执法监察御史王主敬谓余曰："公向在南台，盖尝命郡士戚光纂辑《金陵志》，始访得《南唐书》，其于文献遗缺，大有所考证，裨助良多，且为之音释焉。"因属博士程熟等，就加校订锓板，与诸史并行之。越明年，余得告还金陵，书适就，光来请序。按《南唐·本纪》李昇系出宪宗，四世间关困陀，才有江淮之地，仅余三十年，卒不复振，而宋灭之。虽为国褊小，观其文物，当时诸国，莫与之并。其贤才硕辅，固不逮蜀汉武侯，而张延翰、刘仁瞻、潘佑、韩熙载、孙忌、徐锴之徒，文武才业，忠节声华，炳耀一时，有不可掩。矧其间政化得失、兴衰治乱之迹，有可为世鉴戒者，尤不可泯也。窃谓唐末契丹雄盛，虎视中原，晋汉之君，以臣子事之惟谨。顾乃独拳拳于江淮小国，聘使不绝，尝献橐驼并羊马千计，高丽亦岁贡方物，意者久服唐之恩信，尊唐余风，以唐为犹未亡也邪？宋承五季周统，目为僭伪，故其国亡而史录散佚不彰。然则马元康、胡恢等迭有所述，今复罕见。至山阴陆游著成此书，最号有法，侪者亦寡。后世有能秉《春秋》直笔，究明《纲目》统绪之旨者，或有所考而辩之，姑识其端，以俟君子。余前忝史馆，朝廷尝议修宋、辽、金三史而未暇，他日太史氏复申前议，必将有取于是书焉。集贤大学士、奎章阁大学士、光禄大夫、知经筵事赵世延序。（本书卷首，《四部丛刊续编》本）

按，戚光著有《陆游南唐书音释》一卷及《集庆路续志》二书，《千顷堂书目》、《元史·艺文志》均著录之。张铉纂至正《金陵新志》引《戚氏续志》有十五条，《永乐大典·六姥》府字引元《建康路志》,戚光于天历二年(1329)所修即续此《建康路志》。(张国淦:《中国古方志考》,中华书局,1962年,第224页。建康府,至元十四年[1277]升建康路,天历二年改集庆路)

王义山　宋史提纲序

司马公《资治通鉴》不帝蜀而帝魏,晦翁非之,故作《纲目》。人知晦翁《纲目》大本领在帝蜀一节,而不知晦翁之说全出于晋习凿齿。陈均作《宋朝长编备要》,续《纲目》也,其书法多有可议者。如书"金兵弑其主亮于瓜洲"一条,于理尤悖。亮弑母而来,国之贼也。孟子曰:"闻诛一夫纣矣,未闻弑其君也。"纣之罪不大于亮,而孟子书之曰诛,如此亮安得称弑? 余用孟子法,书云"金兵诛逆亮于瓜洲",于是乎《提纲》作。其间大节目与陈均异者三百余条。大书以纪要,分注以备言,又随事而绎之,以已见之名衍义,然余之心敢自信哉? 遂质之焕学后村先生刘公克庄,先生谓余曰:"陈平甫壁角文字,何敢望此? 子之此书,有关于世道大矣,勉旃!"余退而研精穷思,越十年书成,方将求当世之巨人以折中焉。而余以仕,不暇读书,奔走四方,以迄于老,精力有所不逮矣,惜哉! 姑留其稿,以示余之子孙。(《稼村类稿》卷四)

按,平甫即陈均字,莆田人。《宋史翼》卷二十九有传。稼村此书未见《千顷堂书目》,疑其稿未刊。金主亮弑母事,详《金史》卷六十三《后妃》海陵嫡母徒单氏《传》,亮本生母大氏为妾,故每衔之。亮复手刃熙宗(见《熙宗纪》),故《金史·海陵本纪》赞谓其"欲为君则弑其君,欲伐国则弑其母,欲夺人之妻则使之弑其夫。三纲绝矣"。至亮之遇弑于瓜洲，事详《金史》卷一百三十二《逆臣·完颜元宜传》，其论曰"海陵弑熙宗，完颜元宜弑海陵"，实则先刃亮者乃延安少尹纳合斡鲁补，而元宜主之。稼村以《春秋》书法改云"金兵诛逆亮于瓜州"，时世宗已即位于辽阳为新天子，其称亮为"逆"或以此故。《金史》则书"完颜元宜等军反，帝遇弑，崩"，据事实言之。为亮谋弑熙宗之大兴国，皇统九年(1149)，亮生日，熙宗尝使兴国以宋司马光画像、玉吐鹘等赐之(见《金史·悼平皇后传》及逆臣大兴国《传》)，司马光画像且流入北廷，为赏赐之物，汴京陷落，宝物图书与大军俱北(详《宗望传》)，损失之惨，可想而知，故附记之。

郝　经　续后汉书序

汉建安末，曹氏废汉自立称魏。孙氏据江左，僭号称吴。昭烈以宗子继汉，即位于蜀，讨贼恢复，卒莫能相一，而折入于晋。晋平阳侯相陈寿，故汉吏也。汉亡仕晋，作《三国志》，以曹氏继汉，而不与昭烈，称之曰蜀，鄙为偏霸僭伪。于是统体不正，大义不明，紊其纲维，故号称论议，皆失其正。哀帝时，荥阳太守习凿齿著《汉晋春秋》，谓三国蜀以宗室为正，魏虽受汉禅晋，尚为篡逆，蜀平而汉始亡。上疏请越魏继汉，以正统体，不用。(原注：《晋书》习凿齿临终上疏。)宋元嘉中，文帝诏中书侍郎裴松之，采三国异同，凡数十家，以注寿书，补其阙漏，辨其舛错。绩力虽勤，而亦不能更正统体。历南北、隋、唐、五季七百有余岁，列诸三史之后，不复议为也。宋丞相司马光作《通鉴》，始更蜀曰汉，仍以魏纪事，而昭烈为僭伪。(原注：《通鉴》魏黄初二年[221]夏四月丙午，汉中王即皇帝位于武担之南,改元章武。)至晦庵先生朱熹为《通鉴》作《纲目》,黜魏而以昭烈章武之元继汉,统体始正矣。(原注:《通鉴纲目》建安二十五年[220]、魏文帝曹丕黄初元年,是岁僭国一。春正月,丞相冀州牧魏王曹操还至洛阳,卒,太子丕自立为丞相冀州牧魏王。冬十月,魏王曹丕称皇帝,废帝为山阳公。十二月,魏主丕如洛阳。昭烈皇帝章武元年,魏黄初二年,夏四月,汉中王即皇帝位,孙权徙治武昌。秋八月,权遣使降魏,魏封权为吴王。二年,魏黄初三年,吴大帝孙权黄武元年,旧国一,新国一,凡二僭国。后主建兴四年、魏黄初七年、吴黄武五年,夏五月,魏主丕卒。秋八月,吴王权围江夏,不克。七年,魏太和三年,吴黄龙元年,夏四月,吴王孙权称皇帝。遣卫尉陈震使吴及吴主权盟。旧史及《通鉴》皆以建安二十五年为魏黄初元年,今犹系之汉,汉末亡也。曹丕废汉帝而昭烈即位,乃以章武元年为汉。魏自僭伪也,孙权受魏封爵,始称吴王,著其封于魏也。然后叛魏称帝,故以黄武之元并魏黄初为列国僭伪,于是统体正矣。其《斋居感兴诗》曰:"东京失其御,刑臣弄天纲。西园植奸秽,五族沈忠良。青青千里草,乘时起陆梁。当涂转凶悖,炎精遂无光。桓桓左将军,杖钺西南疆。伏龙一奋跃,凤雏亦飞翔。祀汉配彼天,出师惊四方。天意竟莫回,王图不偏昌。晋史自帝魏,后贤盍更张?世无鲁连子,千载徒悲伤。")然而本史正文犹寿书。

经尝闻搢绅先生余论,谓寿书必当改作,窃有志焉。及先君临终,复有遗命,断欲为之,事梗不能。中统元年(1260)诏经持节使宋,告登宝位,通好弭兵。宋人馆留仪真,不令进退。束臂抱节,无所营为。乃破稿发凡,起汉终晋,立限断条目,以更寿书,作表、记、传、录、诸序、议、赞。十二年夏五月,令伴使西珏借书于两淮制使印应雷,得二汉、《三国》、《晋书》,遂作正史。以裴注之异同,《通鉴》之去取,《纲目》之义例,参校刊定,归于详实。以昭烈篡承汉统,魏、吴为僭伪。十三年冬十月,书成。年表一卷、帝纪二卷、列传七十九卷、录八卷,共九十卷,别为一百三十卷,故乃号曰《三国志》。(原注:义例曰,史之有书,尚矣,而称谓不一,如三皇之书则谓之坟,五帝之书则谓之典,虞、夏、商、周则谓之书,历代宝传则谓之训。周之世,列国各有书而各有名:晋谓之《乘》,楚谓之《梼杌》,鲁谓之《春秋》,其为记录言动则一,其名则无定也。战国、秦、汉之世,记注愈繁,如《左氏传》、《国语》、《世本》、《战国策》、《铎氏微》、《秦纪》、《八览》、《六论》等不可胜纪,皆不能为完书。至司马迁总为谰集,自黄帝讫汉武之获麟,名曰《史记》。班固作前史,始于高帝,终于王莽,别为一代,如虞、夏、商、周,而谓之《汉书》。陈寿之为《国志》,时东汉史尚无完书,乃断自献帝而下,为魏、蜀、吴书,总谓之《三国志》。天下分裂,统体不一,如周衰列国,故如国语,别为书而谓之志。志亦记也,今虽增修,革讹饬陋,正其统体,其名不可易,故仍曰《三国志》云。先生比修新书,先为义例,以明更定去取之意,今各具本条下。谨按:《陵川集》载此序云“号曰《续后汉书》”,与此不同。观此注,则知作序时本名《三国志》,后乃改名《续后汉书》。苟宗道所为行状有云:“仍改曰《续后汉》者是也。”其后延祐间,中书省咨文,仍称《三国志》。至江西行省开刊,始定称《续后汉书》,冯良佐序所云:“今所定称者是也。”明代刊集者,误改其文,在此序中,当仍其原本为是。)奋昭烈之幽光,揭孔明之盛心,祛操、丕之鬼蜮,破懿、昭之府城。明道术,辟异端,辨奸邪,表风节,甄义烈,核正伪;曲折隐奥,传之义理,征之典则,而原于道德,推本六经之初,苴补三史之后,千载之蔽,一旦廓然矣。

古之为书,大抵圣贤道否发愤而作,屈平《离骚》、马迁《史记》皆是也。然皆噎昧一时,流光百世。故韩愈谓:“以彼易此,孰得孰失?”(原注:韩文《柳子厚墓志》:“子厚斥不久,穷不极,虽有出于人,其文学辞章,必不能自力以致必传于后如今,无疑也。虽使子厚得所愿,为将相于一时,以彼易此,孰得孰失,必有能辨之者。”)今拘幽之极而集是,盖亦失中之得,古人之志也。呜呼!安得复于先君而告卒事乎?

十有五日庚子，翰林侍读学士、行台宣抚使、持节入宋国信大使、陵川郝经序。（《陵川集》卷二十九）

冯良佐　续后汉书后序

人有恒言曰："经史。"史所以载兴亡，而经亦史也。《书》纪帝王之政治，《春秋》笔十二公之行事，谓之非史，可乎？盖定于圣人之手，则后世以经尊之。而止及乎兴亡，则谓之史也。古史分十七，东汉而下，西晋而上，有《三国志》，亦十七之一也，出于陈寿之笔，不可谓失三国之实，独帝魏而不知蜀之正统，为史笔之玷。又前史纪传外有书志，所以载三才之奥，礼、乐、食、货、兵、刑、官职之异，而寿皆未及，尤史笔之欠。此紫阳朱文公诗云"后贤盍更张"，感叹所由发也。

后紫阳百余年，徒增阅史者之慨。中统庚申（1206），郝文忠公以行台宣抚，持节使宋，而留滞仪真，进退维谷。乃继先志，修旧史。破稿发凡，首帝昭烈，魏、吴止笔其表，表外有纪、传，以辨崇卑，而复为八录以补陈阙。各冠以序，述其从起结，以议、赞会其指归。考前言，征后史，而损益之。仪真受一时之抑，而史书流百世之劳，公之荣远矣！

公之先世，诗书之泽，钟陵川清粹之气。嬉笑怒骂，铺张吟讽，皆成文章。由赋诗而至移文，复三十有九卷，公之文博矣！

若夫《续后汉书》暨《陵川集》，则今之所定称也。延祐戊午（1318），集贤陈大学士以公书敷奏，圣天子念故臣之可悯，喜藏书之有传，睿旨恩润，俾江西行省绣梓，一哉王心！继今以往，天下后世，有以诵习而资德业矣！臣良佐时职寄江西，提衡儒学，省堂孜孜，钦承就委董役，率儒人胡元昌等详正其字，庶无讹矣。工毕，念不容已，用纪岁月云。是年秋七月既望，臣冯良佐顿首百拜谨识。（本书卷首）

附　余嘉锡说：

郝伯常亦江汉之徒（《宋元学案》卷九十以伯常为江汉学侣）也，其学深于《春秋》。《春秋》之义，黜吴、楚而内中国，尊王室，大一统，伯常讲之熟矣。其所以出而仕元，则见于所作《时务篇》。其言曰："尧、舜而下，三代而已矣；三代而下，二汉而已矣。二汉之亡，天地无正气，天下无全才。及于晋氏，夷狄兵争，中国遂亡。已矣乎！吾民遂不沾三代、二汉之泽矣乎。虽然，中国而既亡矣，苟有善者，与之可也，从之可也。故苻秦三十年而中国称治，元魏数世而四海几平。呜呼，后世有三代、二汉之地与民，而不能为苻秦、元魏之治者，悲夫！"（见《陵川文集》卷十九）其前之所言，《春秋》之义也。后之所言，急于出仕，托于经世行道，不得已之权词耳。然谓不能为苻秦、元魏之治，则其心未尝与元也。故力说忽必烈毋攻宋，而谲之以请俟后图。其后宋人拘之十六年，几不得脱而后失望焉，然犹改《三国志》为《续后汉书》，尊蜀为正统，以示不与金、元。二子之心，天下人之心也。（《余嘉锡论学杂著》，中华书局，1963年，第433页）

苟宗道　新注序

三国事涉汉、晋，参出互见，百有余年。诸所记注，不啻数十百家。其行于世者，汉史则华峤《汉书》、谢承《后汉书》、司马彪《续汉书》、袁宏《汉纪》、袁晔《献帝春秋》、张璠《汉纪》、乐资《山阳公载记》、王隐《蜀记》、孙盛《蜀世谱》、郭冲《五事》，魏史则王沈《魏书》、傅玄《魏书》及傅子《评断》、孙盛《魏氏春秋》、鱼豢《魏略》、孔衍《汉晋春秋》、阴澹《魏纪》，吴史则韦昭《吴书》、虞溥《江表传》、胡冲《吴历》、虞预《会稽典录》、环氏《吴纪》，于晋则干宝《晋纪》、虞预《晋书》、王隐《晋书》、谢沈《晋书》、孙盛《晋阳秋》、傅畅《晋诸公赞》、徐广《晋纪》，皆各著一国之事，以自名家。独陈寿合魏、蜀、吴总为《三国志》，号称良史。然其事多疏略，故宋文帝命裴松之为注，大集诸家之书，补其遗阙，各具本文下，且为考正，辨其得失。其诸书疏，援引事类，出异书者注之，事显者则不注。今宣抚陵川先生，更正陈《志》，凡裴注之事，当入正文者，则为删取其乖戾不合。不可传信者，则置之，命宗道掇拾具注新书本文下。陈《志》之评，裴注之论，亦为具载。其义理悖误者，则以所闻于先生余论，为之辨正。凡书疏论议，所引古今事类，裴注之未备者，皆为苴补。事已见者，不重出，无所考者则阙之。先生比为新书，先作义例条目，以明予夺之旨，今各具本文下。其书法则复发凡举例，以见其义。宗道初事先生之父静直先生，既又受学于先生。先生之开府南阳，辟宗道为属掾。奉使入宋，又辟充典书状。缱绻患难，十有三年，故不敢不承命，亦庶几附骥尾而厕名于大典之末云。宣抚司都事、充国信书状官、门生河阳苟宗道序。（《续后汉书》卷首）

按，《元史·隐逸传》："张枢子长者，婺之金华人。取三国时事，撰《汉本纪列传》，附以魏、吴载记，为《续后汉书》七十三卷，朝廷取其书寘宣文阁。"（杜本附传）则元时作《续后汉书》者，不止郝经一家。惜其书不传。黄溍撰《张子长墓表》，于枢之学行，推许尤至，称其书于"三国之臣有能致节于其君者，旧史或讳不书，或书而失其实，或仅见于异代之史，皆为更定。而于汉事必备载，以详正统。或一事数说，必参订使归于一；是非疑似，抑扬予夺，咸有论著，系于名篇之后，名曰《训志》。危素言是书立义精密，可资讲解，朝廷为下本郡取而上之宣文阁藏焉"（《金华黄先生文集》卷三十）。枢书为当时所重如此。

明 秦鸣夏 史质序

或问：史贵详乎？曰：夫史，昭往诏来者也。是故述废兴、正统纪、审沿革、明功罪，上下数百年间，于简册焉尽之，夫恶得弗详？然则病简乎？曰：天下殊途而同归，百虑而一致。是故事不提其要，虽该洽其何裨？言不钩其玄，徒猥冗而可厌。上下数百年间，于简册焉尽之，夫恶得弗简？予尝爱班固《书》叙汉二百四十年事，仅仅八十万言。其间人聚物丛，巨舺细旷，至今一展卷间，赫赫若前日事，此其故何哉？及观范晔赞曰："赡而不秽，详而有体。"乃知作者之难，而史固未可以易言也。《宋史》成于元臣之手，其间有纪有传，有志有表，烨然称一代成书。顾其为卷凡四百九十有奇，其为言殆不下数百万，岂纪宋事者独宜详与？抑所谓不秽而有体者未之尽也？一江王子，溺志典坟，盖尝有概乎是。比致政家食，则悉取而芟夷翦截之，逾十载而书成，计其简帙，存旧十二，而典章文献，靡不具存。乃若《明帝纪》之正闰，志道统之断续，则又超然独得，可以俟后圣而不惑者，信哉其为良史也！一日出以视夏，命为序之。夏忆早岁，执笔肄太史氏，尝被诏旨，看详是书，因循岁月，寻复罢去，缺焉未睹成绩。今观王子所著，所谓"于我心有戚戚"者。洪惟我皇上右文典学，超越千古，一时海内向风，荜门圭窦之士，莫不肆力述作，媲美前猷。若是编者，其为力诚勤，而为功固不细矣。昔者刘昫撰《唐书》，议者谓昫生五代文气卑弱之时，以故叙事无法，详略失中。至宋庆历间，欧、宋氏出，一举而改易之。事增文省，士快睹焉，而旧简废矣。胡元继宋以混函夏，脱脱、阿鲁图诸儒实典史局，其时与人，俱出昫下。而王子所著，则上追欧、宋，讵必多让。特其蠖遁丘园，未位通显，无由尘乙夜之观，以成不刊之典耳。虽然，夜光珙璧，不必同产，天下有同宝焉。是编既出,夫庸知馆阁诸公不有采而献之以塞明诏乎者?书凡一百卷,曰《史质》者,著不浮也,是为叙。嘉靖庚戌岁(1550)春王正月,赐进士出身、右春坊右中允兼翰林院修撰、经筵国史官、临海秦鸣夏谨序。(《宋史质》卷首,明嘉靖刊本)

王 洙 史质叙略

《史质》曰:史者,《春秋》之教也。论《春秋》者曰:明三王之道,辨人事之纪,别嫌疑,定是非,善善恶恶,贤贤贱不肖,斟酌二百四十二年之中,以为天下仪表。天子而贬之,诸侯而退之,大夫而讨之,归于达王事,尊周室而已。是故晦而或扬,微而或彰,散而或聚,赡而不使之泛,约而不使之遗,隐而不使之失,合而不使之离,核而实,精而详,公而正,辨而类,训而不易,论而警世,不敢文焉。故曰:质其为书也。上稽天地之始,下尽民物之繁,中及治乱之数。人事之消长,君子小人之进退,中国夷狄之盛衰,极于我昭代受命之祥,语统则远宗宋、唐、汉、周,语道则近属关、闽、濂、洛,祖宗创业之功,与皇上中兴之德,大略见矣。凡曰《史质》者,一得之愚也。盖一岁之功,加闰十三;经天之辰,二十有八。朔而望,望而晦,为月一周。大衍之数,倍而为百,天道也。《史质》所以尊天王,故正闰纪以象岁,条款以象辰,目录以象月,始终以象数,法天道也。假宋人行事之实,明《春秋》一统之义,视诸迁、固、欧、苏,文质异矣。述《史质》叙略如左。

其目曰:

维昔王者,天之胄也。受命清穆,以统天承乾。是故继周者汉,继汉者唐,继唐者赵。宋太祖拨五代之乱而反之正。植人纪,立家法,建皇极,四海九州,复统于一,传国者三百余祀。中国礼乐衣冠文物之化,因之以成。上追四代，炳炳宇宙间，功德莫先者也。述《天王正纪》第一。

天有阴阳，日有盈缩，月有代谢。岁者，日月之积也；闰者，岁之差也。今夫数铢铢两两，至末必差，本末相因，理乱相禅。胡元者，赵宋之闰位，昭代之驱除也，皆天命也。述《天王闰纪》第二。

昭宪始不以天位为乐，终能以长君为忧，深于理乱者也，后此如拔眼丁，用司马平苗、刘乱，皆无愧于偶震体坤。视诸汉、唐之解玺点筹，霄壤异矣。述《后德外戚》第三。

帝王之道，莫大于明宗重本。太祖于赵宋，实大宗也。弟匡义以孽代之，比辕后反正，岂天命默为之哉！仙源玉牒，繁衍于前，衰替于后，皆可感也。述《宗室世系》第四。

宋制中书枢密是曰政，本自范鲁公迨文信公。中间治乱得失，天时人事因之。述《宰执年表传》第五。

一相得，万国理。稷、契、伊、周尚矣。汉有萧、曹、丙、魏，唐有房、杜、姚、宋，赵宋相业，视汉、唐为盛焉。文正公炳炳大节，古今称殊绝人物。温公诚有余而明或不足，莱公济澶渊之变，韩、富诸公皆穆穆雍雍，得大臣体。南渡后，李纲、赵鼎辈，亦有可观。述《相业列传》第六。

古帝王，无贵贱皆诤臣也。故曰：议尽天下之心。后世以诤名臣，而多不得其职。孔子论事君曰："勿欺也。而犯之，盖伤之也。"宋王禹偁诸人有谔谔不回之节，正衣冠，立朝宁，邪说浮议者不得作。述《直臣列传》第七。

文者，宇宙之华也。自韩、柳后，寥寥数百年间，体裁不古，声偶病之。欧、苏实以力量追复古文，一时唱和文儒，申申卓然成家。后有作者，弗可又已。述《文臣列传》第八。

世自结绳之后，则吏治莫先焉，盖所以行礼、乐、刑、政之法而致之民者也。宋吏治精祥严密，奉而行之者，若张垂崖辈，虽作用不同，同归于治。述《吏治列传》第九。

《周官序》大行于诸侯之上，谨使事也。赵宋有辽、金、胡元之难，洪浩、朱弁凛凛大节，视子卿艰难过之。述《使事列传》第十。

宋有昭勋、崇德阁，以纪元功。由今观之，始则曹武穆，终则岳武穆。为之亚者，赵普、孟珙，不数人焉。述《功臣列传》第十一。

古重王佐，言真将之难也。周业兴于吕望，汉业成于韩、彭，唐业成于英、卫。宋将才视前代独为索莫，岂将将者之过哉？有一岳飞而不能用，悲之！述《将才列传》第十二。

《记》曰："君子闻鼙鼓之声，则思死。"封疆之臣，忕王不泄，迩不忘远。太祖亦曰："吾一日心游天下数十遍，亦足以达矣。"惜其惩藩镇而削其权，节制有余，折衡不足。其李允则种、姚二族，后此吴璘诸人，皆可数也。述《边将》第十三。

宋多君子，治则观诸朝，乱则观诸野。徐积高节孝之义，廷筠父子有道学千古之名，其余皆能不为世变所移。世之附华绝根者观之，或足以自惕也。述《君子列传》第十四。

宋人主以忠厚待士夫，比其变也，海内之人，无贵贱远近，大小男子，皆以忠义报之。四大忠臣，其尤者也。述《忠义列传》第十五。

管子曰："礼义廉耻，是为四维。四维不张，国乃灭亡。"是故善为治者，以孝义坊民，树之风声，表厥宅里，皆是教也。宋诸家敦族叙彝，立身秉节，皆足为世劝法。述《孝义列传》第十六。

《春秋》书子叔姬，纪节也。述《列女传》第十七。

《中庸》曰："知者过之，愚者不及也。"在后世，则下愚成风，而过者亦不可得矣。惊世骇俗，视诸以溷厕为钧天帝都者，何如哉？述《卓行》第十八。

宋多高士，陈希夷、逋仙、魏野，皆当治朝，不为旌辟所动，隐之圣者也。其余则或病于时，亦皆有以自乐。《易》称嘉遁，不其然哉！述《隐逸》第十九。

天有阴阳,其为数也,阳一而阴二。是故君子常少,小人常多;君子常负,小人常胜。宋室小人,踪迹诡秘,不易察也。别之,述《小人列传》第二十。

天下,势而已矣,权之谓也。君子得之以行其道,小人得之以济其奸。述《权奸列传》第二十一。

汉人有言曰:"刺绣文不如倚市门。"佞幸之来也久矣。春秋之宋朝、祝鸵,战国之龙阳君,汉之黄头郎皆是物也。言足以悦其耳,媚足以悦其目,巧足以移其志,大祖、大宗而下,皆不免焉。述《幸佞》第二十二。

《易》曰:"履霜,坚冰至。"言有渐也。又曰:"负且乘,盗斯夺之。"言自失也。小人、权奸、佞幸盈朝,则外之叛乱者四起矣。故次叛臣于三臣者之下,比事之戒也。述《叛臣》第二十三。

昔陈相变于夷,孟轲以背师责之。周、汉及江南诸臣降宋者,情或可原。濡迹于胡元、辽、金者,不容于帝王之世者也。是故赵孟頫、留梦炎之罪,不可逭焉。述《降臣》第二十四。

吴越王钱俶,据江南之富,亦足雄视一方矣。当周、宋改命之初,略无纤毫顾惜意,挈图籍而与之。彼此不劳尺兵,数千里阴受其福,视力屈势孤,生灵涂炭者何如哉!述《世家》第二十五。

古之圣人,苟可以安天下者,虽小道异端不废也。述《方技》第二十六。

昔人尝以宦者为妇寺;然而妇或以节,宦或以忠,是故《杨园之什》,《小雅》所录也。述《宦者》第二十七。

先王严五服之制,所以谨华夷之辨也。是故《春秋》书法,四夷虽大,皆曰子,观吴、楚可知矣。元人合辽、金、宋为三史,且以外国名,非制也,兹黜之。述《夷服》第二十八。

《语》曰："域中有三大，王其一也。"是故王者之法曰帝制。汉兒宽言天子建中和之极，金声而玉振之，深于作者也。其因时损益，四节礼文抑末尔。述《十五志》第二十九。

道也者，天道也。天不变，道亦不变。惟圣君贤相得以行之，惟真儒得以明之。濂、洛、关、闽，后孔、孟一见者也。当时君相，举不足以语是。迨至我昭代太祖列圣暨我今上皇帝，统一圣真，推而行之。内而朝廷，外而海宇，远而九夷八蛮，皇极修明，圣化厌饫，五兵不试，六礼咸宜。言文则远追秦、汉，言治则遐想陶、唐。君子道长，小人道消。纲常伦理之化，礼乐衣冠之俗。凡夫尧、舜、禹、汤、文、武之所已行，与孔、孟、程、朱之所欲行而未行者，皆章章宇宙间。呜呼！叙《史质》而终道统，伤于宋而幸于今，视诸获麟，治乱之感异矣！述《道统》第三十。

（《宋史质》卷首，明嘉靖刊本）

柯维骐　宋史新编凡例

一、宋接帝王正统，契丹、女真相继起西北，与宋抗衡。虽各建号，享国二百年，不过如西夏元昊之属，均为边夷。宋国史有契丹、女真《传》，实因前史旧法。元人修宋史，削辽、金各自为史，称帝、书崩、与宋并，时号"三史"。盖主议者，以帝王之统在辽、金也。按金杨兴宗，当宋南渡著《龙南集》，明正统所在。元杨维桢闻修"三史"，作《正统辨》，谓辽、金不得与，斯足征脱脱等纂辑之谬矣。今会"三史"为一，而以宋为正，辽、金与宋之交聘交兵，及其卒其立，附载本纪，仍详君臣行事为传，列于外国，与西夏同，庶几《春秋》外夷狄之义云。

一、宋帝㬎降元，元封帝为瀛国公。端宗、帝昺相继即帝位于闽、广，未几国亡。元人修《宋史》，并削去帝号，不入本纪。揆以《春秋》之义，三帝之统,何可没也? 今改定。按帝㬎号曰"孝恭懿圣",非庙谥也。则依《续通鉴纲目》称"帝㬎",若端宗谥曰"裕文昭武愍孝",盖据《广志》。

一、旧史《叛臣传》,多降金之臣也。按郦琼等事同刘豫,而宋末降元帅臣,如刘整等,视豫、琼尤甚。留梦炎以宰相仕元,视杜充何殊? 乃琼等只载《金史》,整、梦炎德其助已,皆为之讳,《春秋》之大义灭矣。今各纂其事,列而暴之,无令乱臣贼子幸免恶名于后世也。

一、旧史先循吏而后道学,似失本末之序。今以道学居首,次儒林,次循吏,次文苑,仿孔门四科,亦汉史例也。

一、史有纪、志、表、传,肇自两《汉》,义主劝诫耳矣。宋旧史立《公主传》,前史无之。《宗室年表》乃袭《新唐书》,均非关劝诫也。今削去《公主》,事有大者,则附载各传。

一、旧史本纪不载诏令,盖袭《新唐书》之失也。我朝洪武大臣修《元史》,本纪准两《汉》体,可为修史者之法,今依之。

一、旧史《天文志》纪变异,削事应,谓以欧阳《五代史》为法。《五行志》又主汉儒存事应,且谓欧阳《唐书》有采焉。何其相予盾邪? 今按宋国史《东都天文志》及《中兴天文志》,录其占测合时事者,庶不失宋史之旧,亦于《五行志》例同。若皇祐、宣和仪象,其制与累朝殊。又刻漏以正辰刻,与浑仪相表里,并不宜分载《律历志》。今参详而类附之,以备一代制作云。

一、旧史年表,缺景炎、祥兴及文天祥、陆秀夫二相,今增入。按旧史纪传并以文天祥为丞相。《续通鉴纲目》只称枢密使,盖据《填海》、《指南》二录耳。又端宗母杨淑妃,旧史云:"改元景炎,册杨淑妃为太后,同听政。"《续纲目》与《世史正纲》则云:"册为皇太妃。"亦据《填海录》,然皆未可尽信也。今姑从旧史,亦传疑云。

一、旧史列传编次多失当,如《宗室》既为子淔、寻二十五人立传,而汝愚、汝说、与薰、汝腾、不试、令崒、与择等,何其分别也。又《宰执》宜依世代类编，优劣易考，如吕公著不附夷简，王旦不附祜是已。乃范纯仁附仲淹，韩邦彦附琦，洪适附皓，陈卓附居仁，何其相反也！又《忠义传》亦宜依世代，不宜第其等差；且其间如孙昭远、曾孝序、高永年、翟兴、陈求道、陈淬、刘晏、姚兴、张玘、欧阳珣等，遇祸与吕祉同，不宜混载。至于文天祥、谢枋得、江万里、徐宗仁、李庭芝，乃忠义最著者，反不得与，似失立传本旨。又蔡元定、朱子高弟宜入《道学》。邵伯温宜附康节，谯定、刘勉之、郭雍宜入《儒林》。胡宪宜附安国，陆持之宜附九渊，朱寿昌、郝戭、侯可、郑绮、高谈宜入《卓行》。又胡旦操行不修，陈旸劝导绍述，不宜俱列《儒林》。又胡颖之兄显宜附《颖传》，不宜于《赵葵传》混载。又夏执中、韩同卿，外戚也，不宜附载《皇后传》。徽、钦暨南渡宰相，与执政侍从，往往混而无别，时之先后，失序尤多，今悉更定。

一、旧史事迹，逸漏者多，揭其大者，如《选举志》载太宗赐进士《儒行篇》，则仁宗赐进士王尧臣等《中庸》，王拱辰等《大学》，乃濂、洛之学所由启，岂宜独缺？《地理志》载徽宗延福宫艮岳之制，则保和、宝箓二事，均为乱政，不宜独略。《礼志·南郊篇》载仁宗诏太祖定配南郊，其高宗绍兴十三年（1143）诏太祖、太宗定配却不载。《文宣王篇》载太祖、真宗撰《先圣十哲诸贤赞》，其高宗撰赞及理宗崇封诸贤制《道统赞》却不载。英宗父濮王允让、孝宗父秀王子偁，在宗室有传；何理宗父荣王希瓐、度宗父福王与芮，不为立传？诸帝妃事有关系者皆有传，何理宗贾贵妃有宠，似道由之而进，乃不为立传？又胡梦昱以谏贬，陈洙以死谏，龚明之、翁蒙之、许迥、王迁、冯贯道、杨文修之行谊，《金史》褚承亮义不仕金，并宜立传也。又《程颢传》不载条例司官属，盖据其弟颐所撰行状，颐实为之讳耳。且《颢》及《张栻传》皆不及其著述，而颢作《定性书》，栻云"学莫先于义利之辨"，皆讲明道学之最要者也。又《张浚传》叙郦琼曲端及富平、符离之事，多隐其词，此亦据其子栻所具行状，殊不知张浚忠有余而才不足，当时苏云卿有定论，朱子晚年亦悔状失实也。

又《岳飞传》载布衣刘允升上书讼冤，独遗进士知浃事，且缺理宗改谥宗武。又《李全传》载教授高梦月不污伪命，独遗海陵簿吴嘉事，且缺全子瑄自元来归赎父过。又仁宗《郭皇后传》，缺张洞、刘敞议祔庙。度宗《全皇后传》缺陈、朱二夫人及二姬死节。又《胡瑗传》缺《经义治事斋》及程伊川《稽古爱民》之论。《程颐传》缺《议国子监条制》、经筵坐讲及复官致仕身后赠典。《谢良佐传》缺一部《论语》大义及程明道玩物丧志之训。《张载传》缺著作郎签判渭州。《游酢传》缺著书及治郡之才。《谯定传》缺"学以明心，礼以行敬"之说。《富弼传》缺《石介遗书》。《范仲淹传》缺先忧后乐。《胡安国传》缺秦桧交荐誉。《张咏传》缺治蜀救荒。《赵抃传》缺"皋、夔、稷、契，何书可读？"《王安石传》缺疏河割地及理宗停孔庙从祀，目为万世罪人。《贾似道传》缺刘整降元及向士璧贬死，谢枋得被窜，台谏何梦然等希旨弹击。《秦桧传》缺禁程颐之学，用《新经》、《字说》及窜高登、折彦质，高宗防逆谋，理宗谥谬狠。《蔡京传》缺方轸之疏。《史嵩之传》缺徐元杰、刘汉弼之死。《王继恩传》缺李顺三十年始就戮。《李纲传》缺江西安抚及孝忠赐"忠定"谥。《刘安世传》缺铁汉无书抵政府及孝忠赐"忠定"谥。《徐荣叟传》缺参知政事及"文靖"谥。《杨皇后传》缺"章惠"谥。《王忠植传》缺"义节"谥。《吕祖俭传》缺谥"忠"。此类尚多，不能悉举也。

一、旧史文多讹误。揭其大者，如《宁宗本纪》嘉泰元年（1201）三月，临安大火，四日乃灭。又四年三月，临安大火，延及太庙，元《文献通考》及我朝《历代通鉴纂要》所载皆同，独《续通鉴纲目》、《续通鉴节要》、《诸史会编》三书，并重载二灾于嘉定，皆为旧史《五行志》一字所误也。又如真宗崩，王曾草遗诏，皇太后权处分军国事。丁谓欲去"权"字，见于曾《传》甚明。而谓《传》误云增"权"字。王十朋为起居舍人，同起居郎胡铨奏四事，文集可考，而本传误以"同"为"除"。《律历志》载胡铨论乐，脱林钟、太簇分数二十余言，且误以安丰王为曹王。凡此类，悉为更定。

一、旧史纂辑出于众手，故纪事多异同。如太祖诸帝纪各冠加谥于首，载备初谥于末。独太宗、仁宗、英宗、神宗四《纪》不载加谥，今依《太祖纪》。哲宗、徽宗所生母并称后，独真宗、仁宗母称妃，今依哲、徽例。本纪岳飞讨杨太，太赴水死。贼党黄诚斩太首，挟鍾子仪、周伦诣都督府降。《牛皋传》则云："杨么先举鍾子仪投于水，继乃自仆。皋投水擒么。"按，杨太即杨么，今两存其名，而事只依《皋传》。又《岳飞传》兀术遗秦桧书，必杀飞乃可议和。桧亦以飞不死，终梗和议，已必及祸。《秦桧传》则云飞屡言和议失计，且尝奏请定国本，与桧不合，必欲杀飞。今存《飞传》，而飞狱词二传互有详略，则两存之。又《张去为传》去为阴沮用兵，杜梓老乞斩之以作士气。《陈俊卿传》则不言莘老。按，《莘老传》以髡兵事弹治致仕，非阴沮用兵。本纪亦先后分载，非一时事也，今改定《去为传》。又《王韶传》附王厚，其载赐陇栿姓名，在未弃二州之先；外国传及本纪所载，乃在弃二州之后，今改定《厚传》。又《食货志》孟庾提领财用，请以总制司为名，因经制额，增析为总制钱；《陈遘传》则云总制使翁彦国仿其式，号总制钱，今依《食货志》。又《洪皓传》皓卒后一日秦桧死，《洪适传》则云桧死皓还，道卒，今依《皓传》。又《留从效传》张汉思、陈洪进率兵劫从效迁东亭；《陈洪进传》则云从效卒，洪进诬少子绍镃以叛，执送江南，今依《洪进传》。又《张说传》梁克家与张说议事不合，求去；《克家传》则不言张说，今依《说传》。又《刘挚传》张方平奏罢鬻祠庙，语与《方平传》异，今存《挚传》。又《关礼传》关礼泣告太后语与《赵汝愚传》异，今存《汝愚传》。又《姜特立传》留正论罢特立，语与《留正传》异，今存《留正传》。又《安惇传》载阅诉理书牍与《刑法志》异，今依《刑法志》。又《刘挚传》载文及甫书亦与《刑法志》异，今依《挚传》。又《夏国传》好水川之败，死者万三百人；《任福传》则曰将校死者数十人，士死者六千人；《本纪》则曰诸将死者十四人，今存《夏国传》。其他有语同而重见者,又有既立传而重载他传者,悉克删正。

一、旧史多引用野史,间失实。如《向敏中传》天禧元年(1017)拜右仆射,真宗以为殊命,遣李宗谔候之。真宗谓敏中大耐官职。朱子亦载于《名臣言行录》中,与《宋史》同。殊不知为沈括《笔谈》所误。洪迈《随笔》辨其无是事,盖宗谔于大中祥符五年(1012)已物故,且王钦若拜左仆射在八月庚午,敏中在八月壬申,非旷典也,凡此类姑阙之。

一、旧史诸臣列传,凡乏声名及勋业者,一概书年若干,至若名臣寇准、吕夷简、欧阳修、韩亿、余靖、宋绶、晏殊、宋庠、宋祁、薛奎、鲁宗道、王尧臣、曹利用、曹玮、赵鼎、张浚、韩世忠、赵汝愚、张世杰、龚茂良、胡铨、狄青、郭逵等,名儒张载、陆九渊、尹焞、孙复、胡瑗、苏洵、苏舜钦、石介、刘韐、刘子羽等,并缺不书。今削其滥者,而补其可考者。按,朱子作《张浚行状》数万言,而不及其享年,故史亦缺。

一、金国本号女真,至宋仁宗时避辽主宗真讳曰女直。按,唐人避太宗世民讳,隶书《孝经》及摹锺繇《荐季直表》。"民"字并去画为"民",然则改"真"为"直",乃去下点,其读仍曰"真",且在异代,自当复初。我朝大臣修《续通鉴纲目》,改正曰女真,今依之。(《宋史新编》卷首)

黄　佐　宋史新编序

宋旧史成于元至正乙酉(1345),丞相脱脱为都总裁。契丹、女真亦各为史,与宋并称帝,谓之宋、辽、金三史云。是时纂修者,大半虏人,以故是非不公,冠履莫辨。景泰间,翰林学士吉水周公叙尝疏于朝,自任笔削,羁于职务,书竟弗成。

今吾友莆田柯子维骐,以癸未进士,筮仕户曹,辄谢病归,盖未始一日居乎其位也。养高林壑,覃思博考,乃能会通"三史",以宋为正。删其繁猥,厘其错乱,复参诸家纪载可传信者,补其阙遗,历二十寒暑,始克成书,合二百卷。而三百二十年行事,粲然悉备,名之曰《宋史新编》,示不沿旧也。本纪则正大纲而存孤危,志、表则略细务而举要领,列传则崇勋德而诛乱贼,先道学,而后吏治。辽、金与夏,皆列外国传,纳诸四裔焉。于是《春秋》大义,始昭著与万世。而论赞之文,并非因袭,简而详,赡而精,严而不刻,直而有体,南、董之笔,《西汉》之书,不得专美于前矣。

予窃喜是编行,则“三史”废。稽天运、陈人纪者,其谁舍诸?乃言曰:天下之道,立于本而行于文。夏、商而后,文莫盛于周;汉、唐而后,文莫盛于宋。制礼作乐,以致隆平而六经成,周之文也。表章《学》、《庸》,以锡多士而道学兴,宋之文也。然植本发源,则不能以亡异。迹宋之先,琐琐禄仕,逮事柴氏,殊罔骏功。太祖受禅,仁不胜力。太宗袭位,友爱亦亏。视周之得天下,实大相远。《诗》曰:“后稷肇祀,庶无罪悔,以迄于今。”言世德綦隆也。廓除北汉,则僭伪尽矣。向使藉隆平之基,而致《天保》、《采薇》之治,则契丹宾服,燕、云自归。顾乃勤其骄兵,仓皇取败。《诗》曰:“于铄王师,遵养时晦。”当如时邪?澶渊之役,岁币之输,其弱已甚,雪耻除凶,岂无长策?而天书圣祖之降,肆为矫诬,可谓昧矣。继以仁宗之令主,犹不能除厉阶而遏西贼,况值女真作难,冯陵昧弱,宁复振乎?《诗》曰:“执竞武王,无竞维烈。不显成康,上帝是皇。”法乾刚也。不能畜威以自强,此其最异于周者也。乃若厉王以好利用荣夷公,神宗以兴利用王安石,载诵《板》、《荡》、《桑柔》,而三不足之说,有足征焉。盖乱之生也,逸邪比周,犹思用贤,故其《诗》曰:“维此惠君,民人所瞻。秉心宣犹,考慎其相。”乱之成也,耇寿俊罔憖遗,而思旧章之不愆,故其《诗》曰:“虽无老成人,尚有典刑。曾是莫听,大命以倾。”祖宗罔绍,犹思畏天,故其《诗》曰:“敬天之怒,无敢戏豫。敬天之渝,无敢驰驱。”天变罔畏,犹思恤言,故其《诗》曰:“辞之辑矣,民之洽矣。辞之怿矣,民之莫矣。”监谤禁党,黩祸玩灾,又何其同也!大都宋之南渡,弗逮周之东迁,藩城屏翰,曾无一焉。而且新东澈,奸岳飞,至于废竑立昀,艳妻奸相,蠹其家法,不待逢厓,先自亡也已。本源既坏,枝流可知,文弊而僿,胶戾乖刺,旧史所谓"声容盛而武备衰,论建多而成效少",非不韙也。《诗》亦有之曰:"殷鉴不远,在夏后氏之世。"於戏!观是编者,尚永鉴之哉。

嘉靖三十四年(1555),岁次乙丑(似"卯"字之误)季冬下澣,赐进士出身,中顺大夫,詹事府少詹事,兼翰林院侍读学士,前南京国子祭酒,经筵讲官,同修国史、玉牒,泰泉黄佐撰。(本书卷首)

附　王鸣盛论《宋史》改修云:

《宋史》改修者不一,独柯维骐之《新编》刊刻成书,播在艺林。维骐,字奇纯,莆田人。嘉靖二年(1523)进士,授南京户部主事。谢病归。通籍五十载,未尝一日居官。合宋、辽、金三史为一,以宋为主。复参诸家纪载可传信者,补其阙遗,历二十寒暑始成,凡二百卷。朱竹垞跋云:"三史取材,纪传则有曾巩、王偁、杜大圭、彭百川、叶隆礼、宇文懋昭,编年则有李焘、杨仲良、陈均、欧阳守道,礼乐则有聂崇义、欧阳修、司马光、陈祥道、陈旸、陆佃、郑居中、张炜,职官则有孙逢吉、陈骙、徐自明、许月卿,舆地则有乐史、王存、欧阳忞、税安礼、王象之、祝穆、潘自牧,志外国则有徐兢,著录则有王尧臣、晁公武、郑樵、赵希弁、陈振孙,类事则有徐梦莘、孟元老、李心传、叶绍翁、吕中、马端临、赵秉善,述文则有赵汝愚、吕祖谦。诸书具在,以予浅学,亦曾过读。其他宋、金、元人文集,约存六百家。郡县山水志以及野史说部,又不下五百家。及今改修,文献尚犹可征。予欲据诸书,考其是非,后定一书;惜老矣,未能也。"(按,文见《曝书亭集》卷四十五)

愚谓竹垞见闻诚博,予所见如王偁《东都事略》,叶隆礼《契丹国志》,宇文懋昭《大金国志》,陈祥道《礼书》,乐史《太平寰宇记》,王存《九域志》,欧阳忞《舆地广记》,晁公武、赵希弁《郡斋读书志》,徐梦莘《三朝北盟会编》,叶绍翁《四朝闻见录》,马端临《文献通考》,吕祖谦《宋文鉴》,皆采取之。若陈均《九朝编年备要》、司马光《书仪》、陈旸《乐书》、王象之《舆地纪胜》残本、祝穆《方舆胜览》、郑樵《艺文校雠略》、李心传《建炎以来朝野杂记》、赵汝愚《历代名臣奏议》,或厌其芜秽,或病其杂乱,皆不取。李焘《续通鉴长编》虽有可取,亦未暇抄。若欧阳修之于礼乐,则必系嘉祐《太常因革礼》,予实未见其书,然《读书敏求记》不载,窃疑此乃后人假托为之。只因竹垞学识不高,往往被欺。若陈旸不但书不佳,亦因其人逢迎绍述,亦不取。聂崇义《三礼图》与宋无涉,而竹垞滥为载入,著录反不入尤袤《遂初堂目》,孟元老《东京梦华录》已入矣,而吴自牧《梦梁录》独漏去不举,皆不可解。且柯氏正为未及遍读诸书,故能成此,若谓文献无征而欲取之群书,徒乱人意。他日跋李焘书,谓焘在宋人史学中推为第一,然则何以处司马温公?又概驳陈桱、王宗沐、薛应旂"目未睹《长编》,辄续《通鉴》行世。柯维骐、王惟俭之改修《宋史》亦然。此犹夏虫不可以语冰,松柏之鼠,不知堂密之有美枞者",是或一道也。而竹垞竟以见李焘书,不见李焘书分其优劣,毋乃不可乎!(《蛾术篇》)

　　按,《太常因革礼》乃出姚辟、苏洵手,该书后有淳熙十五年(1188)李壁跋,以及欧公所为洵墓志已明言之,何得因未见而斥为假托耶?王西庄之讥竹垞,不免文人相轻之习。柯氏《新编》订《宋史》之失,具见《凡例》,故载之以供参考。

康大和　宋史新编后序

　　《宋史新编》者,吾友柯奇纯氏之所著也。编成,泰泉黄公既序于首矣，乃授简属余叙诸后。

余惟史之难久矣，非网罗千古，兼备三长，不足以综核前闻，独超往乘；非穷居隐约，谢绝世纷，不足以专情探索，一意编摩。故古今称司马迁有良史才，而《史记》一书，乃于幽愤中得之。柯子思远而志弘，识高而才敏。少承学士竹岩公家学之传，妙年登第，与父兄师友，互相刮磨，多其所自得者。筮仕南司徒郎，即乞疾引归。林卧三十余年，杜门劬书，浮云声利，而所学益大以肆。读《宋史》，慨其义例欠精，编次失当，而宋、辽、金三史并列，尤失《春秋》之义。乃覃思发愤，远绍博稽，厘复订伪，举偏补漏，凡二十余寒暑，始克成编，斯其志亦勤矣！首本纪而次志、表，先道学而后循吏，为得其叙。略细务而挈宏纲，刊繁误而存典实，为得其要。论赞之词，直而不刻，辩而不浮，为得其体。其最大者，尊宋之统，附辽、金为外国传，尤为得义例之精。于是数百年之书，一旦厘正，视元人所修，何啻千百，其有功于史大矣！向使柯子身不隐，穷不久，虽勋烈当有可观，必不能潜心大业，卓见旁通，以成兹兴。以此视彼，其所得孰多耶？载考宋之立国，以揖逊开基，以忠厚传世，以恩礼待士夫，以至诚待夷狄。宋臣谓其超越古今，语非夸也。惟是兵力稍弱，国势寖衰，然虽南渡偏安，而纪纲尚在。至于厓山播迁，缀旒已绝，而忠荩之臣，伏节死义，犹斌斌相望，论者以为祖宗三百年礼士之报。视辽、金夷俗，德义不修，攻敦是逞者，迳庭远矣！是编尊宋统，而附辽、金，岂非古人一断案也哉！昔朱子作《纲目》，取法《春秋》，黜吴、魏而帝昭烈，君子谓正统以明。柯子盖治《春秋》而有得于《纲目》者。

余不佞，职史多年，深惭载笔，览公之编，而有感焉。谨列其大都，以告后之读是史者。

嘉靖三十六年(1557)，岁次丁巳夏五月，赐进士出身，南京礼部右侍郎，前翰林院侍讲学士，掌院事，春宫谕德，同修国史、会典，同邑砺峰康大和撰。(本书卷首)

王惟俭　宋史记凡例

一、往代之史,《坟》、《典》、《丘》索异名,《梼杌》、《春秋》殊号。自龙门勒为《史记》,兰台目以《汉书》,后世载笔,不逾斯称。唯承祚曰《国志》,彦鸾曰《春秋》。今此书既不敢上拟宣圣之录,而名史则于元史无别,名书则于沈书难分。辄远取子长,近法永叔,题曰《宋史记》云尔。

一、卷序之式,诸史皆首之以纪,次之以表,又次之以志,而传为终焉。惟《后汉书》、《宋书》移志居末。今则仿之,以纪、表、传、志为序。纪十五卷、表五卷、列传二百卷、志三十卷,通共二百五十卷。

一、有宋受命,龙符定基于开封,龟鼎中迁于临安,乘乾十有七帝,永历三百余年。而元臣执笔,既降帝昺为瀛国之称,复附广、益于瀛公之后;景炎无年,祥兴失记。此在虏史,私其夷朝可矣,后代所宜改正也。今更瀛国为帝昺,而增入端宗、帝昺二《纪》,此诸史已尔,非今特名也。

一、宣尼作经,左丘立例。然后世学者,亦恐过为揣摩之词。今即不逐事立凡,亦须少为区别。如侯王曰薨,宰执而封公王者亦曰薨,卿辅曰卒,官卑而直谏理学者亦曰卒,其奸邪者削官曰死,滥刑者备官而曰杀,刑当而有罪者曰伏诛。金、辽、夏、元,争战云扰,得其地曰取,取而复陷者曰入。宰执免罪,原无低昂,而奸回退位,方书罪免。朱紫略分,用存体例。

一、帝纪即《春秋》之经也,所宜举其大纲,以俟志传发明。今《宋史》烦芜,景德一年之事二千余言,足以当他史之一帝纪。高宗一朝之事,几二百纸,足以当他史之全纪。核其所录,乃县丞、医官毕载,召见、入对亦书。徒累翻阅,何关成败? 今宜力加删削,用成史法。

一、孔子有云："其文则史。"是史之不可无文也。《宋史·纪》中，至云"赐将士皮袭毡袜"、"揭黄榜招谕湖贼"，如此鄙俚，良用浩叹！今既不可过为藻缋，以掩本来，亦宜微为润色，以宏大雅。

一、《续纲目》诸书，于金、辽用师皆曰入寇。如此之称，施之楚昌、齐豫逆命之臣可也；势均敌国，岂宜尔乎？今悉曰犯曰侵，以示与国之义。

一、孟坚《汉书》擅美十纪，以西京诏命，简古而尔雅故也。欧阳《唐纪》诏旨全无。《宋史》承之，遂亦不录。古称两史之立，将为偏举之谬矣。今简诸志及采他书，凡关诏敕，悉收纪中。若临轩酬答之辞，臣下追崇之典，难以例论，亦所不录。

一、契丹自陷汴之后，建号曰辽，中虽复号契丹，亦未几改之。至胜元初号鞑靼，或号蒙古，至世祖始定号曰元。况蒙古乃部落之称，大元乃国号也。而《宋史》称其本国统号曰元，亦未然也。今于耶律通称曰辽，世祖之先号曰蒙古。至建有国号，始定为元。其大元北兵之称，乃夷臣之妄尊其国也，亦皆削之。

一、宋初仆射、平章，是为宰臣；参加政事、枢密宣徽，是为执政。至南宋孝宗始有左、右丞相之名，而参知、枢密仍执政也。凡此除授薨免，一一毕书，以至党附权奸，害国凶家，如薛昂、胡纮诸人亦书之。何者？昔李舜举之修《裕陵玉牒》也，曾布、吕惠卿之用，皆谨书之。或以非执政例不应书者，舜举曰："治忽所关，何可拘常例也？"今仿此旨，用以谨大防而裸奸魄。（下略）（本书卷首，香港大学藏抄本）

附　王鸣盛论《宋史》改修云：

《新编》播在人口，揽之即得，当与《宋史》并传。临川汤显祖义仍、吉水刘同升晋卿，咸有事改修，稿皆未就。近日吴中陈黄中和叔改修者，予但闻其入王安石于奸臣，颇为公论，亦未暇觅观之。独祥符王惟俭（字损仲，万历二十三年[1595]进士，累官工部左侍郎）《宋史记》二百五十卷，汴梁之乱，稿已沦于水，仅吴兴潘昭度家有抄本。朱竹垞从潘抄得，谓其未见，出人意表。要为宇内尚有此书，新城王尚书贻上抄得其《凡例》一卷。予亦祇得此，今载于此而论之。名书曰《宋史记》，移志居末，此乃无关紧要。更瀛国公为帝㬎，而增入端宗、帝昺二《纪》，此袭《新编》，皆不足论。"一、宣尼作经，左丘立例。后世学者，亦恐过为揣摩之词。今即不逐事立凡，亦须少为区别，如侯王曰薨，宰执而封公王者亦曰薨，卿辅曰卒，官卑而直谏理学者亦曰卒，其奸邪者削官曰死，滥刑者备官曰杀，刑当而有罪者曰伏诛。金、辽、夏、元，争战云扰，得其地曰取，取而复陷者曰入。宰执免罢，原无低昂，而奸回退位，方书罪免。朱紫略分，用存体例。"此条且缓商。"一、帝纪即《春秋》之经也，所宜举其大纲，以俟志传发明。今《宋史》繁芜，景德一年之事二千余言，足以当它史之一帝。高宗一朝之事，几二百纸，足以当他史之全纪。核其所录，乃县丞、医官毕载，召见、入对亦书，徒累翻阅，何关成败？今宜力加删削，用成史法。"……然惟俭本不可得见，柯氏《新编》所删改亦有不当，须分别观之。

　　按，王惟俭书，世不易睹，王西庄亦未见其书。兹假香港大学藏抄本，摘录《凡例》，以见一斑。

叶向高　季汉书叙

《季汉书》者，新都谢生少连取陈寿《三国志》而更张之。以蜀为汉，以吴、魏为世家，以其臣为外传，以无所附丽者为载记、为杂传，以系于汉者为本纪、为内传。盖纯然以正统予汉，以僭窃斥吴、魏矣。称季汉者，以杨戏有《季汉辅臣赞》及后主《谥忠武诏策》，言建殊勋于季汉也。

书虽因于陈氏,而其所错综拟议,辩名实,核是非,酌丰约,审微阐。不但窃取其义,而且损益其辞。则少连氏之所苦心极力,岁十更而草屡易,信陈氏之忠臣,而史家之正印矣!

书成,将悬之国门,而先以示余曰:"子,史官也。史之瑕瑜得失于子衷,焉能无为吾一言?"余受而读之,叹曰:汉魏之际,世运一大变也。盖自汉而前得天下者,有征诛而无篡弑。间有篡弑,亦名之曰篡弑耳。至魏氏父子,幽絷其君,戕其君后,而夺之位,乃自诡于禅让,曰:"舜禹之事,吾知之矣!"历五季、唐、宋,凡窃国之盗,皆祖其术。以唐、虞圣帝揖逊之盛举,为乱臣贼子攘夺之先资,恬然相袭,不知怪也。故夫汉以上篡臣少,以其迹显,而其势有难以径遂;汉以下篡臣多,以其机秘,而其辞有可以讳避。此操、丕之逆,为千古之魁首也。以吾夫子《春秋》之法律之,其为诛讨,不知当何如者?而陈氏徒以魏、晋相承之故,乃使其正帝号,承汉统,偃然得附于神明之祚。而涑水复以其私,伸魏而抑汉,史家谬戾,至此极矣!襄阳、紫阳后先矫正,于是魏氏父子诎,而所谓汉统帝号、神明之祚者,举而归之。中山之帝裔偏安一再传之蜀,而世共称快也。

然陈氏之书,世称其简质善叙事,自《史记》、两《汉书》外,此为巨擘;徒以统绪舛错,为正论所不满。而其所为三国之名,称鼎足之基业,胪列瓜分,于一家之言者,卒莫之能合。以故操、丕之罪,若诛而不尽诛。而赤帝如线之绪,寄于蚕、凫之区四十余年而不坠者,若伸而不尽伸。今谢生此书行,于是魏氏父子愈诎。国不三而足不鼎,向之胪列瓜分者,较然辨黑白而定一尊,而世愈称快也。

嗟夫!此岂一人之私、一己之见,足以易千百年来天下人之耳目哉?纲常礼义之在人心,不可磨灭。故虽其人之智力雄暴,能劫夺神器,一旦加之以甚丑,而不得不受。虽其人之困败危弱,不能自存,一旦抗之以甚尊,而亦不得不受,此天道也。

盖周之东迁，至屡矣。号令所及，百里而近，然夫子必尊而奉之列国僭王之上。而《春秋》一书，苏氏徒知其以天子之权予鲁耳，不知夫子盖虑夫射肩问鼎之徒，或斩周之祀。而鲁为文、武之子孙，即起而继周，无不可者。故曰："吾为东周。"不言鲁而言周，此《春秋》之微指也。善夫谢生之言曰："孝献、昭烈，一可当周之赧，一可当周之鲁。彼吴、魏者，不过秦之惠文、越之勾践而已。"以此断三国事，真与《春秋》合矣。

而或者犹以封疆之大小、统驭之完缺为疑。至近世赵文肃著《统论》，乃谓："三国既裂，九围不纲。昭烈虽贤，史臣不能先天而与人以统。"若深病朱元晦帝蜀之非者，亦独何哉！然则谢生者，又紫阳之功臣也。抑余于是有深慨焉，宙宇间惟治统、道统相提为两大事——治统紊则乱贼肆，道统紊则异端猖狂，其害均也。而道统之害，及于人心世道者尤甚。今正教衰微，诸以《诗》、《书》起家，号称孔、孟弟子者，皆推崇二氏，贬抑尼山，使洙、泗之真传，几等炎刘之厄。而流沙、天竺家言，其驾凌吾道，不啻如吴、魏之抗衡也。其为诞谬乖刺，宁不千百于陈寿哉？傥有如谢生者锄而辟之，断断乎《春秋》之所予也，余愧未能，余日望之矣！

赐进士出身、通议大夫、南京吏部右侍郎、前左庶子谕德兼翰林院侍讲侍读、纂修正史管理、诰敕东宫侍班官、福清叶向高撰。

按，后主建兴十二年（234）诏策诸葛亮为忠武侯，有"将建殊功于季汉，考伊、周之巨勋"语，"季汉"二字出此。其后杨戏撰《季汉辅臣赞》，首赞为昭烈皇帝，似"辅臣"应作"君臣"，后人所改。

叶序云："襄阳、紫阳，后先矫正。"襄阳指习凿齿，著有《襄阳记》一书。《晋书·习凿齿传》称其自荥阳罢郡归，与桓温弟秘书云："吾以去五月三日，来达襄阳。每定省家舅，经北门入，西望隆中，想卧龙之吟；东眺白沙，思凤雏之声。"此文分明摹拟《吴季重答魏太子笺》(《文选》卷四十)。习氏家襄阳，于孔明隆中有乡士之谊，思古之情既切，故于先主向往尤深。其正蜀而贬魏，非但本于理，实亦发乎情，回诵此篇，可知予言之不谬也。

文中言赵文肃即赵贞吉(见鲍应鳌《明臣谥考》)，四川内江人，官大学士。

王　图　季汉书序

昔宋涑水氏纂述《资治通鉴》，嫡魏庶昭烈，正统淆杂，识者讥焉。其原盖出于陈寿，寿之为《三国志》也，侗然以正统予魏。寿，晋臣也，晋承魏禅，尊魏所以尊晋也。然其书尚以三国为名。三国，敌体之称也。寿亦心知汉统之必不可奸，而其势又不能不尊魏，故特存敌体之名以见意。然使后世懵然于嫡庶之辨，而因以开夫乱臣贼子窃钩问鼎之谋，则寿实为戎首矣！

新都谢生少连，蚤穷五车，博综群史，谓陈氏予夺舛谬，不可以训世。于是发愤著书，穷年矻矻，数易稿而始就。其书以嫡统予昭烈，以支庶分魏、吴。作孝献、昭烈、后主三帝纪以明一尊，而以诸臣之翊戴汉室者，为杂传以附之。作魏、吴世家以明僭窃，而各以其臣之推波助澜者，为外传以附之。又作袁、吕诸雄载记，以存一时崛起之迹，而亦各以其臣之追非孰恶者，为杂传以附之。名之曰《季汉书》，盖取后主诏策之文，并杨戏所作《季汉辅臣赞》而定名也。其思苦，其力深，其文错综离合于陈氏旧史并裴氏旧注，故简质而不俚。其事贯穿上下，于范晔、习凿齿以及张敬夫、朱考亭之纪述，故详赡而有体。不特可以纠陈寿之谬，亦可以正涑水氏之失；不特可以正涑水氏之失，亦可以竟刘知幾、范祖禹、谢翱诸君子未竟之业，斯不亦称艺林之鸿宝、史家之正鹄也哉！

而谢生又言："季汉四十余年，君臣行事，纪载尚虞疏漏。而武侯勋树，烂焉南服。尝拟西走蜀，南走滇，历览遗踪，并及金石残文，或故老口实，庶几采掇一二旧事，以补成书阙略。"余闻其言，啧啧叹赏。盖谢生力以明统绪、刈伪乱为己任，故用意详密若此，非夫世之苟且一编，以幸终事者所可匹埒也。夫乱臣贼子，人人得而诛之。丕、权僭王，于法决当讨。陈氏阿贼党逆，擅更正统，其所著伪史，于法决当黜。今主上稽古右文，业诏北雍缮刻前史。傥是编一旦得尘清燕之观，犁然有当于上心，特命列之学官，以代陈氏伪史，此亦千古人心所同快者，余何幸旦莫遇之！

赐进士第、右春坊右中允、掌南京翰林院事、前翰林院检讨、直起居注编纂、六曹章奏、同修正史、管理诰敕、经筵讲官、西京王图撰。

按，王图字则之，耀州人，天启中任礼部尚书，《明史》卷二百一十六有传。钱谦益为撰《王公行状》（《初学集》卷四十八）。

陈邦瞻　谢氏季汉书序

昔者仲尼因鲁史而作《春秋》，以明王道，叙人纪，垂万世法。自其时及门之士不赞一词，左氏仅为之传。而汉司马氏作《史记》，其《自叙》则曰："有能绍明世，继《春秋》者，意在斯乎！"何其去圣远而自任笃也。然则司马氏之志于是为不可几已。盖其说曰："凡有国者，不可不知《春秋》；为人臣子者，不可不知《春秋》。《春秋》者，礼义之大宗也。"呜呼！天下之生久矣，一治一乱，曷尝不由礼义之失得哉？夫惟礼义亡、王迹熄，有国家者，以智力持世，执史笔者以成败论人，遂使僭伪之迹，烂然溢世，名分纪法，几为弃物，则何怪乎盗窃乱亡之相寻而不已哉！故史法之坏，起于儒者见义不明，而其害乃在世道以空文贻实，祸至烈也。今夫汉统之正，上继殷、周，四百年间，王莽一窃其玺而光武兴，当涂再移其鼎而昭烈奋。其仗大义以起事，由宗哲而缵绪一也。而论者徒以基业之宏隘，谬为轩轻。竟谓峨、岷之疆，不足祀汉配天。宁以其统予曹魏，弃同即异，背顺奖逆，不已甚乎！是故陈寿之书，简而质雅，称良史才，而终不见予于君子者此也。且寿既帝丕而纪魏矣，复以三国名书，进退失据，夫其私心亦有不自安者钦？习襄阳别之于前，朱紫阳格之于后，编年之大义既明，而列传之悖辞未易。尚使僭伪之编，渎乱正史，此诚千古之阙典，史官之坠业，有志于《春秋》者所必正也。

友人新安谢少连氏，自蚤岁嗜学，于书无所不睹，而尤淹于史。慨然显黜陈《志》，自为《季汉》一书。余得而读之，见其义例森严，体裁确正，离合进退，备有微旨，信乎其有司马氏之志而得《春秋》之遗意也。盖至是而正论始尽伸，僭渎不复容矣！书所以名《季汉》者，盖以王泽斩于桓、灵，神器残于董卓。孝献立而后神人有主，社稷有奉。凡曹魏父子睥睨而久却，昭烈君臣之正名而讨贼，皆以有孝献在也。故初平、炎兴，实为终始。苟天命未改，人其遽而夺之；苟大义有归，天其遽而弃之。方其在许，则天之所以留汉统也；及其在蜀，则汉之所以寄天统也。托始之义，斯已精乎。凡为帝纪者三，为内传者十有七。扶微继绝之业，忠臣义士之志，尽在是矣。降二方于世家，黜其臣于外传，复为载记、为杂传，以志其不成为汉，且不成为魏、吴者。杜预所论《春秋》之旨"微而显，志而晦，婉而成章，尽而不污"者，庶几有之。呜呼，备矣！陈子曰：余读谢氏书而知为史官者，尤不可不知《春秋》。为史官而不知《春秋》，未有不蒙党恶之诛者也。彼夫僭窃之雄，既已公然为政于天下，而我复操笔而佐其后，后世且艳慕而称之。是俾羿、浞争驱，而操、莽接踵也。陈寿奖篡之罪，浮于华、董诸人；谢氏反正之功，光于《出师》

二表矣！余惧读谢书者，徒以其传习旧闻，错综往事，或嘉其言而不察其志，略为序之云尔。

万历癸卯（1603）孟秋望日，赐进士第、奉训大夫、南京工部营缮清吏司员外郎、高安陈邦瞻撰。（本书卷首）

按，陈氏即撰《宋元纪事本末》者，高安人，字德远，亦史家也。此文中言"初平、炎兴，实为始终"，自献帝之始立，讫刘后主之降邓艾（景耀六年改元炎兴，蜀汉亡），正为季汉时代。纬书《尚书·璇玑钤》云："《河图》，命纪也。图天地帝王终始，存亡之期，录代之矩。"此终始二字用于帝王起讫之纪录。《季汉书》之限断，即以此二语为依据。德远每引《春秋》立论。稽之《穀梁传》，定公元年（前509）有云："定之无正，何也？昭公之终，非正终也。"又云："先君无正终，则后君无正始也；先君有正终，则后君有正始也。"先君之昭公死在外，故非正终。因之，后君之始，遂非正始。《春秋》于始终，且论正与不正，其严如此！聊发其旨，以供治史而留心《春秋》大义者鉴焉。

于若瀛 季汉书序

万历癸卯（1603）夏，余有祝釐之役，出石头城。友人谢少连手一册示余曰："此改陈寿《三国志》为《季汉书》，立后世以篡为禅之防。且《季汉辅臣赞》，戏先之陛，未敢创也。此册唯《自叙》、《正论》、《答问》、《凡例》、《目录》，他未及梓。"属王太史则之送余江干，出与商确，则之叹曰："余窃有志焉，而未之逮也。何物诸生能先举此，不必睹全书，睹其《序论》、《答问》、《凡例》，已足诛奸雄于既死，而立人臣之的。吾两人者，异日愿为玄晏,俟成将具疏以闻,布之学宫。于全史中,黜陈进谢,俾余窃有志而未举者,举于少连,与余举同也。"余既渡江,则之与少连相得甚权。比甲辰三月,余还白下,则之已先数日入侍东宫讲矣。少连全书成,向余征序。展卷则叶、王、陈、祝诸言烂然册首,谈季汉事,不啻详矣,余何言?虽然,首赏识者,余与则之共者也,又乌能辞?

序曰:史官操是是非非之权,一予一夺,所关系世道人心,从来矣!然有圣史,有贤史,有良史,有文人史,有宽吏史,有严吏史,有私史。圣史则一言之褒,荣于华衮;一字之贬,严于斧铖。知我罪我,弗皇恤焉,夫子《春秋》是也。贤史或先经以首事,或后经以终义,或依经以辩理,或错经以合异,丘明《左传》是也。良史其事核,其文肆,赡而不秽,详而有体,司马迁《史记》、班固《汉书》是也。文人史事拾猥杂,词组玄黄,谢朝华之已披,启夕秀之未振,范晔、沈约、萧子显、姚思廉、李百药、李延寿、令狐德棻诸史是也。宽吏史弢于伐邪,展于取善;严吏史弢于取善,展于伐邪,涑水、考亭二书是也。乃若修怊于诸葛,诶旨于典午。剪卯金氏而岊当涂高,遂苞千古以篡为禅之孕,孰有私心如寿者乎?自晋至宋,得祚诸君,皆借禅为名,而阴济其弑夺之恶,寿之《志》实开之,其罪于是乎不可解矣。呜呼!尼父、左丘明,遐哉邈矣。班、马而下,姑置勿论。宽吏纵,以故贷荀氏,并及曹氏;严吏刻,以故诛曹氏,并及荀氏。反复此书,用考亭法诛曹,而以涑水法贷荀,盖严与宽之间焉。且于当涂之季,表王经诸人之节,洗母丘三叛之冤,抑又为魏讨晋,其用意深远矣。余不序其他,特取前代诸史,以折中少连,并发寿之私。总之,立后世以篡为禅之防耳。

赐进士第、南京尚宝司卿、东海于若瀛撰并书。(亦见《弗告堂集》)

　　按,文中所称王则之,即王图。文中论史有圣史、贤史、良史、文人史、宽吏史、严吏史、私史之别,颇具新见。

邹观光　季汉书序

苏子之言曰："域中有三权：曰天、曰君、曰史官。"圣人以此制天下之是非，而使之更相助，大指谓惟天之权能寿夭祸福人。然而回、宪贫，跖、蹻寿，天之权有时而穷。人君以赏罚助天为治，抑岂能尽与天下之是非合而垂万世？故史之权等于天与君而相助以有成。兹苏氏之持论云尔。

余读陈寿《三国志》，奈何以赏善罚恶之权，而反为乱臣贼子助也？魏操之为篡逆，人人知之。九鼎未移，一线犹系，丞举三十年之历，以夺彼予此。而帝胄王师，以偏安故诎而与篡逆共。嘻！其甚矣！邹子曰："夫寿非乞米于丁仪者邪？其书即列于学官，天下孰能信之？"斯亦焉能为？有涑水氏格操始丕，反蜀为汉，庶几正其纰缪；而终以统与魏。涑水非寿伦也，万世将无贤涑水而信且疑。至于广汉之《纪年》，紫阳之《纲目》，帝昭烈而寇魏、吴，史乃廓如也。而赵文肃昌言三国既裂，九围不纲。昭烈虽贤，史臣不能先天而予人以统。吾惧万世以文肃而信且疑也甚于涑水。此谢少连氏《季汉书》所由作与！

余以《春秋》之法律谢氏之书，窃叹其用心甚勤，而其功于史甚大也。《春秋》之义，推见至隐。今人语及伏后璧中事，欲磔操而甘心焉。而操进王爵加九锡，皆矫命行之。丕始迫帝禅，而犹假手劝进，托言于许由、善卷。涑水氏非尽诔晋，彼其论风俗而致叹于操之知畏名义，若终始为操欺耳。今而后，而操始为天下戮也。夫以讨叛逆，则阴谋诎矣。

《春秋》始于鲁隐，若曰平王能祈天永命，绍闻中兴；隐公能弘宣祖业，光启王室，则西周之美可寻，文、武之业不坠。是故因其历数，附其行事。自山阳贬而汉亡,中山之裔起而汉不亡。故一以当周之赧,一以当周之鲁,而若符即合也。

夫以存帝系,则废绝振矣。其论帝统,曰有有统之世,有无统之世;有分统之世,有全统之世,有偏统之世。即使昭烈不兴,忠武空老,琮、璋能以荆、襄、岷、益抗吴与魏,而成鼎足之业,亦必以正统归之。又曰昭烈有夹辅之功,不失忠顺,则上可以配周公,而当封禅于蜀以比鲁。不然,而但能袭操以禅为丕,则如萧梁之于萧齐,篡固不恕,统则仍归。夫以参伍事情,则名实见矣。以正统尊蜀矣,而萧常降魏、吴于载纪,则以为太刻。以叛逆斥魏矣,而王经、王凌、毌丘俭、诸葛诞为魏讨晋,则不以魏故贬。其论孔文举则曰:有有用之用,有无用之用;有有功之功,有无功之功。其论荀文若则曰:文若之生,其功在曹,其罪在汉,而其心实汉也。文若之死,其功在汉,其罪在曹,而其心则本汉也。诸所评骘,如老吏之谳狱,比附平反,必丽于情,而不泥成事。夫以定功罪,则诛赏公矣。

文中子有言:"使陈寿不美于史,迁、固之罪也。"记繁而志寡,而苏子谓迁、固史虽以事辞胜,兼道法而有之。夫史书之轻重,岂尽系志记之繁简?而自迁、固以下,能恢奇博闻,不朽千古,而不能不互见其瑜瑕,正以工于事辞而绌于道法耳。夫河汾帝元魏则已谬,而又安能犄摭寿哉?有能绍明世,继《春秋》,若苏子所言,使后世嗟叹赞诵之不已,以助天与君赏罚之所不及,其在斯乎?少连氏进曰:"作者之谓圣。"夫圣,孔子不居。是书也,广汉、紫阳所特书于编年也。其在列传,则范晔、刘知幾、范祖禹、杨焕然诸君子,或厘正其已甚,或权舆其大凡,而未有成书也。本朝张仪封之《史略》、邓盱江之《函史》所苞举而未备也。

余所谓述故事,整齐其世传,非所谓作也。而君进之《春秋》,则吾岂敢?虽然有前、后汉不能无季汉,虽隆中、河东,不能挽其寝微之祚;有前、后《汉书》,不能无《季汉书》。虽舛谬异同,而终大正于异代之后,皆天也。《春秋》之法，以时系年，季为时之余。后主之诏策，杨戏之《辅臣赞》，其称季汉也，夫非天之所启以俟谢氏者哉？其正名灿如矣！且夫为寿识者，不独寿而已也。三都之赋，虽其所扬摧止于山川、城邑、宫室、物产之广狭丰确，而诎蜀、吴以尊魏，至称"日不双丽"、"世不两帝"、"天经地纬"、"理有大归"，尚亦陈寿之意乎！世恒言左思赋以皇甫谧序重，今观皇甫之序，谓作者以擒灭比亡国，而以交禅比唐、虞，既著逆顺，且为鉴戒。夫赋之指隐，序之词彰，谧所为思重，乃其所以滋思之罪者耳。陈寿以史书故世多觭摭之；皇甫、左氏，以其为文人之词，故恕之。然而世之治左氏赋也，甚于陈氏史。

少连，文人之雄，长不以赋，而以书一时为玄晏氏言者，持论必准于仲尼、紫阳，夫亦世教休明之大验哉！少宰公因论史而忧及于学术，夫使卫道君子，皆能由紫阳以守仲尼之教，而治统与道统，兼而举矣。

赐进士出身，奉政大夫，南京光禄寺少卿，前中书舍人，吏部文选、考功、验封、稽勋四司主事员外郎郎中，予告起家南京兵部职方司郎中，云梦邹观光撰。

谢　陛　季汉书自序

夫子于《易》、《诗》、《书》、《礼》、《乐》均任其述，而独作《春秋》，故曰"吾志在《春秋》"也。顾当其时，周室衰矣；异姓诸侯，置弗论矣。诸姬之国，吴强而盟会不通，晋强而政权不一，亦姑舍是。鲁虽弱姬，实秉周礼，且有旧史可以取裁，矧是周公之胤，而同姓诸侯之大宗也。故又曰"吾舍鲁奚适矣？"于是以天王尊周，以宗国主鲁，以列国宾诸侯，而《春秋》成焉。弟子左氏乃为之传，爰肇编年之体。其后荀悦、袁宏、张璠、邓粲各以一代之史遵之。迄涑水氏、考亭氏方合历代之史而成《通鉴》、

《纲目》矣。司马迁崛起立家，特创列传之体，而班、范以下诸史又递遵之，陈寿亦其俦也。夫三代而下，汉得天下为正。卜世历年，强半于周。虽至三国鼎分，而孝献虚位，犹号天王；昭烈偏安，犹称帝胄。若在周季，一则为周之赧，一则为鲁之隐。彼魏、吴虽强，毋论非鲁，尚非晋、吴，不过秦之惠文、越之勾践而已。借令夫子而作汉《春秋》，断然以正统予昭烈矣，况忍夺孝献三十年之帝历，而亟以予曹操乎？异哉！陈寿既嗛诸葛责辱之仇，复阿司马继统之旨，遂夷孝献以帝曹操。历纪五世，贬汉为蜀，从而寇之。涑水祗缘先世典午之后，因循不改。幸犹格帝操而始帝丕，更反蜀而仍为汉，此亦其公道之有在也。

先是范晔作《后汉书》，不听陈寿所攘，奉帝历以归孝献，其中书法大略与班史前汉之季相似，庶不倍《春秋》之义。善乎习凿齿之作《汉晋春秋》也，若曰曹氏，汉贼耳；二帝，汉宗也。堂堂有晋公为汉室刘曹，而于一年无统之中直接其统，安得云魏、晋相承，而曰《魏晋春秋》乎？此于《春秋》之义深为得之。惜矣！涑水贤者，而所见仅同范氏，不及习氏也。张栻作《经世纪年》，直以昭烈上接孝献为汉，而列魏、吴于下方。考亭《纲目》因之，帝昭烈而寇魏、吴，是皆阴刷《国志》之陋，显厘《通鉴》之讹。即二子生平服膺君实，而于此确有所不惜焉。编年一史，则二书固已大正名分，括张、邓诸子而接左氏矣。然而《三国志》竟与诸列传之史列在学官，刘知几持论徒托于《史通》，范祖禹、陈亮欲改而未暇。萧常作《续后汉书》，杨焕然驳正《汉书》，谢翱作《季汉表》，而俱未成。

逮至昭代作者如林，云蒸霞蔚，诸集并出，诸体并工，无不家拥连城，入怀履水，而独于史学，大是寥寥。近世如武进唐顺之、南昌魏靖国、建昌邓元锡、钱唐邵经邦，亦皆仿郑樵而合列传之史，以成一书，欲以配涑水、考亭二史。其于三国之时，稍稍裁易，尚未犁然。顾皆未尝独改《国志》为《汉书》也。遂俾塾童里老，漫借俗史，快为口实；而靡闻学士大夫，稍窥正史，甫及此书而即屏。又有骚人咏客，没溺三祖陈王、邺中诸子之才华，亟尸祝之而罔辨。故虽以《陈志》之简质，可以济美扶风，而卒不能使人人阅之者，徒曰列在学官，而实常束之高阁耳。是岂特季汉君臣之不幸！遭其贬黜，久之始明，而实亦陈寿之自不幸，为此悖史，以永遭后世之弃捐矣乎！

余发覆颥，即耽翻史，一阅及此，不胜拊膺。犹然爱其文章而且亮其遭际，故隐忍终篇，而更不嫌屡展卷也。窃不自量，乃即其书而宰割之；综其实事，削其诬辞，易其名称，弥其脱落。断自孝献皇帝起，直继以昭烈皇帝、后皇帝，尊汉三朝为帝纪。以汉室诸臣为内传。等魏、吴二国为世家，以魏、吴诸臣为外传。别袁、吕诸雄为载记，以田、陈诸人为杂传。仍订定裴松之注，参傅其中，题之曰《季汉书》。盖十余年于兹，易草者数矣。

嗟夫！此岂余小子一人之私心？又岂今天下一时之公论？固常探陈寿之隐衷，于其微言别例，亦有自不容泯者。当时公论，自典午以还，其所左祖于昭烈、忠武、关、张者，岂不人人然乎？但未有为改正之书，混使昭烈称僭主，炎汉呼伪朝，忠武被寇名，关、张诸臣蒙贼号，历千载以至今日，尚未昭雪。而陈寿失图典笔，身后孰与赎愆？两者均如数有所待，则余小子，其何辞焉，敢谓尊汉予蜀，绍明尊周主鲁之法，而其志则不敢自倍于夫子矣。客有嘲余奉心张、朱，摘指司马，余亦所不必避。而窃欲于列传之史，接踵范氏，《春秋》之义，比肩习氏，奚不可哉？陈寿有知，固当心服地下矣。书成，引其大端，而节目数十则，具于续简。万历壬寅年（1602）长至日。

按，谢氏自序称"萧常作《续后汉书》，杨焕然驳正《汉书》，谢翱作《季汉表》，而俱未成"，杨焕然即杨奂字，奂著《正统书》六十卷，立八例，书虽失传，而其《正统八例总序》，载于《元文类》卷三十二，人所共见。元遗山为其撰神道碑，亦隐括八例之大旨(《遗山文集》卷二十三）。萧常书，谢氏知之而未之见，若谢翱《季汉表》则不见于著录。

清 魏裔介 三国论

或问于余曰："三国之刘、孙、曹孰可以取天下者?"余曰：取天下以德与才。若三子者，皆非其人也。昔高祖、光武起于匹夫，奋三尺之剑，诛秦戮项，枭寻灭莽，云合响应。其机捷于桴鼓。然皆以仁义为心，不杀为尚。又当吕政、王莽残暴之余，而能驱策英雄，动中肯綮。是以算无遗策，功流奕世。

今三国之时，天下则汉献之天下也。刘、孙、曹三人者，为汉室之臣子。则宜竭忠尽力，死生以之，扫清贼孽，复于旧都，显膺封爵，永誓河山，乃臣子之大分也。夫何操之奉迎，挟天子以令诸侯，为问鼎请隧之谋。即东西征伐，芟除大难，皆假王室之名号，以遂其私而快其愤，非有兴复汉室之心也。假若操居心笃棐，无戕杀孔融、董承之事，无贼弑皇后、贵妃之恶，鞠躬尽瘁，夙夜匪懈。其子丕化之，世济忠贞，乌知天命不佑之乎? 乃如鬼如蜮，曰："天命在我，吾其为周文王。"操为此言，其亦蒙面丧心，不知愧耻。不特不可欺天下后世之人，即其附和之党亦闻之而窃笑也。

孙权席父兄之势，虎踞江左，未为戎首，故非曹氏之比。然以地方数千里，带甲数十万，未尝显暴曹氏之恶。如孔璋之檄，声罪致讨。但闻信使往来，一则上书请正大号，再则上书称臣请封。彼其意若曰：蜀急则依魏，魏急则依蜀。权变随时，合于纵横，聊以固吾圉尔。不知为牛后而不为鸡口。奉表纳贡，屈辱已甚；宴安鸩毒，兵甲朽钝，不敢北向一矢相加遗。吾恐诸葛武侯之巾帼，不特宜遗司马仲达，而先应遗之孙权也。况白衣摇橹，蒙、逊诈谲于和好之时，为掩袭之计。明明以威震华夏，南北通谋，忌汉事之将成，为贼羽翼，罪可胜诛哉？州吁弑君，宋、鲁诸国伐郑，公子翚固欲出兵，《春秋》深恶之，以诛夫与乱贼为党者也。孙权之恶，何以异是？

吾独怪昭烈当刘表之没，不取荆州，而尚匹夫之让。关忠义孤军深入，未有继起之师。夷陵连营，举国知其不可，而刚愎自用。同姓为婚，不顾辰嬴之丑，而大伦有乖。生平周旋于郑康成之间，讲学者固如是乎？

故曰：三子皆非取天下之人也。虽然，曹与孙，其才与德既无足取。昭烈仗义讨贼，屡经挫衄，志气不衰，卒以郁郁而死，才虽不足，其义则正矣。是以君子取之，以续汉统。(《兼济堂文集》卷十四)

孙宝仁 季汉纪序

季汉者何？蜀汉也。何为不曰蜀汉，而曰季汉？尊正统也。其尊正统也奈何？子尝读杨铁崖先生《正统辩》，而知正统之有攸归也。其言曰：天之历数，自有归统，于正闰不可紊。统之所在，不以国祚之促，疆域之偏，而夺其统之正也。何也？《春秋》之义也。彼志三国者，降昭烈于孙、曹，是岂《春秋》之义乎？迨朱子之《纲目》出，而后古今之义正统者定。独是司马温公，大贤也，良史也，而作《通鉴》，大书特书"诸葛入寇"，不知"入寇"寇谁家？宜乎杨焕然欲起其人而问之也。他如刘道济、郝伯常辈皆有不平之鸣以驳正之。及见《纲目》，则皆厌然而止。又霍治《书读萧常〈续后汉书〉》，而有"郝伯常不及见此"之叹。是则人心之同然，即天命之昭然，可紊乎？不可紊乎？可以割据之广，兵力之强，与夫僭窃之诡秘而正统之乎？又庚文龙之议孔明也，有曰："管仲、乐毅之事，君子所羞道，而亮以自许。宜其志之所图，功之所就，止此而已。"愚谓不然。蜀之生聚教诲也，盖数十年矣，可以致力于中原矣。而一旦烬于昭烈之东行，元气一亏，国运随之。孔明乃欲驱锋镝之遗黎，以□中原，似亦不可得之数矣。而且为屯垦，而且为阵垒，天苟假之年，则帝蜀者帝天下何难哉！管、乐自许，盖不敢居伊、吕耳。昭烈、孔明殆未可深訾也。

自宋迄今，垂七百余年，而吾乡企山赵先生，以缝掖而读辟雍书，志存名教。其于正闰之际，尤三致意焉。于是因《纲目》而有《季汉纪》之作。博览群书，折衷众志，不啻搜岩剔穴，咨诹咨询，寝食以之，六阅寒暑，而三易稿焉。先生之志，可谓勤矣！其曰即位、曰改元，南征北讨，一遵《纲目》。其曰纪，则荀、袁两纪之义也。吾知此纪一出，而千古之正闰以明，《春秋》之大义以昭，其有功于名教也大矣！至于政教之污隆因革，人物之忠佞贤奸，以及天道之常变向背，世风之升降醇醨，一如烛照数计，有伦有脊，直日星垂而亘古新者，固无俟予之扬扢而表暴之也。仁也厕校雠之末，故括其大略而序之如此。时雍正二年甲辰（1724）六月。（本书卷首）

赵作羹　季汉纪缘起

有汉两京创垂治乱，班氏、范氏斟酌掌故，先后成书，传信千古。季汉昭烈崛起成都，缵承坠绪，享国二世四十余年，汉自在也。陈氏作《志》，侪汉于吴，夷为列国。尊魏为正统，曹操父子祖孙诸传，皆书曰纪，以高其禅让之名，而没其篡逆之迹。虽属辞比事，具体前史；阿私丑正，蔑人纪如弁髦也。

汉有天下，至于文、景，蠲租赐复，深仁厚泽，流布区夏。而河山带砺，支属亦复繁昌。哀、平之后，光武一起，即为天下所归心。厥后东洛运移，献帝入许，权凶专国，疆宇分裂，四海之系属，端在昭烈矣。汉统攸长，再绝再续，非偶然也。故井络之开基也，袁氏于所作《汉纪》之末，直指历数之攸归。炎兴之纪年也，习氏即因之作《汉晋春秋》，以明天道之不可假易也乎！

曹氏之篡逆也，成于破袁绍；孙氏之僭窃也，成于走刘繇。《魏志》绍传，《吴志》繇传，皆次于后，独《蜀志》以二牧冠其首，将以昭烈绍统于蜀，为继二牧耶？夫二牧虽亦汉之宗室，焉怀异志，与董扶协谋入蜀于建安之前，璋两遣使者结诚逆操于建安之末，不有昭烈，且无以保汉氏一片土于梁、益之间，为驻足讨贼之资，何以留坠绪于呼吸存亡之际乎？北魏崔浩曰："《班史》以来，无及寿者。"然其笔肆而曲矣！

寿之尊魏，固已一代之兴，典章必备。《蜀志》于昭烈朝即位，昭告文外，其立穆后太子，封鲁王、梁王，及诸葛、许、张、马进爵等册，孝怀朝其立张后太子及追谥赵云等册，皆具焉。至于志魏，操余子二十三人，丕子睿之外九人，或封王或封公；丕、睿两世立后四人，册皆不载。岂详于汉，而略于魏耶？盖魏篡据中土，草窃立国，兵威胁众，日不暇给。虽丕、睿雅擅雕虫，而庙堂雍容之制，非所急也。寿但取其禅受等册载之，以为魏得统之地；然季汉正大之规模，魏终不能侔矣。

《五行志》陈氏无专编，略取而散见于偏中。窥其意似易以夹用曲笔，取信后世。然而《晋书》、《宋书》备著之矣。唐刘知幾曰："《陈志》称蜀无史职，故灾祥靡闻。按黄气见秭归，群乌坠江水，成都言有景星出，益州言无宰相气。若史官不置，此事从何而书？盖由父受髡，故加兹谤议者也。"毛修之曰："寿为孔明书佐，得挞百下。"郑所南《心史》曰："西汉绝十八年，景帝之子长沙定王发五世孙光武兴汉。其派实不出于武、昭、宣、元、成、哀、平诸帝之下；东汉绝一年，亦景帝子中山靖王胜之孙昭烈兴汉，其派亦不出于东汉诸帝之下，则光武、昭烈皆崛起而承大业者也。"文文山云："光武起南阳，昭烈帝起成都，皆出于推戴。"

纪之作也，始于东汉荀氏，用左氏编年例，取班氏《汉书》，错综上之，凡三十卷。东晋袁氏因之，以张璠《汉书》为经，取谢承、司马彪、华峤、谢沈等书，及灵、献起居注、名臣奏、耆旧先贤传为纬，亦三十卷。北魏张始均改陈寿《魏志》为编年体，广益异闻，而季汉阙如。后北宋时，涑水辑历代史成书，名曰《通鉴》，亦编年体。其于季汉，以吴王恪比之，仍尊曹氏为正统。偶阅王棠《知新录》，称宋太祖朝尊崇功臣烈士，有司请以昭烈入历代功臣之内。迨南渡后，紫阳《纲目》书出，义例较涑水为精严，庶几乎《春秋》褒贬之微意矣！

陈《志》书昭烈曰"先主"，至紫阳革其旧号，大书曰"昭烈皇帝"。金人王去非作《楼桑村庙碑文》，仍书曰"先主"，此渔洋王公所谓："自昔文人熟口顺耳，失于刊正。率称操曰魏武、曰曹公，昭烈曰先主、曰刘备之积习也。"元郝氏尝读其碑，引《春秋左氏传》以驳之曰："凡称先主者，大夫称其先大夫之辞。先则称主，殁则称先主，非帝王之号也。"齐侯唁昭公，称主君子家。子曰："齐卑君矣。"伯常之先，唐刘知幾作《史通》，其《称谓》篇曰："古者二国争盟，晋、楚并称侯伯。七雄力战，齐、秦俱曰帝王。其间虽胜负有殊，大小不类，未闻势穷者即为匹庶，力屈者乃成寇贼也。当东汉云亡，天下鼎峙，论王道则曹逆而刘顺，语国祚则魏促而吴长。逮作者之书事也，乃没蜀、吴号谥，呼权、备姓名。方于魏邦，悬殊顿尔，惩恶劝善，其义安归？"若夫后帝得谥为"怀"，见于《晋书》及《十六国春秋》，亦犹献帝加谥于国亡之后也。《纲目》仍书曰"后主"，《考异》曰："缘当时录者因史旧文，偶未及改耳。"及考分注，于汉王刘渊起离石事，中未尝没其号谥，紫阳一予一夺，岂古今歧论所能束哉？或云：汉王刘渊，僭伪之君，谥不足据。然所谓僭伪者，起据一隅而称尊号者。渊之乱晋，而建都于左国城，与曹之篡汉而据中原五十四郡，均非大一统也。岂曹谥足据，刘谥独不足据乎？

陈圣观曰:"或问《纲目》主意于朱子。朱子曰:'主在正统。'又曰:'只是天下为一,诸侯朝觐、狱讼皆归,便是正统。'正统所在,有绝有续,皆是因其所建之真伪,所有之偏全,斟酌焉以为予夺。自周之亡,秦与列国分注而为首,是正统之一绝也。始秦昭王五十二年(前255),至始皇二十六年(前221)初并天下,此正统之一续也。二世已亡,义帝虽为众所推,不得正统,此正统之再绝也。义帝亡而西楚为首,至高帝之五年始得正统,此正统之再续也。王莽始建国之年,此正统之三绝也。更始之主,虽汉子孙,而为诸将所立,不得正统。光武即位,乃得正统,此正统之三续也。汉献之废,昭烈承之,虽在一隅,正统赖以不绝。后帝亡而吴、魏分注,此正统之四绝也。晋武平吴,亦得正统,此正统之四续也。愍帝亡而元帝中兴,虽在江南,而正统未绝。至恭帝禅宋,而与魏分注,此正统之五绝也。自是历齐、梁、陈、魏、齐、周,南北分注。隋文平陈而后得正统,此正统之五续也。隋恭帝侑废而越王侗与唐高祖分注,此正统之六绝也。高祖武德五年,乃得正统,此正统之六续也。彼愦愦不知,有如曹丕,凭借世恶,幸及其身,曰:'尧、舜之事,吾知之矣!'然世自有公论也。"

胡致堂曰:"司马氏自以为正闰之际,非所敢知。然蜀、魏分据,则书'诸葛亮入寇',是以魏为正矣。孟子曰:'今天下地丑德齐,莫能相尚。'昭烈、武侯纵不为兴复汉室,其人品高贤,固自冠冕三国。乃以曹氏压之,若河东虽出沙陀,然忠功义烈,盖唐末第一流,而又显然斥为梁寇,地虽数倍,德则不伦,是以成败论事,而□要义理之实,岂所以训哉?"

杨文宪《正统八例》,一曰与。与者何? 存之之谓也。昭烈,帝室之胄,卒续汉祀,必当与者也。昭烈进,魏其存乎? 曰莽、操之恶均,却莽而纳操者,由于党魏媚晋之陈寿也。且魏、晋之后,讫于陈、梁,狃于篡弑,若有成约。今日为公为相国,明日进爵而王矣;今日求九锡,明日加天子冕旒称警跸矣;今日僭即皇帝位,降其君为王为公,明日害之,而临于朝堂矣。史则书曰"受禅",先儒则目为"正统",训也哉！又曰归。归者何？以唐、虞有朱、均，而讴歌狱讼归舜、禹，桀、纣在上，而天下臣民之心归汤、文也。曰：建安十三年，系之刘备，何也？以当阳之役也，夫我不绝于民，民岂绝我乎？《诗》之《皇矣》"求民之莫……乃眷西顾"，斯其旨也。观文宪与、归二例，昭烈起续汉统，夫复奚疑？

杨廉夫《正统辩》曰："正统之义，立于圣人之经。圣人之经，《春秋》是也。《春秋》，万代之史宗也。首书王正于鲁史之元年者，大一统也。五霸之权，非不强于王也，而《春秋》必黜之，不使奸此统也。吴、楚之号，非不窃于王也，而《春秋》必外之，不使僭此统也。然则统之所在，不得以割据之地，强梁之力，僭伪之名而论之也尚矣。先正论统于汉之后者，不以刘蜀之祚促，与其地之偏而夺其统之正者，《春秋》之义也。彼志三国者，降昭烈以侪吴、魏，使汉嗣之正，下与汉贼并称，此《春秋》之罪人矣。"

《论语》孔子曰："三分天下有其二。"《后汉·光武纪》窦融喻李业曰："今天下三分，孰非孰是？"凡古之言三分者，论其势也，非曰国也。孔明《出师表》云"天下三分"，亦同此意。彼孙、曹割据，第为司马氏立基地耳。陈寿乃假三分之说，而成《三国志》，悖古乱常，小人之尤。以《春秋》诛心之法绳之，恐不免于圣人之刑书也。

饶慎生曰："魏与吴同为汉臣，魏篡献而称帝，志何以为禅？司马《鉴》何以言传？老瞒窥神器久矣，至丕而其志始成，宜直书之曰篡。司马氏之事魏，一如操、丕之事汉，朝废暮弑，天道还之，宜尔。吴即位最后，亡亦最后。以其偏霸一方，遂书僭，虽复袭蜀欺汉，罪难轻宥。而方魏丕父子直夺之汉献手者，异矣！寿史不宜传，乃后人之动称三分鼎峙。夫鼎峙出自隆中语昭烈，语其势也，非语其统也。如以势为统，则东周与战国凡八王，可谓之八分鼎峙乎？曹操用兵如神，孙权□有江东，亦一世之雄也，其事不可泯而不传。"

王过客曰："司马昭之弑魏主髦也，在景耀三年（260），为庚辰岁。

而汉帝禅之迁洛阳也，在魏咸熙元年甲申（264）三月。魏之亡于晋，已先于汉之年五岁矣，是汉腊尚长于魏有五年。而司马光必欲以正统予魏，岂遂置魏主髦于汉帝禅之上乎？史论失直矣！按《夏纪》自王相失位至少康复位，已六十七年。中间羿与寒浞杀主自立，已无夏祚。更无有称汉伐魏如亮比者。夏史不以属羿、浞，而追少康始生之年为元岁，迄四十岁少康复位，即称天子。史何忠于夏而忍于孝怀帝乎？盖当涂高之谶，浃人心髓。非朱子千秋之鉴，其不沦季汉于北汉也几希？"

周平原序《续后汉书略》曰："本朝欧阳修论正统而不黜魏，其客章望之作《明统论》以非之。近世张南轩《经世纪年》，直以昭烈上继献帝，而附吴、魏于下方，皆是物也。今庐陵贡士萧常潜心史学，谓古以班固史为《汉书》，范晔史为《后汉书》，乃起昭烈章武辛丑（221），尽少帝炎兴癸未（263），为《续后汉书》。既正其名，复择注文之善者书之，共四十四卷。"惜乎仅见此序于《文献通考》，而书则付之悬想矣。

郝伯常撰《续后汉书》，窃取习氏《汉晋春秋》之义，年表一卷，本纪二卷，列传七十九卷，附录八卷，共九十卷。自云："奋昭烈之幽光，揭孔明之盛心，祛操、丕之鬼蜮，破懿、昭之城府。明道术，辟异端，辨奸邪，表风节，甄节烈，核正伪。推本六经之初，补苴二史之后。"而书不传。同时有张枢，亦著书七十三卷，以吴、魏为载记。见《元史》。

萧、郝诸书，世少传本。虽先贤巨儒之论，散见于史册，而异同互见，朱紫错陈。近世谢少连亦推本《汉晋春秋》、紫阳《纲目》之意，作《季汉书》。体准班、范而例参用《晋书》，以三方之事迹，立万世之人极。予购而读之，不揣鄙卑，效荀、袁《汉纪》之例，抄撮成篇，凡二十卷，名曰《季汉纪》。先哲云："源流浩漫，非孤学所尽；足蹇途遥，岂短筑能运？"袁彦伯《后汉纪》成，序云："未史区区注疏而已。"予编亦谢书之注疏乎？

李延寿《南北史》凡列国年号，以始称者附于正统本纪，其二年三年不书，兹编准之。又准《纲目》"帝在房州"之例，于章武纪年之正朔书

"帝行在"，以端皇极，以别正统也。

是编于前人成说之外，间以己说附之。固陋之诮，时束于耳。稿将脱，偶读《禹贡锥指》，其略例引卫烁齐湜《礼记集说》自序一段，先得吾心。其言曰："人之著书，惟恐其言不出于己；吾之著书，惟恐其言不出于人。"此语可为天下法。庄子有重言，非必果出其人，亦假之以增重，况真出其人乎？近世纂述，或将前人所言，改头换面，私为己有，掠美贪功，伤廉害义。予深耻之。故每立一义，必系以书名，标其姓字，而以己说附于后，死者可作，吾无愧焉。亦录之以自鉴。（本书卷首）

按，赵氏《撰季汉纪缘起》，向仅有雍正间抄本（现经文海出版社印行）。赵氏未见萧、郝之《续后汉书》，但就谢氏《季汉书》加以改撰耳。文中引毛修之语，寿为诸葛门下书佐事，见《魏书》卷四十三修之与崔浩论《三国志》一段。又"黄气见于秭归"至"加兹谤议"语见《史通·曲笔篇》。其言开基井络者，左思《蜀都赋》"远则岷山之精，上为井络"；《蜀志·秦宓传》裴注引《河图括地象》："岷山之地，上为东井络。"

又云：金人王去非作《楼桑村庙碑文》，去非字广道，平阴人，大定二十四年（1184）卒。见《金史》卷一百二十七《隐逸传》。末引撰《礼记集说》之卫湜，字正叔，知袁州，学者称栎斋先生，卢熊《苏州府志》有传。

黄中坚　拟更季汉书昭烈皇帝本纪（识语）

陈氏为《三国志》，以魏为帝而斥汉为蜀，盖晋承魏，而彼身为晋臣，不得不然耳。后之君子，宜有定论矣。故习彦威开其端于前，而朱夫子正其统于后。千载而下，咸以为允。然终以《陈志》备史书之一，读者憾焉。歙谢季、连氏始为《季汉书》，然但正其名号，而其余大抵仍袭遗文，无所折衷。闲尝论其大略，而才疏年迈，未敢从事于铅椠。然每读史至此，辄慨然一思厘订之者屡矣。丁酉夏日，乃不揣固陋，特取《昭烈本纪》而少加增删，虽不过抄誊一过，然而参订群书，讨论义例，亦微有苦心焉。庶几为将来作者之前驱云尔。

按史臣叙昭烈世系，首言景帝子中山靖王胜。胜子涿县陆城亭侯贞，溯其始也。继言祖雄、父宏，皆仕州郡，志其近也。可谓源流具见矣。特其历年久远，世次烦多，史书不便悉载，故节略言之耳。《典略》曰："备本临邑侯枝属也。"虽与本志稍异，要亦以为宗枝。故孔明称将军，既帝室之胄，其后对吴主亦言之。张松谓刘璋曰："刘豫州，使君之宗室。"而习凿齿著《汉晋春秋》，深明当以昭烈承正统。是昭烈之为宗室著于当时，传于后代。如此岂犹夫李昪之童幼流落，莫知其所自出者哉？温公顾以司马氏之故，急于帝魏，遂等昭烈于李昪而斥之，且曰："不可无岁时月日，以识事之先后，故不得不取其年号以纪事，非尊此而抑彼。"是其心仍有所不安，而迁就其说，以见无甚关于轻重，皆所谓遁词也。温公平日教人以诚为主，而于此顾欲以私见欺后世，吾见其诚之未至也。

凡国家大事，天下大势，宜于本纪提明，以见其事之所由起。陈《志》以魏为正，故叙于《魏纪》，今特正之。昭烈之于操，犹高帝之于项羽，光武之于王莽也。虽成败不同，而其争衡之势、帝贼之辨则同。故操之僭窃始末，不得不详书于册。而孙氏他日亦相与角立，故亦并见焉。然皆附于事后，而未尝直书者，何也？别《献纪》也。或谓《秦本纪》以一国之史，而遍及天下之事，虽直书，庸何伤？不知秦虽仅一侯国，而实自用其年号。今以献帝之年号，纪献帝之时事，则于昭烈何与焉？故纪者，所以纪昭烈也。其附见者，所以见当日之情形，而亦以帝制予昭烈也。要之于《献纪》，不相猎也。

孔明初见昭烈，即言："益州天府之国，而其主不能守，殆天所以资将军也。"是昭烈之欲取蜀久矣。法正来迎，无庸反疑而不决。《纲目》载昭烈之言曰："今日与我为水火者，曹操也。操以急，吾以宽；操以暴，吾以仁；操以谲，吾以忠。每事与操反，事乃可成耳。今以小利，而失信义于天下？奈何？"按此或昭烈平日有是心，而今自觉有惭德，故聊为此言。要之非其实矣，故不录。按《志》备载张松说璋语，以松无传故也。昭烈之得蜀，松为元功，岂可不为立传？故删之，以有待云。

施觉庵曰：盲左、腐迁，不免范宁、刘知几指摘。故史家论识，习衡阳而外，寥寥今古，未见其比。陈承祚《吴志·孙权传》，书名书薨；《蜀志·先主传》，书先主书殂。然则寿意本自有别。至其帝魏之失，不足掩其笔力简古。鄙尝谓蔚宗《汉史》，脂粉涂抹，献笑倚门。陈寿《国志》，雅索佳士，谈言微中。迁、固良史，后世不可复得；得见君子，庶几陈寿。蓄斋先生学唐、宋为文，而追笔汉、魏，其论乃复宏敞丰丽，入庐陵、南丰之室。（《昭代丛书》辛集卷六）

按，清人黄中坚拟改写谢少连《书》，既易其名曰《季汉书》，复简化为《昭烈纪》，其书载于杨复吉补辑道光十三年（1843）刊行之《昭代丛书》本集别编，援引施觉庵语，涉及习衡阳。彦威家襄阳，与衡阳无关。《晋书》本传云"出凿齿为荥阳太守"，《世说》袁本作"出为衡阳郡"，此称其为习衡阳，殆采《世说》。

南宋学人多主蜀以宗室为正，魏虽受汉禅晋，仍为篡逆，故是习凿齿而非陈寿。清人则颇反是说。朱彝尊云："《纲目》纪年，以章武接建安……然百世之下可尔；其在当时，蜀入于魏，魏禅于晋；寿既仕晋，安能显尊蜀以干大戮乎！"（《陈寿论》）钱大昕云："后之论史者，辄右习而左陈，毋乃好为议论而未审乎时势之难易……考亭生于南宋，事势与蜀汉相同，以蜀为正统，固其宜矣。"(《三国志辨疑序》)《四库提要》云："其书以魏为正统，至习凿齿作《汉晋春秋》始立异议。自朱子以来，无不是凿齿而非寿。然以理而论，寿之谬万万无辞；以势而论，则凿齿帝汉顺而易，寿欲帝汉逆而难。盖凿齿时晋已南渡，其事有类乎蜀，为偏安者争正统，此孚于当代之论者也。寿则身为晋武之臣，而晋武承魏之统，伪魏是伪晋矣。其能行于当代哉？此犹宋太祖篡立近于魏，而北汉、南唐迹近于蜀，故北宋诸儒皆有所避而不伪魏。高宗以后，偏安江左，近于蜀，而中原魏地全入于金，故南宋诸儒乃纷纷起而帝蜀。此皆当论其世，未可以一格绳也。"及章学诚著《文德篇》，复沿袭前说，平停于其间，其言曰："昔者陈寿《三国志》，纪魏而传吴、蜀，习凿齿为《汉晋春秋》，正其统矣；司马《通鉴》仍陈氏之说，朱子《纲目》又起而正之。'是非之心，人皆有之'，不应陈氏误于先，而司马再误于后，而习氏与朱子之识力偏居于优也。而古今之讥《国志》与《通鉴》者，殆于肆口而骂詈，则不知起古人于九原，肯吾心服否邪！陈氏生于西晋，司马生于北宋，苟黜曹魏之禅让，将置君父于何地？而习与朱子，则固江东南渡之人也，惟恐中原之争天统也(此说前人已言)；诸贤易地则皆然，未必识逊今之学究也。是则不知古人之世，不可妄论古人之文辞也；知其世矣，不知古人之身处，亦不可以遽论其文也。"(《文史通义》)按章说未必是。《蜀志·费诗传》云："群臣议欲推汉中王称尊号，诗上疏以为大敌未克，而先自立，恐人心疑惑。"裴注引习凿齿评此事略云："夫创本之君，须大定而后正己；纂统之主，侯速建以系众心。……今先主纠合义兵，将以讨贼。……于此时也，不知速尊有德以奉大统，使民欣反正，世睹旧物，杖顺者齐心，附逆者同惧，可谓暗惑矣。"裴松之以为凿齿论议，惟此论最善。习氏、裴氏皆从正统观点以看问题，故曰先正己，曰使民反正，曰篡统，曰尊有德以奉大统；其非出于处境可知。至于朱子之论，如细读其《与何叔京书》，其折衷于义之正，丝毫不苟，虽张南轩犹有所不逮，更不待论矣。

俞　樾　蜀汉非正统说

以正统予蜀者，朱子之失也。自陈寿《三国志》之后，皆以魏为正统，习凿齿生东晋之时，创为帝蜀之说。而温公《通鉴》仍以魏为正统，固知其说之不足据矣。至朱子作《纲目》，乃始黜魏而帝蜀。

呜呼！正统者，天下之公，非可以私意予敓其间。当是时，中原之地，已尽入于魏，安见夫天下之统，不在中原之魏，而反在区区一州之蜀钦？先主于汉，无论其昭穆无考，不得以光武比，即使其果为汉裔，而汉自桓、灵失道，自绝于天。天命不常，岂一姓所得而私哉？先主崎岖毕世，不能争尺寸于中原，孔明继之，亦无所济。天之弃汉，已可知矣。而作史者，乃欲于千百年后，追而予之，不亦诬乎！且夫汉有天下四百余年，当时臣子，或不忍其遽亡，而冀幸其少延于蜀。此固仁人谊士之用心，而亦君子之所许也。是故晋既亡矣，而韩延之之徒不忘晋；唐既亡矣，而孙郃、韩偓之徒不忘唐。君子未始不哀其遇而悲其志，然而此一二人之私也。由百世之后，等百世之王，奈何徇一二人之私，而废天下之公乎？天下重器，王者大统，天实主之，亦岂儒者所能敓彼以与此乎？故曰：以正统予蜀者，朱子之失也。

或曰："《春秋》僖公十七年（前643），齐人歼于遂。穀梁子曰：无遂则何以言遂？其犹存遂也。昭公九年（前533），陈火。公羊子曰：存陈也。然则圣人之重绝人国固如此。今子之说，无乃非《春秋》之义乎？"
曰："陈灭于楚，不久而复，此可以例西汉之中绝，而不可以例东汉之亡。
是故王莽与朱温，均之篡也。汉能复兴，则王莽不得成其为新；唐不复
兴，则朱温得成其为梁。使昭烈而能为光武，以之黜魏，可也。若夫据
一州之地，而欲窃天下之统，君子不许也。且《春秋》之存遂，非存遂也。
当是时，遂既亡矣，而遂之遗民不忍其亡，奸齐之戍者，以报故主之怨，
虽不足以复国，亦仁者所哀矜焉。是故《春秋》书之，以劝后世之为人臣
子者。《纲目》于宋元嘉四年（427）书：'晋处士陶潜卒。'吾以为得《春
秋》存遂之意，而岂所以论天下之统乎？故曰：以正统予蜀者，朱子之失
也。"（《宾萌集》卷二）

胡玉缙　三国志集解序附言

按《武纪》称操曰太祖。建安元年（196）封武平侯，后称公，进爵为
魏王，后称王。而称公下无一语斡旋或缴明，殊嫌倒置，是文例之最不
可通者。陈寿何至出此！或谓不如概称太祖，陈氏又岂不知？而竟遗
此巨谬，断无是理，盖经后人窜改也。

志本传体，无纪之一目，犹《汉志·高祖传》、《孝文传》之比。而称
为书，以魏、蜀、吴鼎峙，皆各未能浑一，遂三国之，无所谓帝某伪某也。
又系私史，意在数十百年后传之其人，以明尊蜀微尚。（详后）不谓卒后
即由尚书郎范頵上表，遂入于官。

今本非頵即刘宋人改窜，而以后说为近。何以言之？頵任尚书郎，
当惠帝元康末。未几，八王、五胡俶扰，殆无暇改易。惟魏、晋虽假禅让
为攘夺，皆未加害故君。刘裕篡位，废恭帝为零陵王，旋即以被掩杀之。
媚者以宋承晋统，晋承魏统，为操讳饰，实为裕地步。贸然改易，致与原

书大相违异,而前后遂致不伦。凡太祖字及刘备阴与董承等谋反,吉本、耿纪、韦晃等反。(据范书《献帝纪》,是起兵诛操。凡若此类,观赵翼《廿二史札记》论陈范二书书法不同条可见。盖后汉在三国前。范成书在陈后百余年,虽未必全袭陈书,而大意当亦不远。陈书经宋改,范不尔者,则以魏尚与宋接近,后汉已隔两朝,人不经意,殆天之假手于范,以正操罪,并以正后之凡为操者也。赵氏读今本《魏纪》而不悟其文例之不可通,一则曰创为回护之法,再则曰不得不多所回护。而陈氏冤矣。)《董卓传》语在《武纪》之类是也。其首行当如《孙坚传》例,书曹操字孟德,沛国谯人也,盖相国参之后。下称曹丕、曹睿,不冠某帝字。惟刘备、刘禅称先主、后主为异。(详后)其曹丕受禅后称帝,帝字皆丕字所改,如孙权称帝后仍书名之例。权固自称,丕虽由汉禅,实恶其迫胁篡夺,所谓"朕守空名以窃古义,愿视前事,犹有惭德"者也。

蜀、吴二《志》称操为曹公,凡百数十见。《孙权传》云:"建安二十五年(220)春正月,曹公薨。太子丕代为丞相、魏王。改年为延康。""冬,魏嗣王称尊号,改元为黄初。""二年四月,刘备称帝于蜀。"此数语为特笔,为原本。试思操已封魏王,何以但称曹公? 王之一字,一若靳之于操,宁公之丕也者,盖恶其称王后冠服制度已同于天子也。然则不书"武皇帝"可知,不书"太祖"亦可知。大致武平侯以前"太祖"字原是"操"字,方与下文称"公"称"王"融洽。余"太祖"字是"公"字,方与蜀、吴二《志》称"曹公"灌注。"语在《武纪》","《武纪》"是"《操传》"二字,为此书本传体也。丕本受禅,何以不称"受禅践帝位",但云"称尊号",一若出于自称也者?《先主传》建安二十五年下,亦有"魏称尊号"语,为迫胁不容美以禅代也。然则不书"文帝"可知,余"帝"字作"丕"亦可知。

赵翼以蜀后主即位,书是岁"魏黄初四年(223)";吴孙亮即位,书是岁"魏嘉平四年(252)",欲以见正统在魏。不知此第表明蜀之建兴元年,吴之太元二年,犹曩者中国纪年下注明即西历若干年。不然,《武纪》称操起兵己吾,曰:"是岁中平六年(189)。"上文熹平、光和,下文初平、兴平,皆汉帝纪年。中平亦汉年,将何以说? 先主、后主之称,意欲帝蜀。观《先主传》评云:"盖有高祖之风。"《杨戏传》称戏著《季汉辅臣赞》,并引《赞》语云:"世主能承高祖之始兆,复皇汉之宗祀。"可以概见。而不帝之者,痛乎汉禅已为丕夺,先主自称帝,史法不能帝之也。惟不能帝之,遂三国之也,此《春秋》谨严之旨也。

总之,本系传体,无纪之一目;又系私史,非奉敕撰。明乎此例,就今窜改本读之,尚可得其厓略。

自误以寿为晋臣,晋承魏统,不得不帝魏,而其旨晦。误以寿曾任蜀,先主、后主之称,仅不忘故主,而旨愈晦。岂非读陈《志》者一大憾事欤?

若夫总目,显系妄人伪撰。四卷下注三少帝,实非所施。六卷下注列传,又为赘设。凡史传附见,其人不妨多,其目则往往略举其要,附传人又必有事可记。今廿一卷王粲下,胪列十有八人。卫觊下潘勖、王象,但云与觊并以文章显,然犹可曰有文字关系;六十二卷胡综下徐详,但载其字与里,而曰先综死,其目自可纵略。而书内本传下一如总目,断为妄人增益无疑。凡此臆见,前人似未尽道及。(宋元本、冯本分为三目,与今通行本异,亦妄人增益之一证。)倘俊哲洪秀伟彦之伦,匡而正之,则幸甚。玉缙又书。(《许庼学林》卷十一)

按,此文又收入卢弼《三国志集解》卷首。胡氏又撰《集解序》及卢氏《答胡绥之书》,均备著于该书,兹不复录。胡氏以《三国志》原为传体,乃谓今于魏称纪者,为后人所窜改,此与刘子玄目刘、孙二传,实以纪体之例作传,说正相反。又以《国志》为私史。然《国志》一书,既为荀勖、张华所深爱,必经两人寓目。《华阳国志·寿传》且谓:"寿《魏志》有失勗意。"故其立言更为慎重,笔削之间,谅徇苟、张之见不能全出己意,于魏之不能不以纪出之,倘以是欤! 倘以是欤!

谢启昆 西魏书叙录

魏孝武帝为其臣高欢逼幸关西,欢犹不敢遽即尊位,故立清河王世子善见,为抗制关中之具,阴遂其篡弑之谋耳。魏收党齐毁魏,削孝武谥,名西魏帝,尊卑序失,过莫甚焉。魏澹《后魏书》(《崇文总目》称其正魏收《魏书》、平绘《中兴书》之失。隋《经籍志》作一百卷,新、旧《唐书·志》俱作一百七卷,《北史》本传作九十二卷,盖合十二帝纪,七十八列传,史论及例目录一篇,为九十二篇,一篇为一卷也)以西魏为正,东魏为伪,名始正焉。惜其书亡佚(收书《太宗纪》阙,陈振孙谓补以澹书,《崇文总目》称澹书亡阙,今才纪一卷存。按,澹书《本纪》,《太平御览》中引),而收之秽史独存,是以西魏之典故人物,阙焉无征,用是慨然搜集旧闻,述《西魏书》,窃附彦深之志。

元魏称后魏,对曹魏言也。永熙三年(534),善见僭大号于邺,魏于是有东西之分。温公《通鉴》称善见为《东魏纪》,西魏则曰魏(朱文公《纲目》义同),盖以正统予之,不使与东魏对称也。第魏澹、张大素、裴安时、卢彦卿及邱悦、元行冲诸书皆佚(收书《天象志》阙,陈振孙谓以张大素《天文志》补之。《崇文总目》云:大素《魏书》凡百篇,惟《天文志》二卷存),魏之全史既无从补正,今所纪只四帝二十余年之事。称《后魏书》则虑与全史混,故题曰《西魏书》以著其实。

孝武迁关中即崩,然为西魏始迁之君,故《本纪》始孝武。收书《本纪》书曰"出帝",不著"孝武"之号,乖谬特甚。隋常丑奴《墓志》又称"明帝"。考魏谥明者惟明元、孝明二帝,孝武无明谥,疑书志者误也。

纪为志传纲领,义贵谨严。然大事必书者,如永熙时《大成乐》成;大统间颁《中兴永式》;废帝末作《九命》之典;恭帝初立,萧詧为附庸,复三十六国、九十九姓等事,《北史》皆失载,殊失重轻,今并补入。至废帝时,改天下州郡名,载《地域考》,纪则不书;犹唐改郡为州及分天下为十道,见《地理志》而不书于纪也。

周文承制,封拜进退,百官悉由周室矣。今将相大臣之除罢详书于纪者,所以绌僭踰之权,而明威福自天子出也。

西魏二十余年,日寻干戈。其胜负无关兴丧者,纪不书,以其事见于大事表。《北史·文帝纪》书沙苑之捷,而不书邙山之败,义无可讳,今补录之。又西魏臣叛降梁、与东魏臣来降者,皆州郡得失所系,并特书于纪。

日食、星变等异,具见于《纪象考》者纪则不书。《孝武纪》书荧惑入斗,众星北流者,此天变之大,西魏之所由始也。前史纪志并书虽一载其事,一载事应,义微有别,然其事应率多悠缪附会之说,实为无取。《宋史》不书事应,例甚可法。惜其纪志雷同,尤为无谓矣。

四夷朝贡,前史书之本纪编年之末;其有不庭之讨者,载之列传,今并详《异域表》。以西魏时事迹甚少,不足立传,纪亦不书者,省复文也。

万氏《史表》中,《西魏将相大臣年表》钩稽史传,最为有功。第以《周书·北史》中列传核之,不免尚有阙漏。且表至侍中、领军、将军止,体固应尔,其于效节关中诸臣,自未能一一毕载。故今仿《史记·功臣侯表》,为《封爵表》,差为赅备。其不为世表而为年表者,以始封之人,即多身仕异朝,固不能下合周、隋,而谱其承袭者矣。

西魏历年未久,而典制颇为明备。今参稽往籍,循流讨原(宇文之制,悉本西魏,如六官创自大统,成于恭帝,《通典》乃以六官为周制之类),勒成《四考》。一朝制作,虽不得其全文,而巨目宏纲,略可观览。

魏武,晋宣、景、文,周文,齐神武,虽殁膺帝号,而生则人臣,求之史义,魏武应入汉传,晋宣、景、文应入魏传,周文、齐神武应入后魏传。然《魏志》不载司马,《北魏书》不载高欢,及周、隋《书》不载李虎、李昞,皆为本朝讳耳。若范蔚宗作《后汉书》,知收《魏志》之荀彧诸人,而不立《曹操传》;李延寿作《北史》,尊周文、齐神武为本纪;而魏史不立宇文泰、高欢二传,斯为无识矣。独《周书》列传载隋武、元,深得史法。故今传西魏诸臣,以宇文泰为首也。至清河王世子善见,孝武臣也;梁王萧詧,魏附庸也,故并立传。魏收则加晋、宋、齐、梁以僭伪岛夷之目,此与小儿之怒骂无异,亦何取乎?

两朝兴丧之交,编纂列传,贵有限断。如陈之袁宪、江总、姚察之属,俱已仕隋,姚思廉载入《陈书》。汉之董卓、陶谦、二袁、刘表、吕布、臧洪、公孙瓒,岂曾臣魏? 即荀彧事曹,而终非曹臣,陈寿载入《魏志》,此皆违戾史裁者也。考《周书》所载,斛斯椿、王盟、贺拔胜等,乃卒于周孝闵受禅之先者,其为魏臣明矣。虽苏绰辈效节周文,然周文身以魏臣终,事周文者反为魏臣乎?《北史》取《周书》之贺拔圣、念贤入之《魏传》,义诚允矣。余则因《周书》之误而不改,是其失均也。故今作列传,以孝武入关为始,而以宇文受禅为断。

西魏臣仕周、隋者,若于谨、尉迟迥诸人,虽功名显于魏,义不得立传。然《封爵》、《大事》、《异域》三表,载其爵秩勋纪,是亦可以互见,不嫌阙略矣。若夫名位浅薄,至周、隋而始著者,自与西魏无与焉,可欲封其部帙,而滥入表、传邪?

《史记》立《循吏》、《儒林》等传,后之为史者,名益滋多。今仿《三国志》例,人以类从而已,贤否自见。

纪传有论赞,必如刘知幾所谓"事无重出、省文可知"者,方合左氏"君子曰"之旨。若依附本篇,漫为论赞,再述雷同,铭颂重叙,唯觉繁文,诚不免为魏澹所讥矣。是书一以澹书为法(澹书义例,见本传)。凡列传必有他事足补正书之阙,及有足法戒者,始为论以著之,余则否。

史家摭采群书,若司马之取裁于《世本》、《国语》、《战国策》、《楚汉春秋》,班氏之本《史记》及《新序》、《说苑》、《七略》之类,皆驯雅而可征信。魏、晋以降,国史多讳,稗乘多诬。取之不慎,芜秽贻讥。故尝谓后世作史者,必义例尤严于古;苟人与事无关劝惩者,削之可也。今作是书,于一人之微,一事之细,亦所珍惜采录而不忍遗者,以千余年文献放失之后,考古为难,义各有取,非必以果核药淬为贵也。

李延寿作《南北史》,编次八代之书,并杂史千余卷。其于旧文所安,因而不改,不敢苟以下愚自申管见,诚通人之论。盖史家之体,不以沿袭为嫌。子长、孟坚,具有往例。第南、北各自为书,歧异牴牾处自多,延寿一手连缀,颇乏折衷,仅事抄录,是所短耳。今参校史文,苟事无可增,义无可正者,即无所改易,亦李氏之义也。(本书卷首)

潘飞声　东魏西魏论

东、西魏之建国,皆不得其正也,然其间要自有辨。魏永熙二年(533),高欢反,魏主修奔长安,宇文泰为夏州刺史,以兵迎之,遂都长安。闰十二月,泰弑其君修,立南阳王宝炬,是为西魏。是年十月,欢立清河王子善见为君,都洛阳,是为东魏。其后欢子洋篡东魏而称齐,泰子觉篡西魏而称周。东魏之始终,一高欢为之;西魏之始终,一宇文泰为之,似无足深辨者,不知未尝无辨也。修之主魏二年矣,当善见立时,魏主修尚在长安也。魏主尚在长安,善见恶得而立?且清河王之子,独非魏之臣子乎?国已有君,而复立君,是僭也。僭而立国,恶得为正?然则善见之立已为僭,宝炬之立得为正乎?非也。宝炬既立,而不能讨贼,是忘君之仇而利其位也。忘君之仇而利其位,恶可谓之正?且宝炬之立,宇文泰立之耳。宇文氏立之,恶可谓之正?然则东、西魏之不得为正，将无同欤？亦非也。修已主魏二年矣，其得国虽非正，然固魏之君也，国岂容有二君乎？修被欢所逼奔长安，因而都之，何得谓之不正？迨宝炬之立，则厥罪维均矣。虽然，修以欢而得立，既立，弑其故主恭。修故魏之罪人也，而善见与宝炬亦修之罪人也。

嗟乎！五胡之乱，篡弑公然，君臣之义，不明于天下，谁则为得国之正者？然既事之，则君臣之分已定，其得国之正否无论也。苟事之，而复倍之，则后世之乱臣贼子，皆借以为口实矣。天下事尚可为乎？故就当时论之，二国自以西魏为正。（《说剑堂集》）

姚　莹　与徐六襄论五代史书

闻有补注欧《五代史》之意，甚善！近时诸贤，多为汉、晋以上之学，足下独从事于此，何哉？窃谓此书体严义精，读者卒难得其要领。考博家漫谓其纪事疏略，不如薛书之详为可叹也。

盖公未作此书，先为十国志，原亦多取繁载。及与尹师鲁论之，乃大芟削改，并为正史。初与师鲁分撰，后独成之。公在夷陵与尹师鲁书云：“开正以来，始以无事，治旧史。前岁作《十国志》，务要卷多。今若变为正史，尽宜芟削，存其大要。至于细小之事，虽有可纪，非干本体，自可存之小说，不足以累正史。数日检旧本，因尽芟去矣。”此可见公载笔之精义。又云：“师鲁所撰，在京师不曾细看。路中细读，乃大好。师鲁素以史笔自负，果然河东一卷大妙，修本所取法。为此传外，亦有繁简未中，愿师鲁亦芟之，则尽妙矣。”是公此书，经与师鲁商榷，从其芟削者也。

至云修本所取法，时公以文章自命，上追龙门，而虚心如此。至和二年（1055），与徐无党书云：“《五代史》昨见曾子固议，今从头改换，未有了期。"则又经与南丰商榷而改定之也。又皇祐五年(1053)与梅圣俞书云:"闲中不曾作文,只整顿《五代史》,成七十四卷,不敢多令人知。盖是书初成,人见其简,必多疑议之者,故不欲轻以示人。及后始从南丰说,而自改定。然则此书以著五代之得失为本,其事实繁琐、无关法戒者,固非正史之所宜载。若夫典章制度,则有志在,纪传中不必淆入。而五代纷纷,为国日浅,制度盖无可言故,并不立志。世人浅见,喜广异闻以为详备。可谓愦愦矣。"乃谓公学《史记》,故为高简,不愿事实关略,岂非不辨正史载记之各有体裁,而轻议昔贤乎?今注称徐无党撰,或疑其浅陋。然公与徐书已言作注之难,则未必后人之伪撰。世以为浅陋者,亦为其大略,不能旁证博考耳。安知非以公当日意在简严,即注亦无取其繁芜耶?

然鄙意作注与著书不同,而注史尤与注经不同。盖注书病在芜杂,注经病在支离。注史者旁引广证,以存事实,正可多引本书所不载,使人得以观其去取之意,抑何害乎?昔刘昭既注《续汉志》之外,以刘昭注蔚宗《后汉书》一百二十卷,仅及范书所见及更搜广异闻,作《后汉书补注》五十八卷,可云宏富。而刘知幾讥之。《史通·补注篇》云:"蔚宗之芟《后汉》也,简而且周,疏而不漏,盖云备矣。而刘昭采其所捐以为《补注》,言尽非要,事皆不急。"知幾此言,可谓精史体者。世俗纷纷争咎蔚宗、欧公之阙略,当以此说示之。而其责注家不当广引为非体,毋乃过乎?

往在杭州刘金门先生学使署中,见彭芸楣尚书有补注欧《五代史》,大约以薛书割裂,分系欧史每条之下,而于他书少所征引。稿本未竟,金门先生欲卒成之,延长洲王某属其事。因其人轻傲,不暇与论,故未深见其书。金门先生顷在都中,曾见此书否?足下《补注》大意,未审何似云?仿裴世期注《三国》之例,洵美矣!愿更深味欧公命笔之意,以立其本,而于薛史外更博考别史载记,如王禹偁《五代史阙文》,陶岳《五代史补》,马令、陆游《南唐书》,龙衮《江南野史》,陈彭年《江南别录》,张唐英《蜀梼杌》,钱俨《吴越备史》之类,参比之以存其事,搜讨于诸家,如司马公《通鉴考异》、吴缜《五代史纂误》、朱子《语类》、胡三省《通鉴注》、胡一桂《十七史举要》,及近代杭大宗、钱辛楣《廿二史考异》之类,缕析之以证其文。务揭所长,勿讳所短。

尝阅袁文《瓮牖闲评》,有议欧史二条。其一云:"《通鉴》载唐之亡也,杨涉为押国玺使。其子凝式谓涉曰:'大人为唐宰相,而国家至此,不可谓之无罪。况手持天子玺绶典人,虽保富贵,奈千载何?'涉大骇。夫凝式能出此言,可谓贤矣。而欧《五代史》不之及,何哉?"莹谓文之言非也。凝式既知非义,乃不能强谏其必从,卒亦依违历仕五代,徒以心疾致仕。出处之迹如此,何以责善于父?文乃强为之说曰:"彼姑托此以全身远害而已,非心疾也。"夫苟欲图远害,则于押玺使何诛?且不全身于唐亡送玺之时,反欲远害于历事五代之后,此何义乎?一时之言,不能自践存之,适见乖盭,欧公削之当矣!文又谓:"南唐后主既降宋祖,以其拒守久,封以违命侯。欧史凡说后主处,皆书违命侯。按,陈寿《三国志》于孙权直称名,至蜀则必曰先主、后主。盖寿本蜀人,以父母之邦故也。欧公吉州人,正属南唐。其祖父皆南唐臣民,而忽斥之曰违命侯乎?"莹谓文此言谬妄尤甚。按,公父崇公少孤,以宋真宗咸平三年(1000)进士及第,为道州判官,历泗、绵二州推官,又为泰州判官,而卒时公年四岁。崇公仕迹如此,《泷冈阡表》叙之甚明,乃宋臣也。其进士及第在真宗咸平三年,南唐亡在太祖开宝八年(975),相距已二十五年。崇公卒在祥符三年(1010),公以景德四年(1007)生,距南唐亡三十二年矣。崇公之父早卒,未仕。今乃谓公父祖皆南唐之臣,何不详考乃尔!且承祚身亲仕蜀,父又为蜀臣,后主正其故君,而所修之书,则三国各自为吏,不书后主而何?欧公既于南唐无君臣之义,而所修之书则五代史也。既周为正统,南唐当日又实已称臣,据周立史,而于僭国乃从其臣子之称，有此史法乎？是皆不可不辩者。凡如此类，幸审择之，勿轻信诸家排击之辞，漫以为是也。

著书先观大旨，非有关于是非得失之大，系乎人心世道之防，即文章犹不容轻作，况修史乎！以足下之精鉴，但宽岁月为之，即不刊之业也。胸中所欲论著甚多，一时全集，转不知何处措手。近惟省察身心，思有以收其放躁。甚思足下辈为我攻其病，勿忘！勿忘！相念岂有极也。（《东溟文集》卷二十六）

陈　鳣　续唐书自序

唐受命二百九十年而后唐兴，历三十年，后唐废而南唐兴，又历三十年而亡。此六十九年，唐之统固未绝也。后唐系出朱邪，然本于懿宗，赐姓为李。庄宗既奉天祐年号，至二十年始改元同光，立庙太原，合高祖、懿宗、昭宗为七庙，唐亡而实存焉。

欧阳氏《正统论·序论》云："伏见太宗皇帝时，常命薛居正等撰梁、后唐、晋、汉、周事为《五代史》，凡一百五十篇。又命李昉等编次前世名号为一篇，藏之秘府。而昉等以梁为伪。梁伪则史不宜为帝纪，而后唐之事，当续刘昫《唐史》为一书，或比二汉，离为前后，则无曰五代者，于理不安。"谨按：昉等黜梁，实属大公至正，与前人黜莽、黜操正同。乃云于理不安，何欤？《序论》又云："今司天所用崇天历，承天祐至十九年（922），而尽黜梁所建号。援之于古，惟张轨不用东晋太兴而虚称建兴，非可以为后世法。盖后唐务恶梁而欲黜之，历家不识古义，但用有司之传，遂不复改。"谨按：《崇天历》承后唐书天祐十九年，盖所谓"周德虽衰，天命未改"，且援之于古，亦不独张轨为然。

昔周厉王失国，宣王未立，召公与周公行政，号曰共和。共和十四年（前828），上不系于厉王，下不系于宣王。当时固未尝云周之统绝也。以此为例，则《崇天历》所书，不可谓徒然矣。乃云不识古义，抑又何欤？今有人焉，为盗所杀，欲全据其基业。有仆挺身而御之，艰难辛苦，攘除奸凶，而不改故主之名称，仍奉故主之宗庙，则将与盗乎？与仆乎？夫人而知与仆不与盗也。朱全忠大逆无道，甚于莽、操，人人得而诛之，何可不黜？后唐既系赐姓，收之属籍，又有大勋劳于唐室，则系于唐可耳。至石敬瑭叛主附敌，父人之父，声实俱丑。将十六州内地割献殊方，肆然称帝，始固鲁仲连所欲蹈海而死者。南唐为宪宗五代孙建王之玄孙，祀唐配天，不失旧物，尤宜大书年号，以临诸国。即如当日契丹儿晋而兄唐，高丽遣使江南入贡称臣，彼尚怀唐之威灵，故尊其后裔，不敢与它国齿。今奈何以晋、汉、周为正，而反以南唐为偏据乎？刘旻本知远母弟，北汉四主，远兼郭、柴。宋太平兴国四年（979）受降，又后于南唐七年。宋统继唐胜于继汉继周矣。薛氏修《五代史》、欧阳氏新修《五代史记》，并称五代，所见俱不及此。马、陆二家《南唐书》欲推尊，然未将南唐上接后唐。戚光《年世总释》始发其凡，终未有专成一书，宁非缺事？又按薛史裁制冗长，今亦残阙；欧史纷立名目，徒乱章程。且八书十志，马、班相仍，各有撰述，乃误信《史通》，欲废志之言，仅作《司天》、《职方》二考，以致唐季典章法度无可稽求。马、陆二书，互有得失。故恢书久已无传，然于烈祖已下，谓之载记，早为苏颂所非，余可概见。

　　蒙窃不自揆，更审其顺逆，著其正偏。上黜朱梁，下摈石晋及汉、周，而以宋继唐，庶几复唐六十九年之祚。为帝纪七，表四，志十，世家十三，列传三十六，凡七十卷。纠薛、欧之体例，正马、陆之乖违。广考群编，兼征实录，以上续刘昫《唐书》。续之名昉乎司马彪《续汉书》，而此更参用萧常、郝经等《续后汉书》例也。其十志则于经籍一类多所收罗。各传则于忠义诸臣，尤深致意。《经籍志》以补薛、欧之缺，而忠佞不别立传者，人以类从，贤否自见也。纪传之后，略缀断辞，不曰论而曰述者,从何法盛《中兴书》例也。凡后述者,多旁采坠典遗闻补本篇未备,所谓事无重出,文省可知也。参用史文,傥义可从、事可据者,即仍其旧,所谓不以下愚,自申管见也。

昔习凿齿作《汉晋春秋》,以蜀为正统,力矫陈寿《三国志》之非,世咸推服。后虽日久散佚,而本其意旨,用以纂修者,不一其书。盖天理长存,人心不死,尚论者求其是而已。斯编稿经累易,力殚穷年,因叙兹原委于简端,明非出鄙人之私见,将以质诸通才,纠谬纂误,实所愿望焉。(《清儒学案》卷八十七)

费　密　统典论

《尚书》圣绪,肇录二典,《十翼》本始,羲、农绍休,太古邃渺,历数绵络。元睿土德,天命垂御,启礼赡器,覆泽蒸黎,开弘渍渐,累代褒宣。尧、舜陟位,哲文恭濬,光格裔海。三王咸享国久远,治化敦淳,承遗谟训。周监二代,王道克茂,风教隆溢。孔子述宪典文,以待后世帝王,有所据依,因时为政,济世安民者也。费经虞曰:后世言道统,徐学谟云:"道统之说,孔子未言也。"乃为实论矣。不特孔子未言,七十子亦未言,七十子门人亦未言。百余岁后,孟轲、荀卿诸儒亦未言也。世日以变,道日以消。汉儒始得奉圣人所言,先王成法,尊护守卫。相授有绪,布为政也;安平易行,著为言也。笃实可用,通出处为一,亦何尝有道统之说哉?魏、晋而后,清谈言道,去实而就虚,陋平而喜高。岁迁月改,流传至南宋,遂私立道统。

自道统之说行,于是羲、农以来,尧、舜、禹、汤、文、武,裁成天地,周万物而济天下之道忽焉,不属之君上,而属之儒生。致使后之论道者,草野重于朝廷,空言高于实事。世不以帝王系道统者五六百年矣。经文煌煌，大训乃为芜乱，宁可不正哉？古之二帝三王皆在位，伦无弗叙也，政无弗平也，方隅无弗安，而教化无弗行也。其民淳质，以下从上，无所异趋。君师本于一人，故为统。司马迁曰："天下重器，王者大统，传天下若斯之难也！"统止天子名之，诸侯不敢与也，况士乎？后世圣人如孔子，不得在位，列国殊政，多未合于道，各趋嗜好，习久相化而道亡，天下日就沉溺。孔子述往古，以为久远安宁之本。后世听其损益，道始有绪。孔子在下，君、师分为二人。君、师分，则杂焉，乱于道者，其说多矣。孔子道具而统失。道在先王之事，其得存也，系于孔子之言。非事不足以定民志而养天下，非言不足以记典章而教天下，岂先王规程，越品物之外，孔子又欲托空言以为道也。惧先王所以仁天下者，散亡不可收采，一时失之，千万世失之，圣王不兴，天下孰能宗予？其言尚彰彰也。饮食男女，人之大欲存焉，众人如是也，贤哲亦未尝不如是也。先王忧之，谓欲不可纵，亦不可禁者也。不可禁而强禁之，则人不从。遂不禁，任其纵，则风俗日溃。于是因人所欲，而以不禁禁之，制为礼乐，定为章程。其不率者，俟之以刑，使各平心安身而化。孔子欲先王之政教行之于万世而无敎也，乃以为六经传之，而绵绵永存为道脉矣。故上之道，在先王立典政以为治，其统则朝廷历代帝王因之，公卿将相辅焉。下之道，在圣门相授受而为脉，其传则胶序后世，师儒弟子守之，前言往行存焉。苟无帝王受天明命，宰育万汇，有磨砺一世之大权，优善惩恶，公卿行之，以动荡九服，取儒生空辞虚说，欲以行教化而淳风俗，必不能矣！

　　王天下者之于道，本也。公卿行焉，师儒言焉，支也。道者何射之鹄也，大匠之规矩也。入焉，而各自有得者也。远射焉而中，近射焉而中，左射焉而中，右射焉而中，取其中不计其他也。规之获圆，矩之获方，求其方圆，不索于规矩之外也。道若此止耳！孔子教一人者，所以教天下；教弟子者，所以教士大夫。习之者易通，教无烦赜也；传之者易晓,学无艰深也。其君子学古入官,体国行政,以诲其族,及于里党;其小人受以谨身,因以善俗,此先王所以为道,孔子之旨则然也。以孔子之道,自治则德修;以孔子之道,治天下国家则政备。宗孔子,则二帝三王之道可明矣!故一于帝王,道则为统;传于孔子,道则为脉。后儒饰虚矜肆,以杳冥不可致诘为道,枝辞争辨为学,袭六经以就其私议。于是性命之说出焉,传心之论起焉。诞浮相尚,圣王修身、安人、开国、承家之实,咸为后儒所坏乱。统也者,道行于当时,薄海内外,莫不化洽也。脉也者,道传于万世王侯,下逮庶人莫不取则也。合历代帝王公卿,称曰道统,庶可也。无帝王,则不可谓之统矣。

上古其气浑噩,天道也。包羲画卦为罟,神农作耒耜立市,地道兴矣。舟楫、弧矢、杵臼、衣裳始于黄帝,人道渐大。尧、舜命官分州,夏后、成汤,礼乐殊别。周兼而文之,人道全矣。东迁以后,日就陵替,孔子当其时,欲以道兴治,天命不与,先王所遗传焉。虽世异政殊,后世修述,尚与道不远。孔子虽位不同于二帝三王,而圣则一。七十子于孔子,犹诸侯之于天子也。

松柏始生,核焉耳,蘖之分许,长之寸许,蟠于地而根之。及其丽风日久远也,巨本而苍皮,歧为大柯,枝叶蕃焉。上古,核也。羲、农以来,根也。黄帝、尧、舜、夏、殷、周、秦、两汉而下,历代之君,本也。如汉之高、光,唐之太宗、肃、代,皆与汤、武、中、宣同功,而文、景、明、章,与元魏孝文、宋仁宗、明、宣、孝,皆与太甲、成、康同德。尧、舜之德虽盛,不能安后世之民生;汤、武之功虽高,不能救后世之残暴。故曰:递兴递废,胜者用事,所受于天也。累代帝王,历数归而革命,奠百年之伦记。贤君继位,德厚庆长,民赖其福。即中材以下之主,咸能安辑一世。于当时,何得遂置之耶?孔子修帝王之道,为万世法。本而大柯也,分以为枝,七十子承焉,传焉。后世之儒,条叶丰茂而已,非根不深,非本不成,非柯非枝不盛,受雨露而滋养者,条叶也。

夫德有大有小，天命殊之，人力异之，可内省以晓也。天命殊之，何也？子贡曰："固天纵之将圣。"有若曰："自生民以来，未有盛于孔子。"人力异之，何也？孟轲曰："冉牛、闵子、颜渊，具体而微。"（东方朔云："颜渊如桂馨一山，孔子如春风至，万物生。"）不能至圣人，颜渊、闵子已然矣。盖千里奉一君，则为王；百里一君，则为侯。君七十、五十、三十里，伯、子、男而已。所得大，所养多，所立者尊，自然之势也。天地之气，钟为数人或数十人，则其德隆。其道远。散而为百千人，末也。已以百千人，而欲至于德隆道远之古人，非愚则倔强焉。先王文谟武略，圣人道全德备，非后世之儒所敢轻拟。守先王之法，不知变通损益，必塞而难施。非法不可久也，行法者未得先王之意云耳。求圣人道德百之一，以自淑学之，修身可也。取经传之言而颠倒之，穿凿之，强调圣人如此，吾学圣人，遂得如此，自以为古人与一世皆所未知，而独吾一二人静坐而得之。以吾之学，即至圣人，是孔子所不居，七十子所未信，孟轲、荀卿诸儒所不敢，后世俨然有之，何其厚诬之甚与？昔群弟子以有若似圣人，欲以事孔子者事之，曾子不可。子夏设教西河，曾子责其拟于夫子。有若、子夏亲传道业，在七十子中彬彬焉。曾子且以为不可拟于圣人；后世之儒，无所忌惮，其见恶于曾子也深矣，而况于帝王之统乎？

欲正道统，非合帝王公卿，以事为要，以言为辅不可。（宋则议论为主，实事为末。）盖人主镇抚四海，提挈纲维，士大夫协恭共济，政和化洽。泽之渥者，当世蒙其休；法之善者，后世著为令，皆益治保民之大。当遵经据史，序上古及历代为统典。昔先圣言殷因夏礼，周因殷礼，皆有损益，百世可知。且齐恒、管仲，尚称一匡天下，民受其赐，而许以仁。汉、唐以来，治乱不一，睿帝哲王，救民除暴，因时为政，布惠敷恩，宣褒古经，兴立学校。使先王之典制，不致尽没；黎庶之涂炭，不致久困，一时赖之，数百年享之。追继三代，无疑也。历世久远，诸儒皆无异辞，何为至南宋遂敢杜撰私议,而悉谤毁黜削之?谓秦、汉而下,诏令济得甚事?皆势力把持,牵滞过日。

司马迁曰:"帝王者,各殊礼而异务,要以成功为统纪。"汉继五帝末流,接三代统业。晋袁宏云:"汉祖虽不以道胜御物,群下得尽其忠。萧、曹虽不以三代事主,百姓不失其业。"静乱庇人,抑亦其次,谓亚于尧、舜、禹、汤、文、武,可也,乃遂不许列道统;中承三代之后,则《秦誓》次典、谟、训、诰内,将为大非矣!不思孰甚,恶可以继圣门之旨,而开后世之业?况独尊其党之匹夫,于年湮代隔已久,妄以续二帝二王,假圣贤之言,僭名道统者也!其语播流天下数百年,傥谈道不本于庙堂,何以谓之儒?说不序历代,何以知损益?若不重述旧章,道统还之帝王,而举诸儒公论,后世不得立于圣门,历代不得显加排摈,则亦无当也已。后儒以其僻说强辞,窜入圣人之经,拟圣人之德,上附邹、鲁,此亦尉佗之黄屋左纛也,君子或将许之与?如是而后,固说始可息,偏行始可拨,公论乃伸,吾道乃正,斯诚儒者不易之定论也。先于《统典论》首录之,以为言道之□。

天子道统表

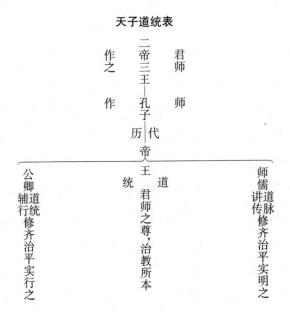

帝王为道之本，行之以公卿，讲之以师儒，此支也。古经旧旨，先子遵奉，画为此图，密受传之。

李实曰："儒之道，帝王之道，非韦、布之道也。尧、舜、禹、汤、文、武，行道者也；孔子，明道者也。子曰：'道其不行矣夫！'以为明之不如行之也。世以宋儒接道统，而以孔子之道，至二程而传，周、程、张、邵之学，至朱晦庵而集大成，吾皆未敢信。"（实，蜀遂宁进士、长洲令。）

大统相继表

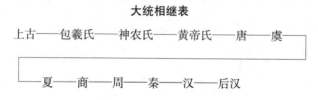

以下遵二十一史相承历数次序，详《统典》中。

费密曰：先子言帝王历数皆天所命而兼人谋，非尽人力可致也。宜遵先圣孔子以《秦誓》继典、谟、训、诰之旨，取两汉而下异姓受命之君，接三代之后，方合圣门旧法。

自永乐尊显以来，世以宋性理之说为是者数百年，取驳议诸儒之言，谓非圣门之旧，而述古学，恐世未能尽信乎？曰：事久难以卒变，自古而然。昔王安石义训大行，杨时论之，诸生咸以为不可。今之非安石者皆是也。安石、程、朱，小殊而大合，特未尝就数家遗书细求耳。辨曰：痛哉！痛哉！七十子与汉、唐诸儒，伤其久湮矣。然宋儒何为有是说耶？曰：独言孟轲之传，开于唐儒韩愈。至宋蔡京遂以王安石上下孟轲，程颐又以程颢为孟轲后一人，而尚无道统接传之论也。南渡后朱熹与陆九渊争胜门户。熹传洛学，乃倡立道统，自以为曾氏独得其宗，而子思，而孟轲，而程颢、程颐接之。盖杨时事二程而友罗从彦、李侗。

熹所从出也，皆与韩愈不合，愈之言曰："博爱之谓仁，行而宜之之谓义，由是而之焉之谓道，足乎己无待于外之谓德。其文《诗》、《书》、《易》、《春秋》，其法礼、乐、刑、政，其民士、农、工、贾，其位君臣、父子、师友、宾主、昆弟、夫妇,其服麻、丝,其居宫、室,其食粟、米、果、蔬、鱼、肉,其为道易明,其为教易行。尧以是传之舜,舜以是传之禹,禹以是传之汤,汤以是传之文、武、周公,文、武、周公传之孔子,孔子传之孟轲,轲之死,不得其传焉。荀与扬也,择焉而不精,语焉而不详。"夫愈之《原道》,举其实而辟其浮,守其中而贬其杂,未尝及统,略焉耳。荀以传也,孔子传七十子,承以曾申、矫疵、公羊高、穀梁赤、公明仪、公明宣、乐正子春、檀弓,孔伋门人,乃有孟轲。曰:"孔子传之孟轲。"七十子与曾申诸贤,将不堪比数耶? 又尝曰:文、武以是传之周公、孔子,不及孟轲。以其言求之,前则不以七十子为传,后则不以孟轲为传。愈即欲乖悖,未尝敢若斯过甚也。不得其传,谓孟轲门人无能著书者也。继孟轲著书,荀卿、扬雄称善。故曰:荀与扬也,大醇小疵。犹云伯夷圣之清而隘,柳下惠圣之和而不恭。非谓荀、扬不能继孟轲之传也。愈尝语诸生:昔者孟轲好辩,孔道以明;荀卿守正,大论是闳。是二儒者,吐辞为经,举足为法,绝类离伦,优入圣域。又曰:己之道,乃夫子、孟轲、扬雄所传之道。若不胜则无以为道,其挥之进之,取雄为法焉。崇奉荀、扬,其可知矣,韩愈未敢废。秦、汉以来,刘子翚以愈言为孤圣道绝。后学而非之。蔡京乃敢为妄言曰:自先王泽竭,家异国殊,由汉迄唐,源流浸深。宋兴,文物盛矣。然不知道德性命之理,安石奋乎百世之下,追溯尧、舜、三代,通乎昼夜阴阳所不能测,而入于神,初著《杂说》数万言,世谓与孟轲相上下。天下之士,始缘道德之意,窥性命之端。安石以其学术祸众,不为士论所与。程氏绍兴方盛,熹列安石于名臣,别祖程颐,谓传道统,"十室之邑,必有忠信","三人行,必有我师",九州之远,文献相承,七十子皆在所弃。汉、唐千四百余年,都无一人足取,岂情理之平也哉?

管志道曰:孟子既没,周、程未生,中间千有余年,人心不死,纲常不移,孰维持是? 程、朱谓道统绝于孟子,续于明道,亦属偏陂之说。上古无书契而天地位、万物育,岂以《大学》、《中庸》有无为绝续耶? 王文成翻其格物而不翻其道统,何也? 遥接之谬既倡,致沙门言邵雍之图得于老氏、陈抟,周敦颐之道妙得于佛氏。林总羲、文、周、孔,至宋乃托二氏,再生于天地之间,吾道受辱至此! 百尔君子,欲不愤,得乎? 此诸儒不能已于言,四子不能已于述也。性命各正,学业各成,论道者止宜举其大同,听其各致,不得以一己之私,强画之也。

孟轲言闻知见知,于夏独称禹。又曰:"启贤能敬承继禹之道。"殷独称汤。又曰:"贤圣之君六七作。"见知不称周公。又曰:"周公、仲尼之道,在彼在此。"文有互见。非谓此皆不足传,止尧、舜至于汤,汤至于文王也。良贾蓄数十年而后殖于财,良工肆数十年而后精于技,几于成也,艰难至矣。七十子与汉、唐诸儒生,平素履累数十年积学,守卫圣人之道,工苦深厚,泽及后世。取其所传遗经,尽绝其人。从千百年前,加以数语,如亲见之,决然并弃,恐亦未尝详思耶? 世之人,于父之言行,则见而知之;祖,则闻而知之;曾祖,则传闻焉;高祖,则传闻无考。百年之内已如此,势所必至,虽圣人不能违也。故孔子作《春秋》,所见异辞,所闻异辞,所传闻异辞,以天下大矣,古今远矣,非父子兄弟,朝闻夕见,可遂直定之也。

子贡问曰:"向也赐观于大庙之堂,未既辍,还瞻北,盖皆断焉。"彼将有说,匠之过也。孔子曰:"太庙之堂,官致良工之匠。"匠致良材,尽其工巧,盖贵久矣,尚有说也。圣人不敢以己意定而阙疑,况下者乎? 古人相友,尝以为知之未尽。晋平公问羊舌大夫于祁奚,奚辞以不知。强之,乃对。公曰:"曩者问子,子奚曰不知也?"祁奚曰:"每位改变,未知所止,是以不敢得知也。"魏舒为钟毓长史,毓与参佐射。舒常画筹,后射乏人,以舒备耦,发无不中。毓曰:"吾之不足以尽卿才,如此射矣,岂一事哉!"王湛兄弟宗族咸以为痴;兄子济轻之,诣湛。见《易》,请焉,则皆济所未闻。留连弥日,自视缺然。乃叹曰:"家有名士,三十年而不知,济之罪也。"与周旋非一日,未知且若此,何以遥断,略不存疑? 宁学者所不安? 亦非圣门忠怒之旨也。

道之定，遗经立其本，七十子传其绪，汉、唐诸儒衍其脉，后儒比七十子，犹滕、薛之于齐、晋也。七十子身事圣人也，见全经也，三代典制存也。自汉至近代诸儒，其德兄弟也。善言美行，皆可补益于世。然汉儒，冢子也；后儒，叔季也。汉儒虽未事七十子，去古未远，初当君子五世之泽，一也。尚传闻先秦古书，故家遗俗，二也。未罹永嘉之乱，旧章散失，三也。故汉政事、风俗、经术、教化、文章，皆非后世可几，何敢与汉儒敌耦哉！魏、晋至唐，多方补葺，犹得六七焉，后儒亦不能及。经文之外，别撰条目，腾口相授，辄立姱辞，互相尊崇，执不少让。《祭义》曰："天子有善，让德于天；诸侯有善，归诸天子；卿大夫有善，荐于诸侯；士庶人有善，本诸父母，存诸长老。禄爵庆贺，成诸宗庙，所以示顺也。""昔者，圣人建阴阳、天地之情，立以为《易》。《易》抱龟南面，天子卷冕北面。"虽有明知之心，必进断其志焉，示不敢专以尊天也。善则称人，过则称己，教不伐，以尊贤也。

闵马父谓子服景伯曰："昔正考父校商之名颂十二篇于周太师，以《那》为首，其辑之乱曰：'自古在昔，先民有作，温恭朝夕，执事有恪。'"先圣王之传，恭犹不敢专，曰自古、曰在昔、曰先民。今吾子之戒吏人曰：陷而入于恭，其满之甚矣。季札观乐，见舞《韶濩》者，曰："圣人之弘也，而犹有惭德，圣人之难也。"子曰："古者言之不出，耻躬之不逮也。"后儒大言而不少疑，内满而不自省。惭德耻躬，弃置不讲。诸儒起而切辨，亦出于万不得已也。密事孙征君于苏门山，述先子平日所论以就正，反覆辨议，征君深以为然。则四子传七十子，序汉、唐诸儒，此为笃论，补葺著之，使世之好古君子、志圣门实学者，有所考焉。

道统问（见周汝登《圣学宗传》）

或问曰："韩愈《原道》以道统始于尧，子必始于伏羲者，何也？"曰：

"伏羲画八卦,太极开而道可演。神农教畎稼,民生遂而道可明。黄帝制冕服,礼乐兴而道可阐。道统之原,实基于此矣。吾固系三圣于唐、尧之上者,述朱子之意也。"曰:"韩愈以孔子传之孟轲,子必增以颜、曾、子思者,何也?"曰:"颜子闻博约而见卓尔,曾子闻一贯而悟忠恕,子思绍家学而作《中庸》,授受之真,莫切于此矣。吾固增三子于孟子之上者,补韩愈之缺也。"曰:"朱子以二程接孟氏之传,不计其泯;濂学伊川以明道续孟子之后,不嫌于背师教。子必增之以周子者,何也?"曰:"道体之契,上接洙、泗之源,图书之旨,下开河、洛之派,继往开来之功,于兹为大,吾固增周子于二程之上者,信诸己也。"曰:"程子之后,有龟山杨氏、豫章罗氏、延平李氏诸人也。子遂系以朱、陆者,其意何居?朱、陆之后,有草庐吴氏、鲁斋许氏、薛文清、胡敬斋诸人也,子遂继以阳明者,其意何在?"曰:"吾尝观祀典焉,有大宗之祖,百世不迁者也,有小宗之祖,四世而祧者也。曰杨、曰罗、曰李者,小宗之谓也。朱、陆其大宗乎!曰许、曰薛、曰胡者,是亦小宗之谓也。阳明其大宗乎!"曰:"吴、许、薛、胡,一皆精思实践,当不在阳明之下,子必以阳明为大宗者,何也?"曰:"良知之教,照耀万古,及门之徒,几至四千。孔子云:'赤也为之小,孰能为之大?'"问者唯唯而退。卷也私志其问答之言,以俟有道统之责者于是乎采。奉新黄卷谨志。

费密按:黄公卷著是图与问,余览之,见其信阳明笃,叙统系明,非实有所诣者不能,而何其名实之未甚显赫也?余作《圣学宗传》,此图足相发明,故以冠宗传之端云。剡溪周汝登谨书。

费密曰:宋李元纲作《圣贤事业图》,尧、舜至程颢兄弟,闻道者止得十四人。嘉靖中黄卷《道统》又二十一人,其言曰:"大宗百世不祧,小宗四世而祧。朱、陆、阳明,其大宗乎!曰杨、曰罗、曰李、曰吴、曰许、曰胡,小宗之谓也。"以后世窜杂二氏之儒,遂与二帝、三王、周公、孔子并称,僭肆无伦,姑不论。七十子传人,不得入小宗。汉、唐于四百年,小宗并无一

人,后世敢为妄言,奈之何哉! 世之君子,必能辨之。(《弘道书上》)

　　按,费氏著《弘道书》内有《统典论》,以统为篇名,盖详论道统之专著,世所罕见。其论宋人列举道统,限于数贤,非情理之平,说甚通达,故酌载之。《新唐书·艺文志》"杂家"有熊执易《化统》五百卷。注云:"执易类九经为书,三十年乃成,未及上卒于西川。武元衡将为写进,妻薛藏之不许。"使其书能行世,亦道统之要典也。明人伪书,有抄撮三传之文,命其书曰《春秋道统》者(《四库提要·春秋存目一》)。清初习包纂文章总集,而题名曰《斯文正统》。元、明以来,道统观念深入人心,十大夫喜以道统、正统命名,则不免乎滥矣。"道统"二字,钱大昕以为始见李元纲《圣门事业图》,其第一图曰《传道正统》,以明道、伊川承孟子。其书成于乾道壬辰(1172),与朱文公同时。(《十驾斋养新录》卷十八)此"道统"一名所由昉也。家铉翁《题中州诗集后》云:"论道统之所自来,必曰宗于某,言文脉之所从出,必曰派于某……故壤地有南北,而人物无南北,道统文脉无南北,虽在万里外,皆中州也。"(《遗山文集》附录)从文化立场以论道统,此北方文士之道统观,胜于南人之狷狭多矣。关于道统专文,兹录费密及熊锡履二文以示例,余不复及。

熊锡履　学统序例

原　序

斯道之在天壤,终古如是也;而率而由之,则存乎其人。人之至者,继天立极,以充其量,斯道统攸属焉。统者,即正宗之谓,亦犹所为真谛之说也。要之,不过"天理"二字而已矣。斯理本塞上下、亘古今,而实体备于圣贤之一身。圣贤心心相印,先后一揆,亦安有毫厘之或谬?然而代远人徂,薪传寖蚀,异端曲说,往往起而淆乱之。日浸月淫,有不至大坏极敝不已者。夫道也者,理也。理具于心,存而复之,学也。学有偏全,有得失,而道之显晦屈伸,遂从而出于其间。有志者,是乌可不为之致辨乎?辨其学,所以晰其理,而道以明,而统以尊。呜呼!此固吾儒事功之决不容已者也。

三代以前尚矣,鲁、邹而降,历乎洛、闽,以逮近今二千余年,其间道术正邪与学脉绝续之故,众议纷挐,讫无定论。以至标揭门户,灭裂宗传,波靡沉沦,莫知所底。予不揣猥,起而任之。占毕钻研,罔闻宵书,务期要归于一是。爰断自洙、泗,暨于有明,为之究其渊源,分其支派,审是非之介,别同异之端,位置论列,宁严毋滥,庶几吾道之正宗、斯文之真谛,开卷瞭然,洞若观火。计凡十阅寒暑,三易草稿而后成。

呜呼!予鄙儒也,精通章句,辄搦管为此,则夫谤陋之诮,僭踰之辜,极知在所不免。然而生平卫道之苦衷,自谓可以对越往哲,昭示来兹而无愧。故敢梓以问世,因叙言简端,以识区区之鄙志云。

康熙乙丑(1685)初秋,澴川熊锡履敬书于秣陵之愚斋。

一、孔子上接尧、舜、禹、汤、文、武、周公之统,集列圣之大成,而为万世宗师者也,故叙统断自孔子。

一、孔子道全德备,为斯道正统之主。若颜、曾、思、孟、周、程、朱八子,皆躬行心得,实接真传,乃孔门之大宗子也,故并列正统焉。

一、正统之外,先贤先儒有能羽翼经传,表彰绝学者,则吾道之大功臣也,名曰翼统,于圣门得闵子而下六人;秦、汉而后,得董子而下十七人。

一、圣门群贤，历代诸儒，见于传记，言行可考者，君子论其世，想见其为人，皆得与于斯文者也，名曰附统，于圣门得冉伯牛而下十七人。卜、曾、孟三子之门得公羊高而下六人，秦、汉以后得丁宽而下一百五十有五人。其仅存姓氏，无可考见者弗录。……（本书卷首）

释契嵩　传法正宗定祖图叙　与图上进

原夫菩提达磨，实佛氏之教之二十八祖也；与乎大迦叶，乃释迦文如来直下之相承者也。传之中国，年世积远，谱谍差缪，而学者寡识，不能推详其本真，纷然异论，古今颇尔。某平生以此为大患，适考其是非，正其宗祖，其书垂出，会颁《祖师传法授衣之图》，布诸天下，而学佛者虽皆荣之，犹听莹未谕上意。某幸此，窃谓识者曰：吾佛以正法要为一大教之宗，以密传受为一大教之祖。其宗乃圣贤之道原，生灵之妙本也。其祖乃万世学定慧之大范，十二部说之真验也。自书传乱之，暧昧漫漶，天下疑之，几千百载矣。今上大圣，特颁图以正其宗祖。然圣人教道，必圣人乃能正之，是岂惟万世佛氏之徒大幸也，亦天地生灵之大幸也！某固不避其僭越愚妄之诛，取昧死引其书之旧事，推衍上圣之意。仰笺于《祖图》，亦先所颁祖师传法授衣之谓也。然其始乱吾宗祖，荧惑天下学者，莫若乎《付法藏传》；正其宗祖、断万世之诤者，莫若乎《禅经》。《禅经》之出，乃先乎《付法传》六十二载，始终备载。二十八祖已见于晋之世矣。《付法藏传》乃真君废教之后阙然，但谓二十四世方见魏之时耳。适以《禅经》验，而《付法藏传》果其谬也。若如来独以正法眼藏，密付乎大迦叶者，则见之《大涅槃经》、《智度论》、《禅经》与其序也。以意求之，而佛之微旨存焉。上睿性高妙，独得乎言谓之外，是乃天资佛记也。故其发挥禅祖，雅与经合，宜乎垂之万世，永为定断。三学佛子,遵之仰之,天下不复疑也。其图所列,自释迦文佛、大迦叶至于曹溪六祖大鉴禅师,凡三十四位。又以儒释之贤,其言吾宗祖素有证据者十位,列于诸祖左右。谨随其《传法正宗纪》,诣阙上进,尘黩宸眷,不任惶恐震惧之至。谨叙。(《镡津文集》卷十二)

按,释契嵩著《传法正宗记》十卷,《正宗论》二卷,其生平及此书内容,详陈垣《中国佛教史籍概论》卷五。

释志磐　佛祖统纪序

参天地之才,司万物之化,同功而异位者,其唯人道乎!故自有生以来,蚩蚩群氓,必立大人,为之君牧。是以四轮统乎四洲,粟散占乎异域;而南洲震旦,实为东方君子之国。伏羲称皇,始画八卦,降及三代,文物大明。逮吾世尊,出兴天竺。将施化于此方也,乃先遣三圣,为世良导,以礼乐为前驱,以真道为后教。机成时至,大法可行。于是汉皇致梦感之祥,摩腾应东来之运。魏、晋以降,盛译群经;矫矫诸师,竞登讲席。虽各立义门,取名当世,而尚昧乎如来一代之化意,笃生天台,绍隆法运。以五时、八教、四种、三昧,与夫事理即具境观不二之旨,以为后学入道之本。历代师承,宝兹大训,至于今七百年,守之弗坠。翰林梁子之言曰:"言佛法者,以天台为司南,则殊涂异论,往往退息。"诚然哉斯论也。志磐手抱遗编,久从师学。每念佛祖传授之迹,不有纪述,后将何闻?惟昔良渚之著《正统》,虽粗立体法,而义乖文秽。镜庵之撰《宗源》,但列文传,而辞陋事疏。至于遗逸而不收者,则举皆此失。于是并取二家,且删且补,依放史法,用成一家之书。断自释迦大圣,讫于法智,一佛二十九祖,并称本纪,所以明化事而系道统也。至若诸祖旁出为世家，广智以下为列传。名言懿行，皆入此宗。而表志之述，非一门义，具在通例，可以类知。既又用编年法，起周昭王，至我本朝，别为《法运通塞志》。儒、释、道之立法，禅、教、律之开宗，统而会之，莫不毕录。目之曰《佛祖统纪》，凡之为五十四卷。纪传世家，法太史公；《通塞志》，法司马公。书成即负笈，诣白云堂，仰求佛光法师为之考校。而同志之士，共谋锓版，以期流布。将令家藏其本，人观此书，开人心之性灵，资国政之治化，岂不曰大有益于世哉！自宝祐戊午(1258)，首事笔削，十阅流年，五誊成稿，夜以继昼，功实倍之。仰报佛恩，上酬帝力，不负所学，其志在兹。宋咸淳五年(1269)岁在己巳八月上日，四明福泉沙门志磐，寓东湖月波山，谨序。(《大正藏》册四十九)

按，天台宗所撰佛史，有嘉熙间宗鉴撰之《释门正统》八卷，以及咸淳间志磐撰之《佛祖统纪》五十四卷。前者立释迦、龙树为本纪，天台东土诸祖为世家。后者扩大之，释迦以次东、西祖共十七祖均立本纪。《四库提要》讥其虽自尊其教，然僭已甚矣。

后 记

　　本书排印方半，门人赵令扬博士新著《关于历代正统问题之争论》一书，已由学津出版社刊行，深喜致力之相同，尤忻其先我著鞭。惟赵书仍非全面探讨，且谓正统之论，首倡于邹衍五德之说，似非其实。因德运说主旨在解释朝代更替之原理，而正统问题重点在论继统之正与否。德运乃后人利用邹说以解释历史者，虽王夫之尝云"正统之论，始于五德"，此谓借德运说以论正统则可，谓邹衍倡为正统之论，则不可也。

　　本编网罗较富，学者试取赵书比观之，详略正可互参。辑录资料，每著按语，隐义微言，间有抉发，非徒抄胥而已。其本正统观点改写之史籍，若萧、郝、谢之于季汉，柯、王辈之于《宋史》，序例甚繁，兹备录之，一以存原书之真貌，一以见诸家之史见。柯氏例言于《宋史》疏漏，多所指摘，有裨考史；谢书众序，时有胜义，故不避烦滥，附载之以示例，用免翻检之劳。余若有关道统及释氏正统史书，略举一二，不遑多及。

　　作者于一九七六年春夏间，在法京数月，曾补辑若干事。时本书正付印，赖阮廷焯博士细为雠校，并检示资料，益我良多。此书增订后，竟达四百页，如此长编又属无利可图之学术性著作，深荷罗球庆先生介绍龙门书店为之印行，隆谊盛情。更所感佩。

饶宗颐

一九七七年五月

附 录

答朱维铮先生二事

饶宗颐

朱维铮先生对拙著《国史上之正统论》推重备至,光宠有加,至深感纫。序文中提到两个问题:一是拙著不收胡翰的《衡运论》,"不能不说是一个缺憾";一是对我所说道德批评要"怎样的批评准则才能成为历史之秤的秤星"。关于这两点,趁本书作第三次印行之际,谨陈愚见如次:

1. 拙作页一百五十(即本书页一八六。——编者注),已收胡翰的《正纪》

曾检读《胡仲子集》,《衡运论》举出十二运、合六十四卦,讨论一万年以来宇宙世运之升降,从《皇极经世》而来加以扩充,乃属于宇宙论性质之文字,与正统全不相干。《宋元学案》卷二十二《北山四先生学案》,曾加以论列,可以参考。黄梨洲颇推崇之。文中着眼于阴阳消息,未涉及五德终始之历史观。本书限于体例,故不采摭。

2. 至于历史之秤,实际操在史家之手

《太史公书》纪、表、志外,还有列传。他在《伯夷列传》指出:"孔子序列古之仁圣贤人,如吴太伯、伯夷之伦详矣。"他何以把伯夷、叔齐置于所有列传之首,因为他从孟子的意见,伯夷、叔齐让国是"圣"之清者,史公尊重人格,所收录序列的人物,有他自己的标准。伟大的人物,往往是历史的核心,有永恒的感化力量,不以成败论,不以显晦论。其真价值有待史家去论定。许多对历史影响最大的人物,每每是悲剧式的,生前有种种限制与不同看法,无真正的是非,要到盖棺而后论定,死后才能得到恰当的评价,得到史家公正无私的"序列"与褒贬,这就是历史之秤。历史之秤正操在史家的手里。

饶宗颐

一九九九年